SOCIAL
PROBLEMS

사회문제론

강희성 김현경 박길남 박주현
윤명길 이장희 정명희 주민경 공저

양 성 원

머리말

사회문제가 무엇인가? 사회문제의 특징은 그 어떤 것이나 발생 원인은 개인적인 것이 아니라, 사회 제도의 결함이나 모순 때문에 생긴다는 점이다. 즉, 사회문제는 게으름이나 무능력과 같은 당사자의 개인적 책임으로 생기는 것이 아니라, 사회 구조의 모순에서 생긴다. 따라서 사회문제를 해결하려면 당사자에 대한 개인적 차원의 원조가 아니라, 사회 · 정책적 견지에서 결함이나 모순을 시정하여야 한다.

최근 사회를 떠들썩하게 했던 '텔레그램 n번방 · 박사방 사건'을 기억하는가? 미성년자를 포함한 일반 여성들을 상대로 한 성 착취 영상이 국외 모바일 메신저인 텔레그램을 통해 대대적으로 공유 · 판매된 디지털 성범죄 사건이다. 경찰은 n번방은 2018년 하반기부터, 박사방은 2019년 7월부터 운영된 것으로 파악한다. 해당 채팅방 운영자들은 미성년자를 비롯한 일반 여성을 대상으로 성 착취 영상을 찍도록 협박하고, 그 영상을 텔레그램 비밀 대화방에서 판매하는 잔인한 행각을 저질렀다. 가해자들이 텔레그램을 쓴 것은 국외에 서버를 두고 있어 압수수색 등이 어렵고, 대화 내역을 지울 수 있는 기능이 있기 때문으로 추정된다.

n번방이라는 명칭은 1번부터 8번까지 각각 다른 이름이 붙여진 8개의 텔레그램 비밀 대화방에서 방마다 서로 다른 피해 여성들의 신상정보와 성 착취물이 올라온 데서 붙은 것이며, 박사방은 '박사'라는 닉네임을 가진 인물이 운영한 데서 붙은 이름이다. n번방과 박사방의 가해자들은 피해자들의 신상정보까지 모두 공개해, 피해자들이 자신들에게 복종할 수밖에 없도록 극심한 고통을 주었다. 또 가해자들은 문화상품권이나 가상화폐처럼 추적이 어려운 금품을 받은 뒤 방문자들에게 해당 채팅방으로 향하는 링크를 공유했는데, 이곳에 입장한 사람들은 적게는 수만 명에서, 많게는 수십만 명으로 추정된다.

이 사건에서 박사방 조주빈과 갓갓 문형욱, 공범 강훈, 안승진, 이원호 등 관련자들을 처벌하면 모든 것이 끝나는가? 결코 끝나지 않는다. 피해자들의 육체적 · 정신적 피해에 따른 심리치료, 수없이 많은 n번방 사건 가담자를 찾아내 처벌하는 문제, 재발 방지 대책을 마련하는 문제 등 간단하게 해결할 수 없는 장기 과제가 남았다. 앞으로 우리 모두가 해결해야 할 과제다. 이처럼 사회문제는 모든 사람에게 엄청난 고통을 준다.

이 사건 이후 국회는 2020년 4월 29일과 5월 20일 소위 'n번방 방지법'으로 불리는 법들의 개정안을 통과시켰다. 「성폭력범죄의 처벌 등에 관한 특례법」 개정안, 「형법」 개정안, 「범죄수익은닉의 규제 및 처벌 등에 관한 법률」 개정안, 「정보통신망 이용촉진 및 정보보호 등에 관한 법률(약칭: 정보통신망법)」 개정안, 「전기통신사업법」 개정안이 그것이다. 해당 법안들은 성 착취물 등 온라인 성범죄에 대한 처벌 범위를 대폭 확대하고, 처벌 수위도 상향하는 내용 등이 담겨 있다.

이 책은 제1부에서 사회문제의 이론적 접근을 시도하고, 제2부에서 불평등 및 차별 관련 사회문제를, 제3부에서는 생애 주기 및 대상자 관련 사회문제를 다루었다. 특히 제4부에서는 다양한 사회적 이슈를 다루었다. 즉, 범죄 문제, 중독 문제, 정신건강 문제, 자살 문제, 인구와 저출산-고령화 문제, 환경 문제, 히키코모리 문제, 언택트 문제, 교육 문제, 사이버 범죄 문제, 종교 문제, 난민 문제, 팬데믹 문제, 농촌 문제, 그리고 수도권의 주택 문제가 바로 그것이다. 여기서 다소 많은 사회적 이슈를 제기했지만, 독자들은 각자의 관심 분야부터 살펴보면 될 것이다.

항상 마음으로만 가지고 있는, 출간에 많은 도움을 준 도서출판 양성원 관계자들에게 마음속 깊은 곳에서 고마움을 전한다. 특별히 이 책을 쓸 수 있도록 모든 것을 허락하신 하나님의 축복과 은혜에 대해서는 그 무엇으로도 갚을 수 없으니 참으로 안타까울 따름이다. 하나님의 영광(glory of God)을….

2021년 5월

차례

PART

1

사회문제의 이론적 접근

사회문제와 사회복지

01 CHAPTER

1 인간과 사회

사전적으로 사회란 ① 공동생활을 하는 사람들의 조직화된 집단이나 세계, ② 같은 종류의 무리끼리 모여 이루는 집단, ③ 학생, 군인, 죄수 등 어느 정도 제한적인 생활을 하는 사람들이 자기가 속하고 있는 생활권 밖의 세상을 이르는 말이다. ④ 공동생활을 영위하는 모든 형태의 인간 집단으로, 가족, 마을, 조합, 교회, 계급, 국가, 정당, 회사 따위가 그 주요 형태이다.

중국어에서는 송(宋)나라의 유학자 정이천(程伊川)[1]의 저서 『이정회서(二程會書)』에 있는 '향민위사회(鄕民爲社會)'라는 말이 사회의 어원으로 인용되는 것이 보통이다. 그러나 중국어에서 '社'는 '토지의 신을 제사한 곳'이라는 뜻을 가지고 있으며, 여기에 사

1) 중국 북송(北宋) 중기의 유학자로, 형 정호(程顥)와 함께 주돈이에게 배웠다. 형과 아울러 '이정자(二程子)'라 불리며 정주학(程朱學)의 창시자로 알려졌다. '이기이원론(理氣二元論)'의 철학을 수립하여 큰 업적을 남겼다. 그의 사상은 "지미(至微: 隱)한 것은 이(理: 本體)요 지저(至著: 顯)한 것은 상(象: 氣 · 用)이라 하여 일단 양자를 구별하고, 체(體)와 용(用)은 근원이 같으며 현(顯)과 미(微)에 사이가 없다."라고 상관관계를 설명한 점에 특색이 있다. 그의 철학은 주자(朱子)에게 계승되어, 『태극도설(太極圖說)』과 『태극도설해(太極圖說解)』에 나타나 있다.

람들의 모임이라는 뜻인 '會'를 붙여서 '마을 사람들이 토지의 신을 제사 모신 곳에 모인다.'는 뜻을 가지게 된 것이므로 현대적인 의미와는 다른 것이다. 영어의 'society'는 16세기에 프랑스어 'socit'가 도입되어 변한 것이나, 그 어원은 라틴어 'societas'로서 대체로 동료 · 공동 · 연합 · 동맹 등의 '결합하다'라는 의미였다.

사회는 정치, 문화, 제도적으로 독자성을 지닌 공통의 관심과 신념, 이해에 기반을 둔 많은 사람의 개인적 집합 · 결사체이다. 소규모의 가족에서부터 직장과 학교, 전체 사회 및 그 일부인 정치 · 경제 · 시민 · 노동 · 문화사회 등을 지칭한다. 사회는 한국사회, 미국사회 등과 같이 국가에 따른 구분과 쿠르드(Kurd) 사회[2)]와 같이 민족에 따라 구분하기도 하고 문화, 지역에 따라 구분하기도 하나 그 기준은 연구 대상과 관점에 따라 다르다. 오늘날 사회 개념은 무한 확장하여 세계사회, 지구사회는 물론 동물사회 등을 일컫기도 한다. 그러나 엄격히 말해 사회는 근대이행기에 생성된 신개념으로 봉건사회나 원시사회 등과는 구별할 필요가 있다. 사회 구성에 대한 연구는 문화, 정치, 신념 등의 기준에 따른 자발적 구성에 주목하기도 한다.

사회는 가장 넓은 의미에서는 인간에 관한 사상의 총체, 즉 '자연'과 대비되는 의미에서의 사회를 가리킨다. 이를 넓은 의미(廣義)의 사회라고 할 때 그 속에는 경제학 · 정치학 · 법률학 · 사회학 등 사회과학의 대상이 되는 모든 현상이 포괄되어 있다. 반면, 인간의 결합으로서의 공동체를 뜻하는 좁은 의미(狹義)의 사회에는 2명의 사람으로만 이루어진 가장 작은 집단에서, 크게는 국민사회를 거쳐 세계사회까지 포함된다. 그러나 협의의 사회도 구체적으로는 여러 가지 유형으로 분류된다.

사회라는 말은 다양한 의미를 가지고 있지만, 중요한 몇 가지 의미만 살펴보면 다음과 같다(https://search.daum.net/). ① 흔히 인간의 사회적 삶이라는 일반적 사실, 즉 역사적으로 존재했던 모든 사회의 매우 추상적이고 일반적인 상태를 가리키는 데 사용된다. 인간의 삶이 항상 사회 속에서 이루어진다는 주장이며, 자연에 대비되는 개념으

2) 쿠르드(Kurd)족은 나라가 없는 지구상의 여러 민족 중에서 가장 규모가 큰 편에 속한다. 그들의 숫자는 3,000에서 4,000만 명쯤 되는 것으로 추산하고 있지만, 정확한 숫자는 알 수가 없다. 인구의 통계를 낼 주체인 나라와 주권이 없기 때문이다. 그들이 수천 년간 중동 지역에서 거주하는 동안 독립을 쟁취하기 위하여 무진 애를 썼지만 주변 주권국들이나 미국, 러시아 등 강대국들의 이익에 따라 이용당하거나 토사구팽을 수없이 당해 왔다는 사실은 역사가 증명하고 있다.

로 사용하고 있다. ② 사회라는 말은 그때그때 사회관계의 특징을 이루는 특정한 상태를 가리키는 말로도 종종 사용된다. 농업사회라든가 산업사회라는 식의 예가 이에 해당한다. ③ 지역이나 특성 면에서 제한된 사회관계만을 한정하여 나타내기도 한다.

1) 인간은 사회적 동물

여러분은 "인간은 사회적 동물이다."라는 말을 수없이 듣기도 하였고, 아울러 자신도 그렇게 생각하고 있을 것이다. 이 말은 고대 그리스 철학자 아리스토텔레스(Aristoteles)[3]가 했던 말이다. 인간은 사회 속에서 살아갈 때 행복하다는 뜻이다. 인간과 사회는 서로 떼어 놓을 수가 없는 동전의 양면과 같다. 정말 사람은 사회 속에서 살아야 행복할까? 사람들은 왜 사회를 이루며 살아갈까?

사람들은 저마다 생각도 다르고 성격도 다르다. 이것을 우리는 흔히 다른 말로 '개성'이라고도 한다. 이렇게 사람들에게는 저마다 다른 개성이 있기 때문에 어떤 일을 결정할 때 다툼이 일어나기도 한다. 학교에서 친구들과 여행을 갈 때 누구는 산으로 가자고 하고 누구는 계곡으로 가자고 하는 것과 같이, 또한 집에서 여행을 갈 때도 마찬가지로, 어머니는 바다로 가자고 하고 아버지는 산으로 가고 하기 때문에 다툼이 일어나기도 한다.

그렇다면 이렇게 다툼이 일어나는데도 사람들이 모여 사는 이유는 뭘까? 원시인들은 처음에는 농사짓는 방법을 몰라서 나무 열매를 따 먹거나, 사냥을 하면서 먹을거리를 찾아다니는 이동 생활을 했다. 그런데 혼자서 열매를 따 먹거나 사냥을 하는 것보다 여러 사람이 같이할 때 훨씬 더 많은 먹을거리를 찾을 수 있고, 다른 동물들의 공격을 막아 내기도 쉽다는 것을 알게 되었다. 이처럼 사람들이 사회를 이루며 모여 사는 이유는, 혼자서는 할 수 없는 일도 함께할 때는 쉽게 이루어 낼 수 있는 경우가 많기 때문이다.

---

3) 플라톤과 함께 그리스 최고의 사상가로 꼽히는 인물로 서양지성사의 방향과 내용에 매우 큰 영향을 끼쳤다. 그가 세운 철학과 과학의 체계는 여러 세기 동안 중세 그리스도교 사상과 스콜라주의 사상을 뒷받침했다. 17세기말까지 서양 문화는 아리스토텔레스주의였으며 수백 년에 걸친 과학혁명 뒤에도 아리스토텔레스주의는 서양사상에 여전히 뿌리 깊게 남아 있었다.

2) 게젤샤프트(Gesellschaft)

독일의 철학자 임마누엘 칸트(I. Kant)[4]는 게젤샤프트(Gesellschaft, 이익사회)[5]라는 말을 폭넓게 '인간의 사회적 결합과 그 형태'로 묘사했지만, 좀 더 정확하게는 자유로운 존재로서의 인간의 사회적 결합과 그 형태를 의미한다. 따라서 관습적 · 전통적 사회의 의미보다는 개인들 선택의 지적 · 목적의식적 결합을 함의하는 경우가 많다고 말할 수 있다. 칸트는 사회에서 모든 사람이 서로 대항관계에 있으며, 그것을 통해 각 사람의 자연소질이 꽃피고 문화가 발전한다고 생각하였다(https://search.naver.com/).

인간에게는 사회 속에서 다른 사람과 함께 자신의 소질을 펼치는 사회화의 경향과 다른 사람으로부터 벗어나 모든 것을 자신의 생각대로 다루고자 하는 개별화의 경향의 서로 모순되는 양 측면이 있다. 이러한 인간의 비사교적 사교성에 의해 사회는 미개상태로부터 문명화의 상태인 시민사회로 진보한다. 시민사회는 법이 지배하는 국가의 합법적 질서이지만, 국가들 사이의 관계는 무질서이기 때문에 좀 더 나아가 세계 전체의 질서 있는 관계인 세계시민적 상태의 실현이 지향되어야만 한다. 이것은 인류 최고의 도덕화의 단계이며, 거기서 인류의 자연소질은 완성된다.

여기서는 사회적 결합 일반이라는 가장 넓은 의미의 사회의 용법이 보이며, 그것은 인류 진보의 3단계(신학적 단계, 형이상학적 단계, 그리고 과학적 단계)를 통과해야만 한다. 좁은 의미의 사회 개념을 우리는 제2단계(형이상학적 단계)의 시민사회 내에서 볼 수 있다. 이 시민사회에 해당하는 사회 개념을 칸트는『인륜의 형이상학』제1부 '법론'에서 다음과 같이 말한다. "자유로운 존재자들은 외적 자유의 원리에 기초하는 (한

4) 인식론적 양대 흐름인 합리주의(合理主義) 철학과 경험주의(經驗主義) 철학을 종합하고, 형이상학 체계를 전면적으로 재편하려고 시도하여 철학적 사유의 새로운 경지를 개척하였다. 칸트는 서양 근대 사상이 지향했던 도덕적 이상을 집대성한 사람이다. 그에게서 우리는 오늘날 우리가 추구하는 자유 민주주의 사회의 초석이 되는 정신을 찾아볼 수 있다.

5) 1887년 독일의 사회학자 퇴니에스(F. Tonnies)가 저술한『Gemeinschaft & gesellschaft』에서 처음 개념화되었다. 퇴니에스는 구성원의 결합 의지에 따라 게마인샤프트(공동사회), 게젤샤프트(이익사회), 게노센샤프트(협동사회)로 집단을 구분하였다. 이 중에서 게젤샤프트(Gesellschaft)는 서로 같은 이익이나 목적을 달성하기 위하여 선택 의지로 개방적으로 결합된 인위적 사회이다. 이러한 사회 형태는 협상 · 정치 등에 의해 유지되고, 이러한 형태의 결합은 구성원들 간의 공동의 관심이 있으며, 서로 간의 만족할 만한 거래가 있어야 가능하다. 또한, 이런 식의 결합은 이런 조건 때문에 매우 취약하고 쉽게 무너질 수 있다. 이해관계에 따라 구성원 간의 긴장이 발생할 수 있고, 개인의 소외를 초래하기 쉽다. 회사, 정당 등이 여기에 속한다.

인격의 다른 인격에 대한) 상호적인 영향에 의해서 전체의 구성원(Gemeinschaft[6] 내에 있는 인격들)으로 이루어지는 사회를 구성한다."

이러한 사회는 보편법칙에 의해서 각 사람의 자유를 모든 사람의 자유와 양립시키는 법 아래에서 비로소 가능해진다. 또한, 여기서 사회가 공동체와 결합되어 있는 점이 주목된다. 나아가 앞의 제3의 세계시민적 상태는 윤리학의 이상인 '목적의 나라'와 중첩될 수 있다. '목적의 나라'란 인격들이 각각 목적으로서 다루어지는 "공동체적 법칙에 의한 다양한 이성적 존재자의 체계적 결합"이다.

공동체에 대해 간단하게 서술하면, 칸트에게 이 말은 사회에 대립되지 않고 오히려 연계되는 것으로서 사용된다. 공동체, 즉 게마인샤프트는 원래 『순수이성비판』에서 '관계'의 범주에 속하며, "능동자와 수동자의 상호작용"을 의미한다. 또한, 『실천이성비판』 '자유의 범주표'에서는 "어떤 인격의 다른 인격의 상태에 대한 상호적 관계"로 된다. 현상들 간의 상호작용이 인격들 간의 상호작용의 의미로 전용된다. 그리고 앞의 '목적의 나라'에서 보는 것처럼 개인들 사이의 인격적 · 정신적 접촉을 보유하는 공동사회적인 의미도 포함한다.

아리스토텔레스 이래의 전통적인 사회 개념이 폭넓게 인간의 사회적 결합 일반을 의미하지만, 이러한 공동체 개념과 연계되는 칸트의 사회 개념은 각 사람의 자유를 만인의 자유와 양립시키는 보편적 법칙에 기초하는 자유로운 개인들의 사회적 결합을 주로 의미하는 것으로서 독특한 의의가 있다(https://search.naver.com/).

3) 개인과 사회

여러분은 사적 영역을 어디까지라고 생각하는가? 사적 영역은 어디까지 보장되어야

---

6) 게마인샤프트(공동사회)는 자연적 · 생득적 의지에 따라 결합된 집단으로서 실제적 · 유기적인 생명체이며 신뢰할 수 있고 내밀하며 배타적인 공동생활을 영위한다. 그렇기에 사람은 경험적으로 분리하기는 해도 본질적으로는 계속 결합해 있다. 모두가 신뢰에 찬 친밀한 집안끼리 생활을 하거나 각종 행 · 불행을 수반하면서 생활한다. 여기에서의 중요한 유대는 혈연, 지연, 우정이며, 사람들을 구체적 개인으로서 집합시키고 있다. 이러한 사회의 구체적인 예는 가족, 촌락, 소도시 등을 들 수 있다.

할까? 프랑스 정치철학자 콩스탕(B. Constant)은 자유주의의 진정한 기초를 세운 인물이다. 소위 소극적(negative) 자유, 즉 '간섭을 받지 않고 행동하는 것'을 자유의 더욱 바람직한 내용으로 이해하는 정치 철학자들에게, 그리고 '외적 간섭과 제약으로부터 개인의 경험과 선택을 보호'하는 것을 핵심적 가치로 간주하는 제도 연구자들에게, 콩스탕은 언제나 자유주의를 대표하는 중요한 사상가로 손꼽힌다. 자코뱅(C. des Jacobins) 독재와 집단적 폭력에 대한 콩스탕의 두려움이 전체주의에 대한 비판과 궤를 같이한 것이다(https://terms.naver.com/).

▲ 콩스탕(1767~1830)

콩스탕이 염려한 것은 혁명적 전제(專制)의 출현만이 아니었다. 그가 진정 두려워한 것은 국가가 특정의 가치를 법으로 제정하거나 제도를 통해 강제함으로써 개인의 자유를 심각하게 훼손할 수 있다는 사실이었다. 그는 법과 집단교육을 통해 시민들에게 애국심과 도덕성을 함양해야 한다고 주장하는 지식인들에게 깊은 우려를 갖고 있었다. 비록 인간의 이기심이 초래할 문제에 대해 그 누구보다 비판적이었지만, 도덕과 지식만큼은 규제보다 방임을 지향해야 한다는 견해를 갖고 있었다.

종교의 자유와 개인의 자율에 대한 콩스탕의 성찰은 오늘날에도 큰 의미를 갖고 있다. 그러나 위에 인용된 고대의 자유에 대한 그의 서술은 되짚어 볼 필요가 있다. 당시 지적 논쟁의 특수한 맥락을 감안하더라도, 고대인의 자유를 '전체 또는 집단에 완전히 종속된 개인의 권리'로 이해한 것은 지나치다는 것이다. 물론 종교개혁과 과학혁명, 그리고 시장의 진화가 가져온 변화가 개인에 대한 새로운 인식을 가져다주었다는 점은 부인할 수 없다. 그렇지만 고대인이 향유한 자유를 집단적 덕성으로 단순화한 것은 부적절하다는 말이다.

비록 노예제도와 귀족적 특권과 같은 한계를 갖고 있지만, 고대 아테네 민주정과 로마 공화정에서 시민이 향유했던 자유는 오늘을 사는 우리가 간과한 개인과 사회의 바람직한 관계에 대한 탁월한 혜안을 제공해 준다. 실제로 콩스탕의 구분도 고대인의 자유를 대외 관계에 국한시키려는 근대인의 습관과 무관하지 않다. 고대인의 자유를 '다른 공동체에 복속되지 않는 상태'로 규정하고, 동일한 맥락에서 개인이 추구해야 할 삶의 목적을 공동체의 생존에 우선을 둔 집단적 덕성으로 정의하는 일반적 편견과 관련이 된다(https://terms.naver.com/).

2 사회문제와 사회복지

어느 사회에서든 언제나 사회문제가 함께 한다. 사회가 처한 시대 환경이나 지역적 조건에 따라 각기 다른 문제가 생긴다. 따라서 시대적 맥락과 무관하게, 사회문제 그 자체만으로 독립시켜 분류하기 어렵다.

사회문제에는 인종 문제, 민족 문제, 도시 문제, 농촌 문제, 노동 문제, 토지 문제, 실업 문제, 인구 문제, 주택 문제, 여성 문제, 노인 문제, 가정 문제, 청소년 문제, 비행 문제, 매춘 문제, 평화 문제, 식민지 문제, 학원 문제, 자살 문제 등 실로 다양하다. 이러한 사회문제의 발생 원인은 개인적인 것이 아닌 제도의 결함이나 모순 때문에 생긴다는 특징이 있다. 즉, 사회문제는 게으름이나 무능력과 같은 당사자의 개인적 책임으로 생기는 것이 아니라 사회 구조의 모순에서 생긴다. 따라서 사회문제를 해결하려면 사회 정책적 견지에서 결함이나 모순을 시정하여야만 한다. 사회문제의 해결에는 사회의 변혁이나 개량이 생각되는데, 그 방향에는 현 체제의 테두리 안에서 해결·완화하려는 것과 체제 자체를 변혁함으로써 해결하려는 것이 있다.

체제 내에서의 사회사업·사회보장·사회정책 등에 의한 사회문제의 해결은 개량주의적 성격을 띤다. 한편, 사회문제를 체제의 변혁으로 해결하려는 입장은 대중적인 사회운동과 결부되기 쉬우며, 대중이 구체적인 사회문제의 배후에 있는 정치적 지배관계를 자각하도록 하는 데 역점을 둔다. 이 경우 대중의 일상적 이익 · 요구와 직접 관계되는 사회문제의 당면적 해결은, 체제변혁이라는 궁극적 정치목표 중의 한 단계로서 파악된다.

그리고 사회문제를 경제 문제로서만 보느냐, 정치 문제와 결부해서 보느냐에 따라서 사회문제의 해결방향이 2가지로 나누어진다.

앞의 입장을 사회개량의 입장, 뒤의 입장을 체제변혁의 입장으로 해석할 수 있다. 사회문제 중에는 앞서 말한 바와 같이, 인구 문제 · 청소년 문제 · 민족 문제 등 체제변혁과 직접적인 관계가 없는 문제가 많다.

사회주의자들은 이러한 것들이 사회문제로 취급되는 것은 자본주의 체제와 불가분의 관계가 있기 때문이며, 계급대립 · 모순이 지양(止揚)된 경우에는 그 성격이 크게 바뀐다고 본다. 그러나 사회주의 체제에서도 계획경제에 무리가 있고, 지도자와 대중 사이에 불일치가 있는 경우에 갖가지 사회문제가 생긴다는 것은 알려진 사실이다.

사회정책은 개인, 집단, 지역사회, 사회제도 간의 상호관계를 조절하고, 그 개입방법을 안내하는 사회의 활동과 원리이다. 이러한 원리와 활동은 사회의 가치와 관습의 결과이며, 국민의 복지수준과 자원의 재분배를 결정한다. 따라서 사회정책은 교육, 건강보호, 범죄와 교정, 경제적 보장, 사회복지에 대한 정부의 계획과 프로그램을 포함한다. 사회정책은 또한 사회의 보상과 강제를 일으키는 사회적 관심을 포함한다.

02 CHAPTER 사회문제의 개념과 유형

1 사회문제의 개념과 특성

1) 사회문제의 개념

사회문제(Social problem)의 의미는 '사회적(social)'이라는 용어와 '문제(problem)'라는 용어가 합성된 말이다. 즉, '사회적'이란 사회의 다수에게 영향을 미치는 범위를 의미하고, '문제'란 사회 현상이 부정적이고 바람직하지 못한 일정한 기준이 되는 것을 의미한다. 따라서 사회 제도나 구조의 결함 · 모순으로 발생하는 실업 문제, 주택 문제, 인구 문제 등 개인의 일상생활에 직접 관계되는 사항에 대해 그 수가 증가하여 사회 전체에 심각한 영향을 미친 경우에 이것을 사회문제라고 한다. 다르게 표현하면, 사회문제는 그 발생 원인이 사회에 있고, 사회 구성원 다수가 문제로 인식하고 있으며, 다수가 이러한 문제에 대해 어떤 행동을 취할 것(改善)을 원하고, 인간의 노력으로 해결할 수 있는 문제를 말한다.

종종 사회문제는 근대에 들어 발생하였다고 하지만, 빈곤자나 실업자는 어느 시대에

나 존재하였다. 중요한 것은 오히려 문제 요인의 변화이다. 빈곤이나 실업이 개인의 능력이나 시정, 운에만 의한다면 아무리 그 수가 증가해도 사회문제가 되지는 않는다. 개인적인 문제의 원인 및 해결의 책임이 사회 자체에 있어야 비로소 사회문제가 된다. 이러한 문제 요인의 변화의 밑바탕에는 다양한 개인을 포함한 전체로서의 '사회'의 이념이나 인간이 사회를 개량할 수 있다는 진보의 이념이 존재한다.

이러한 의미에서 사회문제가 본격적으로 논의된 것은 19세기에 들어서서부터다. 당시의 주요 사회문제였던 노동자의 실업 · 노령 · 질병 · 빈곤에 대해서 서유럽에서는 1880년대의 독일을 시초로 사회보험이 제도화되었다. 일본에서도 1890년대 이후 사회연대 · 사회 개량 사상 및 사회주의 사상이 소개되어 사회문제 해결의 방법이 논의되었다.

사회문제의 해결이란 일상생활의 안심과 보장의 확보로 이것은 사회 통합의 열쇠라고도 할 수 있다. 20세기 국가는 사회주의와 복지국가라는 2가지 방향으로 문제해결을 도모하였으며, 일본에서는 1961년에 국민 총 보험체제에 의한 복지국가가 실현되었다. 그러나 현재는 이들 2가지 국가체제는 모두 기능부전에 빠져 있어 개인의 생활 위험이 다시 증가하고 있다. 단, 이러한 위험은 환경 문제나 대규모의 천재 · 사고 또는 흉악범죄 등의 사회적 위험과 함께 '안전과 안심'을 위한 보험이나 안전보장의 대상이 되고 있어 사회문제를 받아들이는 문맥 자체가 변하고 있다.

2) 사회문제의 특성

사회문제의 객관성에 대한 접근 방식은 인간생활에 피해를 입히는 사회현상을 해결하는 데 구체적인 도움이 된다. 예컨대, 사회문제의 접근으로 빈곤한 사람에게 궁핍한 상태를 완화하고 없애 주는 것이 가장 시급하다. 그들이 왜 궁핍한지에 대한 생각 자체는 그리 중요하지 않다.

사회문제의 기본 속성은 문제 해결의 주체와 직접적이고 간접적인 영향의 대상으로서 특정 개인이 아닌 불특정 다수인 사회 구성원에 두고, 그 사회문제를 그냥 둘 경우

궁극적으로 사회 자체의 붕괴까지 초래할 수도 있다고 본다. 즉, 사회문제의 출발은 개인 문제에 두되, 이러한 개인 문제에 불특정 다수성과 사회적 중요성이 결합됨으로써 사회문제가 등장한다고 본다(박용순 외, 2012: 23; 표갑수, 2006).

앞에서 살펴본 사회문제의 개념 정의는 우리에게 여러 가지 의문을 던진다. 이를테면 다음과 같은 몇 가지 질문이다. 문제 여부를 판단하는 사회의 가치나 규범 따위가 고정 불변이 아닌데 어떻게 일관성이 보장된 판단이 가능할 것인가? 사회적 다수의 삶에 별다른 부정적 영향을 주지 않는 사회 현상도 종종 사회문제로 드러나는 것은 과연 어떻게 받아들여야 하는가? 사회적 소수를 괴롭히는 사회 현상은 사회문제로 드러날 가능성이 없는가? 이런 종류의 의문을 풀기 위해서는 사회문제가 지닌 특성을 살펴보아야 한다(김종일 외, 2004: 16-20). 따라서 사회문제가 성립되기 위한 특성 몇 가지를 제시하면 다음과 같다(Manning, 1985: 1-28).

(1) 상대성

어떠한 사회 현상을 "바람직하지 않다." 혹은 "문제가 있다."라고 판단하는 기준은 한 사회의 가치와 규범이다. 그러나 이 가치와 규범은 고정 불변의 것이 아니라 시간과 공간에 따라 달라진다. 따라서 사회문제는 본질적으로 상대적이다. 이 말은 시간과 공간을 초월하여 언제 어디서나 항상 '문제'로 인식되는 사회 현상은 없다는 의미이다.

예컨대, 마약 문제만 해도 그렇다. 우리나라에서는 대마초와 같은 (사람에 따라서 다르게 느낄 수 있으나) '가벼운' 마약조차 금기처럼 여긴다. 그러나 네덜란드와 같은 나라에서는 이런 정도의 '가벼운' 마약은 불법이 아니며, 찻집에서 음료수로 판매하기도 한다. 근친상간(Incest taboo)은 현대의 한국 사회에서는 분명히 사회문제로 규정될 것이지만, 고대 이집트에서는 근친상간이 사회적인 관습으로 인정되어 사회문제로 규정되지 않았다. 또한, 자녀를 많이 생산하여 인구를 증가시키는 것은 20세기 이전의 사회에서는 거의 사회문제로 여겨지지 않았지만, 오늘날 후진 사회에서는 다출산과 이로 말미암은 인구 증가가 사회문제로 규정될 수 있다.

(2) 선별성

우리가 사는 사회에는 숱한 문제 상황이 발생한다. 그러나 이 모든 문제가 사회문제로 규정되는 것은 아니다. 사람들의 눈과 귀는 특정한 문제에 쏠리는 경향이 있다. 즉, 사회문제는 본질적으로 '선별'된다. 어떠한 문제 상황이 사회문제로 규정되는 과정에는 여러 가지 요인이 작용한다.

민주주의 사회에서 의사결정 과정은 흔히 다수의 지배라는 원칙에 따라 이루어진다. 그렇다면 어떤 상황을 사회문제로 규정하는 과정에도 과연 이 원칙이 관철되고 있을까? 여러분은 그렇게 생각하는가? 대답은 부정적이다. 현대사회에서 일반 대중이 어떤 상황을 인식하는 데에는 대중매체가 가장 큰 역할을 한다. 평소에 사회적 관심을 끌지 못하던 현상이 대중매체(특히 TV)의 집중 보도를 통해 사회문제로 드러나는 경우를 우리는 자주 볼 수 있다.

그런데 대중매체의 정보는 복잡한 사회 현상을 단순화하는 과정을 거쳐 전달된다. 이러한 단순화 과정에는 정보의 왜곡은 물론, 때때로 어떤 특정 메시지가 선택 또는 거부되는 이른바 게이트키핑(gate keeping)[1]의 위험성이 언제나 도사리고 있다. 게이트키핑이 만연된 상황에서 사회문제를 규정하는 과정은 결국 다수의 지배가 아니라, 소수 지배 계층에 의해 진행된다.

다수의 지배 원칙이 충실히 지켜지는 상황에서도 소수 엘리트 집단의 영향력이 크다는 사실을 감안하면, 사회문제의 '선별'은 사실상 이들이 좌우하는 셈이다. 지배 계층은 대중매체를 비롯한 자신들의 사용 가능한 자원을 바탕으로 그들의 가치 기준과 이익에 부합하는 방향으로 사회문제를 선별한다. 대중매체가 주로 드러나게 하는 사회문제가

---

1) 뉴스 미디어에서 뉴스가 취사선택되는 일련의 과정 전반을 의미한다. 미디어 조직에서는 다양한 뉴스 소재거리 중에서 어떤 것을 선택하여 대중들에게 노출하고 어떤 것을 노출하지 않을지를 결정하는데 이 과정이 바로 게이트키핑이며, 이러한 게이트키핑을 하는 사람, 즉 뉴스 결정권자를 게이트키퍼(Gate Keeper)라고 한다. 신문사의 게이트키핑은 신문의 종이 지면이나 온라인 판에 실을 뉴스를 선택하는 과정이며, 방송사의 게이트키핑은 해당 프로그램 시간 내에 어떤 뉴스를 방송할지를 선택하는 과정이다. 또한, 온라인 포털과 같은 매체에서는 다양한 언론사의 뉴스 중에서 어떤 뉴스를 화면에 노출시킬지를 결정하는 과정이다. 어떤 뉴스가 선택되고 선택되지 않는지에는 다양한 요인이 복합적으로 영향을 미친다. 뉴스 메시지의 게이트키핑 과정에는 게이트키퍼의 계급적 배경, 성장배경, 교육배경, 가치관, 세계관 그리고 일하는 조직의 가치, 규범, 전통 등의 요인이 영향을 미칠 뿐만 아니라, 정치 · 경제 · 사회 · 문화적 압력과 같은 외부요인 역시 영향을 미친다.

(구조적 현상이 아니라) 개인적 일탈 현상인 것은 바로 이러한 이유 때문이다. 물론 모든 사회문제가 소수 엘리트 집단에 의해 선별되는 것은 아니다. 어떤 문제는 일반 대중의 사회운동으로 주요 사회문제로 드러나기도 한다. 사회문제의 선별 과정에서 사회운동의 영향을 크게 받는 것은 아무래도 구조적인 문제다. 역사적으로 볼 때 빈곤이나 실업 등과 같은 구조적인 사회문제는 일반 대중의 사회운동으로 드러나는 경향이 많았다.

(3) 객관성과 주관성의 결합

사회문제에 대한 모든 논의는 일단 객관적인 사회 현상으로부터 비롯된다. 어떤 연구자들은 그 현상의 객관적인 측면에 초점을 맞추기도 한다. 이와 반대로, 그 현상에 대한 사람들의 느낌과 인식에 관심을 쏟는 연구자들도 있다. 이들은 사회문제의 주관성을 강조한다. 이 연구자들은 어떤 사회 현상이 '문제'로 판단되는 과정에서 중요한 역할을 하는 것은 객관적 현상(상황) 그 자체가 아니라, 그것에 대한 사람들의 인식이라고 주장한다. 따라서 사회문제의 개념 정의는 본질적으로 주관성을 지닌다는 것이다.

사회문제의 주관성을 지적하는 시각은 사회문제의 다양한 성격을 이해하는 데 매우 중요한 단서를 제공한다. 예를 들어, 사회적 일탈 문제와 같은 사회문제는 이러한 관점에서 접근해야 제대로 이해할 수 있는 것이 사실이다. 그러나 사회문제의 주관성을 지나치게 강조한다면, 사회를 개선하는 노력 자체가 무의미하게 여겨질 수도 있다.

한편, 사회문제의 객관성을 신봉하는 연구자들은 과학적인 이론과 방법에 근거하여 어떠한 사회 현상이 인간의 복지에 해를 끼치는지 결정할 수 있다고 주장한다. 즉, 사람들의 주관적인 인식과 상관없이 사회문제를 객관적으로 판단할 수 있다는 것이다. 이들이 강조하는 것은 문제가 되는 현상 그 자체이지, 그것에 대한 사람들의 느낌이 아니다.

이러한 관점에서는 사회의 가치나 윤리 등을 절대적인 것으로 받아들이는 경향이 보인다. 이와 같은 '절대적' 기준이 전제되어야 무엇이 문제인지가 '객관적으로' 드러나기 때문이다. 이렇듯 상황의 객관성에 초점을 맞추는 접근 방법은 인간의 삶에 구체적인 피해를 입히는 사회 현상을 해결하는 데 실질적인 도움이 된다. 가령 빈곤으로 고통을 받는 사람들에게는 빈곤 상태를 없애거나 개선하는 것이 무엇보다도 시급한 일이다. 이들에게 사람들이 빈곤을 어떻게 생각하는가 하는 문제는 중요하지 않다.

그런데 사회문제의 객관성을 강조하는 접근 방법에도 한계는 있다. 어떠한 상황 (혹은 사실) 자체가 문제의 본질이라고 주장하는 사람들은 "사실은 스스로 말하지 않는다(Facts do not speak for themselves)."라는 사회과학의 격언을 상기하여야 한다. 사실이 문제로 정리되는 과정에는 반드시 인간의 가치 판단과 해석이 개입한다는 말이다. 이것은 환경오염이 매우 오래전에 시작된 사회 현상이지만, 사회문제로 인식되기 시작한 것은 그로부터 한참 후의 일이라는 사실 하나만 보더라도 쉽게 알 수 있다.

그렇다면 사회문제는 어떻게 이해해야 하는가? 대답은 장황하게 설명하거나 증명하지 아니하여도 저절로 알만큼 명백하다. 사회문제는 객관성과 주관성을 모두 지니고 있다. 그것이 사회문제의 특징이다. 그러므로 사회문제를 제대로 파악하기 위해서는 객관적 상황과 주관적 인식을 동시에 다루어야 한다. 이는 사회문제에서 객관적 상황과 주관적 인식은 동전의 양면과 같기 때문이다.

(4) 정치성

정치적이라는 말에는 그 속에 권력관계를 내포하고 있음을 의미한다. 사회문제의 개념 정의와 원인 분석 그리고 그 해결 방안의 모색 과정은 이해집단 사이의 논란과 힘겨루기로 점철되기가 쉽다. 우선, 가치 판단과 규범 해석에서 이견이 드러난다. 거기에 이데올로기(ideologie)[2]가 가세한다. 사회의 자원과 보상(reward)이 관련된 문제일수록 더욱 그렇다.

2) 이데올로기는 'idea'와 'logik'의 합성어이다. 'idea'는 현상에 대한 관념적 인식과 이상(ideal)을 의미하는 말이고, 'logik'은 현상에 대한 사실적 인식, 즉 과학적 인식과 관련된다. 즉, 이데올로기는 '관념의 과학'이라고 표현할 수 있다. 쉽게 말하면 이데올로기는 세상에 대한 다양한 인식의 방법과 형태로 세계관, 종교관, 가치관, 사상, 사고방식 등 다양한 신념 체계 혹은 인식 체계를 말한다.

교육 문제가 대표적인 경우이다. 거의 모든 사람은 우리 사회의 교육 문제가 매우 심각하다고 생각한다. 그러나 문제의 개념 정의부터 의견이 엇갈린다. 한 쪽에서는 극심한 사교육이 우리나라 교육 문제의 핵심이라고 판단하지만, 다른 한 쪽에서는 경쟁력이 없는 교육이 더 큰 문제라고 주장한다. 원인 분석이나 해결 방안에 이르면 정치적 싸움은 더욱 분명해진다. 왜 이런 현상이 발생할까? 바로 이데올로기가 작용하기 때문이다.

정치적 성격이 뚜렷하지 않은 사회문제에도 마찬가지로 권력관계가 작용한다. 청소년 일탈의 경우가 대표적인 예이다. 청소년 일탈과 같은 문제는 언뜻 보아서는 정치적 성격이 드러나지 않는다. 그러나 청소년 일탈이 사회문제로 규정되는 과정에는 세밀한 권력관계가 작용한다. 거기에도 역시 정치적 성격이 배어 있는 것이다. 물론 이런 경우의 권력관계는 노골적인 힘겨루기가 아니라, 특정 집단 혹은 계층의 일방적 지배로 귀결되는 것이 일반적이다.

2 사회문제의 동향

1) 사회 변동과 사회 구조

사회 변동(Social change)이란 사회 구조가 변화하는 것으로 사람들의 상호 행위와 사회관계 속에서 상대적으로 변화하기 어려운 '패턴으로서의 구조' 또는 이러한 패턴을 생성하는 '규칙으로서의 구조'가 변화하는 것을 말한다. 즉, 일정한 사회 구조의 전체 또는 부분이 변화하는 것을 말한다.[3)] 그러나 사회 변동의 형태는 도처에서 다르게 나타나고, 또 다양하기 때문에 일반적인 개념으로 적절하게 정리할 수는 없다.

오늘날 지적되는 사회 변동의 요인에는 다음과 같은 것들이 있다. 즉, ① 기술적 발전, ② 사회적 갈등, ③ 통합의 실패, ④ 적응의 필요성, ⑤ 이념의 영향, ⑥ 생산력과 생산 과제의 모순 등이다. 이런 요인들 중 어느 것이 중요한가는 역사적 조건과 사회적 상황에 따라 다르다. 사회 변동에 대한 일반 이론을 수립한다는 것은 아직은 아득히 멀리만 느껴진다.

대부분 사회 변동은 상호작용의 형태 변화에 초점을 맞추어 사회 구조의 변동에 주목하는 것이 일반적이다. 따라서 사회 변동을 사회 구조의 변동이라고 생각할 때 사회 구조는 역할 배치와 역할에 따른 인원 및 사회적 자원 배분 규칙에 따라 정의된다. 그리고 역할 형성으로서 역할 배치에 변동이 초래된다고 할 때 두 가지를 고려할 수 있다. 하나는 기존의 역할체계 속에 새로운 역할이 추가되는 경우이며, 다른 하나는 기존의 역할 속에서 특정 역할이 변화하였을 때 생기는 변화다(신중섭, 1999).

사회 변동은 사회 인구의 연령이나 직업 구성 등 인구학적 패턴의 변동에서 시작하여 가치나 세계관, 국민성 등 문화적 패턴의 변동에 이르기까지 다양성을 지닌다. 이처럼 사회 변동은 구조적 변동에 영향을 미치며, 특유의 사고나 행동양식으로서 문화와 가치관에도 영향을 미친다. 또한, 부분적이든 전체적이든 문화나 가치관의 변화가 구조의 변화를 유도하는 경우도 있다(박용순 외, 2010: 19-20).

2) 사회 변동과 사회문제

사회 변동에 대한 대응으로서 사회복지제도가 확립되려면 어떤 사고가 사회문제로 널리 인식될 필요가 있다는 다수의 동의가 전제되어야 한다. 사회문제를 인식하는 상태를 정의함으로써 '사회문제화'가 되는 것이며, 이것이 사회 현상을 정의함으로써 사회문제에 대한 사회 인식을 갖게 된다. 즉, 사회 변동과 사회문제는 밀접한 관계를 지

3) 비슷한 용어로서 몇 가지를 들 수 있는데 사회 변화는 '바뀌어서 존재하는 상태'를 가리키지만, 사회 변동은 '바뀌어 움직이는 역동적'인 의디를 가지고 있다. 우리나라 학자들은 사회 변동이라는 용어를 더 즐겨 쓴다. 또 사회 변동은 발전의 크기 · 성격 · 상태 등이 점진적으로 바뀌어져 가되 미리 가진 성질이나 가능성이 나타나는 것을 가리키지만, 진보는 인간이 원하는 방향으로 나가는 가치적인 표현이다.

니며, 사회 변동의 유형에 따라 사회문제의 유형도 달라진다. 그러므로 사회문제의 범위나 정의를 정확하게 파악하려면 사회문제를 일으키는 사회 변동의 원인과 유형을 파악하여야 한다.

사회문제는 사회 변동에 따라 부정적인 영향력이 특정 개인에게만 한정하여 미치는 것이 아니라, 사회 구성원 전체에게 미치는 보편성을 지닌 경우를 말한다. 예컨대, 환경오염 문제가 바로 그러하다. 환경오염 문제가 가져오는 일반적인 부정적인 영향력으로, 사회 구성원 누구에게나 질병이나 장애가 일어날 수 있음을 의미한다.

사회문제는 개인 문제와 엄격하게 구별하는 지침이 되며, 사회문제의 발생에는 그 전제로 개인 문제의 발생이 선행되고 있다. 그러므로 개인 문제는 어느 정도 시간이 흐름에 따라 사회문제의 요건이 더욱 확연해지면서 사회문제로 확대된다. 바꾸어 말하면, 개인적인 사건이 불특정 다수에게 장시간에 걸쳐 반복적으로 일어나면서 개인 문제가 사회문제화되는 것이다. 이처럼 사회문제의 기본 속성은 불특정 다수의 불만족스러운 상태의 지속을 의미한다.

따라서 사회문제 발생의 중요한 요인이 바로 사회 변동이며, 이는 각국의 역사적·경제적 상황, 가치관, 정치 형태, 사회복지 수준 등 다양한 기준에 따라 차이가 있다. 그러므로 사회 변동에 따른 사회문제는 각 국가에 따라 다양하게 정의되고 개념화된다(박용순 외, 2010: 21-22).

3) 사회 변동과 사회복지

사회 변동과 사회복지를 연관하여 깊이 연구할 때는 ① 사회문제가 어떻게 발생되어 사회 구조를 변화시켜 나가는지 그 변동 과정을 파악하고, ② 사회문제가 어떻게 구축되어 유지되고 어떻게 변해 가는가 하는 일련의 동태적 과정을 파악하며, ③ 사회 변동과 사회문제화 과정의 연관성을 파악하는 것이 중요하다. 이에 사회문제와 어떤 연관성을 지니는가 하는 것은 다음 두 가지 측면에서 제시할 수 있다(박용순, 2008; 박용순 외, 2010: 20-21).

- 특정 사회에서 사회문제로 성격이 규정되면 사회적으로나 국가적으로 그 문제 해결에 대한 공식적인 관심이 출현할 수 있는 바탕이 마련된다. 이와 같은 공식적인 관심을 가지고 구체적인 사회문제의 해결을 위한 대응책이 바로 사회복지다. 즉, 사회문제에 대한 대응책은 갑작스럽게 출현하는 것이 아니라, 사회적으로 복잡한 형성 과정을 거치면서 하나의 공식적인 사회복지정책이 수립된다.
- 특정 사회에서 사회문제로 규정되고 수용되는 것은 한 사회 내의 다양한 개인 문제 중에서 경합 과정을 거쳐 선택된다. 사회적 경합 과정에서 사회문제로 인지되고 수용된다는 것은 그 문제에 대해 사회가 해결 의지가 있음을 간접적으로 암시한다. 이러한 과정은 한 사회의 경제적 · 사회적 여건과 가치적 · 문화적 측면을 반영하고, 동시에 한 사회 내의 역학관계 속에서 매우 복잡하고 다양한 의미를 지닌다. 그리고 개인 문제가 사회문제화되는 과정은 그 문제를 해결하기 위한 공식적이고 체계적인 사회복지정책이 실현되는 가장 초기 단계로 볼 수 있다.

따라서 사회 변동에 수반되는 사회복지의 전개 과정을 살펴보면, ① 사회 변동으로서 '사회문제화'이고, ② 대응 방안으로서 '사회정책화'이며, ③ 구체적 실천으로서 '복지제도화'의 세 가지 차원으로 이루어진다. 즉, '사회 변동-사회문제-사회복지정책'의 순환관계를 유지한다. 이에 사회 변동에 따른 사회복지는 그 사회의 문제 인식과 가치관이 무엇인가에 우선적 관심을 두어야 한다. 그리고 현존 산업사회는 사회복지에 대한 국민의 권리성(rights)이나 정상화(normalization)[4] 등의 사회가치체계 문제를 확립하여야 한다.

4) 정상화 원리의 가장 중요한 목적은 사람들이 그 사회 안에서 사회적으로 가치 있는 역할을 수행할 수 있도록 하거나 지원해 주는 데 있다. 이를 위한 방법으로는, 첫째, 가치 이하로 평가된 사람의 '사회적 이미지'를 증진시키는 것이며, 둘째, 이들의 '능력'을 증진시키는 것이 있다.

3 사회문제의 유형

사회문제의 유형은 〈표 2-1〉에서 보는 바와 같이, 분류하는 학자의 견해에 따라 다양하다. 즉, 사회문제에 대한 개념 정의와 그들의 연구에 따라 유형을 다양하게 제시하고 있다. 그들은 사회문제에 대한 나름대로의 독립적이고 가치중립적인 측면에서 제시하지만, 사회문제를 올바르게 인식하고 보편적인 관점에서 구분하는 것에는 한계가 있다.

사회문제의 유형에 관한 전통적인 입장은 한때 미국에서 가장 많이 읽혔던 사회문제론 교재인 『현대사회문제론(Contemporary Social Problems)』을 편집한 머튼(R. K. Merton)과 니스벳(R. Nisbet)의 견해가 대표적이다. 이들은 사회문제를 두 가지, 즉 일탈 행위(deviant behavior)와 사회 해체(social disorganization)로 유형화했다(원석조, 2018: 31-32).

일탈 행위는 인간의 사회적 행위를 지도하는 행동 규칙이자 사회적 지위와 역할을 규정하는 사회적 규범으로부터의 이탈을 의미한다. 범죄 문제, 비행 문제, 정신질환 문제, 약물 중독 문제, 알코올 중독 문제, 성매매 문제, 동성애 문제가 여기에 속한다. 사회 해체는 사회적 규칙이 와해되어 사회 구조가 제대로 작동하지 않는 조건 혹은 사회의 공동 목적이나 가치를 실현할 수 없는 상태를 뜻한다. 인구 문제, 불평등 문제, 고령화 문제, 성 역할 문제, 인종 문제, 가족 해체 문제, 지역사회 해체 문제, 도시 문제, 노동 문제, 빈곤 문제, 집단 폭력 문제가 여기에 속한다(Merton & Nisbet, 1976).

〈표 2-1〉 학자별 사회문제의 유형

학자(연도)	유형 및 세부내용
Dunn & Waller (2000)	• 사회제도 문제: 가족 문제, 경제 문제, 보건의료 문제 • 불평등 문제: 경제적 불평등 문제, 인종 문제, 성차별 문제 • 일탈 문제: 범죄 문제, 폭력 문제, 정신질환 문제 • 사회 운동 및 사회 변동과 관련된 문제: 피해자 문제, 동성애 문제, 노동 착취 문제 • 글로벌 사회문제: 핵무기 문제, 개발도상국의 빈곤 문제, 사망률 문제, 환경 문제, 자원 갈등 문제
Eitzen & Zinn (2000)	• 체제 문제: 부와 권력 문제, 사회체제 문제, 부의 집중 문제, 정경 유착 문제, 권력 집중 문제 • 인구 문제: 글로벌 문제, 환경 문제, 노령화 문제, 도시 문제, 식량 문제 • 불평등 문제: 빈곤 문제, 인종 문제, 성차별 문제, 동성애 문제 • 제도 문제: 노동 문제, 고용 문제, 가족 문제, 학대 문제, 폭력 문제, 교육 문제, 보건 문제, 테러 문제 • 일탈 문제: 정신 문제, 범죄 문제, 약물 문제, 부적응 문제
Merton & Nisbet (1976)	• 일탈 행위 문제: 범죄 문제, 비행, 정신질환 문제, 약물 중독 문제, 알코올 중독 문제, 성매매 문제, 동성애 문제 • 사회 해체 문제: 인구 문제, 불평등 문제, 고령화 문제, 성역할 문제, 인종 문제, 가족 해체 문제, 지역사회 해체 문제, 도시 문제, 노동 문제, 빈곤 문제, 집단 폭력 문제
Parrillo et al. (1999)	• 거인 복지의 위협 문제: 알코올 문제, 약물남용 문제, 성적 문제, 범죄 문제, 폭력 문제, 테러 문제 • 사회 평등의 위협 문제: 인종 문제, 빈곤 문제, 착취 문제, 성차별 문제 • 사회 제도의 위협 문제: 가족 문제, 교육 문제, 노동 문제, 고용 문제, 보건 문제 • 삶의 질의 위협 문제: 도시 문제, 농촌 문제, 인구 문제, 환경 문제
Schneider et al. (2000)	• 비극적 사회문제: 정신질환 문제, 자살 문제, 알코올 중독 문제 • 부정의 사회문제: 인종 차별 문제, 빈곤층 문제, 성차별 문제 • 위협적 사회문제: 범죄 문제, 인구 문제, 흡연 문제, 약물중독 문제 • 추행적 사회문제: 대량 살인 문제, 대량 자살 문제, 아동학대 문제, 여성 강간 문제, 전쟁 문제 • 고압적 사회문제: 낙태 문제, 안락사 문제 • 결함적 사회문제: 관료주의 문제, 부도덕 문제

학자(연도)	유형 및 세부내용
Zastrow (2000)	• 일탈 문제: 범죄 · 비행 문제, 정신질환 문제, 약물남용 문제, 동성애 문제 • 불평등 문제: 인종 문제, 성차별 문제, 고령화 문제, 빈곤 문제 • 제도적 문제: 가족 문제, 보건의료 문제, 교육 문제, 대기업 · 기술 · 노동 문제 • 글로벌 문제: 폭력 · 테러리즘 · 전쟁 문제, 도시 문제, 인구 문제, 환경 문제
김영모 (1982, 1997)	• 구조적 문제: 빈곤 문제, 소득분배 문제, 노동 문제, 교육 문제, 불평등 문제 • 해체적 문제: 가족 해체 문제, 빈민지역 문제, 인구 문제, 환경 문제 • 일탈적 문제: 범죄 문제, 소년비행 문제, 성매매 문제, 자살 문제, 알코올 중독 문제, 정신질환 문제
박용순 외 (2012, 2019)	• 사회일탈적 문제: 탈선 문제, 범죄 문제, 부적응 문제, 약물남용 문제, 학교폭력 문제, 성폭력 문제, 성매매 문제, 정신질환 문제 • 사회구조적 문제: 빈곤 문제, 교육 문제, 불평등 문제, 노인 문제, 노동 문제, 환경오염 문제, 도시 문제 • 사회해체적 문제: 아노미 문제, 핵가족 문제, 보건 문제, 고용 문제, 소득분배 문제, IMF 문제
원석조 (2001, 2018)	• 개인의 복지를 위협하는 문제: 범죄 문제, 청소년 문제, 성매매 문제, 약물남용 문제, 정신질환 문제, 가정폭력 문제, 성폭력 문제 • 사회적 평등을 위협하는 문제: 소득의 불평등 문제, 빈곤 문제, 성차별 문제, 노인차별 문제 • 사회제도를 위협하는 문제: 가족 문제, 교육 문제, 노동 문제, 보건의료 문제 • 삶의 질을 위협하는 문제: 인구 문제, 도시 문제, 환경 문제
표갑수 (2006, 2010)	• 사회구조적 차원의 사회문제: 빈곤 문제, 교육 불평등 문제, 도시 문제, 노동 문제, 환경오염 문제, 노인 문제 • 해체적 차원의 사회문제: 아동 · 청소년 문제, 가족 문제 • 일탈적 차원의 위협 문제: 청소년 비행 문제, 범죄 문제, 약물 문제, 학교폭력 문제, 가정폭력 문제, 성폭력 문제, 성매매 문제, 정신건강 문제

03
CHAPTER

사회문제 관련 이론

1 사회문제에 대한 거시 이론적 접근

1) 기능론

기능론은 사회 구성요소들이 상호 의존적 관계에서 사회 전체의 유지와 통합에 이바지한다는 가정을 바탕으로 한다. 그리고 그러한 기능화는 사회적으로 이미 합의된 것이며, 사회 전체의 존속과 통합에 이바지하는 방식이라는 생각이다. 즉, 가족제도는 사회 구성원을 재생산하는 기능을 통하여 전체 사회의 유지와 존속에 이바지하고 있으며, 그러한 기능은 사회적으로도 합의되어 있다는 전제에 기초한다. 따라서 기능론에서는 사회 · 문화 현상을 구성 요소의 기능적 관계로써 이해한다. 이러한 기능론은 사회학 이론 가운데 가장 오래된 이론일 뿐만 아니라, 아직도 가장 지배적인 위치를 차지하는 이론이다.

기능론의 바탕이 된 이론은 사회유기체설(社會有機體說)[1]로, 사회는 하나의 살아 있

1) 사회를 하나의 유기체로 간주하고, 생물체 혹은 생물 진화라는 유추(類推)로 사회를 파악하려는 학설로, 인간 사회는

는 유기체이며, 유기체를 구성하는 다양한 기관이 각각의 기능을 제대로 수행해야 유기체가 살 수 있는 것처럼, 사회도 근본적으로는 유기체와 같은 원리로 구성되어 있다고 파악한다. 19세기 말기에 유럽에서 시작된 기능론은 20세기 미국에서 꽃을 피워 사회학을 비롯한 사회과학 전반에 걸쳐 주류 이론으로 자리를 잡았다. 기능론의 시조로는 스펜서(H. Spencer)와 뒤르켐(E. Durkheim)이 손꼽히고, 파슨즈(T. Parsons)와 머튼(R. Merton) 등이 이들의 이론을 이어 나갔다.

기능론의 전통에서는 사회를 생물학적 관점에서 바라보는 경향이 짙다. 즉, 사회를 마치 하나의 유기체처럼 간주하여 그 실체를 객관적이고 실증적인 방법으로 분석할 수 있다고 믿는다. 기능주의 이론가들은 이 유기체적 유추(analogy)[2]에 입각해서 사회를 하나의 체계, 곧 상호 유기적으로 연결된 부분의 총체(an integrated whole)로 파악한다. 이들에 따르면, 사회의 각 부분은 체계로서의 사회 전체의 필요와 욕구를 충족하기 위해 존재하며, 상호 간의 협력을 통해 사회 전체의 질서와 균형을 유지하는 데 이바지한다. 이러한 질서와 균형은 사회의 모든 구성원이 지켜야 할 최고의 가치로 간주한다. 사회 구성원들에게 이 가치를 전달하는 과정이 바로 사회화(socialization)이다. 이처럼 부분 사이의 상호 의존성과 사회 전체를 유지하기 위한 이들의 특정한 기능이야말로 기능론의 핵심이자 초점이다.

그렇다면 기능론에서는 사회 변화를 어떻게 설명하는가? 기능주의 시각에서는 본질적으로 갈등과 변화에 큰 관심을 보이지 않는다. 이들에게 변화는 혁명적이거나 급격한 단절이 아니라, 질서정연하고 점진적인 것이다. 따라서 관심과 설명을 필요로 하는 현상이 아니다. 기능론에 따르면, 사회의 각 부분은 내부 갈등이나 외부의 충격이 발생

인간의 신체와 유사한데, 각 부분(사람들이 관계하는 일의 분담)은 담당하는 사람들이 각자의 기능을 잘 시행해 가기만 한다면 사회는 조화롭게 움직인다고 한다. 이런 사고방식은 고대의 노예제 사회, 중세의 봉건제 사회에도 있었던, 그 사회에서의 지배 계급의 존재를 정당화하는 이데올로기로서 이용되어 왔다. 자본주의 사회가 발생하면서, 사회에서의 각각의 개인은 뿔뿔이 흩어져 있어 각 개인들 사이에는 아무런 연관도 없는 것으로 생각하는 사고 경향이 지배적이었지만, 얼마 안 있어 사회유기체설이 재등장하게 되었다. 그것은 부르주아지에 대항하는 프롤레타리아트의 투쟁의 격화와 또 생물학에서의 괄목할 만한 발전에 영향을 받았던 것 같다. 그 대표자는 19세기 후반의 영국의 허버트 스펜서(H. Spencer)이다.

2) 두 개의 사물이 몇몇 성질이나 관계를 공통으로 가지며, 또 한 쪽의 사물이 어떤 성질 또는 관계를 가질 경우 다른 사물도 그와 같은 성질 또는 관계를 가질 것이라고 추리하는 일로, 유비추리(類比推理)라고도 한다.

할 때 새로운 균형 상태를 향하여 조직적으로 적응해 나간다. 극단적인 충격이 아닌 이상 사회 전체가 교란되는 일은 극히 드물다. 기능론자들에게 변화는 그저 하나의 균형 상태에서 또 다른 균형 상태로의 이동일 뿐이다(김종일 외, 2004: 22-26; Manning, 1985: 1-28; Rubington & Martin, 2002; Seidman, 1983).

만약 사회 구성 요소가 맡은 기능을 제대로 수행하지 못하게 되면 이는 사회의 균형 상태가 깨진 부정적인 상황으로 인식한다. 기능론에서는 사회 변화나 사회 갈등이 발생하게 되면 사회에 문제가 생긴 것으로 간주하는데, 이를 일시적인 현상이라고 이해하기 때문에 사회 변화나 사회 갈등을 간과하거나 그 대처를 소홀히 하는 측면이 있다.

기능론의 관점에서 선물을 어떻게 이해할 수 있을까? 선물은 개인 관계에서만이 아니라 기관 간이나 국가 간에도 이루어진다. 기관 간에 이루어지는 명절의 의례적인 선물은 거래하는 다른 기관과 관계를 원활하게 유지하는 데 필수적이다. 역사적으로 한 나라가 다른 나라에 조공을 보내는 것도 이런 측면에서 이해할 수 있다. 조공은 두 나라 간의 평화와 국제 관계에서 질서를 유지하는 데 도움이 된다. 이런 측면에서 보면 선물은 사회를 안정시키는 데 중요한 역할을 하는 셈이다. 따라서 사회관계를 형성하고 유지하는 과정에서 의례적으로 기대하는 선물을 챙기지 않을 경우 관계의 유지에 문제가 생기거나 관계 자체를 악화시킬 수도 있다. 기관 간, 국가 간에 주고받는 선물은 평화와 안정에 도움을 주는 것으로 관계의 유지에 도움이 된다.

(1) 기능론자들이 바라보는 사회문제

앞에서 언급한 것처럼 기능론자들은 사회를 잘 짜이고 통합된 안정적인 체계로 본다. 따라서 이러한 시각에서 사회문제는 사회의 안정과 질서를 방해하고, 그것의 원활한 기능을 위협하는 모든 상황으로 정리할 수 있다. 이와 같은 상황의 대표적인 사례로는 사회규범과 사회 현실 사이의 중대한 괴리 현상이 있다. 예컨대, 자유민주주의 사회에서 경제적 부(富)에 대한 사회규범은 정직하고 성실하게 돈을 벌어야 한다는 것이다. 그런데 실제 우리 현실은 정말 그러한가? 수많은 사람이 돈을 벌기 위해 수단과 방법을 가리지 않고 있다. 이것이 우리의 현실이다. 이런 상황이 계속된다면 사회규범 자체가 무너지면서 사회의 안정과 질서가 위협을 받게 된다.

기능론의 한 갈래인 사회병리학자들이 사회문제를 도덕적 기대의 위배로 정의하는 것은 이런 맥락에서 이해할 수 있다. 이들은 도덕적 기대의 위배가 바로 사회라는 유기체의 '건강'을 해치는 '병'이라고 주장한다. 사용하는 용어는 다르지만 사회해체론자들도 기본적으로 비슷한 주장을 펼친다. 이 이론에 따르면, 하나의 체계(system)인 사회가 변화에 제대로 적응하지 못하면 사회해체 현상이 일어난다. 사회해체란 본질적으로 기대가 충족되지 못하는 상태를 뜻한다. 사회해체를 알리는 대표적인 현상이 무규범 상태(anomie)[3]이다. 사회문제는 이런 상태를 가리킨다. 일탈행동론 역시 사회문제를 규범적 기대의 위배로 정의한다. 사회문제를 사회규범에 어긋나는 행위나 현상으로 파악한다.

기능론에서는 사회문제를 명백히 '객관적인' 현상으로 여긴다. 사회 구성원들이 그 문제의 존재나 심각성을 인식하지 못한다고 해서 사회문제가 존재하지 않는 것은 아니라는 말이다. 이혼을 예로 들어 보자. 이혼은 사회의 가장 중요한 구성요소인 가족이 깨지는 사건이다. 만일 이혼이 크게 늘어난다면 가족이 수행하는 사회화 등의 기능이 손상을 입게 된다. 그 결과로 사회의 안정과 질서는 크게 위협을 받을 것이다. 그러므로 기능론의 견지에서는 이혼을 분명한 사회문제로 본다. 이것은 이혼에 대한 사람들의 생각과 상관없이 그렇다는 뜻이다.

(2) 사회문제의 원인

기능론의 관점에서 사회문제의 주된 원인은 사회체계의 '기술적' 결함이다. 기능론에 따르면, 사회적 균형 상태가 허물어질 때 사회의 각 부분은 새로운 균형 상태에 도달하

3) 문자적으로는 '무규범'을 뜻하지만, 더 일반적으로는 적절한 규범에 대하여 실질적인 불일치가 존재하는 사회의 상태를 말한다. 뒤르켐(E. Durkheim)과 머튼(R. Merton)은 아노미에 관한 두 가지의 주된 접근방식을 발전시켰다. 뒤르켐은 근대사회에서의 아노미를 기계적 연대에서 유기적 연대로 불완전하게 이동한 데에서 야기되는 것이라고 보았다. 사회에서의 분업은 이러한 분업의 도덕적 기초보다 더 빨리 진전된다. 따라서 사회의 어떤 측면들은 부적절하게 규제되고, 따라서 아노미가 발생한다. 뒤르켐은 아노미를 현대사회의 많은 질병, 혹은 병리적인 것과 관련시킨다.

기 위하여 신속하고 정확하게 움직여야 한다. 그런데 사회체계를 구성하는 하위체계(subsystems) 가운데 일부가 자신의 기능을 적절히 수행하지 못하는 상황이 발생하면 새로운 균형을 이루는 작업이 잠정적으로 실패하거나 연기된다. 이것이 바로 기능론자들이 말하는 '기술적' 결함이다.

기능주의 이론은 '기술적' 결함의 대표적인 예로 사회화 과정의 실패를 손꼽는다. 예컨대, 사회병리학에서는 사회화의 실패가 사회문제의 원인이라고 명백히 선언하였고, 사회해체론은 사회 변동에 따른 부적응을 문제의 원인으로 지적한다. 그런데 부적응이란 결국 사회화 과정에 문제가 있기 때문에 일어나는 현상이다. 일탈행동론은 일탈행동의 학습에서 사회문제의 원인을 찾고 있다. 일탈행동의 학습이란 잘못된 사회화와 같은 말이다. 이처럼 기능주의 이론은 사회문제의 원인으로 한결같이 사회화 과정을 지목하고 있다.

한편, '기술적' 결함은 사회통제 기능에서도 발생한다. 사회는 정상적인 사회화 과정을 거친 사람에게는 보상을, 그렇지 못한 사람에게는 처벌을 내리는 사회통제의 기능을 내재하고 있다. 이 사회통제 기능이 제대로 작동하지 못하거나, 어떠한 방해를 받으면 사회문제가 발생한다. 예를 들어, 정직하게 열심히 일한 사람은 가난에서 벗어나지 못하는데 부도덕하고 비윤리적인 방법으로 살아가는 사람이 잘살게 된다고 가정하자. 그러면 이 세상은 어떻게 될까? 부정과 부패는 더욱 심해질 수밖에 없다.

(3) 사회문제의 해결책

대체로 기능론자들은 사회에 대하여 낙관적인 견해를 가지고 있다. 그래서 약간의 '기술적' 조정과 보완으로 사회문제를 해결할 수 있다고 믿는다. 이들이 보기에 사회는 서로 연결되어 있기는 하나, 이질적인 부분들로 이루어진 체계이기 때문에 '기술적' 결함이 발생하는 것은 자연스러운 현상이라는 것이다. 그러나 이 결함을 시정하는 제도적 장치가 사회체계에 내재되어 있으므로, 사회문제를 해결하기 위해 사회 전체가 변할 필요는 없다고 본다.

기능주의자들이 말하는 사회문제의 구체적인 해결책은 기존의 사회화 과정과 사회 통제 기능을 강화하거나, 재정비하는 한편, 일탈자들을 재사회화 혹은 재활 과정에 참여시켜 '정상적인' 상태로 돌려놓는 것이다. 이런 맥락에서 가족, 교육, 법 등은 사회문제 해결의 핵심 장치로 여겨진다.

(4) 이론의 평가

기능론은 사회 구조의 정적인 측면을 이해하는 데에는 매우 적합한 이론이다. 실제로 사회가 안정되어 있고 큰 변화가 없을 때 사회의 작동 원리는 기능론의 주장을 그대로 따르는 것처럼 보인다. 그러나 기능론의 장점은 그대로 단점이 되기도 한다. 현대 사회는 계속해서 변하고 있다. 정적인 기능론은 이런 변화를 설명하는 데 한계를 드러낼 수밖에 없다.

기능론의 약점은 사회문제의 설명에서 더욱 두드러지게 나타난다. 기능주의 이론가들은 변화에 대해 별다른 관심이 없기 때문에 변화의 원천으로서의 사회문제의 가능성을 대수롭지 않게 대강 보아 넘기기가 쉽다. 기능론이 종종 사회 기득권을 옹호하는 이론이라는 비판을 받는 이유가 바로 여기에 있다. 이보다 더 큰 문제점은 사회문제의 원인을 보는 시각이다. 기능론은 기본적으로 거시 이론이고 개인에 대한 사회 구조의 영향력을 강조한다. 그럼에도 사회문제의 원인은 미시적인 시각으로 관찰하는 경향이 짙다. 이것은 논리적으로 모순이다. 이러한 모순은 사회 자체의 변화를 질서 정연한 점진적 진화의 과정으로 설정하고 있는 이론 자체에서 기인한다.

2) 갈등론

갈등론은 기능론과 같이 거시적 시각을 견지하고 있지만, 내용 면에서는 기능론과 정반대의 위치에 서 있다. 갈등론은 기본적으로 사회의 구성 요소들은 서로 갈등 관계에 있으며, 이러한 갈등이 사회 변동에 이바지한다고 보는 관점이다. 이러한 갈등론은 사회 갈등의 역동성과 다양성을 강조하지만, 협동과 조화를 경시하고 사회의 존속과 통합을 소홀히 할 우려가 있다.

갈등론의 형성과 발전에 가장 큰 영향을 미친 것은 마르크스주의(Marxism)이다. 그렇다고 해서 모든 갈등론이 다 마르크스주의에서 쪼개져 나온 것이라고 보기에는 한계가 있다. 특히 여성주의(feminism)와 같은 비(非)마르크스주의적 갈등론이 새롭게 조명을 받고 있다. 또한, 상당수 이론가들은 마르크스주의를 갈등론의 범주에 넣기보다는 독자적인 관점으로 분류하기도 한다.

모든 갈등론은 마르크스주의 전통의 수용 여부와 관계없이 갈등 현상을 사회의 핵심 현상으로 파악한다. 즉, 갈등을 일시적 현상으로 간주하는 기능론과 달리, 갈등론에서는 갈등을 사회의 본질적 모순으로 인식한다. 나아가 갈등론은 사회를 각자의 이익을 극대화하려는 여러 세력의 싸움터로 묘사하고 있다. 기능론에서는 사회 구성원 사이에 치열한 경쟁이 존재한다는 사실을 인정하고 있으나, 이것은 어디까지나 '선의'의 경쟁이고 규칙에 의거한 경쟁이다. 그러나 갈등론자들은 이 경쟁이 희소 자원의 분배를 둘러싸고 지배와 피지배를 가르는 경쟁이기 때문에 힘의 논리가 작동한다고 본다.

갈등의 원천이 무엇인가에 관해서는 그 관점에 따라 다양한 견해가 존재한다. 마르크스주의자들은 계급구조와 계급관계를 갈등의 원천으로 지목하지만, 페미니스트들은 가부장 제도가 갈등의 원천이라고 주장한다. 이 밖에 권위, 가치, 사상 등에 갈등이 내재하는 것으로 보는 견해도 있다. 이렇듯 갈등의 원천에 관한 견해는 다르지만 갈등을 사회 변화를 일으키는 직접적인 원인으로 파악하는 점에서는 모든 갈등론자의 의견이 일치한다(김종일 외, 2004: 26-29; Manning, 1985: 1-28; Rubington & Martin, 2002; Seidman, 1983).

(1) 갈등론자들이 바라보는 사회문제

엄밀히 분명하게 말하면, 갈등론 관점에서는 '문제'로 여겨지는 사회 현상은 존재하지 않는다. 이것은 무슨 말인가? 왜냐하면, 최대의 사회문제라고 할 갈등 자체가 사회에 상존하는 것으로 보기 때문이다. 갈등론자들은 많은 사람이 사회문제라고 부르는 것을 궁극적으로 위장된 정치적 쟁점이라고 주장한다. 여기서 정치적이라는 단어는 권력관계를 암시하고 있다. 즉, 본질적으로는 힘의 우위를 차지하기 위한 싸움임에도 사람들은 사회문제라는 그럴듯한 포장으로 본질을 왜곡한다는 것이다. 예컨대, 청소년 일탈은 기성세대의 가치와 규범을 바꾸기 위한 싸움(곧 정치적 쟁점)의 성격이 강하다. 그런데 많은 사람은 그렇게 생각하지 않는다. 오히려 기성세대의 가치와 규범을 절대 기준으로 간주하고 이것에 대한 도전을 일탈이자 사회문제라고 규정한다.

한편, 갈등론의 한 쪽에서는 사회문제를 조금 다른 각도에서 정의한다. 이들은 일정한 힘을 지닌 어떤 집단이 자신들의 가치와 이익이 제대로 지켜지지 않고 있다고 판단할 때 사회문제가 존재한다고 본다. 이러한 개념 정의는 해당 집단이 해당 상황을 사회문제로 인식해야만 성립된다. 바꾸어 말하면, 사회문제의 정의가 주관적이라는 뜻이다. 사회문제에 대한 이와 같은 관점의 정의는 여성 운동의 발달 과정에서 쉽게 이해할 수 있다. 여성차별과 억압은 매우 오래된 현상이다. 그런데 이것이 사회문제로 인식되기 시작한 시점은 여성들이 일정한 힘을 가지게 된 이후이다. 여성들은 그 힘을 바탕으로 비로소 자신들에 대한 차별과 억압을 사회문제로 규정할 수 있었다.

(2) 사회문제의 원인

갈등론은 사회문제의 원인을 잘못된 사회 구조에서 찾는다. 사회문제는 소수가 다수를 힘으로 지배하고 착취하는 제도의 필연적 산물이라는 것이다. 마르크스주의자들은 자본주의 그 자체가 모든 사회문제의 근본 뿌리라고 주장한다. 페미니스트들은 (앞에서도 언급했지만,) 가부장 제도를 사회문제의 원천으로 손꼽는다. 가치갈등론의 관점에서는 경쟁 관계에 있는 이질적 집단들의 가치가 달라서 사회문제가 생긴다고 본다. 즉, 어떤 사회적 조건이 바람직하지 못하다는 것을 알고 문제가 제기되면, 대책이 논의되고 정책 결정이 이루어진다. 이 단계에서 경제 · 정치 · 종교 · 인종적인 이유 등으로 말미암은 집단 간 가치 갈등이 일어나게 되는데 이것이 바로 사회문제가 된다.

(3) 사회문제의 해결책

갈등론이 제시하는 사회문제의 해결책은 단순하고 명쾌하다. 갈등론은 개인에게서 그 해결책을 찾지 않는다. 사회문제의 원인이 사회 구조에 있으니 잘못된 사회 구조를 뜯어고치면 된다는 것이다. 마르크스주의자들은 자본주의 철폐를, 페미니스트들은 가부장 제도의 해체를 주장한다. 거시적 관점에 거시적 해답을 내놓아, 기능론에서 보는 바와 같은 논리적 모순이 없다. 게다가 대부분의 갈등론자들은 해결책을 이론으로 제시하는 선에서 그치지 않고, 이것을 행동으로 실천하려는 경향을 보인다.

한편, 가치갈등론이 제시하는 해결책은 조금 다르다. 가치갈등론에 따르면, 사회문제의 해결책은 세 가지가 있다. 합의, 협상, 힘이 바로 그것이다. 먼저, 이해 당사자들이 공유하는 어떤 선차적 가치가 있다면 합의에 의한 문제 해결이 가능해진다. 협상 방식은 서로의 가치를 민주적인 과정을 거쳐 교환하는 것이다. 이렇게 해서도 해결이 안 될 때에는 힘으로 굴복시키는 방법만이 남게 된다.[4)]

(4) 이론의 평가

갈등론은 사회의 동적인 과정을 이해하는 데 적합한 이론이다. 또한, 사회의 피지배 계층이나 소수 집단을 옹호하는 이론으로, 사회의 민주화에 크게 이바지하였다. 그러나 갈등론은 근본주의 성향을 피하기가 어렵다. 사회 전체의 변화나 구조의 전면적 타파와 같이 근본적인 변화만을 유일한 해결책이라고 생각하기 때문에 점진적인 변화는 무시하기가 쉽다. 그러나 현실 세계에서 전면적인 변화는 좀처럼 일어나지 않는다. 이런 상황에서 갈등론이 제시하는 근본주의적 해결책은 반대를 위한 반대로 치부되기가 십상이며, 실질적인 사회 개선에는 별 도움을 주지 못한다는 비판을 받는다.

한편, 갈등론 역시 기능론과 마찬가지로 거시적 측면에 치중하면서 인간의 자율성과 능동성을 소홀히 다루는 경향이 있다. 사회 변화조차 인간이 중심이 되어 일으키는

4) 사회문제의 해결을 위해서는 두 가치를 포괄하는 더 높은 가치 체계가 있어 그것으로 양쪽이 합의 · 타협(협상)하거나 권력(힘)을 행사하면 된다고 본다. 사회 변동은 가치의 변동을 수반하고 결과적으로 가치관에 혼란을 가져온다. 이러한 갈등은 일탈 행동을 저지르기도 한다.

것이 아니라, 제도의 모순으로 변화가 마치 저절로 오는 것처럼 묘사되고 있다.

3) 상징적 상호작용론

상징적 상호작용론(이후 줄여서 상호작용론으로 칭함)은 거시 이론의 지배에 대한 학문적 반발로 나타난 이론이다. 상호작용론의 발전에 선도적 역할을 한 이론가는 베버(Weber), 미드(Mead), 블루머(Blumer) 등이며, 이들은 사회생활의 주관적이고 미시적인 측면에 초점을 맞추었다. 상호작용론자들은 가령 돌벽을 발길질하려는 마음을 먹는 심리적 사건이 실제로 다리와 발을 벽 쪽으로 움직이는 신체 행위의 원인이 되며, 반대로 발이 벽을 치는 물리적 사건이 심한 통증을 느끼는 심리적 사건의 원인이 된다고 주장한다.

상호작용론자들은 인간을 사회화의 수동적 객체로 보지 않고, 자신의 사회 세계를 만들어 나가는 능동적이고 창조적인 참여자로 본다. 이들에 따르면, 사회적 삶은 인간의 상호작용(즉, 상호 간 커뮤니케이션과 반응)으로 이루어지며, 이것을 매개하는 수단은 언어와 몸짓 등의 상징이다. 이러한 상호작용에 참여하기 위해 인간은 전달하는 상징적 메시지의 의미를 해석하고, 그것에 반응하지 않으면 안 된다. 해석 과정에는 언어, 옷차림, 제스처(gesture) 등과 같은 갖가지 상징이 동원된다. 상징적 상호작용이라는 말은 바로 여기에서 나왔다.

그런데 의미는 개인에 의해 독단적으로 만들어지지는 않는다. 그것은 사회적 산물이다. 즉, 사람들 사이의 상호작용을 통해 얻는 것이다. 이렇게 얻어진 의미는 일상의 구체적 삶 속에서 끊임없이 재해석되고 수정된다.

상호작용의 관점에서 볼 때 사회는 일정하게 짜인 개인 사이의 상호작용으로 이루어진다. 따라서 상호작용론에서는 사회를 유동적일 뿐만 아니라, 지속적인 해석의 과정으로 파악한다. 이것은 주어진 구조와 제도에 초점을 맞추는 거시 이론과는 근본적으로 다른 시각임을 알 수 있다. 상호작용론자들이 보기에 사회적 실체란 객관적으로 존재하는 것이 아니고, 행위자들이 상호작용 과정에서 의미를 부여하고, 그것을 공유함으로써 이루어 가는 것이다. 결국 상호작용론의 관점에서는 개인과 사회가 별개의 존재로 분리되어 있지 않다. 양자는 서로 밀접하게 영향을 미치며, 서로의 모습을 바꾸어 나간다(김종일 외, 2004: 30-34; Manning, 1985: 1-28; Rubington & Martin, 2002; Seidman, 1983).

(1) 상호작용론자들이 바라보는 사회문제

상호작용론은 사회 자체의 객관성을 인정하지 않기 때문에 사회문제 역시 객관적인 현상으로 간주하지 않는다. 다시 말해서, 상호작용론의 관점에서 사회문제는 실제로 존재하는 현상이 아니라, '상황의 정의(definitions of the situation)'에 따라 달라지는 것이다. 여기서 말하는 상황의 정의란 어떤 상황에 참여하고 있는 행위자들이 상호작용을 거치면서 해당 상황에 의미를 부여하는 과정을 가리킨다.

따라서 상호작용론자들은 사회문제의 개념 정의에 관심을 가지지 않고, 사회문제가 정의되는 과정에 더 많은 관심을 가진다. 다시 말해서, 어떤 현상이 어떤 상황에서 어떻게 사회문제로 정의되는가에 관심의 초점이 모인다. 이것은 사회문제가 사람들의 인식과 관계없이 저기 저 밖에 객관적으로 존재하면서 사람들이 발견하기만을 기다리는 것이 아니라는 말이다. 상호작용론자들이 보기에 사회문제는 사회적으로 만들어진다. 낙인이론(labeling theory)[5]이 바로 이런 관점을 대표한다.

중류 가정의 청소년이 저지른 비행과 저소득층 청소년의 비행에 관한 비교 연구는 상호작용론의 효용성을 보여 주는 예로서 널리 알려져 있다. 중산층 청소년의 비행은 대부분 일시적인 '실수'나 '일탈'로 처리되는 경우가 대부분이다. 이와는 대조적으로, 가난한 청소년의 비행은 사회질서와 안정을 위협하는 '범죄'로 여겨지는 경우가 많다. 비행은 똑같은 비행인데 왜 이런 차이가 생겨날까? 상호작용론에 따르면, 객관적인 의

5) 일탈행동이 행위자의 심리적 성향이나 환경적 조건 때문에 발생되기보다는 사회문화적 요인에 따른다고 보는 이론이다. 일탈행동에 관한 이론으로서, 1960년대 시카고학파에 속하는 레머트(E. Lemert), 베커(H. Becker), 키추스(J. Kitsuse), 메차(D. Matza) 등이 제창하였다. 일탈행동을 단순한 사회병리현상으로 다루어 온 기존의 관점에서 탈피하여, 일탈이라는 것은 행위자의 내적 특성이 아니라 주위로부터의 낙인으로 만들어진다고 보았다. 미드(G. H. Mead)의 상징적 상호작용이론과 슈츠(A. Schutz)의 현상학적 사회이론에 근거한다.

미의 비행은 존재하지 않는다. 중요한 것은 특정한 '비행(여기서는 가난한 청소년의 비행)'에 대해서만 비행이라는 낙인이 주어진다는 점이다. 이렇게 낙인을 가하는 집단은 물론 권력과 경제력을 가진 집단이다.

(2) 사회문제의 원인

상호작용론은 인간이 상호작용 속에서 만들어 가는 의미에 주목하기 때문에 이 의미를 전달하고 공유하는 과정 자체가 사회문제의 원천이라고 본다. 겉으로 보기에 상호작용은 매우 간단하고 일상적인 과정이지만, 언어와 각종 신호를 교환하는 이 과정이야말로 사람과 사람 사이에 문제를 일으킬 소지를 내포하고 있다는 것이다.

실제로 우리 인간은 의사소통 능력이 완전하지 못하기 때문에 지극히 평범한 일상의 삶에서조차 의미를 공유하는 데 어려움을 느낄 수가 있다. 예를 들어, 청소년들의 머리나 옷차림은 기성세대와 항상 마찰을 빚게 만드는 원인 가운데 하나이다. 그러나 청소년들이 머리를 기르거나 물들이고 '이상한' 옷차림을 하는 것도 하나의 상징적 메시지임이 틀림없다. 문제는 이 메시지가 기성세대에게 제대로 전달되지 않는다는 것이다. 말하자면, 양자 간 상징에 대한 의미 공유가 일어나지 않는 것이다. 이것을 기성세대는 일탈로 보지만, 청소년들은 자아의 표현으로 여긴다. 기성세대가 청소년들의 이런 행위를 일탈로 규정한다고 해서 그것이 실제로 결코 일탈이 될 수는 없다. 그럼에도 우리 사회는 이런 행위를 언제나 일탈로 규정하는 경향이 있다. 여러분도 그렇게 생각하는가? 왜 그렇다고 생각하는가? 기성세대는 청소년들의 행위를 일탈로 규정할 수 있는 힘을 가지고 있기 때문이다.

(3) 사회문제의 해결책

상호작용의 관점에서는 사회문제 그 자체가 객관적으로 실재하는 것이 아니므로, '실재하지 않는' 사회문제의 해결을 위해 애쓸 필요를 느끼지 못하는 것이 당연하다. 사실 사회문제의 구체적인 해결책을 제시한다면, 그것은 상호작용과는 거리가 먼 것으로 보아야 한다. 또한, 상호작용은 일탈 행동을 제외한 다른 사회문제에 대해서는 거의 이론적 논의를 하지 않고 있다. 그러므로 우리가 할 수 있는 일은 이들의 이론을 유추하여 해결책으로 보일 수 있는 방법을 제시할 뿐이다.

무엇보다도 상호작용이 사회문제의 원인을 인간 사이의 상호작용 그 자체에서 찾는 한, 상호작용이 원만하게 일어날 수 있는 환경을 조성하는 것이 가장 기본적인 문제해결 방법이라고 생각한다. 개인 간의 의사소통 훈련을 비롯해서 커뮤니케이션(communication)의 흐름이 왜곡되지 않도록 사회를 민주화시키는 것 등이 이에 해당한다. 특히 의미 공유를 방해하는 선입견과 편견, 이데올로기의 영향을 제거 · 약화시키는 것이 중요하다. 실제로 청소년 일탈을 둘러싼 논란의 상당 부분은 이러한 방법으로 원만하게 해결할 수 있다.

상호작용론자들이 다음으로 주목할 방법은 낙인 메커니즘(mechanism)에 대한 집합적 도전일 것이다. 예컨대, 낙인 과정에서 영향력을 행사하는 집단을 논리적으로 반박하고, 그들이 지닌 권위의 기반을 무너뜨리는 일종의 사회운동을 펼치는 것 따위가 여기에 속한다. 이것은 또한 낙인이론의 사회문제 해결책이기도 하다.

(4) 이론의 평가

상호작용론은 인간의 능동성과 창조적인 측면을 강조한다는 점에서 거시 이론과는 근본적으로 다른 면모를 보인다. 또한, 거시 이론이 추상적이고 관념적인 경향을 강하게 드러내고 있는 것과 대조적으로, 상호작용론은 인간 생활의 구체적인 면면을 생생하게 다루고 있다.

상호작용론을 사회문제에 적용하면서, 우리는 사회문제의 주관성과 임의성에 민감해지는 효과를 얻는다. 사회문제를 마치 인간의 눈에 발견되기를 기다리는 '사물'처럼 생각하는 데 익숙한 우리에게는 신선하고 창의적인 시각이 아닐 수 없다. 이렇듯 상호작용론이 사회문제에 대한 이해의 폭을 넓히고 새로운 측면을 보여 준 것은 무시할 수 없는 공헌이다.

그러나 상호작용론은 다음 두 가지의 결정적 약점을 가지고 있다.

첫 번째 문제는 사회문제에 대한 주관적인 접근이 인간의 삶을 구체적으로 개선하는 데에는 아무런 도움을 주지 못한다는 사실이다. 사회문제의 객관적 실체를 부정하는 관점에서는 사회문제를 해결하려는 노력 자체가 의미가 없을 수밖에 없다. 물론 객관적 실체를 인정하기 어려운 사회문제도 많다. 가치나 규범을 둘러싼 (일탈행동 따위의) 논란이 대표적인 보기이다. 하지만 모든 사회문제에 객관적 실체가 없다는 주장은 분명히 문제가 있다. 가난과 굶주림에 신음하는 사람들, 환경오염으로 고통받는 사람들, 약물중독의 엄청난 폐해 등, 이 모든 것이 과연 실체가 없는, 사람들의 인식 속에서만 존재하는 현상인가? 또한, 사람들의 인식을 바꾼다고 해결될 수 있는 문제들인가? 여러분은 어떻게 생각하는가? 아마 절대다수의 사람은 그렇게 생각하지 않을 것이다. 결국 상호작용론은 이러한 문제에 대해 새로운 해석을 보여 줄 수는 있겠으나, 그것들로 말미암아 고통을 받는 사람들을 실제적으로 도와주지는 못하는 치명적인 결점을 안고 있다.

두 번째 문제는 사회 현상을 바라보는 상호작용론의 인식 과정과 관련이 있다. 상호작용론의 관점에서 사회문제의 원인은 상호작용에서 발생하는 의미 공유의 실패로 요약할 수 있다. 이 실패를 일으키는 상황 자체가 상호작용에 내재되어 있으므로, 문제는 영원히 해결될 수가 없다. 왜냐하면, 인간관계는 본질적으로 상징과 권력관계를 떠나서 생각할 수 없고, 이것들은 언제나 의미의 모호성에서 벗어나지 못하기 때문이다. 따라서 상호작용론은 사회문제에 대한 해결 방안의 제시는 고사(姑捨)하고, 오히려 개념 정의 과정에 갇히게 될 가능성이 높다. 이렇게 된다면 이론으로서의 효용 가치는 크게 떨어질 수밖에 없다(김종일 외, 2004: 21-34; Manning, 1985: 1-28; Rubington & Martin, 2002; Seidman, 1983).

2 사회문제를 보는 다양한 관점

1) 사회 병리 관점

사회병리론은 사회를 살아 있는 생물 유기체에 비유하면서 바람직한 사회 조직은 건강한 것이고, 사회 조직의 정상적인 운용을 방해하는 사람이나 상황 모두를 사회문제라고 보는 입장이다. 따라서 사회문제가 발생한 사회는 일종의 질병에 걸린 병든 사회라고 보는 견해이다. 사회병리론의 입장에서는 의사가 환자를 치료하듯이 병든 사회는 교육으로 치료할 수 있다고 본다.

초기 사회병리론자들의 경우 일탈자가 발생하는 것은 해당자가 본질적으로 어떤 결함을 가지고 있기 때문이라고 판단하였으나, 후기의 사회병리론자들은 사회 환경이 사회 병리에 큰 영향을 끼치는 것으로 보기 시작하였다. 일탈자가 유발하는 사회문제는 합법적인 사회 질서를 유지시키는 비용을 증가시킨다. 그리고 그 원인이 사회 환경에 있을 경우 환경 개선의 필요성을 일깨워 준다. 사회 일탈 행위는 유전적으로 결함이 있을 경우 자녀 출산 제한과 같은 유전과 관련된 처치가 모색되었으며, 일반적인 경우는 중산층에 도덕을 습득하도록 교육을 시키는 것이 강조되었다. 그런데 현대 사회병리론자들은 개인보다도 일부 사회 자체에 질병이 있는 것을 강조하며, 이러한 나쁜 사회 환경을 개선하면서 도덕적 교육을 병행하는 것이 일탈 행위에 대한 더욱 바람직한 해결책이 된다고 보고 있다.

2) 사회 해체 관점

기존의 사회 조직이 해체되면서 사회문제가 발생한다는 입장이다. 산업 혁명, 도시화, 과학의 발달이 기존의 사회 조직을 해체하면서 여러 가지 형태의 갈등을 발생시키고, 이로 말미암아 전쟁이나 노사 갈등 등과 같은 사회문제가 나타났다는 것이다. 사회해체론의 입장에서는 사회문제에 대한 정확한 진단을 통해서 사회 체계의 각 부분 사이에서 나타나는 불균형 상태를 제거하고 균형 상태로 돌아오게 함으로써 사회문제를 해결할 수 있다고 주장한다. 여기에 속하는 문제로 가족 문제, 노인 문제, 환경 문제, 인구 문제, 자원 문제, 빈민지역 문제 등이 있다.

이러한 사회문제가 발생하는 원인은 넓게 보아 사회 변동이다. 이러한 변동 과정에서 사회 제도의 각 부분이 조화를 이루지 못하는 상황에서 문제가 발생하는 것이다. 문화의 부분들 간의 변화 속도가 다르기 때문에 사회문제가 발생한다고 지적한 오그번(W. Ogburn)의 문화지체론이나, 현대 사회로의 변화와 노인 문제의 대두를 관련시키는 관점도 사회해체론에서 사회문제를 살펴본 사례라고 할 수 있다. 사회 변동이 일어나면 관련된 사회 제도가 해체되면서 새로운 사회 제도가 이를 대신하게 된다.

사회 변화로 말미암아 기존의 사회가 해체되면서 발생하는 문제로 가장 대표적인 것이 가족 문제이다. 산업화와 도시화는 직장이나 근무지 변경을 빈번하게 일어나게 하였다. 이로 말미암아 많은 수의 가족으로 구성되는 확대 가족보다는 적은 수의 가족이 함께 생활하는 핵가족이 주도적인 가족 제도가 만들어졌다. 이런 현상은 기존의 권위주의적 가족 문화와는 달리 가족 구성원 간의 평등을 중시하는 새로운 민주적인 가족 문화를 만들었는데, 이러한 급격한 문화적 변동은 많은 문제를 발생시켰다. 즉, 이러한 과정에서 노인 문제, 이혼 문제, 가정 폭력 문제, 아동 가출 문제를 비롯한 자녀 문제, 여성 문제 등이 발생하게 된 것이다.

3) 가치 갈등 관점

가치는 당위적 방향을 제시하는 명제로, 좋고 나쁨이나 옳고 그름을 판단하는 기준이 된다. 경험적으로 입증이 불가능하기 때문에 객관화가 어렵다. 또한, 자신이 가진 가치에 따라 판단이나 행동이 달라지기 때문에 삶에 큰 영향을 미친다. 가치라는 것이 경험할 수 있는 사물로부터 유래된 것인가, 혹은 개인의 감정이 사물에 가치를 부여하는 것인가 하는 문제는 객관적 가치인가 주관적 가치인가를 논하는 가치론의 중요한 쟁점이다.

가치 갈등이란 개인이나 집단이 가진 가치가 서로 달라 충돌하는 것이다. 예를 들어, 우리 사회는 전통적으로 인간관계에서 서열을 중시하는 권위주의가 자리 잡고 있지만, 서구 문화가 국내에 유입되면서 평등주의 가치가 수용되고 내면화되었다. 이러한 두 가치는 서로 대립적인 관계에 빠지기도 하여 가치관의 혼란을 가져온다. 이러한 혼란은 개인의 내면이나, 개인과 개인 간, 개인과 집단 간, 집단과 집단 간에 발생할 수 있다. 개인이나 집단이 속한 환경에 따라 추구하는 가치가 다양하게 나타나기 때문이다. 특히 현대 사회는 급속한 변화로 말미암아 개인이나 집단이 추구하는 가치가 과거와 비교할 때 더욱 분화되고 있다. 따라서 개인이나 집단이 바람직하다고 여기는 가치가 서로 상충하는 경우 가치 갈등이 발생하게 된다. 이것이 바로 사회문제가 된다.

4) 일탈 행동 관점

사회 구성원이 비도덕적인 행동을 하거나 범죄를 저지르는 것처럼 한 사회에서 보편적으로 인정하는 사회적 규범이나 규칙에 어긋나게 행동하는 것을 일탈 행동이라고 한다. 사회적 규범은 일반적으로 법률·풍습·관습 등이 포함되며, 그 밖에 도덕·전통·예의·유행 등도 포함된다. 일탈의 여부는 상대적이어서 시대나 사회에 따라 달라지기 때문에, 어떤 시대나 사회에서 일탈이라고 여겨지는 행동이 다른 시대나 사회에서는 일탈이 아닌 것으로 받아들여지기도 한다.

이에 따라 일탈 행동도 다양하여 범죄·비행·마약·알코올 중독·매춘·폭력뿐 아니라, 속어·은어·비어의 사용, 신의 모독, 정치·경제에 관한 과격한 언동까지 포함한다. 또 사회적 규범은 시대나 사회에 따라 다르며, 같은 시대나 같은 사회에서도 사회체계의 차원에 따라 다르기 때문에 일탈 행동도 그에 따라 상대적으로 다르다. 일탈 행동은 사회의 기본적인 질서와 규범을 파괴하므로, 사회 구성원의 불안을 초래하고 더 나아가 사회 결속을 약화시킬 수 있다. 그러나 그동안 잠재해 있던 사회적 모순이나 갈등을 표출한다는 측면에서 사회문제에 슬기롭게 대응함으로써 사회가 새로운 방향으로 발전할 수 있도록 일탈 행동에 대한 사회적인 고찰이 필요하다.

5) 낙인 관점

원래 낙인은 쇠붙이를 불에 달구어 찍는 도장을 의미하는데, 가축이 자신의 소유임을 표시하기 위해 혹은 어떤 사람이 범죄자임을 쉽게 알도록 하기 위해 사용되었다. 낙인은 낙인이론의 범주 내에서 논의되는 개념인데, 심리적 장애의 원인에 대해서는 관심을 두지 않고 오히려 특정한 개인의 진단을 위해 명명된 사실, 즉 명칭에 더 큰 비중을 두는 현상에서 비롯되었다. 어떤 사람에게 정신병 환자라는 명칭이 붙으면 주변 사람들이 그에 대한 부정적인 판단을 하게 되고 그 결과 이전과는 다르게 그를 대한다. 이러한 상태가 지속될 경우, 낙인이 찍힌 개인은 자신의 자기지각을 부정적으로 변화시키고, 결국 그 자신뿐만 아니라 주변 사람이 보기에도 더욱더 그 명칭에 부합되도록 행동하는 악순환이 계속된다.

낙인은 보편적인 현상으로 거의 모든 사회가 낙인찍기를 한다고 한다. 고프먼(Goffman)은 낙인의 종류를 다음과 같이 세 가지로 구분했다. 첫째는 입천장갈림, 근이영양증(muscular dystrophy), 곱사등이와 같은 외적인 기형(external deformities)이다. 둘째는 개인적 성품에서의 일탈, 오점과 관련된 낙인이다. 약한 의지, 비정상적 열정, 배반과 부정직 등 '나쁜' 성품과 관련된 낙인으로 정신 장애, 범죄자, 중독, 동성애, 실업, 자살 시도, 급진적 정치적 행동 등이 여기에 들어간다. 셋째는 부족 낙인(tribal stigma)인데, 정상에서 벗어난 것으로 간주되는 특정한 국적, 종교, 인종에 대한 낙인이다. 미국에서의 흑인 차별, 9 · 11 테러[6] 이후 아랍인 차별을 예로 들 수 있다.

---

6) 2001년 9월 11일 미국의 세계무역센터 쌍둥이빌딩이 괴한에게 납치된 여객기 2대와 연속 자살 충돌하면서 건물이 모두 무너져 내리고, 약 5,000여 명의 희생자가 발생했다. 부시 대통령은 유력한 용의자로 오사마 빈 라덴(사우디아라비아 출신)을 지목하고 '테러와의 전쟁'이란 명목으로 그를 비호해 준 아프가니스탄 탈레반 정권을 무력 공격하여 무너뜨리고, 그 과정에서 많은 희생자와 난민이 발생하였다. 범인들은 거의 아랍(이슬람) 출신으로 추정된다. 그 당시에 납치되어 자살 충돌한 비행기는 모두 4대로, ① 아메리칸 에어라인 비행기 11편(무역센터 북쪽 타워와 충돌, 사망자는 92명)과 ② 유나이티드 에어라인 비행기 175편(무역센터 남쪽 타워와 충돌, 사망자는 65명), ③ 아메리칸 에어라인 비행기 77편

6) 비판적 관점

어떤 사태에 처했을 때 감정 또는 편견에 사로잡히거나 권위에 맹종하지 않고 합리적이고 논리적으로 분석 · 평가 · 분류하는 사고과정을 비판적 사고라고 한다. 즉, 객관적 증거에 비추어 사태를 비교 · 검토하고 인과관계를 명백히 하여 여기서 얻어진 판단에 따라 결론을 맺거나 행동하는 과정을 말한다. 따라서 비판적 사고는 필연적으로 그 성격상 평가적이다. 그것은 건전한 회의주의로서 정확성, 타당성, 가치를 판단하기 위해 어떤 주장, 신념, 정보의 출처를 정밀하게, 지속적으로 그리고 객관적으로 분석하는 것이다. 비판적 사고는 사고 기능의 차원과 사고 성향의 차원으로 나누어 생각해 볼 수 있다.

비판적 사고 기능으로는 사실과 의견 구별하기, 타당하고 충분한 근거를 들어 의견을 주장하거나 평가하기, 다양한 정보원의 신뢰성을 비교 · 분석하고 더욱 신뢰할 수 있는 정보를 선택하기, 한 문제를 다양한 관점으로 조망하기, 주장이나 진술에 게재된 편견 탐지하기, 특정 진술에 숨겨진 의미와 가정을 확인하기, 문제의 본질에 적합한 평가의 준거 사용하기 등이 있다. 비판적 사고성향으로는 건전한 회의성, 지적 정직, 객관성, 체계성, 철저성과 같은 것들이 있다.

7) 사회구성주의 관점

사회의 어떤 요소나 특정 사태가 가지는 의미, 개념, 함축 등에 대해서 연구하며, 나아가 사회 구성원들이 이 요소나 사태를 어떤 방식으로 받아들이고 바라보는지에 대하여 탐구하는 사조이다. 사회구성주의는 인간의 인식이 외부에 실재하는 객관적 세계의 반영 혹은 표상이라는 논리 실증주의와는 다르다. 사회구성주의는 인식 주체가 구성한다고 본 점에서 구성주의 전통을 이어받고 있지만, 구성의 과정이 개인 차원이

(워싱턴 D.C. 내 미국 국방부 본부인 펜타곤에 충돌, 사망자는 64명), ④ 유나이티드 에어라인 비행기 93편(피츠버그 남동쪽 128km 지점에 추락, 사망자는 45명)이다.

아니라 사회문화적 맥락에서 성립된다고 함으로써 구성주의와는 차이를 보이고 있다.

이 같은 구성주의적 입장은, 경험에 앞서서 인식의 주관적 형식이 인간에게 있다고 주장(대상에 관계되지 않고 대상에 대한 인식이 선천적으로 가능함을 밝히려는 인식론적 태도)하는 선험적 형식, 즉 공간과 시간이라는 감성 형식과 12개 범주라는 지성 형식에 의해서 구성되는 것으로 보는 칸트적인 선험적 인식론(transzendental epistemology)과는 구별된다. 사회구성주의는 한 개인이 일정한 사회와 문화 속에서 영향을 받으면서 인식이 형성된다고 보는데, 개인의 인식상황은 그가 처해 있는 사회문화적 상황과 밀접하게 연관되어 있다.

사회구성주의에서 제시하는 설명은 그 사회에 속하지 않은 많은 사람이 바라보는 현실이나 실재를 반영하지 않을 수도 있으며, 그 사회에서 단순하게 잘못 만들어 낸 가짜 설명일 수도 있다. 사회구성주의는 본성 대 양육 논쟁에서 양육의 입장을 따르는 노선이다. 이에 따라 남과 여로 나뉘는 성별을 본성적으로 따라 나오는 것이 아니라, 사회적으로 구성된 것이라고 주장한다. 이처럼 문화나 행동에 미치는 생물학적 영향을 고려하지 않는다는 부분에서 비판을 받는다.

8) 여성주의 관점

여성주의는 19세기 초중반 여성 참정권 운동에서 비롯되었으며, 이후 여성적 가치관을 통해 남성주의가 낳은 폐해를 극복하고 인간 삶의 바람직한 방향을 모색하는 운동과 이론으로 발전해 왔다. 이상적 사회주의자인 푸리에(C. Fourier)가 1837년 'féminisme'이라는 단어를 도입하면서 여성주의라는 용어가 전문화되기 시작하였다. 그는 여성의 권리 신장이 모든 사회진보의 척도가 된다는 입장에서 여성주의를 강조하였으며, 이후 밀(J. Mill) 역시 성적 차별의 문제를 인류 발전의 저해 요소로 파악하고 여성의 가치를 새롭게 자리매김하였다.

그동안 다양한 여성주의가 존재해 왔다. 이 시각들은 서로 차이가 있지만 여성의 인간다운 삶, 여성의 해방을 목표로 한다는 점에서는 입장이 같다. 이들은 남성과 여성이 서로 자율적인 인격체로서 주체와 주체로 관계하지 못하고, 주체와 대상으로 도식화되어 차별을 일삼는 폭력의 문화 전반에 대한 비판과 개혁을 요구한다. 이들 여성주의는 전통 속에 뿌리내려 지속적으로 여성을 억압해 온 가부장적 삶과 그로 말미암아 파괴된 인간의 존엄성을 문제 삼으면서, 근대 이후 전개된 일인칭 중심 문화, 이른바 다른 사람(他者)을 정복하고 지배하고 소유하려고 한 주체 중심의 문화를 타파하고자 하였다.

여성주의는 주체의 폭력을 고발하면서 다른 사람을 배려하고 보살피는 문화, 즉 다른 사람에 대한 사랑과 존중의 문화로 나아가야 함을 주장하고 있다. 오늘날 여성주의자들은 현재 우리 삶이 안고 있는 반(反)인간성, 반자연성의 문제를 극복하기 위해서는 여성주의적 시각이 반드시 필요하다고 강조하고 있다. 이런 면에서 볼 때, 오늘날 여성주의는 생태주의와도 연결되어 있다.

9) 생물학적 관점

생물학적 관점이란 사회문제의 원인을 인간의 생물학적 요소에서 찾는 것을 말한다. 효시는 이탈리아 박물학자 롬브로스(C. Lombroso)이다. 그는 군 교도소에 수감된 죄수의 외모를 조사하여 긴 턱, 넓은 턱, 높은 광대뼈, 각진 머리 등 외모상의 특징을 발견했다고 주장하였다. 즉, 범죄형 인간의 외형상 특징을 주장하였다. 그러나 후대에 그의 주장은 비과학적이라는 비판과 함께 부정되었다.[7)]

미국의 심리학자이며 외과의사인 셀던(W. H. Sheldon)은 청소년들의 체격을 네 가지 유형, 즉 근육형, 비만형, 골격형, 안정형으로 나눈 후 청소년 범죄자들을 이에 적용한 결과 약 60%가 근육형이었다고 주장하였다.

7) 한편, 생물학적 결정론은 인간의 행동과 성격이 개인과 그가 속한 인종 및 민족의 생물학적 특질에 기인한다고 보는 관점이다. 생물학적 결정론을 주장하는 이론들은 개인이 속한 환경이나 문화적, 정치적, 사회적 조건보다는 개인의 생물학적 특질을 통해 사회적 관계와 현상을 분석함으로써, 개인의 자유 의지 개념을 거부한다. 생물학적 결정론은 측정을 통해 도출된 숫자만이 진실하고 객관적이라고 믿는 과학 맹신주의와, 분석하고자 하는 특성이 유전적으로 대물림되었다고 선험적 가설을 세우는 방법론적 오류를 안고 있다.

아미르(M. Amir)와 베르만(T. Berman)은 염색체를 연구하였는데, 범죄자들은 염색체 이상인 XYY 염색체를 지니고 있다고 주장하였다. 그러나 염색체 이상인 사람은 극히 소수이며, XX 염색체를 가진 여성 범죄자나 정상적인 염색체를 가진 남성 범죄자에 대해서 설명이 되지 않는다.

한편, X 염색체 이상설이 제기되기도 했다. 네덜란드 니지메켄 병원의 브루너(Bruner) 박사는 네덜란드인 한 집안을 조사한 결과, 유전적으로 X 염색체의 결함을 가진 사람들이 강도나 성폭행 등의 범죄를 저질렀다고 밝혔다. 그는 X 염색체 결함에 의한 범죄 성향은 주로 남자들에게서 나타나며, X 염색체가 둘인 여자들은 하나에 문제가 있다 하더라도 그 결함이 드러나지 않기 때문에 상대적으로 범죄자가 적다고 주장하였다(원석조, 2018: 56).

10) 생태주의 관점

생태주의는 산업 자본주의의 진전으로 말미암아 지구 자연이 급속도로 오염되고 파괴되는 상황 속에서 인류가 범해 온 잘못과 미래의 대안을 제시하고자 일어난 일단의 생태 중심적 흐름을 의미한다. 생태주의 자체가 어떠한 이론적 중심을 두고 형성된 것은 아니지만 오늘날에 있어서는 현대 사회의 자연 파괴와 인간 소외 문제 등을 비판적으로 바라보고 그 해결책을 모색하는 근본적인 대안으로 부상하고 있다.

생태주의의 대두는 근대 이후의 자본주의 문명에 대한 근본적인 반성과 성찰에서부터 비롯되었다. 자본주의는 몇 차례의 불황과 공황을 겪으면서도 전 세계적으로 확산되고 성장하였지만, 그 결과 지구 전역에서 심각한 자연 파괴가 빚어졌고 거대 산업 중심의 생산 체제는 지구에 존재하는 화석연료를 급격히 줄어들게 하여 미래에 대한 전망을 불투명하게 만들었다. 일부에서는 이와 같은 문제점을 과학기술의 진보와 효과적인 자연환경 제어 기술의 발달을 통해 극복 가능하다고 주장하기도 하였다. 하지만 계속되는 자연 파괴와 지구 기후의 변화, 그리고 거대 자본에 의해 피폐해져 가는 약소국 국민들의 삶은 이들의 주장이 현실성이 없는 것으로 입증되었다.

생태주의는 지금까지 근대 문명이 일관해 온 인간 중심의 사고로부터 오늘날의 거대한 재앙이 비롯되었다고 파악한다. 생태주의는 그동안 인간과 자연을 철저하게 분리하여 인간의 자연 지배를 정당화시켰던 기존의 이성 · 인간 중심적 사고를 거부하고, 인간 또한 생태계의 일부로서 자연과 상호 관계를 맺는 존재에 불과하다는 점을 강조한다. 생태주의는 비단 자연과 인간의 조화뿐만이 아니라 인간 · 이성 중심의 지배 구도에서 배제되거나 억압되었던 소수자들의 문제에도 관심을 기울인다.

〈표 3-1〉 사회문제의 이론적 관점

구분	구조기능주의	갈등주의	상징적 상호작용주의
대표적 이론가	뒤르켐(Emile Durkheim) 파슨즈(Talcott Parsons) 머튼(Robert Merton)	마르크스(Karl Marx) 다렌도르프(Ralf Dahrendorf)	메드(George H. Mead) 굴리(Charles Cooley) 고프만(Erving Goffman)
관련 사회문제 이론	사회병리학 사회해체론 일탈행위론	네오마르크스주의 이론 가치갈등론	낙인이론
사회	사회는 상호 연관된 부분들의 합이다. 사회는 문화적 합의로 통합되어 있고, 이 때문에 질서가 유지된다. 자연 상태의 사회는 균형과 조화를 이루고 있다.	사회는 희소한 자원을 둘러싼 갈등으로 충만해 있다. 사회적 불평등이 갈등을 일으키며, 사회 변동은 필연적인 현상이다. 자연 상태의 사회는 불균형이다.	사회는 상호의존적인 역할의 네트워크이다. 사회질서는 개인 간의 상호작용과 삶의 의미의 공유를 통해 만들어진다.
개인	개인은 사회제도에 의해 사회화된다. 사회화는 사회 통제가 가해지는 과정이다. 개인은 사회제도를 필요로 한다.	개인은 원래 선하나, 사회경제구조에 의해 악해진다. 사회제도는 권력을 가진 집단에 의해 통제된다. 질서는 환상일 뿐이다.	개인은 해석되고 상호작용하는 존재다. 개인은 사회적 존재로서 끊임없이 변하며, 환경에 의해 만들어진다.
사회문제의 원인	급격한 사회 변동, 사회적 균형과 조화를 파괴하는 사회 해체, 불충분한 사회화 및 제도적 결함	불평등, 한 집단의 다른 집단에 대한 지배, 억압과 착취, 집단 간의 경쟁	사회적 역할에 대한 해석의 차이, 개인 · 집단 · 행위에 대한 일탈 낙인, 객관적 조건을 사회문제로 규정

구분	구조기능주의	갈등주의	상징적 상호작용주의
사회복지 정책 (해결책)	제도적 결함의 개선, 적절한 사회화, 옳고 그름에 대한 명확한 규정(문화적 합의)	경쟁의 최소화, 자원분배체계의 평등화	낙인 충격의 완화, 사회문제 규정의 변경
비판	보수적, 현상유지 지지, 기득권층에 유리한 것을 사회에 기능적인 것으로 간주, 권력 문제와 갈등의 외면, 합의를 주어진 것으로 간주	협력과 공평한 교환이 존재하는 것을 부정, 사회적 응집력과 조화를 설명하지 못함	미시적 수준의 사회를 거시적 수준의 사회에 연계하는데 실패, 심리학적 편향

출처: Mooney et al.(2002), 원석조(2018), 재인용.

PART

2

불평등 및 차별 관련 사회문제

04
CHAPTER

사회적 불평등 문제

1 사회적 불평등에 관한 이론

사회적 불평등이란 한 사회의 부, 권력, 지위 따위와 같은 사회적 희소가치가 불평등하게 분배되어 개인이나 집단이 평등한 사회적 지위를 갖지 못하고 서열화되어 있는 현상을 말한다. 사람들은 한정된 자원을 조금이라도 더 차지하기 위해 경쟁한다. 사람들이 중요하다고 생각하는 것은 어느 사회에서나 희소성을 가지기 때문에 사회적 불평등이 나타나는 것은 불가피하다. 그렇지만 그 정도가 심해지면 심각한 사회적 갈등을 초래할 수 있다.

사회적 불평등은 고대부터 노예 제도, 양반 제도 등 동서양에 걸쳐 다양한 형태로 존재해 왔다. 소득 격차에 의한 경제적 불평등, 사회 문화적 생활의 가치와 수준 차이에 의한 불평등, 요즘은 정보 격차에 의한 정보의 불평등까지 생겼다. 고대 그리스 철학자들은 선천적 소질에 따라 불평등이 발생한다고 보면서 타고난 재능에 따라 각각 다른 지위를 맡아 일하는 것이 합리적이라고 주장도 하였다. 반면, 서양 근대의 사상가들은 선천적인 불평등보다 사회적인 불평등을 중시하였다. 산업의 발달이 사회적 불평등의 주요 원인이라고 주장하였다. 사회적 불평등은 하나의 사회 구조로서 개인의 삶과 행동 사고방식 등에 큰 영향을 미치는 중요한 사회 현상이다(http://www.jjan.kr).

피에르 부르디외(P. Bourdieu)는 현대사회에서 전개되는 지배와 피지배의 불평등한 관계가 개인의 무의식적인 취미생활(아비투스[1]))을 매개로 성립된다는 사실을 보여 주기 위해서 상징적 폭력이라는 개념을 사용한다. 이 개념은 마르크시즘의 지성사(history of mentality)에서 줄기차게 등장했던 사회적 불평등의 관계를 새로운 관점에서 바라볼 수 있는 인식론적 근거를 마련했다는 점에서 그 학문적 의미를 찾을 수 있다(홍성민, 2000, 2004).

초기 자본주의 시대를 살다 간 마르크스에게 사회적 불평등의 문제가 '착취'의 개념으로 귀결되었다면, 자본주의가 일정 수준으로 발전되어 복지국가의 시대로 접어들면서 베버는 '지배'라는 개념으로 이 문제를 포착한 바 있다. 착취가 주로 경제적인 이해관계를 중심으로 생산관계에서 노동의 잉여가치가 불평등하게 배분되는 문제를 지적한 것이라면, 지배는 시장관계에서 상징적 재화, 이를테면 명예나 위신 등을 통해 발휘되는 계층적 위계질서를 설명하는 개념이라고 할 수 있다. 그런데 부르디외의 상징적 폭력은 착취와 지배라는 이중적 문제의식을 동시에 담아내고 있는 개념이다.

다시 말해, 부르디외에 따르면, 현대 자본주의사회에서 계층적 위계를 규정하는 신분적 질서는 학력이나 가정의 배경으로부터 유래하며, 이것은 나아가 경제적 잉여의 왜곡된 배분으로 이어진다. 특히 이론적으로 상징적 폭력의 개념에 있어 유념할 것은 이러한 신분질서와 착취의 논리가 개인의 무의식적인 취향을 통해 발휘된다는 점이다(홍성민, 2000, 2004).

1) 피에르 부르디외의 개념인 아비투스(habitus)는 특정 유형의 환경을 구성하는 조건에 의해 생산되는 것으로, 실천과 재현을 발생시키고 구조화하는 원칙으로서 지속적이고 치환이 가능한 성향이다. 특정 계급이 그들의 생존 환경을 조정함으로써 영구적이면서도 변동 가능한 성향 체계인 아비투스가 만들어진다. 즉, 아비투스는 사회화 과정을 거치는 동안에 개인이 획득하는 영구적인 하나의 성향 체계이다. 그것은 또한 구조를 결정하는 구조로서, 다시 말해 의식적으로 목표를 겨냥하거나 목표에 도달하기 위해 필요한 조작을 명시적으로 통제하지 않고서도, 객관적으로 그 목표에 맞추어질 수 있는 실천과 표상들을 조직하고 발생시키는 원칙으로서 기능하도록 구조화된 구조들이다.

2 사회적 불평등의 실태와 원인

현대를 살아가는 우리가 생각하는 사회적 불평등은 어떤 것이 있는가? 사회적 불평등의 유형은 시대에 따라서 다르게 나타나는데, 전통 사회에서는 인도의 카스트(caste)나 조선 시대의 양반, 평민, 노비 등의 구분과 같이 주로 신분제도에 따른 불평등이 발생하였고, 이것이 분배 및 세습되었다. 특히 소수의 지배층이 부와 권력을 차지하고 대부분의 사람들은 지배를 받는 매우 불평등한 사회였다. 그러나 근대 사회에 이르러 시민혁명 이후 민주주의가 발달하면서 신분에 의한 불평등은 점차 없어졌다. 하지만 여전히 빈부격차, 인종 간의 차별, 장애인 차별 등과 같은 사회적 약자에 있어서의 불평등은 발생하고 있다. 또한, 정보통신이 발달한 오늘날에 이르러서는 지식과 정보가 상당히 중요한 사회적 가치가 됨에도 불구하고 정보에 접근할 수 있는 기회나 정보를 이용할 수 있는 능력 등이 달라 발생하는 정보 격차가 또 하나의 사회적 불평등을 초래하고 있다(http://www.doopedia.co.kr).

이러한 사회적 불평등이 지속되어 한 사회에서 사회 구성원들로 하여금 당연한 것으로 받아들여지고 지지된다면 사회적 불평등은 사회적으로 고착화되고 제도화되어 버리게 되는데, 이를 구조화된 불평등이라고 한다. 사회적 불평등이 구조화되면 사회적 희소가치를 많이 소유하고 있는 개인이나 집단은 사회적으로 더욱 큰 영향력을 행사하게 되고 재산을 축적할 수 있는 기회도 더욱 많아지게 된다. 또한, 이들은 이러한 불평등을 정당화하는 이념과 세대 간의 세습을 통해 유지함으로써 구조화된 불평등을 공고히 하려고 한다.

구조화된 불평등이 제도화된 대표적인 예로 신분제도와 같은 사회 계층 제도를 들 수 있다. 인도의 카스트는 사람들의 신분을 브라만, 크샤트리아, 바이샤, 수드라로 나누었다. 중세 시대의 유럽에는 봉건제도하에서 영주, 기사, 농노와 같은 사회 계층 제도가 있었다. 우리나라에서도 조선 시대에는 양반, 중인, 상민, 천민으로 구분되는 신분제도가 존재했다. 이처럼 사회 계층 제도는 유형만 다를 뿐 다수의 사회에 존재하였으며 역사적으로 오랫동안 유지되어 왔다. 당시 사회 계층은 태어나면서부터 이미 결정되어 평생 직업 선택, 거주지 이동 및 각종 활동에 제한을 두었으며, 폐쇄적인 성격이 강했기 때문에 계층 간 이동이 어려웠다. 오늘날에는 과거와 같은 사회 계층 제도는 대부분 사라졌지만, 시민 혁명 이후 자본주의가 발달하는 과정에서 개인의 능력이나 업적에 따라 사회적 위치가 결정되는 형태의 구조적인 불평등은 여전히 존재한다고 볼 수 있다.

사회적 불평등을 바라보는 시각에는 크게 기능론적 관점과 갈등론적 관점이 있다. 기능론적 관점에서는 사회의 자원 배분 과정이 합리적이라고 판단하여 그로 말미암은 사회적 불평등 현상은 자연스럽고 필연적인 것으로 생각한다. 반면, 갈등론적 관점에서는 사회의 지배층이 자신들의 기득권 유지를 위해 불공정하게 분배한 결과 사회적 불평등이 발생한다고 보고, 이를 극복하기 위해서는 불평등한 사회 구조를 개혁할 것을 강조한다(http://www.doopedia.co.kr).

3 사회적 불평등 문제의 해결책 및 대안

사회적 불평등 문제를 해결하기 위한 대책은 그 실효성과 실현 가능성을 두고 오랫동안 논란이 되어 오고 있다. 여기서는 소득 불평등, 기회 불평등, 디지털 불평등 문제에 대해서만 간략하게 제시하고, 이 절(節)에서 다루지 않은 불평등 문제는 이후의 장(章)에서 살펴본다.

1) 소득 불평등 문제의 대책

(1) 공공부조제도

공공부조(公共扶助)는 국민의 건강을 보호하고 내셔널 미니멈(national minimum), 즉 문화적인 최저생활의 보장을 목적으로 하는 사회보장제도의 일환으로서, 생활능력을 잃은 자들과 일정한 생활수준에 미치지 못한 자들에 대하여 국가나 지방자치단체가 그들의 최저 생활의 보장과 자립 촉진을 목적으로 마련한 가장 직접적이며 최종적인 경제적 보호제도이다.

공공부조제도를 시행하는 목적은 요보호자(要保護者)를 하루속히 생활능력을 갖게 하여 생활인으로 복귀시키고, 빈곤에서 어느 정도 해방시키고자 하는 데 있다. 공공부조에 의한 급여(allowance)는 일반적으로 빈곤한 처지가 입증될 수 있는 사람에게만 지급되며, 급여액에 관한 최종 결정은 공공부조 사업을 관리하는 정부에 의하여 이루어진다. 그리고 공공부조의 계획은 소득수준 · 실업 · 부양 및 불구(不具, 장애) 등을 참작하여 이루어진다.

공공부조의 내용과 범위는 나라마다 다르다. 미국은 빈곤가정과 노인 · 장애인 등을 위한 공공부조를 시행하되, 근로능력이 있는 사람과 없는 사람의 보장 내용을 다르게 제공한다. 영국은 자산조사를 통해 수혜 대상자를 선별하며 소득보조와 가족 공제, 사회기금 등을 포함한다. 독일은 사회보험으로 생계를 꾸릴 수 없는 사람을 대상으로 일시적인 사회 안전망 역할을 할 수 있도록 제공한다.

「사회보장기본법」 제3조 제3호에서는 "국가와 지방자치단체의 책임하에 생활 유지 능력이 없거나 생활이 어려운 국민의 최저 생활을 보장하고 자립을 지원하는 제도"를 공공부조라고 말한다. 우리나라에서 대표적인 공공부조는 국민기초생활보장제도와 기초연금제도를 들 수 있다.

2000년 10월부터 시행하고 있는 「국민기초생활보장법」의 목적은 "생활이 어려운 자에게 필요한 급여를 행하여 이들의 최저 생활을 보장하고 자활을 조성함으로써 사회복지의 향상에 기여"하는 데 있다(같은 법 제1조). 2014년 7월부터 시행하고 있는 「기초연금법」의 목적은 "노인에게 기초연금을 지급하여 안정적인 소득기반을 제공함으로써 노인의 생활안정을 지원하고 복지를 증진"하는 데 있다(같은 법 제1조).

(2) 국민연금제도

국민연금제도의 목적은 "국민의 노령, 장애 또는 사망에 대하여 연금급여를 실시함으로써 국민의 생활 안정과 복지 증진에 이바지"하는 데 있다(「국민연금법」 제1조). 국민연금의 급여산정공식에는 균등 부분과 소득비례 부분이 있는데, 이 가운데 균등 부분은 전체 연금가입자의 소득 평균액을 기준으로 급여가 산정된다. 따라서 고소득층은 자신의 소득보다 다소 적은 금액의 연금급여를 받게 되고, 저소득층은 자신의 소득보다 다소 많은 금액의 연금급여를 받게 된다. 이처럼 균등 부분이 소득재분배 기능을 수행함으로써 소득 불평등을 없애는 데 이바지하고 있다.

그런데 국민연금제도에 많은 의문점이 있다. 상당수 국민은 국민연금에 부정적이다. 국민연금의 낮은 수익률도 문제다. 고소득층은 그들의 주식, 부동산에 관한 재테크 지식으로 국민연금보다 훨씬 높은 수익률을 기록할 수 있기 때문에 국민연금에 가입하는 것을 손해라고 생각한다. 그리고 실제로 국민연금은 대부분의 자산을 국채에 투자하고 있는데, 그럴 거면 차라리 개인이 직접 국채를 사면 분기마다 이자도 나오기 때문에 더 유리하다고 생각한다. 국민연금의 또 다른 문제는 과연 내가 연금급여를 받을 수 있을까 하는 의문이다. 저출산-고령화로 연금 자산은 향후 35년 후(2055년)면 고갈될 전망이기 때문이다.

(3) 조세제도의 확대

소득 불평등을 없애는 방안 중 하나는 조세제도를 개선·확대하는 것이다. 누진세, 부의 소득세, (가칭) 사회복지세, (가칭) 부유세 등이 그것이다(김기원, 2017: 217-218).

① 누진세

누진세는 소득 금액과 같은 과세표준이 증가함에 따라 점차 더 높은 세율이 적용되는 조세이다. 누진세는 고소득자에게는 높은 세율을 적용하고, 저소득자에게는 낮은 세율을 적용함으로써 소득재분배효과가 큰 조세제도이다. 우리나라에서는 소득세와 법인세가 누진세 구조로 이루어져 있다. 평등을 강조하였던 마르크스는 「공산당선언」에서 누진세를 지지하였다.

② 부(負)의 소득세

부의 소득세(Negative income tax)란 소득 수준이 면세점에 미달하는 모든 저소득자에게 면세점과 과세 전 소득과의 차액의 일정 비율을 정부가 지급하는 소득보장제도이다. 보통의 소득세는 납세자로부터 징수하지만, 이것은 역으로 저소득자에게 지급하기 때문에 역소득세 또는 역세율소득이라 부른다. 부의 소득세는 1976년에 노벨경제학상을 받은 밀튼 프리드먼(M. Friedman)이 동료 조지 스티글러(G. J. Stigler)와 함께 1940년대에 발전시켰다.

공공부조의 성격을 지니는 이 제도는 미국 등 일부 선진국에서 시행되고 있다. 미국에서 시행 중인 EITC(Earned Income Tax Credit) 제도를 살펴보자. EITC는 저소득 근로자 가구의 저임금을 보완하기 위해 연방 조세체계를 통해 운용하는 저소득 근로자에 대한 일종의 근로소득보조제도이다. EITC는 근로소득이 일정 수준에 도달하기까지는 점증적으로 급여액을 증가시키고, 그 이후의 일정 소득 수준까지는 최대급여금액을 유지시키고, 근로소득이 일정 수준을 넘어서게 되면 급여액을 점차적으로 감소시키고, 특정 소득에 이르면 급여를 중지하도록 설계돼 있다. EITC에 해당하는 우리나라 제도는 국세청이 주관하는 근로장려세제이다. 근로장려세제는 차상위계층의 소득 지원과 근로 유인 제고를 위해 점증-평탄-점감 형태인 미국식 EITC 모형을 채택하고 있다(http://www.nts.go.kr).

③ 사회복지세

(가칭) 사회복지세, 사회보장세, 사회연대세 따위와 같은 목적세(objective tax)의 신설이다. 목적세는 특정한 경비에 충당할 것을 목적으로 하여 부과되는 세금으로, 세수입의 용도와 납세의무자나 과세대상 사이에 일정한 수익관계가 있을 것을 전제로 한다. 현재 우리나라에는 사회복지나 사회보장 분야에만 사용할 것을 목적으로 설립된 사회보장세, 사회연대세나 사회복지세 등과 같은 목적세는 존재하지 않는다.

사회복지세의 세입을 모두 사회복지 분야에만 사용하도록 정해진 목적세로 가정하자. 사회복지세로 모인 재원을 국민기초생활보장제도, 기초연금, 장애인연금 등 저소득계층이나 소외계층의 경제적 안정을 위해 사용한다면, 소득재분배 기능을 수행할 수 있다. 담배나 주류에 부과하는 담배세나 주류세와 같은 죄악세(sin tax)[2)]를 복지 재원으로 사용하도록 법을 개정하여 사회복지 목적세화하는 법제화 작업도 검토할 가치가 충분히 있다.

④ 부유세

현시점에서 볼 때 다소 급진적인 대안이지만, (가칭) 부유세(net wealth tax)의 신설도 소득 불평등 문제를 해결하기 위한 하나의 대안으로 검토해 볼 수 있다. 부유세는 일정액 이상의 자산을 보유하고 있는 사람에게 비례적 또는 누진적으로 과세하는 것으로 많은 재산을 가진 특정의 상위계층에게 부과한다. 부유세는 그 여부를 가르는 절대적 기준이 있는 것이 아니라, 각 사회의 조세 수준 등을 반영하여 규정된 상대적 개념이다. 즉, 나라 간 비교에서 상대적으로 낮은 수준의 세율이 적용되는 조세 구간을 새로 설치하면서도 법령 제정 과정에서 '부유세'라는 명칭을 사용하게 된다면 그와 같이 불리게 된다.

부유세제도는 인도, 아르헨티나, 우루과이 및 유럽의 프랑스, 스페인, 노르웨이, 스

2) 악행세라고도 부르는 죄악세는 술, 담배, 도박, 경마 등과 같이 사회에 부정적인 영향을 주는 것들에 부과되는 세금이다. 죄악세는 소득의 여부와 관계없이 일괄적으로 부과되는 간접세 형식의 조세제도로, 세금으로 발생된 수입은 특수 사업에 쓰이거나 정부예산데 보충된다. 한국정부는 2009년 죄악세의 도입과정에서 '서민들에 대한 세금 부담 가중'이라는 여론에 밀려 정책을 보류한 바 있다.

웨덴, 핀란드, 스위스, 룩셈부르크, 아이슬란드가 시행한 적이 있거나 현재 시행하고 있다. 그러나 재산의 국외 도피를 초래하거나 실효성이 없다는 이유 등으로 폐지하고 있는 나라들이 점차 많아지고 있다. 우리나라에서도 사회적 불평등을 없애고 양극화 문제를 극복하기 위해서 부유세를 도입해야 한다는 주장이 제기된 바 있다. 그러나 재산의 국외 도피, 기업의 투자의욕 상실, 이중과세 문제 등을 이유로 부유세 도입을 반대하는 의견도 있다. 따라서 부유세의 도입 여부는 간단한 문제가 아니다.

2) 기회 불평등 문제의 대책

첫째, 적극적 조치, 긍정적 조치 또는 적극적 평등화 행위이다. 이 제도는 경제적 · 사회적 약자의 지위를 향상하여 상대적 평등을 실현하기 위해 취해지는 기회 평등화 조치로 호의적 조치, 우선적 조치로도 불린다. 예컨대, 우리나라는 장애인 고용의무제도를 시행하고 있다. 고용의무제도는 비장애인과 비교하면 취업에 어려움이 많은 장애인의 고용 촉진을 위해 일정 규모 이상의 사업주에게 일정 비율 이상의 장애인을 고용하도록 의무를 부과하고, 의무를 이행하지 않은 경우에는 부담금을 납부하게 하는 제도다(김기원, 2017: 219-221).

「장애인고용촉진 및 직업재활법(약칭: 장애인고용법)」에서 “국가와 지방자치단체의 장은 장애인을 소속 공무원 정원에 대하여 일정 비율 이상 고용”하도록 규정하고 있다(같은 법 제27조 제1항). 또 “상시 50명 이상의 근로자를 고용하는 사업주는 그 근로자의 총수의 100분의 5의 범위에서 대통령령으로 정하는 ‘의무고용률’ 이상에 해당하는 장애인을 고용”하도록 규정하고 있다(같은 법 제28조 제1항). 이처럼 장애인 고용의무제도는 사회적 약자인 장애인의 사회통합과 사회정의라는 정당한 이유가 있기 때문에 고용 경쟁에서 장애인에 대한 차별적인 혜택을 주는 이 법은 상대적 평등을 도모하는 적극적 조치로서 합법적으로 허용된다. 미국에서는 유색인종 같은 소수민족에 대하여 고등교육이나 고용 시 일정한 혜택을 줌으로써 상대적 평등을 보장해 주는 긍정적 조치를 시행하고 있다.

둘째, 사회적 약자에 대한 채용목표제도도 기회 평등화를 도모하기 위한 대안이다. 우리나라는 2004년 4월 「국가균형발전 특별법(약칭: 국가균형발전법)」을 제정하여 "지역 간의 불균형을 해소하고, 지역의 특성에 맞는 자립적 발전을 통하여 국민생활의 균등한 향상과 국가균형발전에 이바지"하고 있다(같은 법 제1조). 이 법에 따라 지방인재채용목표제도를 시행하고 있다. 즉, 지방인재의 공무원 임용기회를 확대하기 위하여 5급 국가공무원 공개경쟁채용 시험에서 서울특별시를 제외한 지방에 있는 학교의 재학생이나 졸업생이 선발 예정 인원의 20% 이상이 될 수 있도록 선발 예정 인원을 초과하여 지방인재를 합격시키는 제도이다. 그러나 과거 시행한 적이 있는 여성채용목표제도는 헌법재판소에서 남녀평등이라는 평등권에 저촉되어 위헌판결을 받은 적이 있다.

셋째, 금융 불평등을 없애기 위한 금융시장 평등화 조치이다. 금융 불평등은 합법적이거나 합리적 이유 없이 계층 간 금융 접근성이나 금융 이용 가능성이 차별화되는 현상을 말한다. 금융 불평등을 없애기 위해서는 신용등급이 낮은 저소득계층이나 중소기업의 금융 접근성을 높이고, 과도하게 높은 금리 문제를 해결하여야 한다. 방글라데시의 그라민뱅크(gramin bank)[3]나 우리나라의 사회연대은행과 같은 공익적인 서민금융을 양성하고, 공익적 중소기업 금융을 강화하여야 한다. 중소기업과 대기업 간의 금융 격차를 개선하기 위한 금융 구조의 개선과 정부의 지도감독 강화가 함께 이루어져야 한다.

넷째, 교육 불평등을 없애기 위한 대책이다. 부모의 사회·경제적 배경이 자녀의 교육 성취에 영향을 미치고, 나아가 교육 성취는 자녀의 노동시장 진입과 성과에 영향을 미친다. 따라서 부모의 빈곤은 자녀의 교육 성취에 부정적인 영향을 미치게 되고, 결과적으로 자녀가 노동시장 진입에 실패하거나 낮은 노동성과를 나타나게 되어 결국 빈곤해지게 된다. 이러한 교육 불평등이 빈곤의 대물림 현상을 발생시킨다. 따라서 이러한 빈곤의 대물림 현상을 방지하기 위한 사회적 개입이 절실하다.

3) 방글라데시 경제학자로 2006년 노벨평화상을 수상한 무하마드 유누스(M. Yunus)가 1976년 빈민 구제 목적으로 설립한 소액대출(micro credit) 은행이다. 당시 고리대금업자의 횡포에 시달리던 마을 여성 42명에게 27달러를 빌려준 게 계기가 됐다. 그라민뱅크 덕분에 극빈자 600만 명의 약 60% 정도가 절대 빈곤에서 벗어날 수 있게 되었다.

미국의 헤드스타트(head start)나 영국의 슈어스타트(sure start) 등과 같은 취학 전 빈곤아동을 위한 조기교육 프로그램을 활성화할 필요가 있으며, 이를 모델로 하여 현재 우리나라가 시행하는 드림스타트 프로그램의 교육 분야를 강화할 필요가 있다. 이와 함께 저소득 학생들에게 무상으로 교육 바우처(education voucher)를 지급하여 이들이 (중산층 가족의 학생들이 이용하는 민간 교육기관을) 자신의 수준과 선호에 따라 이용할 수 있으면 교육 불평등을 없애는 데 보탬이 될 것이다(김기원, 2017: 219-221).

3) 디지털 불평등 문제의 대책

우리가 디지털 기술을 어떻게 받아들이고, 활용하느냐에 따라 미래 사회의 모습은 변한다. 디지털 기술이 일으킬 디지털 불평등과 이로 말미암은 배제와 소외, 그리고 차별을 해결하기 위한 방안은 무엇일까? 과거에도 디지털 격차를 없애는 방안으로 디지털 활용 역량 강화를 위한 디지털 리터러시(literacy)[4] 교육의 필요성이 제기됐으며, 다양한 형태의 정보화 교육이 학교, 취약 계층을 대상으로 시행돼 왔다. 하지만 최근 4차 산업혁명 등 디지털 전환의 시대에서는 디지털 기술 활용 역량에서 더 나아가 '디지털 시민 역량'을 향상시켜야 한다는 논의로 발전했다(김양은, 2019).

디지털 시민 역량의 필요성에 대한 논의는 디지털 기술로부터 그 누구도 소외되거나, 배제되지 않도록 하기 위한 디지털 포용 정책과도 맞닿아 있다. 디지털 포용(ICT for All)은 새로운 기술이 주는 혜택을 누구나 차별 없이 누리게 하자는 의미를 지니고 있다. 이를 위해서는 디지털 시대를 살아가기 위한 시민 역량이 필요하다. 디지털 불평등을 없애기 위한 정책으로서의 디지털 포용은 디지털 기술로부터 소외, 배제되지 않도록 하기 위한 정보 취약 계층에 대한 디지털 시민 역량 교육을 포함하고 있다. 정보

4) 리터러시는 문자화된 기록물을 통해 지식과 정보를 획득하고 이해할 수 있는 능력을 말한다. 19세기까지만 해도 일반 대중이 아닌 특권 계층에서만 리터러시 능력을 취득할 수 있었다. 그러나 새로운 미디어의 출현은 리터러시의 개념을 확장시키는 가장 큰 원동력이 되어 왔다. 텔레비전 등의 기존 미디어에서는 '정보 파악 능력'이 중요하지만, 디지털 기술의 발전이 가져온 뉴미디어의 등장은 정보를 수집, 활용, 변형, 생산해 내는 이용자의 능력을 요구하고 있다. 디지털 시대에는 디지털 언어가 구성하는 메시지를 분석할 수 있는 능력을 의미하는 새로운 리터러시가 요구되고 있다.

취약 계층에 대한 교육은 반드시 필요한 부문이다. 하지만 자칫 디지털 시민 역량이 디지털 기술에 대한 접근 역량 및 활용 역량만으로 정의돼서는 안 된다.

디지털 시민 역량, 즉 디지털 시민성을 논의하면서 개인의 역량을 강화하기 위한 다양한 노력이 각계에서 이뤄지고 있다. 외국의 경우에도 디지털 시민 역량 교육과 관련한 다양한 노력이 있다. 유네스코(2017)는 디지털 시민성 프레임워크로 디지털 활용, 디지털 보안 및 탄력성, 디지털 참여, 디지털 정서지능, 창의 · 혁신을 제시하고 있으며, 유럽평의회(Council of Europe)는 디지털 시민성을 온라인에 머무르기, 웰빙 온라인, 온라인 권리의 세 가지 항목으로 나눠 다양한 지원을 하고 있다. 특히 유럽평의회는 디지털 시민성 교육을 위해 정책, 행위자, 전략, 자원 · 인프라, 평가 등에 대한 구체적인 방안도 함께 제시하고 있다(https://www.coe.int/). 국내에서도 다양한 행정부처가 디지털 시민 역량에 대한 논의를 진행하고 있다. 국내는 '개인의 역량 강화'를 통해 디지털 사회의 쟁점과 사회적 문제를 해결하는 추세다.

디지털 불평등을 없애기 위해 개인의 역량 강화는 중요한 정책 요소임에 분명하다. 하지만 디지털 시민 역량을 함양하기 위해서는 개인의 디지털 미디어 접근과 활용성뿐만 아니라 다양한 사회적 역량이 요구되며, 이를 뒷받침할 사회 전반의 자원과 인프라에 대한 논의도 함께 이뤄져야 한다. 즉, 미디어를 제작하는 역량에, 소통과 공유 역량도 함께 고려해야 하며, 참여 역량으로 네트워킹 능력, 협업 능력, 시민적 참여와 실천 능력, 윤리 역량으로서 관용과 배려 능력, 자기보호 능력 등을 기를 수 있도록 적절한 교육 방안이 마련돼야 한다. 사회 전반에서 다양한 디지털 포용 정책과 함께 디지털 시민 역량이 논의되어야 할 때다(김양은, 2019).

05
CHAPTER

빈곤 문제

1 빈곤 문제의 개념

빈곤(Poverty)은 재화나 재물이 없을 뿐만 아니라, 생활에 필요한 최소한의 재화조차 가지지 못한 상태를 일컫는다. 즉, 최소한의 욕구를 충분히 만족하게 할 수 있는 경제적 능력이 부족한 상태를 의미한다. 현대 사회에서는 경제적 불평등이 초래하여 빈곤 문제가 다양하게 발생하고 있다.

그리스도교에서는 빈곤을 은유적으로 겸손하고 온유한 것을 가리키기도 한다. "마음이 가난한 사람은 복이 있다. 하늘나라가 그들의 것이다(『신약성서』 마태복음 5:3)." 『구약성서』에서는 가난한 자가 하느님의 특별한 보호를 받고 있음을 말하기도 한다. 즉, 하느님이 그들을 잊지 않으시며(시편 9:12[1]), 위로하시고(이사야 49:13[2]), 건져 주신다고 한다(욥기 5:15[3]; 시편 107:41[4]).

1) "살인자에게 보복하시는 분께서는 억울하게 죽어 간 사람들을 기억하시며, 고난받는 사람의 부르짖음을 모르는 체하지 않으신다."
2) "하늘아, 기뻐하여라! 땅아, 즐거워하여라! 산들아, 노랫소리를 높여라. 주님께서 그의 백성을 위로하셨고, 또한 고난을 받은 그 사람들을 긍휼히 여기셨다."

역사적으로 빈곤 개념은 더 높은 빈곤선에 주목하던 단계에서, 다원적이고 역동적인 문제에 천착하는 다차원적 개념으로 발전하여 왔다. 이는 절대적 빈곤에서 상대적 빈곤으로, 그리고 다차원적 빈곤 개념으로의 축적과 발전이 이루어져 왔음을 의미한다. 이는 빈곤 개념이 소득 빈곤에서 종합적인 기초생활을 강조하는 경향으로 변화해 왔음을 의미한다. 빈곤에는 다음과 같은 3가지 유형이 있다(http://www.aks.ac.kr).

1) 절대적 빈곤

절대적 빈곤이란 효율적인 육체적 활동에 필요한 최소한의 식료품도 소비하지 못하는 상태를 의미한다. 빈곤을 화폐적 기준으로 바꾸어 표현한 사람은 영국의 라운트리(B. S. Rowntree)였다. 그는 1901년 절대적 빈곤을 "육체적 활동을 하는 데 필요한 최소한의 필수품을 구입하는 데 필요한 소득수준"으로 규정하였다. 이후 미국의 오션스키(M. Orshansky)는 엥겔계수(Engel's coefficient)[5]를 활용하여 3인 이상 가구의 최소 식품비를 계산하고, 그것에 3을 곱하여 빈곤선을 계산하는 방법을 제안하였다. '절대' 빈곤선이란 매우 낮은 수준의 빈곤선을 지칭하는 것으로 이해되기도 한다. 이 개념이 안고 있는 문제점은 식료품비 산정을 위해 품목 및 가격을 결정하는 과정에서 연구자의 자의성이 개입할 소지가 크고, 장기간 사용하는 경우 현실과 동떨어진 기준선이 될 수 있다는 점이다.

3) "그러나 하나님은 가난한 사람들을 그들의 칼날 같은 입과 억센 손아귀로부터 구출하신다."

4) "가난한 사람은 그 고달픔에서 벗어나게 해 주시고, 그 가족을 양 떼처럼 번성하게 하셨다."

5) 가계가 지출한 총액에서 식료품비로 지출한 금액이 차지하는 비율로, 19세기 독일의 통계학자인 엥겔이 발견하여 붙여진 명칭이다. 필수품인 식료품은 소득수준에 관계없이 어느 가계에서나 일정한 수준의 소비를 유지하기 때문에 소득이 높을수록 엥겔계수는 낮아지고, 소득이 낮을수록 엥겔계수는 높아진다. 따라서 엥겔계수가 높은 경우는 생활이 넉넉지 않다는 것을 의미하고, 엥겔계수가 낮은 경우는 생활이 풍족하다는 것을 의미한다. 엥겔계수 = (식료품비 ÷ 총지출액) × 100

2) 상대적 빈곤

상대적 빈곤은 그 사회의 평균적인 소득 수준과 비교하여 낮은 소득으로 생활하는 상태를 의미한다. 그 사회의 소득 수준이 높아지면 빈곤선 또한 높아져, 경제사회적 변화를 반영하게 된다. 이는 상대적 빈곤 개념이 결핍 외에도 상대적 격차 문제에 주목하고 있음을 말해 준다. 이 개념을 정립하는 데 가장 큰 이바지를 했던 사람은 영국의 타운젠트(P. Townsend)였다. 빈곤선을 중위소득 또는 평균소득의 몇 %로 설정할 것인가와 관련해서 국제적 합의는 존재하지 않는다.

연구자들 또한 중위소득 또는 평균소득의 40~80%까지 다양한 기준선을 제시하고 있다. 참고로 유럽통계청(Eurostat)은 빈곤선을 중위소득의 60%로 설정하고 있지만, 프랑스 통계청(INSEE)은 중위소득의 50%를 빈곤선으로 설정하고 있다. 대체적으로 중산층 가구 비중을 고려할 때는 경제협력개발기구(OECD)의 기준을 따르는 사례가 많다. 이에 따르면, 중위소득의 50% 미만을 빈곤층, 50~150%를 중산층, 150% 초과를 상류층으로 본다. 우리나라 정부는 중위소득에 여러 경제지표를 반영해 기준 중위소득을 산출하는데, 이는 국민기초생활보장의 급여 기준을 정하는 중요 지표가 된다. 우리나라의 기준 중위소득(2021년, 월 기준)은, 1인 가구는 182만 7,831원, 2인 가구는 308만 8,079원, 3인 가구는 389만 3,950원, 4인 가구는 487만 6290원 등이다.[6)]

3) 주관적 빈곤

주관적 빈곤은 위의 객관적 빈곤선과 달리, 빈곤(인식)의 주관성에 주목한다. 이 분석 방법은 객관적으로 부여된 빈곤 지위가 아니라, 각 개인이 스스로 느끼는 상태에 주목한다. 각종 설문 조사에서 자신이 속한 가구의 객관적인 소득 지위는 중산층이지

6) 중위소득이란 모든 가구를 소득 순서대로 줄을 세웠을 때, 정확히 중간에 있는 가구의 소득을 뜻한다. 이는 통계청이 발표하는 가계동향조사를 토대로 하여 전년도 중위소득 수치에 과거 평균 증가율을 적용해 결정한다. 중위소득은 2015년 7월 29일 제정하고, 2016년 1월 1일부로 기존의 수급자 선정 기준이었던 최저생계비를 대체해 정부의 복지정책 대상자를 선정하는 기준으로 사용되고 있다.

만, 자신을 빈곤층으로 인식하는 경우를 쉽게 발견할 수 있다. 동일한 소득 수준이라도 해당 가구의 욕구와 선택에 따라 소비에 크게 부족함을 느낄 수도, 혹은 그렇지 않을 수도 있기 때문이다. 물론 이는 방법론적으로 여전히 많은 한계를 갖고 있는 것으로 평가된다. 하지만 빈곤 현상의 다차원성을 전제로 다양한 개별 욕구의 관계와 재구성에 주목하고 있다는 것은 연구와 정책 차원에서 매우 큰 잠재력을 가진다.

이러한 빈곤 문제는 개인과 가족에게 미치는 미시적 차원의 의미와 지역사회와 국가에 미치는 거시적 차원으로 생각할 수 있다. 즉, 미시적 차원의 빈곤은 개인과 가족에게 현실적인 삶과 죽음이라는 인간 생존 자체의 심각한 문제를 말한다. 예를 들어, 먹을 것과 입을 것이 없고, 집이 없거나 있더라도 불결하고 유해하고, 학력이 없거나 낮아서 경제활동에의 참여가 제한되고, 부적절한 영양 섭취로 건강을 잃고 질병을 앓는 경우다. 결국 이것이 비행, 범죄, 마약 중독, 알코올 중독 등 많은 사회병리 현상의 원인이 되기 때문에 더욱 심각한 사회문제라고 할 수 있다(박용순 외, 2019: 300-301; 최일섭 · 최성재, 1995).

거시적 차원의 빈곤 문제는 사회 해체를 일으키는 사회문제에 근거를 둔다. 한 지역에서 많은 사람의 빈곤은 다른 집단과 계층에도 파급될 수 있다. 다시 말해서, 빈곤으로 말미암은 비행과 범죄의 희생자는 지역사회의 구성원이 되며, 이러한 빈곤 집단은 정치적 불안을 일으키고, 궁극적으로는 사회 해체를 유발하여 사회적 위험으로 연결되는 경우다. 그리고 빈곤 문제는 경제적인 개념을 벗어나서 교육, 건강, 비행, 불평등, 기회 등의 사회적 조건과 자원의 결핍 상태를 의미하는 경향이 있다(박용순 외, 2019: 301).

한편, 빈곤 문제와 관련해서 객관적인 측정의 문제는 역사적으로 중요한 관심사였다. 그리고 최근 빈곤의 측정은 크게 두 가지 경향을 나타내고 있다. 첫째, 정태적(static) 빈곤 개념에서 시계열적(time-series) 빈곤 개념으로의 이행이다. 이는 최근 고용 불안이 확산되며, 빈곤과 탈빈곤을 되풀이하는 반복 빈곤층이 증가하는 상황을 반영한 것이다. 둘째, 현재적(present) 빈곤 개념에서 잠재적(potential) 빈곤 개념으로의 이행이다. 이는 어떠한 요인이 어떠한 집단의 빈곤 위험을 증가시키며, 이를 예방하기 위해서는 어떠한 조치가 필요한지에 초점을 맞추게 된다.

빈곤층은 생활능력이 없는 노인이나 장애인, 아동, 그리고 여성에게 집중되어 나타나는 경향이 있다. 실제로 대부분의 국가에서 노인 빈곤율이나 장애인 빈곤율은 전체 빈곤율보다 높은 수준으로 나타나고 있다. 예외적인 경우는 노후소득보장제도나 장애인소득보장제도가 발달한 서구 복지국가들이다. 하지만 최근 세계 각국이 주목하는 심각한 문제는 '일을 하더라도 빈곤에서 벗어나지 못하는 집단', 즉 근로빈곤층(working poor)[7] 문제이다. 노인이나 장애인 빈곤층 발생이 전통적인 사적 안전망의 붕괴와 이를 대체할 공적 사회보장제도의 낮은 발전에 기인한다면, 근로 빈곤층은 장기간의 저(低)성장, 노동시장의 불안정성과 좋은 일자리의 감소에 기인하는 것이다. 특히 근로 빈곤층의 증가는 납세 인구의 감소와 사회보장비용의 증가라는 관점에서 정부 재정에 부정적인 영향을 미친다는 점에서 매우 심각한 문제로 인식되고 있다.

그 밖에 빈곤 문제가 이민 또는 국제적 노동 이동 문제와 맞물려 나타나고 있다는 점에도 주목할 필요가 있다. 서구는 이미 1960년대부터 소수 인종, 특히 이민자를 중심으로 빈곤 문제가 심각한 수준을 나타내 왔다. 그중에서도 미국은 인종에 따른 빈곤율이 매우 큰 격차를 보이는 것으로 알려져 있다. 이 점에서 이 문제는 새로운 것이 아니다. 하지만 이러한 양상은 1990년대 이후 전 세계적으로 매우 빠른 속도로 확산되고 있다. 유럽연합(EU)은 회원국 확대에 따라 기존 소수 인종의 실업과 빈곤 문제에 동유럽 이민자들의 문제가 겹쳐지는 문제를 경험하고 있고, 아시아 신흥 산업국 또한 외국 노동인력의 유입과 잔존에 따라 이들의 실업과 빈곤 문제가 발생하고 있다(http://www.aks.ac.kr).

7) 가족 구성원 가운데 1명 이상이 취업을 해 현재 일을 하고 있음에도, 소득이 육체적 능률을 유지하는 데 필요한 최소한의 생활수준인 빈곤선(貧困線)을 넘지 못하는 계층을 말한다. 분류상 생활에 꼭 필요한 필수품을 얻을 수 없어 최저생활수준도 유지하지 못하는 절대적 빈곤층의 차상위(次上位) 계층에 해당한다. 경제학자들은 근로빈곤층이 생기는 가장 큰 원인으로 경기 침체를 꼽는다. 즉, 경기 침체로 말미암아 안정적인 일자리가 줄어드는 대신, 임시직·일용직이 늘어나게 되면 상용직과 임시직의 임금격차가 커져 일을 해도 가난에서 벗어나지 못하는 근로빈곤층이 늘어나게 된다.

2 빈곤 문제에 관한 이론

1) 개인적 접근

빈곤의 원인을 개인에게서 찾는 것을 개인적 접근이라고 한다. 과거에는 개인의 나태나 무절제한 생활을 빈곤의 원인으로 보는 견해가 지배적이었다. 현대의 보수주의자들 상당수는 아직도 이런 시각을 유지하고 있다. 최근에는 교육이나 기술 등과 같은 인적자본(人的資本)의 결핍이 빈곤으로 이어진다는 주장이 힘을 얻고 있다. 인적자본이란 인간의 지식, 기술, 경험, 창의성 등의 능력을 경제적으로 가치 있는 자본으로 파악한 개념으로, 천연자원, 기계 등과 같은 물적자본(物的資本)에 대비되는 개념이다.[8)]

인적자본에 대한 개념은 인적자본론으로 발전하였다. 인적자본론에 따르면, 경제 성장은 노동이나 자본의 단순한 투입량으로 증가하는 것이 아니라 노동의 질에 따라 생산성이 좌우된다고 설명한다. 각 개인의 노동력은 동질적이지 않고, 개인이 지닌 인적자본의 정도 또한 모두 다르기 때문이다. 그러므로 인적자본론에서는 근로자의 능력이 기업의 이윤으로 이어지므로, 교육과 같은 인적자본에 적극적으로 투자하는 것이 매우 중요하다고 주장한다.

인적자본을 축적하기 위한 방법에는 학교교육, 현장훈련, 이민, 건강, 노동시장 정보 등이 있으며, 이 가운데 가장 중요한 것은 교육이다. 일반적으로 교육을 통해 인적자본을 많이 축적한 사람은 그렇지 못한 사람보다 소득이 높은 것으로 나타난다. 따라서

8) 세계은행(World Bank)은 2018년 처음으로 인적자본지수(Human Capital Index: HCI)를 개발하여 157개국을 대상으로 측정하였다. 인적자본지수는 각 국의 보건 및 교육 상태를 반영하여 오늘 태어난 아이가 18세까지 얻게 될 인적자본의 총량을 측정한 값이다. 이 지수는 0과 1 사이의 값으로 표기되는데 1에 가까울수록 완전한 교육과 의료 서비스를 받는다는 것을 의미하며 인적자본을 갖춘 국민의 비중이 많아 생산력이 우수하다는 것을 나타낸다. 우리나라의 인적자본지수는 0.84로 나타났는데, 이 지표를 종합 추산하면 우리나라 경우 오늘 태어난 아이들의 84%가 18세까지 완전한 교육과 의료서비스를 받는다는 것을 의미한다. 이는 전 세계 157개국 중 싱가포르(0.88)에 이어 두 번째로 높은 수준이었다(http://www.doopedia.co.kr).

개인의 입장에서는 교육을 많이 받을수록 그만큼 보상이 뒤따르기 때문에 교육에 더 많은 투자를 하려고 한다. 기업의 입장에서도 교육 수준이 높은 근로자가 한계생산성이 높기 때문에 기꺼이 더 높은 임금을 지급하려고 한다.

인적자본론이 빈곤 현실을 이해하는 데 어느 정도 공헌을 한 것은 사실이다. 그러나 인적자본론은 임금 이외의 다른 소득원(예컨대, 이윤, 주식배당금, 이자, 지대 등)에 대해서는 아무런 논의가 없는 게 아쉽다. 빈곤 여부에 상당한 영향을 미칠 이런 소득원을 논의 대상으로 삼지 않았다는 것은 이론의 한계점이다. 또한, 교육이나 훈련 등과 같은 인적자본 투자의 부족을 개인 선택의 결과로 보는 것은 현실과 거리가 멀다. 개인이 아무리 교육과 훈련을 충분히 받고 싶어도 집안 형편이 어렵다면 진학을 포기할 수밖에 없다.

2) 구조적 접근

빈곤의 원인을 개인이 아니라, 사회 제도나 구조에서 찾는 것을 구조적 접근이라고 한다. 여기에는 자본주의 자체에 문제가 있다고 보는 마르크스주의적 관점을 비롯하여 차별과 노동시장의 구조를 지적하는 이론에 이르기까지 다양한 내용이 포함된다. 마르크스주의자들은 자본주의가 노동자의 착취를 바탕으로 하는 체제이므로, 자본주의 체제가 존속하는 한 빈곤은 필연적인 것이라고 주장한다. 이 이론은 모든 문제의 원인이 자본주의 제도에 내재한 것으로 본다. 따라서 사실상 자본주의 체제 안에서 빈곤 해결 방안을 찾는 것은 웃기는 일이다.

차별 이론은 사회의 인종 차별(예컨대, 나치스의 유대인 박해, 백인의 황화론에 따른 황인종 배척, 미국과 남아프리카의 흑인 차별 등)이나 성차별 구조가 빈곤을 낳는다는 견해다. 따라서 이른바 빈곤의 여성화 같은 현상을 설명하는 데 유효하다. 그러나 차별에 의한 빈곤은 제한된 현상이므로, 차별 이론 역시 제한적인 설명력을 가질 수밖에 없다는 한계에 부닥친다.

노동시장분절론은 노동시장이 하나의 동질적인 완전경쟁 시장이 아닌, 두 개 또는 그 이상의 노동시장으로 분절되어 있다는 전제를 하고 있다. 분절된 노동시장 간의 노동이동은 거의 불가능하며, 노동시장이 구조적으로 분절되어 있고, 각 시장에 진입할 수 있는 요건도 다르고, 각 시장에서 노동자에게 제공하는 노동의 조건 또한 다르다. 이 이론에 비추어서 비정규직 근로를 바라보면, 불안정한 비정규직 근로의 노동시장과 안정적인 정규직 근로의 노동시장이 구조적으로 분절되어 있고, 각기 다른 요건으로 각 시장에 진입할 수 있는 자격을 갖게 되며, 각 시장에서 노동자에게 제공하는 노동의 조건 또한 구조적으로 다르다.

따라서 주변 부문에 고용된 사람은 낮은 임금과 불안정한 일자리 때문에 가난해진다는 이론이다. 이 이론은 빈곤에 관해 새로운 시각을 제공했다는 긍정적 평가를 받고 있으나, 실증적으로 밝혀야 할 점은 아직도 많다. 노동시장이 몇 개로 분절되어 있는지, 분절된 시장에서의 임금 결정과정이 과연 다른지, 노동자의 이동이 진정 불가능한 것인지 등의 문제를 정확히 규명해야 한다.

3) 빈곤문화론

빈곤문화론에 따르면, 가난한 사람들은 사회의 지배문화와 질적으로 다른 하위문화에서 살아간다. 그래서 태도, 가치, 행동 등이 다르고, 이러한 형태는 사회화 과정을 거쳐 세대를 통해 세습 문화로 된다. 그들의 지배적인 심리는 강한 무력감, 의존성, 열등감, 패배감, 약한 자아 구조, 충동 통제 능력의 결여, 미래지향적이 아닌 강한 현재지향적인 사고, 심리적 병리 상태 등이다. 빈곤의 가장 근본적인 원인을 아동 양육형태라고 보며, 여기에서 빈곤의 악순환이 시작된다. 이러한 빈곤문화의 대책으로 부적절한 부모에 대한 심리치료, 교육, 상담 등을 통하여 부적절한 아동 양육방법을 고치거나, 아동들에 대한 조기교육 프로그램을 시행하여 부모들의 나쁜 양육으로부터 분리해야 한다.

그런데 빈곤문화론을 그대로 받아들일 수 있을까? 아니다. 그렇게 할 수 없는 이유는 다음과 같다. 첫째, 빈곤율은 경제적 상황에 따라 달라질 수 있으며, 국가마다 빈곤율 차이를 보인다. 만약 보수적 정치 성향이 강한 집단의 빈곤문화론 논리대로라면 빈곤율은 시간이 지나더라도 일정 수준을 반드시 유지한다. 왜냐하면, 개인의 나태한 특성 혹은 문화가 단기간에 변화할 수 없기 때문이다. 하지만 경제적 상황에 따라 빈곤율은 달라질 수 있으며, 상대적으로 일자리 수요가 많다면 인적자본이 부족한 빈곤층 구직자도 노동시장에 진입하여 일자리를 가질 수 있다.

둘째, 빈곤층이 빈곤에서 벗어날 확률은 국가마다 다르다. 보편적 복지 수준이 취약한 미국은 유럽보다 가장 소득이 낮은 1분위 소득 집단이 1분위 소득 집단에 머무는 비율은 가장 높고, 3분위 중산층으로 이동할 확률은 가장 낮다. 그런데 프랑스, 스웨덴 등은 미국보다 1분위 소득 집단이 3분위 소득 집단으로 이동하는 비율이 더 높다. 보편적 복지 시스템이 취약한 국가일수록 부모 학력 및 소득 등 개인이 통제할 수 없는 요인이 자녀의 사회적 지위에 상당한 영향력을 미치기 때문에 계층 이동성이 낮고, 가난 대물림 현상이 높다. 보편적 복지 시스템이 충분한 국가에서는 불리한 배경의 빈곤층 자녀라도 동등한 교육, 의료 서비스 등을 받아 인적자본을 축적해 성공적으로 노동시장에 진입할 수 있다.

셋째, 빈곤이 개인의 나태함 때문이라는 빈곤문화론은 근로빈곤층을 설명하지 못한다. 이들은 정당한 노동활동을 하고 있음에도 물가 대비 임금 자체가 너무 적어 빈곤에 머물고 있다. 우리나라는 경제협력개발기구(OECD) 회원국 중에 65세 이상 노인 고용률이 매우 높지만, 노인 빈곤율은 매우 심각한 수준이다. 고용률이 매우 높은 우리나라 노인은 빈곤에 시달리지 않아야 정상 아닌가? 이처럼 모든 결과의 원인을 개인의 능력, 노력, 나태함 등에서 찾는 빈곤문화론으로 단순히 개인을 쉽게 비난할 수 있을지 모르지만, 정확한 상황 파악 및 해결책 제시에는 도움이 되지 않는다.

3 빈곤 문제의 실태와 원인

사회학자 장 지글러(J. Jiegler)는 빈곤의 원인을 전쟁, 낙후된 기술 등 국가적 요인과 외채와 다국적 자본의 노동력 착취 등 경제적 요인으로 보았다. 경제학자 아마르티아 센(A. K. Sen)은 빈곤의 원인은 생산의 부족이 아닌 잘못된 분배에 원인이 있다고 보고 정부가 개입해서 자원을 분배해야 한다고 보았다. 그렇지 않으면 경제가 성장해도 빈곤 문제는 해결되지 않을 것이며, 실업과 불평등 같은 결과를 일으킬 것이라고 주장했다. 반면, 소득이 낮은 가구의 시간선호(時間選好)[9]가 소득이 높은 가구보다 높다는 이유에서 빈곤을 빈곤층의 높은 시간선호율의 문제로 보기도 한다.

빈곤은 시대에 따라 다르게 발생한다. 따라서 빈곤의 원인을 분석하려면 빈곤의 역사적 배경을 알아야 한다. 우리나라 빈곤의 역사적 배경을 두 가지로 나누어 보자. 하나는 일제 강점기와 한국 전쟁, 그리고 경제 개발 시대의 폭발적인 도시화 현상으로 이어지는 절대적 빈곤의 배경이다. 이 시기에는 산업 시설의 부재, 취약한 농업 생산력, 인구 과잉 등으로 국민의 절대 다수가 극심한 빈곤 상태에 놓여 있었다. 특히 1960년대부터 시작된 공업 위주의 경제 개발과 급속한 도시화는 도시 빈민을 양산하였다. 당시는 말 그대로 "사람은 많고, 일자리와 먹을 것은 없는" 전형적인 절대적 빈곤의 시대였다(김종일 외, 2004: 59-62).

지금까지가 절대적 빈곤의 역사적 배경이라면, 1980년대 후반기 이후는 상대적 빈곤의 배경을 이루는 시기이다. 이 시기는 계속적인 고도성장으로 절대적 빈곤이 사라지고, 물질적 풍요가 가시화되는 시기였다. 특히 서울 올림픽을 전후하여 소비를 중심으로 일상생활이 재편되면서 상대적 빈곤이 학자들의 주요 관심사였다. 그러나 대다수

9) 사람들이 그 소득의 일부를 현재의 소비에 지출하고 나머지를 장래의 소비를 위하여 유보할 때 그는 소득의 소비에 관한 시간선호(time preference)를 하고 있다고 한다. 시간선호는 현재의 소비를 더 선호한다는 개념으로, 시간선호율이 높다는 것은 현재의 소비를 미래의 소비보다 더 선호한다는 뜻이다. 케인스(J. M. Keynes)에 의하면, 개인이 실제로 이 심리적 시간선호를 수행할 경우에 그들은 두 가지 결정을 필요로 한다. 첫째는 소득을 어떻게 하여 현재의 소비와 저축에 배분하느냐 하는 것이고, 둘째는 이 저축, 즉 장래의 소비에 대한 지배력을 어떠한 형태로 보유하느냐는 것이다.

사람은 1990년대의 풍요 속에서 빈곤을 과거지사로 생각하였다. 이렇게 잊혔던 빈곤 문제가 사회 현안으로 다시 등장한 것은 1997년 사상 초유의 경제 위기(IMF 외환 위기)를 겪으면서부터다. 사람들은 경제 위기 이후의 빈곤이 과거의 빈곤과는 그 원인과 양상이 크게 다르다는 사실에 주목하고 있다. 경제 위기 이후의 '신(新)빈곤'은 대략 다음과 같은 요인으로 발생한다(김종일 외, 2004: 59-62).

첫째, 세계화와 신자유주의 이데올로기의 득세이다. 세계화와 신자유주의적 경제 질서는 신빈곤의 가장 큰 거시적 맥락이다. 세계화는 궁극적으로 자본과 시장의 세계화이며, 그 이데올로기적 기반을 신자유주의에 두고 있다. 신자유주의는 시장 근본주의를 기치로 내걸고 노동시장 유연화, 구조 조정, 사회복지의 축소를 강요한다. 신자유주의 세계화의 영향을 가장 극명하게 느낄 수 있는 현상은 비정규직 고용의 폭발적 증가라고 하겠다.

둘째, 산업 구조의 양극화와 이로 말미암은 노동시장 분절 구조이다. 이중 혹은 분절된 노동시장 구조는 저(低)숙련 · 저임금 노동자들을 항구적인 빈곤 상태에 가두어 놓는다. 흔히들 노동시장을 핵심 부문과 주변 부문 또는 1차 노동시장과 2차 노동시장으로 구분한다. 전자는 고임금, 고용 안정, 직업적 전망이 구비된 시장이고, 후자는 저임금, 고용 불안, 직업적 전망의 부재가 결합된 곳이다. 노동시장 분절 구조와 관련하여 중요한 사실 하나는 주변부 노동시장에서 제공되는 저(低)숙련 생산직과 서비스직, 그리고 비정규직 일자리의 대부분이 여성 노동자들의 차지라는 사실이다. 이러한 현상이 바로 빈곤의 여성화를 심화시키는 요인이다.

셋째, 인구와 가족 구조의 변화다. 경제가 성장하면서 노인 인구가 늘어나고, 노인 가구도 함께 증가하고 있다. 또한, 지난 수십 년 동안 핵가족화가 더욱 빠르게 진행되고, 성 역할에 대한 인식이 크게 달라졌으며, 여성의 경제 활동이 급증하였다. 이러한 사회적 변화는 다시 이혼율과 한부모 가구의 증가로 이어지고 있다. 문제는 노인과 한부모 가구의 구성원들이 노동시장에 진입하는 것이 매우 어렵다는 사실이다. 취업을 한다고 해도 대개는 주변부 노동시장을 맴돌기 마련이다. 그 결과는 높은 빈곤율로 나타난다.

4 빈곤 문제의 해결책 및 대안

우리 속담에 "가난 구제는 나라도 못한다."라는 말이 있다. 이 말 뜻은 '가난한 사람을 도와주기란 끝이 없는 일이어서 개인은 물론 나라의 힘으로도 구제하지 못한다.'는 말이다. 속담처럼 빈곤은 절대로 해결할 수 없는 문제인가? 빈곤 문제를 어떻게 해결할 것인가? 아무리 부자 나라라고 하더라도 가난이 함께 있는 것을 보면 이 속담은 예나 지금이나 진리하고 할 수 있겠다. 그만큼 가난은 벗어나기 어려운, 깊은 뿌리를 가진 경제적 현상이다. 가난 문제는 접근하기도 어렵지만, 그것을 없애기 위한 어떤 방도를 찾는 일은 더 어렵고, 좋은 결과를 얻기는 더더욱 어려운 게 사실이다. 가난은 인류의 역사와 함께 시작된 하나의 사회적 계층 현상이기도 하다.

그러나 빈곤은 사회적인 것이다. 인간 사회에서 인위적 요인으로 만들어진 것이다. 분명 자연현상이 아니다. 이처럼 빈곤이 사회현상인 한, 그것은 사회적인 방법으로 해결하여야 한다. 결코 해결할 수 없는 문제가 아니다. 따라서 빈곤 문제의 해결 방안을 다음과 같은 세 가지로 정리한다.

첫째, 기회균등의 보장이다. 공교육의 무상 제공이나 빈곤 아동에 대한 특별 지원 같은 정책이 여기에 속한다. 개인적인 차원에서 보면, 가난한 집에서 태어나 충분한 교육과 돌봄을 받지 못해서 사회경제적 경쟁력을 상실한 결과로 발생하는 빈곤이 가장 일반적인 현상이라고 하겠다. 더구나 우리나라와 같이 교육열이 높고, 경쟁이 극심한 사회에서는 교육 기회의 불평등이 더욱 심각한 문제다. 이런 상황을 예방하기 위해서는 가난의 대물림에 결정적 요소로 작용하는 교육 기회를 평등하게 제공하여야 한다. 아울러 경제 위기 이후 불거진 결식아동 문제는 단순한 빈곤 문제가 아니다. 이는 가족해체와 밀접한 관련이 있는 현상이다. 따라서 종합적인 가족정책이 수립되어야 한다.

둘째, 공공부조를 포함한 사회보장의 확충이다. 우리나라의 가장 대표적인 공공부조 제도는 「국민기초생활 보장법(약칭: 기초생활보장법)」이다. 이 법의 목적은 "생활이 어려운 사람에게 필요한 급여를 실시하여 이들의 최저생활을 보장하고 자활을 돕는 것"이다(같은 법 제1조). 이 법에 따른 급여의 종류로는 생계급여, 주거급여, 의료급여, 교육급여, 해산급여(解産給與), 장제급여(葬祭給與), 자활급여가 있다(같은 법 제7조). 이 중 생계급여에 대해 다음과 같이 간략히 소개하며, 이를 확대하여야 할 것이다.

생계급여는 수급자에게 의복, 음식물 및 연료비와 그 밖에 일상생활에 기본적으로 필요한 금품을 지급하여 그 생계를 유지하게 하는 것으로 한다. 생계급여 수급권자는 부양의무자가 없거나, 부양의무자가 있어도 부양능력이 없거나 부양을 받을 수 없는 사람으로서 그 소득인정액이 중앙생활보장위원회의 심의 · 의결을 거쳐 결정하는 금액 이하인 사람으로 한다. 이 경우 생계급여 선정 기준은 기준 중위소득의 100분의 30 이상으로 한다. 생계급여 최저보장 수준은 생계급여와 소득인정액을 포함하여 생계급여 선정 기준 이상이 되도록 하여야 한다(같은 법 제8조).

셋째, 적극적 노동시장 정책이다. 안정된 일자리를 제공하여 빈곤의 근본 원인을 없애는 것을 목적으로 하는 정책이 필요하다. 노동시장 정책을 통해 빈곤을 해결하는 방법에는 여러 가지가 있다. 예컨대, 고용 창출, 직업 훈련, 최저임금제 등을 들 수 있다. 지속적인 고용 창출은 실업자 수를 최소화하여 빈곤의 가장 큰 원인을 없앤다. 기업에서의 고용 창출 능력이 떨어지면, 정부 개입이 필요하다.

잘 짜인 직업 훈련은 빈곤층에게 특히 필요하다. 비정규직 노동자들을 위한 직업능력 개발 프로그램을 확대하여야 한다. 정부의 직업 훈련은 노동시장의 취약계층을 우선적으로 고려해야 한다. 최저임금제의 기본 입법 취지는 노동 빈민의 양산을 막는데 있다. 그런데 오히려 노동 빈민이 늘고 있지는 않은가. 지금의 최저임금제가 제구실을 제대로 하고 있는지 확인하여야 한다. 최저임금 결정과정에 노동자의 의견이 충분히 반영되도록 최저임금제 제도를 개선하여야 한다.

06
CHAPTER

성 불평등 문제

1 성 불평등 문제의 개념

여성은 어떤 존재인가? 프랑스 파리 시내에 누구나 잘 아는 명소인 개선문이 있다. 그 중앙에는 무명용사를 기리는 비문과 함께 불꽃이 타오른다. 파리 시민들뿐만 아니라, 여러 나라에서 온 관광객들이 꽃을 바치고 묵념을 하는 곳이다. 1970년 8월에 이곳에 일군의 여성들이 모여서 헌화하였는데, 그들은 "무명용사들보다 알려지지 않는 사람들이 있다. 그들은 바로 무명용사의 아내들"이라고 하면서 그들에게 헌화한 것이다. 이 일은 그 후 프랑스 여성 운동의 시발점이 되었다.

여성은 태어나는 것일까, 만들어지는 것일까? 시몬 드 보부아르(S. de Beauvoir)는 '여성은 불완전한 남성'이라는 사회적 시각이 존재하던 1900년대 초반에 "여성은 태어나는 것이 아니라 만들어지는 것이다."라고 주장하면서, 사회의 비주류로 만들어진 것이 바로 여성의 삶이라고 비판했다. 보부아르는 사르트르(J. P. Sartre)와 더불어 프랑스의 실존 철학을 대표하는 학자였지만, 그녀는 여성의 현실과 관련하여 사회 참여를 강조했고, 이를 자신의 삶에서 실천으로 옮겼다. 1949년 발간한 그의 책 『제2의 성(Le

Deuxième Sexe)』[1]은 여전히 여성 문제에 대한 걸작이자 고전으로 남았다(구정화, 2011). 그러면 21세기 다양성의 시대, 개인의 발견이 강조되는 시대에 여성은 남성과 평등한 존재일까?

성차별은 인권 문제의 일환으로, 성차별의 대상이 되어 피해를 입는 사람들을 '성적 소수자 집단'이라고 일컫는다. 소수자 집단은 단순히 구성원의 수가 적다는 의미는 아니다. 소수자 집단은 육체적 · 문화적 특질 때문에 다른 사람들과 구별되고 불평등한 차별 대우를 받아서 집단적 차별의 대상이 되는 사람들을 일컫는다.

차별이란 기본적으로 평등한 지위의 집단을 자의적인 기준으로 불평등하게 대우함으로써, 특정 집단을 사회적으로 격리시키는 통제 형태를 말한다. 사회적 차별은 평등의 기본 원리를 표방하는 사회에도 명백히 존재한다. 이런 불일치 현상은 의도적인 기만, 무지, 제멋대로의 감정적인 반응, 전통적 편견의 잔여물 때문이라고 할 수 있다.

성 불평등이란 타고난 성별에 따라 사회적으로 부과되는 권리, 의무, 자격 따위에 차별이 있는 것, 혹은 그러한 현상을 말한다. 즉, 남성 또는 여성으로서의 성 역할에 대하여 나타나는 차별적 대우를 말한다. 이러한 성 불평등은 여성이 남성보다 선천적으로 열등하다는 잘못된 믿음에서 시작된다. 남성다움과 여성다움의 규범은 사회가 남성과 여성에게 적합하다고 생각하는 행동 양식과 가치관을 학습시킨 후천적인 결과이다. 결코 선천적으로 남녀 간에 능력에 차이가 있는 것은 아니다. 따라서 여성이 남성보다 소극적이고 나약한 존재이기 때문에 남성의 보호가 필요하다는 등의 생각은 잘못이다. 이러한 생각에 기초하여 나타나고 있는 여성에 대한 차별(가정에서의 역할, 직장에서의 보수나 지위, 교육 기회) 또한 부당한 것으로 당연히 시정되어야 한다.

1) 보부아르의 『제2의 성』은 출판된 후 1주일 만에 22,000권이 팔렸다. 그리고 미국에서는 번역되자마자 100만 부가 팔렸다. 이에 대한 반응은 다양했다. 이 기념비적인 저서가 출간되자 남성 지식인들과 저널리스트들은 지독한 독설을 퍼부었다고 한다. 유명한 소설가 알베르 까뮈(A. Camus)는 남성성에 대한 공격으로 간주하여 싫어했으며, 소설가 프랑수아 모리악은 "문자 그대로 천박함의 한계에 이르렀다. 구토 약을 먹으면 아이들은 음식물을 토해 낸다. 이 책은 구역질이 나도록 만드는 책이다."라고 비난했다. 이렇게 가부장적 사회가 갖고 있는 여성관을 거부했다는 이유로 보부아르의 책은 비난의 표적이 되었다.

2 성 불평등 문제에 관한 이론

성 불평등에 대한 설명은 공통된 핵심적인 해석을 둘러싸고 다양함을 보인다. 성 불평등에 초점을 맞추고 그것을 설명하려고 하는 현대 페미니즘[2] 이론의 두 가지 조류가 여기에서 고찰될 것이다. 그것은 자유주의적 페미니즘과 마르크스주의적 페미니즘이다. 다음의 네 가지 주제가 성 불평등 이론을 특징짓는다(고영복, 1996).

첫째, 남성과 여성은 사회에서 다른 위치를 점할 뿐 아니라, 그들은 불평등하게 위치지워졌다. 특히 여성은 계급, 인종, 직업, 민족, 종교, 교육, 국적 혹은 다른 유의미한 사회적 요소에 기초한 사회적 위치에서 그러하듯이, 같은 사회적 위치를 공유하는 남성보다도 더 적은 물질적 자원, 사회계층, 권력, 자아실현의 기회 등을 얻고 있다.

둘째, 이 불평등은 사회조직에서 초래되는 것이지, 여성과 남성 간의 유의미한 생물학적 혹은 퍼스낼리티의 차이에서 초래되는 것이 아니다.

셋째, 비록 인간 개인이 서로 간에 그 잠재성과 특질의 단면에 다소 차이가 있다고 하더라도 어떠한 유의미한 자연적 차이의 유형으로 남녀를 구분할 수는 없다. 그 대신 모든 인간 존재는 자아실현을 추구하려는 자유에 대한 근원적인 필요와 그들 스스로 발견하는 상황의 규제나 기회에 적응하는 근본적인 순응성에 의해 특징지워진다. 따라서 성 불평등이 존재한다고 말하는 것은, 즉 여성은 상황적으로 남성과 자아실현을 공유해야 한다는 필요를 깨닫는 힘이 남성보다 뒤떨어진다고 주장하는 것이다.

넷째, 불평등 이론은 모두 여성과 남성이 꽤 쉽게, 그리고 자연스럽게 좀 더 평등주의적인 사회 구조와 상황에 반응할 것이라고 가정한다. 즉, 그들은 상황을 변화시키는 것이 가능하다고 확신한다. 이 점에서 이 이론가들은 성차별이론가들이 그 원인이 무

2) 페미니즘(Feminism)은 '여성'이라는 뜻의 라틴어 '페미나(femina)'에서 파생한 말이다. 여성주의로 번역될 수 있으며, 여성해방을 위한 이론이나 권리 운동을 가리키는 말이다. 페미니즘 앞에는 다양한 수식어가 붙을 수 있다. 자유주의 페미니즘, 급진적 페미니즘, 마르크스주의 페미니즘, 사회주의 페미니즘, 정신분석학적 페미니즘, 탈식민주의적 페미니즘, 생태학적 페미니즘 등 다양한 갈래가 있다.

엇이든 성차별은 지속적이고, 퍼스낼리티에 깊이 침투하고 있어 단지 부분적으로만 변화될 수 있다는 사회적 삶의 표상을 제시하는 것과는 대조적이다.

1) 자유주의적 페미니즘

현대의 페미니즘 이론 중에서 자유주의적 페미니즘은 소수의 자리를 차지하고 있다. 그러나 동시에 자유주의적 페미니즘은 현대 미국의 여성운동 내에서 가장 넓게 확산된 견해이다. 그것은 여성의 경력, 동등한 부모역할, 어린이들을 위한 성차별 없는 교육 등에 관한 많은 대중적인 논의를 불러일으켰다. 그것은 여성운동을 이끈 책 속에 나타났고 가장 강력한 여성 조직인 국립여성조직(The National Organization for Woman: NOW)의 실용주의적인 강령 속에 새겨졌다. 자유주의적 페미니즘과 미국의 정치적 신념의 주류 간의 상호보완성은 페미니즘 이론의 다양한 조류에 대한 대중적인 이해를 도왔다(고영복, 1996).

성 불평등에 대한 자유주의적 페미니즘의 기원은 17세기와 18세기에 서유럽에서 유행했던 계몽주의(이성주의 또는 합리주의) 사상에서 비롯된다. 이 시대에 부상한 자유주의철학은 두 가지 핵심적 원리에 기반을 둔다. 하나는 개인의 자유라는 개념과, 다른 하나는 인간의 이성이 인본주의에 입각한 사회 변화의 기초로 강조된 점이다. 자유주의적 관점은 인간이 이성으로써 우리 인간을 인본주의적인 성향을 가진 자로 변화할 수 있다고 가정한다. 따라서 이성과 지식의 추구는 사회 개혁을 위한 근본이 된다고 믿었다.

결과적으로, 변혁에 대한 자유주의에 입각한 정책은 사회 개혁의 과정에 있다는 믿음에 기초한다. 불평등을 해결하는 자유주의 여권론자가 실천적으로 행할 수 있는 해결책은 차별을 금지하는 프로그램(평등 보장이나 동등 기회 보장정책 등)을 포함한다. 즉, 성별 분업의 확고성, 사회적 활동의 공공영역과 사적 영역 간에 존재하는 분리, 남성이 전자로서 일차적으로 위치하고 여성이 후자로 존재하는 것, 어린이에 대한 체계적인 사회화로 말미암아 그들이 성 역할과 자신의 성에 적합한 영역으로 옮겨 갈

수 있도록 교육하는 것에서부터 문제를 제기한다.

그러나 자유주의적 페미니즘은 감정적 개방성을 허용하는 것을 제외하고는 사적인 영역에 대한 특별한 가치를 두지 않는다. 사적인 영역은 가사노동, 아이 돌보기, 성인 남성에 대한 감정적 · 실질적 · 성적 서비스와 관련한 끊임없는 요구, 무보수의 평가절하된 작업들로 구성된다. 사회적 삶의 진정한 보상—돈, 권력, 지위, 자유, 성장의 기회, 자존심—등은 공적 영역에서 찾아진다. 이 영역에 대한 여성들의 접근을 제한하는 체제는 여성들에게 사적(私的) 영역에 대한 책임을 지워 주어서 그들을 개인적인 가사(家事)에만 고립시킨다. 남편을 사적 영역의 단조롭고 고된 일들을 함께하는 것으로부터 면제해 주는 것이 성 불평등을 산출하는 체제이다.

이 체제에서 핵심적인 원동력으로서 자유주의적 페미니스트들은 인종차별주의를 지적할 것이다. 인종차별주의는 부분적으로는 여성에 대한 편견과 차별적 관행으로 구성되고, 또한 부분적으로는 남성과 여성이 다른 사회적 목적을 갖고 있으며, 이 목적에 적합한 성별 간의 '자연적'인 차이가 있다는 당연시되고 있는 신념으로 구성된다. 성차별주의로 말미암아 여성들은 아동기 때부터 제한당하고 불구가 된 채로 그들의 성인 역할로 이동하게 되고, 그 역할 속에서 여성의 전체적인 인간성도 특수한 성 역할에 의한 제재와 요구로 말미암아 창조된 부주의하고 의존적이고 잠재의식적으로 억압된 존재로 '왜소화'된다.

문화적으로 결혼은 여성에게는 운명과 자기실현의 원천으로 이상화되었고, 남성에게는 가정과 책임감과 제재가 혼합된 축복으로, 전체 미국사회에 있어서 본질적으로는 남편과 아내의 평등한 결합으로 이상화되었다. 제도적으로 결혼은 남편의 역할에 권위와 자유와 실질적인 강제력으로 권력을 부여하여 가정적인 환경을 뛰어넘을 수 있게 한다. 그것은 성적인 용감성, 그리고 남성의 권력과 관련된 남성 권위 사상과 맞물려 있다. 그것은 아내에게 순종적이고 의존적이며 스스로는 무가치한 존재라고 느끼게 하고, 본질적으로 고립된 가사를 중심으로 한 활동을 지향할 것을 명한다.

따라서 경험적으로 제도적 결혼에는 두 가지 결혼이 있다. 남성은 결혼에서 규제되고 짐이 지워진다는 신념을 갖게 되지만, 독재를 할 수 있는 규범, 즉 권위, 독립성,

그리고 아내로부터 가정적 · 감정적 · 성적 서비스를 받을 권리를 경험한다. 아내는 결혼에서 성취에 대한 문화적 신념을 확신하지만, 규범적으로 무능력, 의존, 가정에 대한 복종, 감정적 · 성적 서비스, 결혼 전의 젊고 독립적인 개인에서 점차로 '왜소화'되는 것 등을 경험한다.

이 모든 결과는 인간의 스트레스를 측정하는 자료에서 발견된다. 기혼 여성이 성취에 대한 욕구가 만족되었다 할지라도, 그리고 미혼 남성이 아무리 자유에 대한 그들의 욕구가 만족되었다 할지라도 모든 스트레스 지표의 수치가 가장 높게 나타난다. 스트레스 지표는 심장박동, 현기증, 두통, 실신, 악몽, 불면증, 신경쇠약에 대한 공포 등을 포함하고 있다. 따라서 결혼이 남성에게는 좋고 여성에게 나쁜 것이며, 부부가 그들의 개인적 욕구와 퍼스낼리티에 가장 알맞은 결혼의 종류를 협상하고 선택하는 데에 충분한 자유를 느낄 때에만 그 불평등은 중지될 수 있을 것이다.

자유주의적 페미니스트들에게 있어서 미국사회는 국가의 통치 형태로 주어진 제도와 권리에 닻을 내리고 있기에, 그들은 대부분의 다른 사회보다는 좀 더 개인적 자유와 평등을 허용한다. 그러나 이곳에서도 평등한 기회는 인종차별주의와 성차별주의에 의해 제한된다. 이 신념체제는 초기 시절부터 역기능적으로 이월된 것으로, 다소는 전통, 인습, 근거 없는 편견에 의해 지지되고 있다.

성차별주의는 인종차별주의와 같이 남성과 여성을 엄격한 틀로 끼워 맞추며, 유용한 인재의 재능이 완전히 발휘됨으로써 지역사회가 발전한다는 사실을 부인한다. 또한, 여성을 차별하며 개인적 존엄성과 자유에 대한 소중한 문화적 가치를 계속적으로 부인한다. 이 모든 이유로 자유주의적인 페미니스트들은, 현대 미국사회는 성차별주의를 폐지하도록 변화해야 한다고 주장하며, 대부분의 사람은 페미니스트적 비판의 합리성을 깨닫도록 교육받을 수 있다고 믿었다.

자유주의적 페미니스트들은 성 불평등을 없애기 위한 다음과 같은 전략을 제안했다. 변화를 위해 현존하는 정치적 · 법적 통로를 동원하는 것, 평등한 경제적 기회, 사람들이 더는 엄격하게 구획화된 성 역할로 사회화되지 않도록 가족, 학교, 대중매체의 메시지 등이 변화하는 것, 그들이 일상생활에서 부딪히는 성차별주의에 대항하여 모든 개인이 도전을 시도하는 것 등이 그것이다.

자유주의적인 페미니스트들에게 이상적인 성의 구조는 각 개인이 자신에게 가장 적합한 삶의 유형을 선택하여 전업주부이거나, 혹은 남편이 집안일을 돌보거나, 미혼의 직업인이거나 혹은 맞벌이 가족이거나, 아이가 있거나 아이가 없거나, 혹은 이성애자이거나 동성애자이거나 그 선택이 받아들여지고 존경되는 것이다. 자유주의적 페미니스트들은 이러한 이상을 자유와 평등을 증진시키는 것의 하나로, 미국에서의 중심적인 문화적 이상으로 보았다. 따라서 자유주의적인 페미니스트들의 사상은 미국의 제도와 문화, 그 개혁적 지향, 그리고 개인주의 · 선택 · 자유 · 기회의 평등이라는 가치 등을 기본적으로 수용하는 점에 있어서, 지배적인 미국적 사회사조와 일치하고 있다(고영복, 1996).

2) 마르크스주의 페미니즘

마르크스주의는 사회적 억압에 대해 가장 잘 알려져 있고, 지적으로 정교한 이론을 제시하고 있다. 마르크스(K. H. Marx)와 엥겔스(F. Engels)로부터 네오 마르크스주의의 전체 문헌을 통하여 이 시각은 사회 계급 억압의 이론을 발전시키며, 지배계급의 이해에 따른 노동자의 지배, 계급지배, 억압의 침투성, 국내 · 국제적 사회관계 유형에서의 갈등 등에 초점을 두고 있다. 마르크스주의 페미니즘은 마르크스주의의 계급 분석과 페미니스트의 사회 저항을 함께 결합시켰다. 그러나 이러한 융합은 명료한 억압 이론이 아닌 오히려 불평등에 대한 더욱 암묵적인 설명을 산출해 냈다. 즉, 성 불평등 이론인 것이다. 이 이론의 기초는 마르크스와 엥겔스에게 두고 있다(고영복, 1996).

(1) 마르크스와 엥겔스

마르크스와 엥겔스의 주요 관심은 사회적 계급 억압이었다. 그들은 종종 그들의 관심을 성적 억압으로 돌렸다. 이 문제에 대한 그들의 가장 유명한 연구는 『가족, 사유재산, 국가의 기원(Der Ursprung der Familie, des Privateigenthums und des Staats)』에서 제시되어 있는데, 1883년 마르크스의 죽음에 뒤이어 1884년 엥겔스에 의해 저술되고 출판되었다.

(2) 현대의 마르크스주의 페미니즘

현대의 마르크스주의 페미니스트는 현대자본주의적 계급체제 내에서의 성관계에 초점을 두고 있다. 이러한 이론적 관점으로부터 보면 각 개인의 삶의 경험의 질은, 첫째로 그 개인의 계급적 위치를 반영하며, 둘째로는 개인의 성을 반영한다. 어떤 특정 계급의 여성이 자신과 같은 계급의 남성과 관계하는 정도는 빈번하지만, 서로 다른 계급적 배경을 가진 여성들은 삶의 경험을 더 적게 공유한다.

임금노동자 계급에서도 또한 성 불평등은 자본주의의 존속에 순기능적이며, 따라서 성 불평등이 자본가에 의해 지속된다. 임금노동자계급의 여성은 그들의 낮은 사회적 지위 때문에 더 낮은 임금을 받고, 그들이 임금부문에서 차지하는 주변적 위치 때문에 단합하기도 어렵다. 따라서 그들은 저항하지 않는 피지배계급으로, 이윤의 원천으로서 봉사한다. 더욱이 임금부문에서의 여성의 주변성은 여성으로 하여금 여분의 노동력을 저장하는 산업예비군으로, 즉 대안적 노동자의 집결소로서 단합된 남성 임금노동자의 요구에 위협을 가하고 제동을 거는 행동을 하게 한다.

따라서 성 불평등의 해결방안은 계급 억압의 철폐인 것이다. 이러한 철폐는 여성과 남성을 포함한 단결된 임노동계급에 의한 혁명적 행위를 통해 실현될 것이다. 그러나 여성이 남성에게 대항하여 직접적인 동원 행위를 하는 것은 반혁명적인 것이다. 왜냐하면, 그것은 잠재적인 전체 혁명 노동계급을 남성과 여성으로 양분시키기 때문이다. 계급 체제를 파괴하는 노동계급의 혁명은 계급 착취, 성 불평등으로부터 사회를 해방시킬 것이다(고영복, 1996).

3 성 불평등 문제의 실태와 원인

국제연합(UN)은 최근 세계 여성의 날(3월 8일)을 맞아 성 불평등은 우리 시대의 압도적인 불의이며, 가장 심각한 인권 문제라고 말했다. 유엔 사무총장 안토니오 구테레스(A. Guterres)는 여성들이 전혀 인식되거나 혹은 인정받지 못하는 사례, 혹은 큰 기여를 했음에도 거의 인정받지 못하는 여러 사례를 인용했다(https://www.research-paper.co.kr/).

신종 코로나바이러스 감염증(CIVID-19) 팬데믹으로 말미암은 회의 자리에도 여성이 거의 참여하지 않은 점을 꼬집기도 했다. 유엔의 발표에 따르면, 전 세계적으로 관리직이나 정치인 자리에 있는 사람 중 70% 이상이 남성이며, 15세 이상 여성 중 50만 명 이상이 문맹이다. 또한, 남성과 여성 모두 90% 이상이 여성에 대해 편견을 갖고 있다.

구테레스는 "뿌리가 깊은 가부장제가 경제, 정치 시스템, 기업, 사회 및 문화에서 큰 성별 격차를 만들었다. 여성의 의견은 무시되고, 경험은 평가절하된다."고 말했다. 그는 베이징에서 열린 제4차 베이징여성대회에서 연설하기도 했다. 베이징여성대회는 베이징을 비롯해 중국의 성 평등 달성을 위한 포괄적인 행동 계획을 수립하는 것을 목표로 한다. 그는 "베이징 회의 후 25년이 지난 지금도 여성의 권리 진전이 정체되거나 심지어 퇴행하기도 했다."고 지적했다.

여러 국가에서, 또 국제적으로 성 평등을 위한 조치가 시행되고 있지만 역사, 전통 및 문화에 뿌리를 둔 성차별 및 성 불평등을 최소화하거나 제거하기에는 충분하지 않다. 특히 보수적인 문화에서는 더욱 그렇다. 75년 전 유엔이 창립된 이래로 인권과 성 평등은 세계적인 틀을 형성했다. 1945년 유엔헌장, 1948년 「세계인권선언」, 1994년 이집트 카이로에서 열린 국제인구개발회의(International Conference on Population and Development: ICPD) 등에 이어 베이징에서 열린 제4차 베이징여성대회 등이 이를 뒷받침한다.

세계은행(World Bank)에 따르면, 전 세계에서 오직 6개국만이 남녀 모두에게 완전하게 동등한 법적 권리를 부여하고 있다. 대부분 국가는 여전히 여성 노동자에게 남성 노동자와 동등한 기회를 부여하지 않는다. 성차별적인 법이 있는 국가도 있다. 113개 국가에는 같은 일을 하는 남성과 여성의 급여를 동등하게 정해야 한다는 법이 없다. 104개 국가에는 여성이 특정 직종에 종사할 수 없다는 제한을 두는 법이 있다. 29개 국가에는 여성이 일할 수 있는 시간에 제한을 두는 법이 있다. 18개 국가에는 남편이 아내의 노동을 금지하도록 허가하는 법이 있고, 17개 국가에는 여성이 집 밖으로 나가는 방법 등을 제한하는 법이 있다. 이에 따라 남녀 간의 경제력 격차를 없애는 데 앞으로 100년이 넘게 걸릴 수도 있다(https://www.research-paper.co.kr/).

4 성 불평등 문제의 해결책 및 대안

세계경제포럼(Davos Forum)[3)]에서는, 시민사회와 지역사회가 여성의 권리를 옹호하고, 여성 문제를 해결하기 위한 연합을 형성하고, 여성의 권리와 성 평등을 개선하기 위해 노력해야 한다고 역설하였다. 아울러 많은 국제기구와 기관이 남녀평등과 여성의 권리 신장이 평화와 안보, 지속 가능한 개발 및 인권의 세계적 진보의 근본이 된다고 강조했다(https://www.research-paper.co.kr/).

3) 저명한 기업인 · 경제학자 · 저널리스트 · 정치인 등이 모여 세계 경제에 대해 토론하고 연구하는 국제민간회의이다. 전 세계의 경제상황을 개선하기 위해 각국의 사업을 연결하여, 지역사회의 산업의제를 결정하며 독립적 비영리재단 형태로 운영된다. 본부는 스위스 제네바에 위치하고 있으며, 매년 1~2월 스위스의 고급 휴양지인 다보스에서 회의를 개최하기 때문에 다보스포럼(Davos Forum)이라고도 한다. 이 포럼에서 논의된 사항은 세계무역기구(WTO), 선진국 정상회담(G7) 등 국제 경제에 큰 영향력을 미친다.

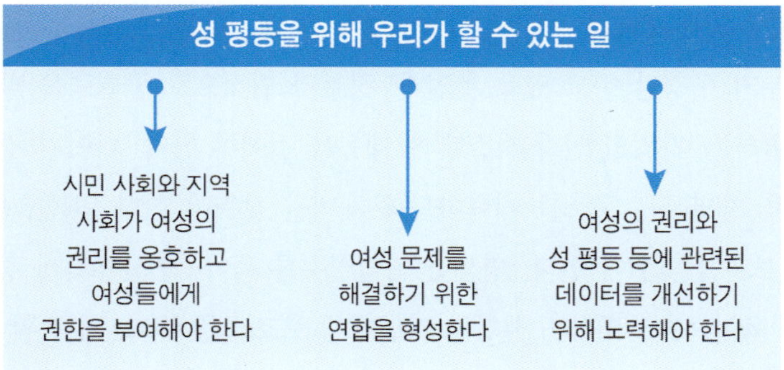

출처: https://www.research-paper.co.kr/

[그림 6-1] 성 불평등 해소를 위한 우리의 역할

우리나라 노동시장에서 경제활동을 하는 여성은 어떤 상황에 처해 있는가? 노동시장에서 여성이 얼마나 가혹한 일을 당하고 있는가? 우리나라 사회구조 속에서 여성에게 경제적 활동이 미약하다고 주장하는 것은 부당하다. 여성에 대한 태도는 현재와 과거가 엉켜 있다. 현실 속의 맞벌이와 이상 속의 현모양처가 공존한다. 직장에서도 겉으론 '여성 우위' 시대라고 말하지만, 속으로는 '남녀는 엄연히 다르다.'고 인식하고 있지 않은가?

여성이 더 일하는 것은 크게 보면 남성의 짐을 더는 일이다. 일·가사의 두 마리 토끼를 다 잡는 슈퍼맘(super mom)의 개인기에 맡기는 건 근본 해법이 아니다. 양질의 돌봄 서비스를 늘려 양육 부담은 줄이고, 새 일자리도 만드는 방향으로 가야 한다. 남편들의 인식 변화도 중요하다. 부인의 경력 단절을 걱정한다면 남편이 대신 육아휴직을 쓰면 된다. 남자들도 스스로 육아와 가정살림에 대한 책임이 있다는 것을 인지하고, 이를 직장과 사회에 요구해야 한다.

무엇보다 정부가 나서야 한다. 한국 사회에서는 남녀를 불문하고 교육에 차별을 두지 않지만, 경제활동 안에서 지위나 임금은 여성에게 불리하게 작용되고 있다. 이 측면에는 여성이 임신과 출산, 육아로 일을 중단하거나 그만둔 이후에 나타난다. 남성과의 격차가 더 커져 이에 대한 정책적 뒷받침이 있지 않고서는 남성과의 격차를 좀처럼 줄이기 어렵다. 우리나라 기업은 이력서에 나이를 기재하도록 하고, 사진을 붙여야 한다. 면접자에게 임신과 결혼 예정일을 묻는다.

그래도 정부가 구경만 하고 있을 것인가! 정부가 법적으로 공권력을 발휘하여 여성 구직자를 차별하는 '기업의 인사 시스템'에 제동을 걸어야 한다. 나아가 경력과 승진에 있어도 여성을 차별하는 구조를 개혁하도록 채비를 갖춰야 한다. 또한, 육아 · 출산휴직에 정부가 보조를 맞춰야 한다. 영세한 기업일수록 육아 · 출산휴직에 경제적 부담이 크다. 정부가 육아 · 출산휴직을 신청한 기업에게 보조금을 주고, 이를 활용할 수 있도록 장려해야 한다. 현재 우리나라의 합계출산율은 세계 최저 수준[4]이며, 이는 부족한 제도적 현실과 무관하지 않다.

이제 기업의 인식도 바뀌야 할 때다. 출산과 육아휴가 · 휴직이 기업의 손해가 아닌, 장기적인 투자와 종업원의 행복추구권 관점에서 바라보아야 한다. 여성복지 신장은 기업의 사회적 이미지를 제고할 수 있고, 기업에 활력을 불어넣는 요소라는 것을 깨달아야 한다. 실제로 여성 임원의 비율이 높은 기업일수록 경영 성과가 높다는 『하버드 비즈니스 리뷰(Harvard Business Review: HBR)』[5]의 연구결과는 이를 잘 방증한다(https://hbr.org/).

무엇보다 여성의 경제적 활동이 적은 것을 개인의 책임으로 몰아가는 사회적 인식을 제거해야 한다. 노동시장에서 성 불평등을 제거하는 것은 우리 사회의 미래와 맞닿아 있다. 사회 구성원의 고민과 노력이 함께 가야 한다. 여성의 일자리 환경을 좋게 만드는 것은 우리 사회의 난제인 저출산 · 고령화 · 저성장 문제를 푸는 지름길이다. 집에서 '진생쿠키(인삼으로 만든 쿠키)'를 만드는 것이 아닌, 출산 후 힘찬 발걸음으로 회사로 돌아가는 '여성 일자리 생태계'를 새로 짜야 할 때다. 우리 사회는 여성들의 경제참여 활성화를 위해서 사회구조적 · 문화적으로 해결책을 모색해야 한다.

---

4) 우리나라 합계출산율은 2017년 1.05명, 2018년 0.98명, 2019년 0.92명으로, 2018년부터 1.00명 이하로 떨어지고 있다. 2020년에는 2019년보다 더 떨어질 것으로 예측된다. OECD 회원국 중 0점대 합계출산율은 우리나라가 유일하다.

5) 하버드 대학교의 자회사인 하버드 비즈니스 퍼블리싱(Harvard Business Publishing)에서 발간하는 매니지먼트 관련 잡지이다. 이름만 듣고 석 · 박사 이상의 사람들이 보는 학회 저널로 생각하는 경우도 있지만, HBR은 일반 기업 종사자들도 많이 읽는 일반적인 잡지이며, 케이스가 많아 경영대학의 학생들도 많이 활용한다.

07 CHAPTER

소수집단 문제

1 소수집단 문제의 개념

만약 여러분은 다음과 같은 질문을 받는다면 어떻게 대답할 것인가? “다음 생에 성적 소수자나 이주민, 장애인으로 태어나고 싶은가?” 여러분은 선뜻 “그렇다.”라고 대답하지 못할 것이다. 그 근본적인 이유는 무엇인가? 아마도 질문 속의 사람들이 이 사회에서 살아가기가 그리 녹록하지 않다는 요인이 있을 것이다. 또 다른 이유로는 사회적으로 소외되거나 힘을 발휘하지 못하기 때문이라는 점도 작용했을 것이다.

대부분의 사회에는 선천적인 요인에 의해서가 아니라, 보편적인 사람들의 모습과 다르거나 삶의 방식 또는 사고방식이 다르다고 후천적으로 구별하여 ‘비정상’이라고 구분하는 경우가 있다. 사회적 약자나 소수자는 대개 사회에서 비정상인 사람들로 여겨지거나 혹은 다른 사람들보다 사회적으로 힘이 없는 삶을 살아가는 것이 우리의 현실이다.

소수집단(少數集團)이란 다른 집단에 비교해서 상대적으로 수가 작거나 열세에 있는 집단을 말한다. 사회적 소수자(社會的少數者)라고도 하는데, 그 사회의 권력관계에서 그 특성이 소수에 위치하는 사람의 입장이나 집단을 가리킨다. 어떠한 사회든지 사회란 근본적으로 다수집단과 소수집단으로 나누어진다. 사회란 생물적·사회문화적 속성이 다양한 사람으로 구성되는데, 비슷한 속성의 사람들의 집합을 사회집단이라고 할 수 있다. 다수집단이 일반적으로 사회의 지배세력을 형성한다면, 소수집단은 지배집단의 종속 집단이라고 할 수 있다. 소수집단은 그들의 지배집단과는 속성이 다르다는 것을 인정하고 그들끼리 사회관계를 밀접히 유지하여 결속하는 경향이 있는 집단을 의미한다.

소수집단은 성, 나이, 장애, 인종, 국적, 종교, 지역, 학력, 병력, 성적 지향, 문화적 차이, 사상 등 한 가지 혹은 그 이상의 측면에서 자신들이 사는 국가나 사회의 지배적 가치와 기준을 달리한다는 이유로 차별의 대상이 되거나 불평등한 대우를 받는 사람들을 일컫는다. 사회적 편견과 갈등의 원인이 되는 집단이기도 하다. 특히 다양한 종족으로 형성된 국가나 사회의 긴장과 갈등은 소수 종족과 다수 종족 간의 편견이 해소되지 못하기 때문에 생겨나는 것으로 알려져 있다.

소수자는 상대적인 개념이어서, 환경에 따라 얼마든지 변할 수 있다. 처한 상황과 여건에 따라 기존 구성원도 얼마든지 사회적 소수자가 될 수 있다. '모든 사람은 외국인이다.'라는 명제가 있다. 예컨대, 외국으로 이민을 가게 되면, 그 나라에서 그들은 사회적 소수자로 분류된다. 또한, 살면서 종교적 신념이나 가치관의 변화, 불의의 사고, 세월의 흐름에 따라 사회적 소수자로 취급받아 차별의 대상이 될 수도 있다.

소수집단은 단순히 인구 수를 나타내는 것이 아니라, 지배층과 피지배층 간의 사회적 관계를 나타내기 위한 표현으로 쓰인다. 즉, 소수자 집단을 규정하는 핵심 기준은 권력의 크기이다. 예를 들어, 남아프리카 공화국은 인구의 약 4분의 3이 흑인으로 구성되어 있음에도, 사회 권력은 소수의 백인이 차지하고 있기 때문에 흑인들은 여전히 사회적, 경제적으로 차별받는 사회적 소수자에 머무르고 있다. 또한, 교차성 사회학 관점에서 어떤 한 개인이 다수집단과 소수집단에 동시에 속해 있을 수 있다.

사회적 소수자 집단을 취약 집단이라고도 하는데, 이 집단은 다음과 같은 네 가지 조건이 충족됐을 때 형성된다.

- **구별 가능성:** 소수자 집단은 신체 또는 문화적으로 다른 집단과 구별되는 뚜렷한 차이가 있거나 그럴 것으로 여겨진다.
- **권력의 열세:** 정치 · 경제 · 사회적 권력에서 열세에 있거나, 자원 동원 능력이 뒤처지는 사람들이 소수자 집단으로 간주된다.
- **사회적 차별:** 소수자 집단은 그 집단 구성원이라는 이유만으로 사회적 차별의 대상이 된다.
- **집합적 정체성:** 어떤 사람이 자기가 차별받는 집단의 구성원이라는 점을 느껴야 비로소 그 사람은 소수자가 된다.

어떤 사회에 소수자가 존재한다는 것은 우월한 사회적 지위와 상대적으로 강한 특권을 갖는 지배집단이 대칭적으로 존재한다는 것을 뜻한다. 우리나라에도 다양한 기준에 의한 사회적 소수자 집단이 존재한다. 외국에서 이주해 온 외국인노동자, 결혼이민자, 북한이탈주민, 특정 지방 출신자, 노인이나 청소년과 같은 특정 연령 집단, 특정 종교 신자, 장애인, 여성, 빈곤층, 성적 소수자, 신념에 따른 병역 거부자 등 여러 집단이 주류 사회로부터 차별을 받고 있다.

2 소수집단 차별에 관한 이론

소수자 스트레스는 다양한 사회적 소수자가 자신들의 소수자 지위로 말미암아 경험하는 낙인 관련 스트레스를 의미한다. 사회적 차별로 말미암아 경험하는 스트레스는 개인의 신체적 · 정신적 건강을 위협할 수 있으므로 문제가 된다. 지금부터 설명할 이론은 성 소수자들, 그 중에서도 LGBT[1)]만을 대상으로 하는 소수자 스트레스 이론이다.

즉, 게이, 레즈비언, 양성애자, 성전환자들이 사회적 낙인과 차별, 억압으로 말미암아 경험하는 만성적 스트레스 이론이다(https://namu.wiki/).

컬럼비아 대학교의 공공보건학 교수 일란 메이어(I. H. Meyer, 2003)가 자신의 논문에서 소수자 스트레스 이론(minority stress theory)을 발표하여 유명해졌다. 현대에는 정신의학(psychiatry)이나 공공보건 분야 이외에도 스트레스를 연구하는 건강심리학, 성적 지향을 연구하는 성 심리학, 낙인(stigma) 효과를 연구하는 사회심리학, 기타 학문으로서 사회학, 정책학 등의 다양한 분야에서 관심을 가지고 취급하고 있다. 2019년에 확인 가능한 가장 최신의 리뷰 논문은 2017년에 나왔을 만큼(Pitonak, 2017) 현대에도 활발하게 논의되고 있는 이론이다.

LGBT 인구가 사회적인 멸시와 천대의 시선으로 말미암아 스트레스를 겪게 되고, 그것이 마침내 그들의 정신건강 수준까지 떨어뜨려서 우울과 불안, 자살, 자해, 폭음, 흡연, 마약 등의 위험으로 내몰아 간다는 게 소수자 스트레스 이론의 핵심이다. 2003년 이전까지 관련 학계에서는 사회적인 차별이 LGBT들에게 엄연한 스트레스원(stressor)이 될 수 있다는 인식 자체가 없었다. 스트레스는 둘째 치고, LGBT들이 수많은 정신적 고통을 겪고 살아간다는 사실 자체도 대부분 1990년대 말~2000년대 초 사이에 이슈화되었다.

이는 그 이전까지 스트레스라는 개념을 연구하던 심리학계의 이론적 조망이 소위 일반적 적응 증후군(general adaptation syndrome: GAS), 즉 전적으로 생리학을 위시한 개인 내면의 주관적 경험을 강조하는 분석 수준에 국한되었기 때문이다.[2] 바꾸어 말하면, 외부 환경의 변화에 대한 적응적 압력으로 말미암아 시상하부, 뇌하수체, 부신피질이 반응하고, 이것을 인지적 수준에서 주관적으로 평가하고 대처하게 되는 메커니즘을

1) 성적 소수자들을 이르는 말로, 레즈비언(Lesbian), 게이(Gay), 양성애자(Bisexual), 성전환자(Transgender)의 첫 글자를 따서 만든 말이다.

2) 이론적 조망이라는 게 그래서 무서운 것이다. 학자들이 어떤 현상을 관찰하고 감지할 수 있는 인식론적 역량을 한편으로는 늘려 주기도 하지만 다른 한편으로는 틀어막아 버리기 때문이다. 가끔가다 이론에 잘못 빠지면 그 이론으로는 예측할 수 없는 것을 아예 존재하지도 않는다고 착각하게 되는 경우도 있다. 이론이 현실에 맞춰져 가야 하는데, 현실을 이론에 끼워 맞추는 것이다. 이런 문제는 이론이 현실을 온전히 설명하기가 불가능에 가까운 사회과학 분야에서 특히 심하며, 따라서 사회현상을 이론을 통해서 설명하는 것은 상당한 메타인지적 역량을 요한다. 어떤 이론을 공부할 때 그 기본 전제(basic assumption)를 반드시 확인해야 하는 이유도 바로 이것이다.

연구하는 것이 스트레스 연구의 주류였다. 그러다 보니, 사회적인 낙인이 찍히는 것이나, 낙인 찍힌 집단에 소속되는 것 또한 스트레스가 될 수 있다는 아이디어가 1980~90년대 학자들의 인식 수준에서 신속히 떠오르지 못했다. 예컨대, 소수자 스트레스 이론이 학계에 출현함으로써, 모든 스트레스가 꼭 주관적인 것은 아니며, 객관적인 스트레스도 존재한다는 주장이 인정을 받게 되었다. 물론 소수자 스트레스라는 단어 자체는 기존의 '주관적'인 스트레스 개념을 대체하는 개념은 아니며, 보완하는 개념으로 보아야 한다.

그런데 스트레스는 뜻밖의 정치적인 의미가 담겨 있기 때문에 연구자들이 민감해하는 사안이기도 하다. 스트레스 연구의 권위자 스티븐 홉폴(S. E. Hobfoll) 등에 따르면, 스트레스를 연구할 때 그 연구는 다음의 두 가지 인간관 중의 하나를 채택할 수 있다(https://namu.wiki/).

- 스트레스에도 불구하고 헤쳐 나가는 능동적 행위자

  이 관점에서 스트레스를 겪는 개인을 바라볼 경우, 그 개인이 환경과 적극적으로 상호작용하며 그들이 갖고 있는 내적인 역량을 긍정한다는 장점이 있다. 이 관점에 입각하여 연구하는 키워드로는 인지적 재평가(cognitive reappraisal), 자기연민(self-compassion), 회복탄력성(resilience), 강인함(hardiness), 외상 후 성장(post-traumatic growth) 등이 있다. 하지만 이런 관점은 그 불공정함으로 말미암아 비판을 면하기 어렵다. 예컨대, 스트레스는 전적으로 '보인 잘못'이라는 것이다. 누구나 노력만 하면 역경을 충분히 이겨 낼 수 있는 힘이 있다면, 결국 스트레스의 괴로움은 '약한 척'이나 '우는 소리'가 되기 때문이다. 멀리 갈 것도 없이 다양한 자기계발서가 바로 이런 식으로 대중심리학적인 메시지를 설파하는 경우가 많다.

- 스트레스로 말미암아 고통 받는 수동적 피해자

  이 관점에서 스트레스를 겪는 개인을 바라볼 경우, 그 개인이 겪는 고통에 대해 우리 사회 전체가 져야 할 책임을 면제하지 않는다는 장점이 있다. 어떤 스트레스는 개인의 힘만으로는 어찌하지 못한다는 것이다. 이 관점에 입각한 키워드가 바로 소수자 스트레스이고, 인간관을 공유하는 다른 연구주제로는 외상 후 스트레스 장애(PTSD), 학습된 무기력(learned helplessness), 전투 스트레스 반응(combat stress response: CSR) 등이 있다. 그렇다고 이 관점이 소수자들에게 전적으로 공정하지는 않다. 이 인간관은 한편으로 소수자들이 역경 앞에서 무기력한 존재이며, 극복할 수 있는 잠재력이 없는 취약한 존재로 비관하기 때문이다. 즉, 소수자들을 권력화(empowering)하지 못한다는 것이다.

여기서 일란 메이어 등의 연구자들은 '양자택일(eithor-or)' 개념이 아니라, '둘 다(both-and)' 개념을 선택한다. 때때로 똑같은 게이라고 할지라도, 이 게이는 저 게이보다 더 건강하고 행복한 삶을 살아가고 있을 수 있다. 이럴 때에는 능동적 행위자 관점으로 설명하는 게 적절하다. 하지만 두 게이 모두 사뭇 다른 삶을 살아감에도 불구하고, 그들이 게이라는 이유로 똑같이 고민하게 되는 삶의 고충이 있을 수 있다. 이런 문제를 설명하려면 수동적 피해자 관점으로 설명할 수 있다.[3)]

세상의 부조리와 모순으로 말미암아 고통 받는 인간을 구제하기 위해, 심리학자들은 그 사회 자체를 비판하고 변화를 도모할 필요성도 느끼지만, 더 나은 사회가 도래할 때까지 개인의 긍정적 잠재력을 끌어내어 회복시키고 견뎌 낼 수 있는 방법 또한 제공한다. 어떤 한 인간관이 정치적으로 '더' 혹은 '덜' 올바른 것이 아니라, 둘 중 하나를 도외시하는 것이야말로 인간에 대해서 덜 올바른 접근이 되는 것이다.

사실 2003년 이전에도 LGBT 인구가 유독 "술과 마약에 절어 있더라."라는 사실 자체는 사람들끼리 서로 알고 있는 일이었다. 하지만 잘 알려져 있듯이 동성애가 정신병 목록에서 내려간 게 불과 1973년의 일이다. 이런 상황에서 학자들은 LGBT 인구가 얼마나 괴로움을 겪고 있는지에 대해 연구할 엄두를 내지 못했다. 그런 연구는 자칫 성소수자들의 삶을 병리화할 수 있었기 때문이다. 예컨대, 보수주의자들이 나서서 "거봐,

3) 이걸 통계학의 용어로 바꿔 설명하면, 결국 급내 분산을 설명하는 것도 중요하지만 급간 분산을 설명하는 것도 중요하다는 것이고, 이 두 가지를 설명해 내고 나면 총 분산의 상당수를 파악할 수 있게 된다는 것이다.

그 사람들이 그렇게 힘들게 살아가는 건 결국 그들이 퇴폐적이고 방종해서 그래!"라고 선전할 수 있었고, 이는 동성애자들이 자기 자신을 수용하고 통합하는 데 큰 지장을 주는 이성애 규범적 차별에 힘을 싣는 것이었다.

그들의 괴로움의 원인을 설명할 수 있으면서 정치적으로 더 올바른 설명이 나올 때까지 학계는 조심스럽게 반응할 수밖에 없었고, 소수자 스트레스 이론이 세상에 나타난 뒤에야 비로소 학계는 그들이 왜 그렇게 괴로운지를 '퇴폐 가설'이 아닌 다른 방법으로 설명할 수 있게 되었다. LGBT에 대한 사회적 냉대가 그 자체로 하나의 스트레스가 된다는 것이다(https://namu.wiki/).

3 소수집단 문제의 실태와 원인

"엄마는 내가 초등학교 5학년이 되고, 내 동생 상호(가명)가 4학년이 될 때까지 한 번도 학교에 온 적이 없다. 매일 저녁 공장에 가서 다음날 아침에 축 처진 어깨로 집에 들어와 바로 잠만 잔다. 그리곤 나와 동생이 학교를 다녀올 시간에 다시 공장을 나간다. 친구들이 아무리 엄마를 '필리핀 사람'이라고 놀리고, 내 얼굴이 까맣다고 놀려도 엄마가 한 번만이라도 학교에 왔으면 좋겠다. 그땐 내 친구들 모두에게 우리 엄마를 자랑할 거다. 우리 엄만 한국말도 잘하고, 우리 얘기라면 모두 다 들어 준다(경인일보, 2011. 5. 6.)."

"그래도 동생과 같은 학교에 다니는 게 얼마나 다행인지 모른다. 친구들은 태권도 학원 가랴, 수학학원 가랴 바쁘다면서 학교 끝나도 못 놀지만, 동생은 항상 나와 함께다. 학교도 같이 다니고, 엄마가 없는 빈집에서도 동생만 있으면 무섭지 않다. 그래도 매일 저녁 동생과 집에서 TV만 보고 있으면, 문득 학원이라는 데가 궁금해질 때도 있다. 친구들이 신나게 학원 얘기를 할 땐 난 한마디도 할 수가 없다(경인일보, 2011. 5. 6.)."

트랜스젠더인 A씨의 숙명여대 입학 포기 사태가 일어났다. A씨 입학 포기를 두고 트랜스젠더를 배제하거나 포용하는 페미니즘 입장과 다른 논리에 의한 시각이나 관점이 존재하는 것이 현실이다. 이런 다양성이 존재하는 원인은 인간의 선천적 요인에 의한 상상력과 환경의 영향 등에서 기인한다. 표현의 자유가 존중되는 것은 개개인의 이성과 감성이 동일하지 않기 때문이다. 78억 인구 중 얼굴이 동일한 경우는 거의 없다는 어느 인류학자의 단언이 나올 정도로 인간은 원래 다양한 존재다(https://www.pressian.com/).

인류사나 지구촌 현실에서 드러난 것처럼 인간은 선과 악의 요소를 모두 지닌 매우 혼란스런 존재다. 인류를 구성하는 개체인 인간은 감정과 이성을 가진 복합적 존재로 착한 신과 같은 선량한 측면과 함께 악마와 같은 폭력성, 야만성, 잔인성을 지니고 있다. 지상 낙원을 만들려고 시도하면서도 인류멸망을 모의하거나 자신과 함께 다른 사람을 죽이는 자살 폭탄 논리도 실천하는 모순 덩어리다.

인류가 제시하는 진리나 정의와 같은 가치에 대해서도 동서양의 정답이 다르다. 상반된 요인들이 유전자 속에 포함되어 있어 시대 상황에 따라, 또는 개인의 선택에 따라 여러 요인이 구체화된다. 인간의 악마적인 자질은 자기의 형제자매, 사촌인 다른 인간을 차별하고 학대하는 것에서 극에 달한다.

인류의 역사는 진리 탐구의 역사지만 그 과정이나 결론은 매우 혼란스럽다. 인간은 서로 상반된 것을 정의, 진리라고 주장하며 삼라만상에 대한 다양한 주장, 이론을 만들어 냈다. 이런 혼란의 파생물 중에는 긍정적인 것도 분명 존재한다. 예를 들어, 보수와 진보의 차이와 대립 또는 공존이 진화와 발전의 원동력이 되었다.

그렇다면 궁극적으로 인생은 무엇이며, 올바른 삶이란 어떤 것인가? 이 질문은 유사 이래 지속되었고, 현재에도 여전히 많은 사람을 고민하게 만든다. 아마 미래에도 비슷할 것이다. 사람이 왜 태어났으며, 어떻게 살아야 하느냐에 대한 해답에 영향을 미치는 것은 여러 가지가 있다. 그중에 하나는 인간의 뿌리에 대한 것이다. 과학자들의 연구 결과 오늘날 지구상의 78억 인류는 모두 20만 년 전 아프리카에 살던 한 어머니의 후손이다.[4] 5대양 6대주의 모든 거주인들이 형제자매고 친척이다.

과학자들은 유전자 검사결과 백인종, 흑인종, 황인종과 같은 인종의 구분은 불가능하다고 지적한다. 이런 과학적 사실을 바탕으로 인류의 과거와 현재를 점검해 보는 작업이 필요하다. 한 조상을 뿌리로 한 인간이 5대양 6대주에서 매우 다양하고 각각 독자적인 문화와 문명을 개발할 수 있었던 근원은 무엇일까? 인간의 유전적 잠재력은 그 깊이와 폭을 알 수 없다.

이런 점에서 피부색이나 문화 등이 다르다는 이유로 차별이나 혐오가 있어서는 안 된다. 성적 소수자에 대해서도 마찬가지다. 인간은 유전학적으로 성적 소수자가 존재할 수밖에 없는 요인을 지니고 있기 때문이다. 생각과 지향성 등이 다르다고 편을 가르고 거리를 두거나 낙인을 찍어서는 안 된다. 특히 극단적인 편 가르기는 증오와 혐오, 심지어 지독한 폭력으로 이어진다. 이런 일은 우리 모두를 파멸의 길로 이끈다.

일부 국가에서 동성애자의 결혼 합법화를 추진하는 이유는 '인간으로 당연히 누려야 할 행복을 누리도록 법적으로 보장'해야 한다는 취지에 따른 결과다. 성적 지향성을 이유로 고정관념화되었던 편 가르기와 차별을 철폐하자는 취지다. 지구상의 모든 인간은 기본적으로 평등한 상태에서 자유, 행복을 누림이 당연하다. 이런 점에서 트랜스젠더 등 성적 소수자는 절대 차별과 혐오의 대상이 되어서는 안 된다. 이와 관련해 우리 사회에서 동성애자나 북한이탈주민 · 이민자 등 사회적 소수자를 친구 · 이웃 · 가족 등으로 받아들일 수 없다는 배타적 인식이 강해진 것은 심히 우려되는 현상이다.

한국행정연구원(2020)이 2019년 9~10월에 만 19세 이상 69세 이하 성인 8천 명을 대상으로 한 『2019년 사회통합실태조사』에 따르면, 동성애자를 '받아들일 수 없다'는

---

4) 물론 이 주장은 기독교적으로는 전혀 맞지 않는 말이다. 『구약성서』에 다음과 같이 기록하고 있다. "하나님이 이르시되 우리의 형상을 따라 우리의 모양대로 우리가 사람을 만들고 그들로 바다의 물고기와 하늘의 새와 가축과 온 땅과 땅에 기는 모든 것을 다스리게 하자 하시고, 하나님이 자기 형상 곧 하나님의 형상대로 사람을 창조하시되 남자와 여자를 창조하시고, 하나님이 그들에게 복을 주시며 하나님이 그들에게 이르시되 생육하고 번성하여 땅에 충만하라, 땅을 정복하라, 바다의 물고기와 하늘의 새와 땅에 움직이는 모든 생물을 다스리라 하시니라(창세기1:26-28).

응답 비율은 57.1%로 2018년 49.0%에서 8.1%p 상승했다. 또 북한이탈주민에 대해서는 2018년(12.6%)보다 12.9%p나 높아진 25.5%가 '받아들일 수 없다'고 답했고, 외국인 이민 · 노동자를 '받아들일 수 없다'는 응답은 11.3%로 2018년(5.7%)보다 5.6%p 올랐다.

이런 현상을 그냥 두면 사회 전체가 더욱 거칠어지면서 배타적이 되고, 사회적 소수자의 권익이 침해당하면서 그 고통이 심화될 전망이다. 현존 인류는 인종, 국적, 종교 등에 관계없이 형제자매다. 아프리카의 동일한 조상에서 출발한 오늘의 인류는 동서양, 아프리카, 아메리카 등지에서 각각의 민족으로 진화하면서 독특한 문화를 창조했다. 그 작업은 지금도 진행되고 있다.

오늘날 지구상의 인구가 78억에 달하면서 인간을 소중하게 여기거나 인간 자체가 매우 신비하다는 감정은 희박해졌다. 오늘날에만 그런 것 같지 않다. 과거에도 그랬다. 고대 사회로부터 등장한 계급제도, 노예제도 등은 같은 인간이 동시대의 동반자인 다른 인간을 착취하고 학대한 끔찍한 사례다. 종교가 다른 이를 처단하거나 박해했다. 이는 오늘날 일부 지역에서 여전하다. 인종이 다르면 같은 인간으로 보지 않으려 하는 것은 오늘날에도 광범위한 지역에서 발견된다.

인간 잠재력은 천사와 악마처럼 상반된 갖가지 가치판단을 하는 성향이 공존하는 특성을 지녔다. 이런 상반된 요인이 한 인간 내에서 혼재해 있는 것은 인간의 이중성을 다룬 로버트 루이스 스티븐슨(R. L. Stevenson)의 소설『지킬 박사와 하이드(Dr. Jekyll and Mr. Hyde)』[5]에 잘 표현되어 있다. 인간의 성격은 다면적이고 복잡하기 그지없어 그로 말미암은 자기모순을 겪는 고통도 심각하다. 이토록 인간의 내적 잠재력은 형언할 수 없을 정도로 다층적이고 다면적이어서 그것이 과연 축복인지, 저주인지가 애매한 지경이다. 그러나 단순한 것보다 복잡한 것이 더욱 묘미가 있다는 점에서 무한한 내적 잠재력은 축복이라고 보아야겠다.

5) 학식이 높고, 자비심이 많은 지킬 박사는 인간이 잠재적으로 가지고 있는 선악의 모순된 2중성을 약품으로 분리할 수 있을 것이라는 착상에서 약품을 만들어 복용한 결과, 악성을 지닌 추악한 하이드로 변신하였다. 그리고 점차 악이 선을 이겨, 약을 먹지 않아도 하이드로 변신하여, 지킬박사로 되돌아갈 수 없게 된다. 마침내 하이드는 살인을 하고 경찰에게 쫓겨, 체포되려는 순간 자살하여 모든 것을 유서로 고백한다는 내용이다. 오늘날 이중인격이라 하면 이 작품의 제명을 연상할 정도로, 이 작품은 현대인의 성격분열을 암시한다.

깊이 볼수록 아리송해지는 인간의 모임인 사회 또한 그러하다. 인간의 잠재력이 지대한 탓인지 모든 사회를 설명할 수 있는, 즉 도깨비 방망이 같은 사회과학 이론은 존재치 않는다. 사회과학은 특정 시대, 특정 사회에 대한 설명에 국한되는 경우가 적지 않다. 한국의 정치, 경제학이 미국, 북한에서 통용되지 않는다. 같은 과학이라는 이름이 붙지만 사회과학이 자연과학과 크게 다른 점이다(https://www.pressian.com/).

4 소수집단 문제의 해결책 및 대안

미국에는 학생들이 버스로 통학하는 '버싱(busing)제도'라는 것이 있다. 그런데 단순히 버스를 타고 학생들이 통학하는 그 자체를 말하는 것은 아니다. 백인 지역 아이들이 통학버스를 타고 흑인 지역 학교로 가고, 흑인 지역 아이들이 버스를 타고 백인 지역 학교로 간다. 그리고 가난한 지역 아이들이 잘 사는 지역으로, 잘 사는 지역 아이들이 가난한 지역으로 이동하는 것이다(구정화, 2011).

이 제도로 학교는 인종이나 계층의 다양성을 확보하고 인종 차별이나 계층 차별 문제를 어느 정도 줄이고자 하였다. 쉽게 말하면 지역이나 인종의 차이로 말미암아 생기는 학생들 간의 차이로 발생하는 학교 차이를 줄이고자 한 것이다. 이 제도에는 사회적 약자가 생기는 이유가 사회 구조에 문제가 있다고 보는 시선이 담겨 있다.

그런데 사회 구조는 기능론자와 갈등론자 모두가 하는 이야기이다. 이들 관점에 따라 각각 사회적 약자에 대해 살펴보자. 기능론에서 보면 사회적 약자가 생기는 것은 제도를 운용하는 과정에서 잘못된 기능이 일어났기 때문이다. 그로 말미암아 사회적 약자가 차별을 받게 된 것으로 볼 수 있다. 그러니 사회적 약자는 우연히 생겨난 것이라 주장한다. 이와 달리 갈등론자들은 지배 위치에 있는 기득권층이 힘없는 집단을 착취한 결과로 사회적 약자들이 만들어진다고 본다. 그러니 사회적 약자는 우연히 생긴 것이 아니라, 지배층에 의해 만들어진 것이다. 여러분의 생각은 어떤가?

그러면 사회적 약자를 위해 무엇을 해야 할까? 바로 '버싱'과 같은 사회적 약자가 생기는 원인을 제도적으로 없애려는 노력을 해야 한다. 사회적 차별이 더는 일어나지 않도록 법이나 제도를 만드는 것이다. 다양한 차별을 철폐하는 법이 여기에 해당한다.

그런데 이보다 더 강력한 요건이 필요해서 만들어진 것이 차별 철폐를 위한 적극적인 우대 정책, '어퍼머티브 액션(affirmative action)'이다. 우리도 일상에서 공무원 여성할당제도, 서울대학교의 지역균형선발제도, 미국 하버드 대학교의 입학에서 인종할당제도 등 이러한 정책을 많이 볼 수 있다. 쉽게 말하면 100m 달리기가 힘든 사람들이 30m쯤 앞서서 달리도록 배려하는 것이다.

이렇게 하는 것은 오랫동안 사회적 차별로 기회의 평등을 잡기 어려웠던 사회적 약자를 우대하는 정책을 통해 실질적 평등을 누릴 수 있게 해 주겠다는 취지이다.

그런데 사회적 약자를 위한 적극적인 우대 정책이 '역차별'이라는 문제를 낳기도 한다. 하버드 대학교 같은 명문대학교에서 히스패닉이나 흑인에게 일정 비율을 우선 할당하게 되면, 동일하게 사회적 약자이면서 공부를 잘하는 한국계 학생들의 입학이 좌절될 수 있다. 이로 말미암아 다른 사회적 약자의 기회를 빼앗는 역차별 문제를 제기하는 것이다.

이 때문에 미국에서는 종종 백인들이 흑인 분장을 하고 면접을 보아서 문제가 되는 경우도 있고, 인종할당제도로 말미암아 입학이 좌절된 것이 헌법에서 말하는 평등에 어긋난다고 소송을 제기하기도 한다.

우리 사회에서도 이런 역차별 문제가 제기된다. 농어촌 특별 전형으로 정원 외 입학생을 뽑을 경우 전문계 고등학생의 입학이 제한될 수 있다. 또한, 지방인재채용목표제에 따라 수도권 대학 졸업생이 역차별을 당할 수 있고, 공무원 여성할당제나 여대의 로스쿨에 대해서는 남성이 역차별을 당하기도 한다. 대학에서 내신 성적의 반영 비율을 높이면 특목고 출신 학생들이 역차별을 받게 된다.

그럼에도 적극적 우대 정책은 오랫동안 차별당한 집단에 대하여 그 사회가 최소한의 것을 배려해 주는 기회 제공의 의미를 갖는다. 미국이 1960년대 흑인 우대 정책을 통해 대학 입학과 취업을 지원하지 않았다면 미국 전 국무장관인 콜린 파월(C. Powell) 같은 인물이 어떻게 나왔으며, 버락 오바마(B. Obama)가 과연 대통령이 될 수 있었을까?

사회적 소수자에 대한 차별은 인간의 존엄성을 해치는 것이며 사회적 갈등을 유발하여 사회통합을 저해하는 요인이 되기도 한다. 이러한 문제를 개선하기 위해 개인적인 차원에서는 서로의 차이를 이해하고 존중하는 태도를 바탕으로, 사회적 소수자에 대해 배려하는 마음을 갖고 사회적 소수자의 다양성을 인정하는 자세를 가져야 한다. 사회적인 차원에서는 사회적 소수자들이 성별, 장애, 가치관 등의 이유로 부당하게 차별받는 일이 생기지 않도록 각종 정책과 제도적 장치를 마련하여 시행해야 한다(구정화, 2011).

우리나라에는 장애인을 보호하기 위한 「장애인차별금지 및 권리구제 등에 관한 법률(약칭: 장애인차별금지법)」과 「장애인고용촉진 및 직업재활법(약칭: 장애인고용법)」, 외국인 근로자를 보호하기 위한 「외국인근로자의 고용 등에 관한 법률(약칭: 외국인고용법)」, 고령자의 고용안정을 보호하기 위한 「고용상 연령차별금지 및 고령자고용촉진에 관한 법률(약칭: 고령자고용법)」 등이 있다.

PART

3

생애 주기 및 대상자 관련 사회문제

CHAPTER 08 아동 관련 문제

1 아동 문제의 개념

아동 문제란 아동에 관한 사회문제이다. 넓은 의미의 아동 문제란 아동기에 발생한 사회적 문제의 총칭이라 하겠다. 「아동복지법」에서 "아동은 자신 또는 부모의 성별, 연령, 종교, 사회적 신분, 재산, 장애유무, 출생지역, 인종 등에 따른 어떠한 종류의 차별도 받지 않아야 하고, 완전하고 조화로운 인격발달을 위하여 안정된 가정환경에서 행복하게 자라나야 하며, 아동에 관한 모든 활동에 있어서 아동의 이익이 최우선적으로 고려되어야 한다."라고 규정(같은 법 제2조)하여 다양한 시책을 강구하고 있다. 하지만 현대사회는 새로운 문제를 계속해서 일으키고 있다. 영아 유기, 신체장애아 문제, 등교거부, 비행의 저(低)연령화, 폭력아동복지시설 문제, 아동자살 등 현대의 아동 문제는 현사회의 모순을 반영한 것들로 점차 심각한 양상을 띠고 있다.

아동 문제는 각 나라의 사회 및 문화 상황에 따라 복잡하게 전개된다. 그러나 공통적인 것은 아동 문제에 대한 사회적 인식이 오래되지는 않았다는 점이다. 20세기 이전만 하더라도 아동의 노동착취나 아동학대 등이 빈번했고, 아동의 인권이나 처우가 열악했던 것이 사실이다. 이처럼 20세기 이후가 되어서야 아동복지에 대한 책임이 강조되기 시작하였다. 그러나 이 또한 시민권운동과 여성운동 이후에 부가적으로 대두된 것이라 할 수 있다. 즉, 역사적으로 아동 문제가 상대적으로 다른 사안보다 중요하게 다루어지지 않았다는 점이다. 그러나 아동 문제가 다른 문제보다 중요하지 않다는 것은 결코 아니다(김지미 외, 2020: 182-183).

호튼과 레슬리(Horton & Leslie, 1955: 3-4)에 따르면, 아동 문제는 사회 안에 있는 많은 아동에게 바람직스럽지 못한 방식으로 영향을 미치는 조건이나 상황이다. 이러한 조건이나 상황에 대하여 집합적 사회행동을 통하여 무엇인가를 취해 달라는 요구가 존재하고, 그러한 요구에 따라 집합적 사회행동으로서 정부나 사회공동체의 사회적 개입이 있게 된다. 여기서 사회적 개입이란 일종의 사회문제 해결을 위한 집합적 사회행동을 말한다. 사회문제의 조건이나 상황이 개인의 생활에 영향을 미치지만, 개인적으로 이에 대처하여 해결할 수가 없다. 그래서 아동의 안전이 위협을 받게 되거나 공동체의 삶의 질이 저해 받게 되므로, 집합적 행동에 의존하여 문제를 해결하여야 한다. 따라서 아동의 빈곤, 질병, 부적응, 범죄, 비행 등과 같이 부정적인 영향을 미치는 사회적 조건이나 상황에 대하여 개인적으로 대처할 수 없을 때 아동 문제는 사회문제가 된다.

한편, 현대의 아동 문제에 있어서 가장 괄목할 점은 '권리' 개념이 기존에는 오직 성인(혹은 기득권)의 전유물이었던 것에서, 현대에는 '아동의 권리'를 인정하기 시작했다는 것이다. 권리란 일반적으로 아동이 특정한 이익을 주장하고 누릴 수 있는 권한이다. 아동이 이러한 권리를 인정받는다는 것은, 아동이 하나의 인격체이자 권리의 주체로 인식되는 것이고, 또한 아동 문제의 이해와 해결에서는 타고난 인간의 존엄성에 의거하여 욕구와 문제를 해결하는 것이 중요하게 고려된다는 의미이다(김지미 외, 2020: 183).

앞에서도 말했지만, 아동 문제는 각 나라의 정치 · 경제 · 사회 · 문화 · 역사 등 다양한 차원의 상황에 따라 매우 복잡하게 대두된다. 각 나라가 아동 문제에 대처해 온 흐름을 통해서 국내외의 아동 문제 동향을 간접적으로 살펴보고자 한다(박용순 외, 2019: 53-57).

1) 아동 문제 관련 국외 동향

산업화 이전의 사회에서는 아동의 욕구와 능력이 성인과 별로 다를 게 없다고 생각하였다. 따라서 아동 문제에 대한 사회의 인식은 다른 인구 대상층의 문제와 분화되지 않은 상태에 머물렀다. 그랬기 때문에 아동에 대한 열악한 처우로 이어졌다. 또한, 신분에 따라 일부 아동의 권리만 인정되었고, 아동 대부분은 가족이나 장원(莊園)[1]의 단순한 부속물로 취급당하였다. 아동 보호의 첫 출발은 종교단체의 활동을 통해 이루어지기 시작했다(장인협 · 오정수, 2001).

아동을 단지 축소된 성인으로 인식하였던 과거와는 달리, 아동이 성인과는 다른 욕구와 능력을 지녔고, 생애주기에서 성인기와 구분되는 독특한 시기를 통해 성장한다는 점을 점차 인정하기 시작하였다. 이 시기의 최대 관심사는 집단적인 수용보호의 효율성에 대한 비판이었다. 19세기에는 아동의 노동 문제가 아동 문제에 관한 또 다른 이슈가 되었다. 또한, 미국에서는 19세기 후반부터 구빈원(救貧院)[2]에서 아동을 보살피는 운동의 하나로 위탁가정운동이 전개되었다(공계순 외, 2006, 2013; 장인협 · 오정수, 2001).

20세기는 종종 '아동의 세기'라고 불린다. 왜냐하면, 이 시기에는 아동을 고유한 인격체로 받아들이고, 이들을 위한 다양한 사회제도를 마련하였기 때문이다. 아동복지에 대한 국가의 책임이 강조되고, 보편주의적 아동복지제도가 도입되었다. 1970년대에 들어서는 시민권운동과 여성운동에 자극받아 '아동권리운동'이 등장하였다. 1959년에 유엔이 「아동권리선언」을 선포한 이후, 1979년은 '아동의 해'로 지정되었다. 그리고 1989

1) 자급자족 경제를 이루었던 8~12세기경 유럽에 지배적으로 퍼져 있던 농촌 사회 조직인 동시에 영주의 지배 조직을 말한다. 불분명하긴 하지만 7세기경 갈리아에서 형성되기 시작하여, 9세기에는 이탈리아, 라인 강 유역, 지중해안 에스파냐 등지 그리고 노르만 정복 이후에는 영국에도 장원이 퍼졌다. 국왕과 제후, 제후와 기사 사이에 주종 계약 관계가 맺어졌고, 봉신에게는 토지를 주었는데 그 봉토가 바로 장원이었다. 장원은 보통 하나의 촌락을 이루었다. 그리고 교회가 있었고, 그 주변에 농가가 취락을 이루고 있었다.

2) 20세기 이전에 널리 유행한 원내구호 형태의 빈민을 위한 시설이다. 박애주의자들이 기금을 모아 설립한 이 보호소는 빈곤 가족이나 개인에게 피난처를 제공하였다. 최근 수십 년이 지나면서 구빈원은 원외구호 프로그램으로 바뀌었고, 이 프로그램으로 빈민들은 자신의 집에 머물면서 돈, 재화, 서비스 등을 제공받는다. '구빈원(poorhouse)'이라는 표현이 최초로 사용된 것은 1631년이다.

년에 「아동권리에 관한 국제협약」이 통과되었다. 20세기 이후 아동 문제 인식에 따른 아동복지서비스의 변화를 살펴보면, 집단적 수용 보호에서 소규모 수용보호로, 시설보호 중심에서 제가보호와 지역사회보호 중심으로, 포괄적인 서비스에서 개별적인 서비스로, 비전문적 서비스에서 전문적 서비스로 발전하였다(공계순 외, 2006, 2013; 장인협 · 오정수, 2001).

2) 아동 문제 관련 국내 동향

『삼국사기(三國史記)』[3]에 따르면, 신라에서는 고아에게 식량을 지급하였고, 백제와 고구려는 재해를 당한 아동에게 관곡을 배급하였다. 고려 시대에는 불교의 자비사상에 입각하여 고아 및 기아와 빈곤아동을 사찰에서 위탁 형태로 보호하였고, 나라에서는 고아에게 10세까지 식량을 지급하였다. 그리고 (기능과 관원 등에 관해서는 확실히 알려진 바가 없으나) 관립 영아원인 해아도감(孩兒都監)[4]을 설치하여 유아를 보호 · 양육하였다. 자녀가 없는 민가에서는 양자녀 또는 노비로 삼기 위해 민간수양이 행해졌다. 하지만 고아의 민간수양을 빙자하여 인신매매나 유괴, 약탈 등이 성행하는 폐단도 많았다(박정란 · 서홍란, 2001; 윤욱, 1992; 표갑수, 2000). 조선 시대에는 고아와 기아 및 빈곤아동에 대한 법령을 제정하였다.

조선 시대 말부터 대한제국까지의 시기는 정치적 격동기와 맞물리면서 정부의 구제사업이 거의 없는 공백기였다. 이 시기의 아동복지 분야에서 두드러진 활동은 서양 선교사의 자선사업이었다. 일제강점기(日帝强占期)[5]에는 아동을 미래의 병력 또는 노

3) 1145년(인종 23)경에 김부식(金富軾) 등이 고려 인종의 명을 받아 편찬한 삼국 시대의 정사로, 현재까지 전해 오는 우리나라 역사책 중에서 가장 오래된 것이다. 기전체의 역사서로서 본기 28권(고구려 10권, 백제 6권, 신라 · 통일신라 12권), 지(志) 9권, 표 3권, 열전 10권으로 이루어져 있다. 김부식은 책의 앞쪽에 '진삼국사표'라는 머리말을 실었다. 그는 여기에서 "글을 아는 사람도 우리나라의 역사를 잘 모르는 현실이 안타까워 『삼국사기』를 펴낸다."라고 적었다. 또한, 모든 사람이 역사를 통해 잘한 것과 잘못한 것을 가려내어 교훈을 삼으라고 당부했다.

4) 고려 충목왕 3년(1347)에 둔 관아로, 소속 벼슬아치나 맡은 일에 대해서는 분명하지 않다. 그러나 유아를 보호하고 양육하던 일을 맡아 보던 것으로 추정된다.

5) 일제에게 나라를 빼앗긴 1910년부터 해방된 1945년까지의 민족 수난기이다. 일제 35년은 한국 민족의 장구한 역사상 단 한 번 있었던 민족으 정통성(正統性)과 역사 단절의 시기였다는 점에 치욕적인 특성이 있다. 우리의 국권을 강탈해

동력으로 취급하고 최소한의 보호와 구제의 대상으로 삼았다. 또 맹아와 농아 등의 장애아동에게 교육을 하기 시작하였다(박용순 외, 2019: 55; 박정란 · 서홍란, 2001).

아동보호를 위한 민간 차원의 운동도 활발하였다. 그 대표적인 운동이 천도교에서 펼친 소년운동이었다. 천도교의 소년운동은 봉건시대의 아동관을 불식하고, 시대에 맞는 새로운 아동관을 계몽하는 일에 힘썼다. 또 '어린이'라는 순우리말을 만들어 보급하고, '어린이날'을 제정하였다.[6] 조선소년운동협회는 1923년 5월 1일 제1회 어린이날에 '소년운동선언'을 발표하였다. 이는 아동의 인권을 보호하고자 한 우리나라 최초의 '아동권리선언'이라 할 수 있다.

1921년 미국 감리교 선교사들이 설립한 우리나라 최초의 사회복지시설인 태화여자관(泰和女子館, 이후 태화기독교사회복지관으로 바뀜)은 발족 당시에는 사회문제 중 가정이나 사회에서 억압받고 있는 여성들의 문제가 시급하다고 판단되어 여성들의 사회교육 · 지도력 개발 등을 중점적으로 다루었으며, 모자보건 등의 프로그램에도 역점을 두었다.[7] 초기 교육사업에서 아동보건과 사회사업을 전개하여 아동 건강진단과 가정방문을 통한 위생교육, 육아법 등을 시행하였다. 그러나 일제의 종교 탄압으로 말미암아 완전 중지명령을 받아 중단되고 말았다.

간 일제는 조선총독부를 설치한 뒤 행정, 입법, 사법 및 군대까지 손에 쥐고 우리 민족을 탄압했다. 하지만 우리 민족은 일제에 맞서 독립운동을 벌이며 나라를 되찾기 위해 노력했다.

6) 어린이날은 1856년에 미국에서 한 목사가 6월 둘째 일요일을 어린이날로 정한 후, 1883년부터 미국 각지에 퍼져 이 날을 어린이날로 삼게 되었다. 일제강점기인 1922년에 어린이들에게 민족정신을 고취시키기 위해, 소파 방정환 선생을 비롯하여 색동회가 주동이 되어 5월 1일을 어린이날로 정하였다. 그러나 1939년에 일제의 억압으로 중단되었다가, 1945년에 해방이 되면서 1946년에 5월 5일을 어린이날로 정하였다. 1957년에는 '대한민국어린이헌장'을 선포하여 어린이날을 더욱 뜻 깊게 하였다. 1970년에는 5월 5일 어린이날을 공휴일로 공포하였다.

7) 또한, 기독교가 여성의 해방과 문제해결의 기본토대를 마련할 수 있다는 처지에서 여성들에게 성경을 공부할 기회를 자주 제공하였다. 당시 선교사로 우리나라에 파송된 마이어스(M. D. Myers) 여사가 초대 관장직을 담당하였다.

2 아동 문제를 설명하는 이론

아동 문제를 설명하는 이론은 거시 이론적 관점과 미시 이론적 관점으로 나누어 살펴본다. 거시이론적 관점에서는 기능주의적 관점, 갈등론적 관점, 상징적 상호작용론적 관점에서, 미시이론적 관점에서는 정신분석학적 관점, 행동주의론적 관점, 인지발달론적 관점, 생태학적 관점에서 구체적으로 알아본다(공계순 외, 2013: 72-76; 김기원, 2017: 280-286).

1) 거시 이론적 관점

(1) 기능주의적 관점

기능주의적 관점에 따르면, 사회는 여러 부분으로 구성되어 있고, 각각의 부분에서 사회적으로 기대되는 기능이 있으며, 이러한 각자의 기능이 제대로 수행될 때 사회는 균형을 이루고 발전하게 된다. 따라서 아동은 사회의 한 부분으로 자신에게 기대되는 사회적 기능을 수행하면서, 사회 안정과 발전에 이바지하여야 한다. 만일 아동 자신이 스스로 해야 할 기능을 제대로 수행하지 못하거나, 혹은 아동의 양육을 맡고 있는 사회제도가 그 기능을 제대로 발휘하지 못하거나, 오히려 역기능적이거나, 사회체계의 원활한 운영을 방해하거나, 사회 안정 또는 사회적 목표 달성에 방해가 될 때 사회문제가 발생한다.

아동은 사회의 기초집단으로서 자신의 잠재력을 발휘하여 인간자본을 개발하여야 하며, 이를 통하여 사회를 유지 · 발전시키고, 세대를 전승시키는 기능을 수행한다. 만일 아동이 스스로 자신의 잠재력을 개발하지 못하거나, 자신의 인간자본 형성에 충실하지 못하거나, 사회규범에 벗어나는 일탈 행동을 할 경우 아동 문제는 발생한다.

가족이나 학교는 아동의 사회화 기능을 수행한다. 만일 가족이나 학교가 아동에게 바람직한 가치와 규범을 가르치지 못하여 아동이 올바른 인성을 형성하지 못했을 때 아동 문제가 발생한다. 국가와 지방자치단체는 아동의 복리증진을 위한 제도적 기능을 수행한다. 만일 국가와 지방자치단체가 이 기능을 제대로 수행하지 못했을 때 아동 문제는 발생한다.

(2) 갈등론적 관점

갈등론적 관점에 따르면, 사회문제는 집단 간 혹은 계층 간 갈등에서 파생된다. 즉, 특정 집단이 자기들의 이익이 존중되지 않고 있거나, 자기들이 충분한 몫을 받고 있지 못하며, 이러한 불이익을 극복하기 위해 노력해야 한다고 생각하고 있을 때 사회문제는 발생한다.

성인과 아동을 대비해서 보면, 우리 사회의 지배집단은 성인이고, 아동은 취약계층에 속한다. 성인은 투표권을 행사하고, 국가의 정책 결정에 직·간접적으로 영향력을 미치기도 하며, 성인인 부모는 아동의 법정대리인으로서 아동의 권익을 대행하기도 한다. 따라서 지배집단인 성인이 아동의 권리와 이익을 위해서 행사하지 않고, 자신의 이해관계를 근거로 하여 행사한다고 판단되어지면 사회문제가 될 수 있다.

특히 최근 사회적으로 이슈가 되었던 장애인복지시설이나 아동복지시설에서의 비인간적이고 반인륜적인 아동에 대한 처사나, 아동을 고용하고 있는 사업체의 임금체불이나, 저임금 지급은 성인인 시설운영자나 시설종사자 혹은 사업주가 아동에 대해 저지른 착취 행위다. 이러한 아동에 대한 착취는 장애아동과 같은 인지능력이나 신체능력이 매우 취약한 아동들을 대상으로 행해질 때 더욱 심각한 인권침해 문제가 된다.

(3) 상징적 상호작용론적 관점

상징적 상호작용론적 관점에 따르면, 아동 문제는 아동에 대한 부정적인 사회적 정의(定義)에서 나온다. 즉, 어떤 사회현상이 영향력 있는 집단에 의해 그들의 가치관을 침해하거나, 가치관에 따라 비난받을 만하며, 사회적 기대를 깨뜨린다고 판단될 때 사회문제는 존재한다. 따라서 아동 문제는 영향력 있는 집단이 아동의 행동이 그들의 가치관을 침해하였거나, 사회적 기대를 충족시키지 못한다고 판단될 때 사회문제가 된다.

아동의 일시적인 모습을 발견한 부모나 사회가 아동에 대해 부정적인 사회적 정의(혹은 명명)를 한다면, 아동은 이를 인식하게 되고, 주위에서 이렇게 부르는 것을 아동이 반복적으로 듣게 되면 아동은 어느덧 자신을 그런 사람이라고 수용하게 된다. 이렇게 수용이 이루어지면 자신이 그런 부정적인 사람이라고 생각하는 자아개념(自我概念)[8]을 형성하고, 이러한 자아개념이 형성되면 그러한 부정적인 행동을 하게 된다.[9] 따라서 아동의 이러한 부정적인 행동은 부정적인 사회적 정의라는 작용에 대한 반작용의 결과다. 작용과 반작용을 합하여 상호작용이라고 한다. 아동 문제는 이러한 상호작용 과정에서 나타나는 사회문제이다.

2) 미시 이론적 관점

(1) 정신분석학적 관점

정신분석학적 관점에 따르면, 아동 문제는 아동의 심리 내적 욕구와 외부의 사회적 욕구가 조화되지 않음으로 말미암아 발생하며, 주로 자아기능의 실패에서 파생된다. 정신분석학적 관점에서 보면, 아동 문제는 자아(ego) 또는 초자아(superego)가 원초아(id, 이드)를 억제하는 기능을 제대로 수행하지 못한 결과로 볼 수 있다. 자아는 사람들로 하여금 현실과 환상을 구분하고, 적절한 양의 긴장을 유지하게 하며, 합리적이고 인지적으로 행동하게 하는 등의 지적 기능과 문제 해결 기능을 수행한다.[10] 초자아는

8) "나는 어떤 사람인가?" "나의 능력은 어느 정도인가?" "나는 지금 어떤 처지에 있는가?" 등의 질문에 대하여 스스로 자신에게 답을 제시하는 것이 자아개념이므로, 자아개념 속에 포함되는 요소는 자기 자신의 능력에 대한 견해만이 아니라, 성격 · 태도 · 느낌 등을 모두 포괄한다.

9) 자아개념은 긍정적 개념과 부정적 개념으로 대별할 수 있다. 그러나 긍정과 부정의 유목(類目)으로 양분될 수 있는 성질의 개념은 아니며, 긍정과 부정의 양극을 연결하는 연속성(連續性)을 상정할 수 있는 개념이다.

현실보다는 이상을, 그리고 쾌락보다는 완벽을 추구하는데, 도덕이나 가치에 위배되는 원초아의 본능적 충동을 억제하고, 자아가 현실적인 목표 대신에 도덕적이고 이상적인 목표를 추구하도록 만든다. 도덕원리 혹은 당위원리에 따르며, 무엇이 옳고 그른지, 또 어떤 것을 해야 하고, 어떤 것을 하지 말아야 하는지 등을 판단하는 기능을 수행한다. 따라서 아동 문제는 합리적 판단을 할 수 있는 지적 능력의 배양, 그리고 도덕성이나 윤리의식을 함양시키지 못한 사회 제도가 실패한 결과라고도 볼 수 있다.

(2) 행동주의론적 관점

행동주의론적 관점에 따르면, 아동 문제는 환경적 자극이 존재하지 않아 사회적으로 바람직한 아동 행동을 동기화시키지 못하였거나, 잘못된 환경적 자극으로 말미암아 아동 행동이 사회규범을 위반하도록 동기화된 데 그 원인이 있다. 또한, 아동의 교육과정에서 조건자극으로 변화시키는 과정이 빠져 있거나, 시행착오를 통한 학습기회를 주지 않아 조작적 조건화를 이루지 못하였거나, 아동에게 바람직한 모델이 되는 준거집단이 제공되지 못하여 긍정적인 대리적 조건화가 이루어지지 못할 때, 적절한 보상과 벌을 통한 자아강화가 이루어지지 못할 때 아동 문제가 발생한다.

(3) 인지발달론적 관점

인지발달론적 관점에 따르면, 아동 문제는 유기체인 아동과 환경 간의 '동화와 조절의 실패'에 기인한다고 할 수 있다. 피아제(J. Piaget)의 인지발달이론에 따르면, 인간의 지적 능력은 유기체가 환경에 적응해 가는 것인데, 아동이 세상과의 상호작용을 통해서 자신의 이해를 만들어 간다. 피아제는 아동의 발달이론을 유기체의 적응구조를 나

10) 자아는 여러 가지 기능을 가지고 있다. 자아의 모든 기능을 효과적으로 사용하는 사람은 거의 없다. 사람들은 어떤 영역에서는 아주 서투르게 기능하지만, 다른 영역에서는 아주 성공적으로 기능한다(부모의 역할을 제대로 수행할 수 없는 야심적이고, 정력적이며, 성공적인 행정관이나 일상생활에서는 어처구니없는 행동을 하는 헌신적인 학자). 더욱이 장애 입은 자아로 말미암아 크게 성공하는 사람들도 있는데, 열광적인 편집증 환자가 자신의 망상적 확신으로부터 오는 열정을 사용하여 수백만 명의 시적 영감을 흔들어 놓는 경우가 그것이다. 현실에의 적응은 자아의 중심적인 기능이지만, 그것은 비정상적인 형태를 띨 수도 있다. 따라서 자아는 전체로서가 아니라 특정한 기능으로 평가되어야 한다.

타내는 스키마(schema, 도식)[11]와 유기체가 외부와 상호작용으로 적응해 가는 구조를 나타내는 동화(assimilation)와 조절(accommodation)이라는 개념으로 설명한다.

동화는 기존 스키마에 맞추어서 새로운 경험을 일반화하는 과정으로, 새로운 경험을 기존에 가진 도식에 맞추어 보는 것이다. 만약 새로운 경험이 기존의 스키마에 맞는다면 유기체는 인지적으로 평행 상태가 된다. 조절은 특정 환경에서 새로운 정보를 습득하는 과정이고, 기존 지식을 새로운 정보에 들어맞게 하기 위해 대체하는 것이다. 동화와 조절은 독단적으로 존재할 수 없다. 즉, 아동은 자신의 이해의 틀(스키마)로 특정한 현상을 이해하고 해석하는데(동화), 때로 이러한 기존 이해의 틀(스키마)에 맞지 않는 현상에 부딪쳤을 때 자신의 인식의 틀을 바꾸는 형태(조절)로 적응과정이 이루어진다.

(4) 생태학적 관점

브론펜부르너(Bronfenbrenner, 1994: 1643-1647)는 인간을 둘러싸고 있는 생태학적 환경을 가장 가까운 것에서부터 가장 먼 것에 이르기까지 인간 발달에 대한 모형을 미시체계, 중간체계, 외부체계, 거시체계, 시간체계의 5가지 체계로 나누고, 인간의 발달을 항상 변화하고 있는 사람과 항상 변화하고 있는 환경 간에 이루어지는 상호작용의 산물로 보았다.

생태학적 관점에 따르면, 아동이 미시체계인 가족, 학교, 또래집단 등에서의 부적절한 상호작용, 중간체계인 성장하는 아동이 있는 둘 이상의 환경 간(예를 들면, 가정과 학교 간의 관계, 학교와 직장 간의 관계 등)에 발생하는 연결과 과정의 실패, 아동과 근접한 환경인 외부체계로부터의 부정적인 영향, 아동이 속한 사회적 가치, 관습, 법률 등과 같은 거시체계의 불합리성, 아동기라는 생애과정에서 일어나는 부정적인 변화와 역사와 같은 시간체계가 아동 문제 발생의 원인이 될 수 있다.

11) 기억 속에 저장된 지식을 말한다. 즉, 지식의 추상적 구조라고 할 수 있다. 추상적이란 우리가 가지고 있는 지식은 아주 다양한 경우에 적용되는 이론을 극도로 추상화하여 저장한 지식이라는 의미이다. 예컨대 '사랑은 순수하다'란 지식이 있을 경우에 이 지식은 모성애, 첫사랑, 우정, 남녀 간의 사랑, 특정한 갑과 을의 사랑 등 여러 가지에 적용될 수 있는 지식이며, 각각의 경우는 그 순수성의 정도와 모습에 있어서 다양할 것이다. 이런 다양한 양상을 한 마디로 집약하여 추상화한 것이 스키마이다.

3 아동 문제의 실태와 원인

1) 아동보육 문제

아동보육이란 기혼여성의 자아실현 욕구와 경제적 소득증대 욕구 등에 따른 취업모의 증가 및 가족 구조의 변화 등으로 가정 밖에서 아동의 성장·발달을 촉진하기 위하여 보호와 교육 등을 제공하는 사회적 서비스를 말한다.

"아동은 자신 또는 부모의 성별, 연령, 종교, 사회적 신분, 재산, 장애 유무, 출생지역, 인종 등에 따른 어떠한 종류의 차별도 받지 아니하고 자라나야 한다. 아동은 완전하고 조화로운 인격 발달을 위하여 안정된 가정환경에서 행복하게 자라나야 한다. 아동에 관한 모든 활동에 있어서 아동의 이익이 최우선적으로 고려되어야 한다. 아동은 아동의 권리 보장과 복지증진을 위하여 「아동복지법」에 따른 보호와 지원을 받을 권리를 가진다(「아동복지법」 제2조)."

아동보육은 부모를 대신하여 성장과 발달에 도움을 주므로, 장점이 많은 사회적 서비스라는 사실은 부인할 수 없다. 하지만 문제점도 있다. 아동이 단체생활을 하는 데서 오는 단점 몇 가지를 제시하면 다음과 같다(박용순 외, 2019: 68).

- 아동의 개인적 특성을 발전시킬 수 없는 문제로 몰개성화가 우려된다.
- 여러 명의 교사가 돌보면서 아동과 교사의 상호작용이 부족할 수 있다.
- 교사나 다른 아동의 질병과 전염병에 노출되어 있다.
- 많은 수의 아동이 함께 있어 아동 한 명당 공간이 부족하다.

2) 빈곤아동 문제

빈곤아동은 신체적인 건강에서 부정적인 결과를 보일 수 있고, 인지능력 발달과 학업성취도가 빈곤하지 않은 가정의 아동보다 낮을 가능성이 높다. 빈곤가정 아동은 빈곤하지 않은 가정의 아동보다 심리 사회적으로 더 높은 우울이나 불안 등의 내재화 문제가 나타난다. 또한, 빈곤아동은 비행이나 공격행동 등 심리 사회적 문제를 경험하는 것으로 보고된다(Brook-Gunn & Duncun, 1997). 1988년 미국의 아동학대 조사에 따르면, 아동이 방임되거나 학대당하는 수준도 고소득층보다 저소득층에서 더 심각한 것으로 나타났다(Downs et al., 1996).

우리나라 경기도에서 경기개발연구원을 통한 연구에서는, 30~40대의 한부모가정 가운데 부자가정보다 모자가정에서 상대적으로 빈곤율이 높은 것으로 나타났다. 모자가정의 빈곤율이 높은 이유는 취업 형태에 있어서 일용직이거나 임시직이 많아 가구의 수입이 일정치 않다는 점이 가장 큰 문제점으로 지적되었다. 지역적으로는 상대적으로 낙후된 농어촌 지역에서 빈곤율이 높게 나타났다(https://gnews.gg.go.kr/news/news).

이처럼 한부모가정은 전반적으로 개인의 적응에서 사회 인식 및 제도적 차원에 이르기까지 어려움을 경험하고 있다. 즉, 한쪽 배우자의 부재는 가족생활의 변화를 불가피하게 발생시켜 경제적 빈곤, 가족관계의 문제, 자녀 양육 및 가사노동의 어려움, 역할수행상의 혼란과 사회적 위축 등의 문제를 수반한다. 이러한 문제는 아동의 또래관계, 학업생활 등에 부정적 영향을 미친다(공계순 외, 2006, 2013; 박용순 외, 2019: 63-64).

3) 아동학대 문제

아동학대란 보호자를 포함한 성인에 의하여 아동의 건강과 복지를 해치거나 정상적 발달을 저해할 수 있는 신체적 · 정서적 · 성적 폭력, 가혹 행위 및 아동의 보호자에 의한 유기와 방임을 말한다. 아동학대는 아동의 가정뿐만 아니라, 아동이 속해 있는 학교나 기타 모든 기관에서 발생할 수 있다.

아동학대 신고의무자는 직무를 수행하면서 아동학대 범죄를 알게 된 경우나 그 의심이 있는 경우에는 아동보호전문기관 또는 수사기관에 신고하여야 한다(「아동학대범죄의 처벌 등에 관한 특례법(약칭: 아동학대처벌법」 제10조 제2항). 신고의무자가 아동학대를 신고하지 않을 경우 500만 원 이하의 과태료가 부과된다(「아동학대범죄의 처벌 등에 관한 특례법(약칭: 아동학대처벌법」 제63조 제1항 제2호).

'맨발로 발코니 탈출' 창녕 어린이 학대 의붓아버지 징역 6년 선고

2020년 5월 일어난 '창녕 아동학대 사건'의 가해자인 의붓아버지는 징역 6년, 어머니는 심신미약을 인정받아 남편보다 낮은 징역 3년을 선고받았다. 재판부는 "피해자는 치아가 깨지고 양쪽 눈을 포함한 전신에 멍이 들었다. 또 확보된 영상을 통해 화상 자국 등 증거를 확인할 수 있었다. 피해자 진술도 일관된다. 이런 부모의 폭행은 어린아이에게 쉽게 치유되지 않는 외상 후 스트레스 장애 등을 남긴다."라고 양형 이유를 설명했다.

피해 어린이는 2020년 5월 29일 아파트 4층 자신의 집 발코니에 감금돼 있다가, 아파트 옥상 지붕을 넘어 옆집 발코니로 탈출했다. 당시 피해 어린이는 눈 등 온몸에 멍이 들어 있었고, 머리가 찢어져 피를 흘린 흔적이 있었다. 손가락도 심하게 화상을 입은 상태였다. 현재 피해 어린이는 다른 지역의 위탁가정에서 살고 있으며, 해당 지역 학교로 전학 갔다.

출처: 한겨레(2020. 12. 18.), 최상원 기자(csw@hani.co.kr).

성적 학대로 말미암아 피해 아동에게 나타나는 정신장애 증상은 우울 장애, 외상 후 스트레스 장애, 불안 장애 등이며, 후유증이 성인기까지 이어지는 경향이 있다. 또한, 가족 구성원에게서 받은 성적 학대는 주로 근친상간의 형태를 띠며, 보통의 성적 학대보다 더 심각하고 장기적인 정신적 외상을 남긴다(Courtois, 1997; Messman-Moore et al., 2000).

심리적 학대를 받은 아동은 크게 소리를 지른다거나, 거칠고 무례한 태도를 보인다거나, 냉소주의적 성격을 가지는 등 아동 발달 측면에서 많은 영향을 받는다. 또한, 스스로를 비난하는 경향이 나타나고, 애착 발달이 부적절하거나 이루어지지 않을 수 있으며, 학습된 무기력, 매우 수동적인 행동 등을 보인다(Roe-Sepowitz et al., 2007).

1996년에 이루어진 한 연구에서는, 아동학대를 당한 사람들의 80% 이상이 21세 때 우울 장애, 불안 장애, 섭식 장애, 자살 시도 등을 포함해 최소 한 가지 이상의 정신적 장애를 가지고 있었다고 보고했다(Silverman et al., 1996). 학대당하는 아동들은 골절 등의 신체적 부상을 빈번하게 입으며, 장기적으로는 암에 걸릴 위험이 더 높아진다는 보고도 있다(Fuller-Thomson & Brennenstuhl, 2009).

미국 아동학대통계(National Child Abuse Statistics)에 따르면, 아동학대를 경험한 사람은 청소년기에 범죄를 저질러 체포된 비율이 그렇지 않은 사람보다 59% 더 높으며, 성인기에 범죄를 저질러 체포된 비율은 28% 더 높고, 폭력 범죄를 저지른 비율은 30% 이상 높았다(http://www.koreanpsychology.or.kr).

4) 가정위탁 및 입양아동 문제

가정위탁이란 친부모의 사정으로 친가정에서 자랄 수 없는 아동에게 다른 가정을 제공하여 보호하는 아동복지제도이다. 위탁가정이란 일정 기간 친부모의 역할을 대신해 위탁아동을 보호, 양육하는 가정을 말한다. 위탁아동이란 18세 미만의 아동으로 보호를 필요로 하는 아동 중 가정위탁으로 보호 조치된 아동을 말한다.

보건복지부 위탁기관인 아동권리보장원에서는 지역가정위탁지원센터(2020년 12월 현재 17개소)를 지원하며, 가정위탁제도와 관련한 정책 수립 및 교육, 가정위탁사업과 관련된 연구 및 자료발간, 가정위탁사업을 위한 프로그램의 개발 및 평가, 가정위탁 인식증진을 위한 대국민 홍보사업 등을 전개하고 있다.

보건복지부와 아동권리보장원에 따르면, 가정위탁 신규 보호아동 수는 최근 3년간(2018~2020) 3,541명으로, 이 중 초기정착금을 지원받은 아동은 486명에 불과했다. 위탁아동 대부분은 원 가정에서 본인에게 필요한 생필품을 챙기지 못한 채 보호조치를 받는다. 보건복지부가 2019년 5월 "보호가 필요한 아동은 국가가 확실히 책임지겠다."는 '포용국가 아동정책'을 발표하면서 수차례에 걸쳐 초기정착금(아동용품구입비)을 지원하겠다고 밝혔다. 하지만 지금까지 국비로 지원한 경우는 없었다(전북도민일보,

2020. 10. 21.). 현재로서는 지자체가 알아서 해결해야 하는 상황이다.

입양이란 한 아동이 부모의 사망이나 이혼, 미혼모 등의 이유로 자신이 태어난 원가정에서 성장·발달할 수 없는 경우에 사회가 책임을 지고 그 아동을 양육할 수 있는 영구가정을 제공해 주는 제도로써, 입양아동의 복지가 최우선시 되어야 하는 아동복지사업이다. 최근 들어서는 미혼모나 원하지 않는 임신 및 출산으로 말미암아 어쩌다 아이를 얻게 되어서 양육이 어려운 경우, 또는 결혼은 하였지만 집안 사정이나 개인사정이 좋지 못하여 직접 양육을 포기하고 아예 친척이나 다른 집단 등에 아이를 맡기게 되는 경우가 많아졌다.

그런데 「입양특례법」에서 입양을 시키려면 친모의 출생신고가 '반드시' 필요하다. 출생신고를 하고 입양을 보낼 의지가 강력한 책임감 있는 친생부모(모두가 미혼부모인 것은 아님)의 경우는 상관없다. 하지만 원하지 않는 임신 때문에 미혼의 몸으로 아이가 있었다는 딱지가 남는 것이 싫은 미혼 친생부모의 입장에서는 정식 입양을 시키지 않고 아이를 유기하는 쪽을 선택하는 경우도 있다. 또 임신에 대한 공포가 더욱더 커질 것이고, 단순 유기 등의 문제를 넘어서 불법낙태를 조장할 수도 있음을 우려하고 있다. 그리고 이로 말미암아 오히려 아이들을 더욱 위험에 처하게 만드는 것이 문제라는 것이다.

과거 입양에 대한 문제가 많이 있었지만, 「입양특례법」으로 말미암아 입양을 원하는 사람들마저 등 돌리는 문제가 발생해 안타까움을 더하고 있다. "그것이 알고 싶다" 883회(2013. 3. 2.)에서 이 법의 문제를 다뤘다. 한 사례로, 병원에 홀로 남은 아기와, 아기를 두고 사라진 엄마와, 아기가 태어난 줄도 몰랐던 외할머니의 이야기가 있다. 아기 엄마가 나타나지 않자 외할머니는 아기 엄마, 즉 자신의 딸을 경찰에 신고하고 말았다. 왜 그랬을까? 아기를 입양시키려면 친모의 출생신고가 무조건 필요하기 때문이었다.[12)]

12) 실제로는 출생신고를 한다 해도 가족관계증명서에 나오지 않게 하는 법이 현재 시행 중이라고 한다. 대법원에서도 혼외자가 나타나지 않는 증명서가 발급된다고 한다.

5) 디지털 중독 아동 문제

디지털 기기를 태어나면서부터 자연스럽게 접함으로써 디지털 기기의 사용을 어려서부터 사용하면서 성장한 세대를 '디지털 원주민(Digital Native)'이라고 한다.[13] 이 디지털 원주민들은 비교적 어린 영유아기 때부터 스마트 기기 등에 노출되어 있는데 식당, 슈퍼마켓 등 공공장소에서 유모차를 타거나 의자에 앉아 스마트폰을 들여다보고 있는 아이들을 흔하게 볼 수 있다. 스마트폰을 통해 동요를 듣고, 스마트폰을 통해 화려하게 치장한 어린이용 영상을 보는 아이들은 스마트폰이 기계가 아닌 하나의 장난감으로 인식되고 있고, 손안의 작은 기계인 스마트폰은 육아를 하는 하나의 육아방식으로까지 인식되고 있으며, 부모와 아이 모두에게 스마트폰의 사용은 일상화가 되었다.

디지털 중독에는 대표적으로 게임 중독과 스마트폰 중독이 있다. 진단은 과도하게 게임이나 스마트폰을 사용하면서 통제력을 상실하고, 그러한 행위로 자신이 다른 과제를 수행하지 못하는 때에 이루어진다. 그리고 게임이나 스마트폰의 과도한 사용으로 스트레스 및 심리적 문제를 경험하는 때에 중독으로 진단된다.

디지털에 중독된 경우에 디지털 기기의 사용을 중단하기 쉽지 않다. 디지털 중독 아동이 디지털 기기 사용을 중단할 때에 긴장이나 불안, 허전함과 같은 심리적 문제를 동반한다. 디지털 중독은 심리적 건강뿐만 아니라 신체적 건강에도 부정적 영향을 미친다. 디지털 중독은 눈의 혹사로 망막에 구멍이 생기는 망막 열공(retina tear)[14], 시신경이 손상되는 녹내장, 그리고 고도근시와 심각한 안과 질환의 원인이 된다. 최근 스마트폰 사용의 증가와 함께 실명을 부를 수 있는 노인성 안과 질환이 아동에서 증가하고 있다.

디지털 중독 아동은 다른 심리 문제나 심리 장애를 경험하는 경우가 많다. 흔하게는 신경이 예민하고 불안정함, 기분 저하 혹은 우울 기분, 학교 부적응, 학습에 대한 부정

13) 반면, 이전 세대는 아무리 노력해도 아날로그적 취향을 완전히 떨치지 못해 이주민으로 전락한다는 의미에서 '디지털 이주민(Digital Immigrants)'으로 간주된다. 미국의 교육학자 마크 프렌스키(M. Prensky)가 2001년 발표한 논문 '디지털 원주민, 디지털 이민자(Digital Natives, Digital Immigrants)'에서 처음 사용했다.

14) 망막 열공은 망막과 유리체(안구 내부를 채운 투명한 젤 성분의 물질)가 붙어 있는 부위에서 망막이 찢어져 구멍이 생긴 질환을 의미한다.

적 태도, 의욕상실이나 식욕 감소, 그리고 일반적 또래관계에서 소외가 있다.

6) 이혼가정 아동 문제

인간이 맺는 관계에서 친밀도가 가장 높은 관계가 무엇이냐고 물으면, 부모-자식, 부부, 형제, 자매 등 가족관계가 최우선으로 꼽힐 것이다. 그런데 이 중 혈연으로 맺어지지 않은 경우는 부부밖에 없다. 그리고 부부라는 관계의 특이한 점은 다른 인간관계와는 달리 관계의 시작과 끝이 두 사람의 합의를 바탕으로 성립되며, 결혼과 이혼이라는 제도를 통해 일종의 법적인 구속력을 가진다. 자신들의 선택으로 결혼이라는 제도적 장치를 통해 시작한 부부라는 관계는 그들의 선택(일방 혹은 쌍방)으로 이혼이라는 제도적 장치를 통해 종결된다.

그런데 여기서 문제는 그들의 자녀다. 그들의 결정에 자녀는 결정권이 거의 없다. 부모의 이혼을 원하는 자녀는 거의 없고, 이혼에 대해 자녀 대부분은 처음에 분노, 원망, 불안, 불행으로 반응한다. 이러한 반응은 자녀의 발달단계에 따라 다르게 나타난다. 어린 아동은 이혼의 개념도 잘 모르지만, 아동기 후기의 아동은 부모에 대한 배신감과 원망이 깊어지며, 분노감을 느끼게 되고 부정적 행동을 보이게 된다.

이혼 후 2년 동안 아동들은 행동 문제를 일으키고 사회적 역량이 감소한다. 특히 아버지와 헤어져 사는 남아의 경우 4~8년간은 불복종하고 충동적이며, 공격적이고 반사회적 행동을 계속 보인다.

이혼가정 자녀들의 낙제는 사회적 문제와 행동 문제 때문이다. 또한, 여아들은 계모와 살 때, 남아들은 이혼한 친어머니와 살 때 더 상처받기 쉬운 것으로 나타나, 동성의 친부모와 사는 것이 낙제를 피하는 한 방안이 될 수 있다.

이혼가족에서 남아가 있는 형제쌍이 이혼하지 않은 가족의 형제쌍이나 자매쌍보다 더 많은 이탈과 소극성을 나타낸다. 이혼 시 아동의 연령과 적응 사이의 관계는 아동들이 어릴 때 가장 나쁜 영향을 받는다고 보고하고 있고, 청소년일 때 받은 영향이 어린 연령일 때 받는 영향과 같거나 더 나쁘다고 한다. 또한, 기질적으로 까다로운 아동이 그렇지 않은 아동보다 적응이 어렵다고 보고하고 있다.

자녀가 부모의 갈등에 노출되지 않으면 부모와의 계속적인 접촉은 자녀의 적응에 유익한 영향을 주지만, 비지지적이고 갈등적이라면 친권이 없는 부모와의 친밀한 관계는 자녀에게 악영향을 주므로 피하는 것이 좋다.

보육시설과 학교는 가족 환경의 변화, 혼란스러운 가정일, 변화된 부모, 비일관적인 양육방식 등을 경험하는 아동들에게 안정을 제공한다. 이러한 학교 환경은 또래의 반응과 교사의 지지로 아동에게 개인적 통제, 역량, 자기가치감 등에 도움을 주기도 하고, 역기능적 문제를 일으킬 수도 있다.

아동기의 부모이혼 경험이 성인 시기에 대인관계나 직업에 있어서 많은 문제를 일으키는 것으로 나타난다. 아동기의 부모이혼 경험이 있을 경우 그렇지 않은 경우보다 결혼 생활이 원만하지 못한 것으로 나타난다(이영숙 외, 2004: 143-149).

7) 장애아동 문제

장애아동은 심리적 · 생리적 기능의 상실로 말미암은 기능장애와 그로 말미암은 인간 활동 범위 내에서 활동을 수행하는 능력의 제약 또는 결여를 포함하는 능력 장애 및 사회생활 참여에의 제약인 사회적 불리함을 갖게 된다(김지미 외, 2020: 193-194).

장애아동의 문제는 비단 아동 개인만의 문제로 국한되는 것이 아니다. 양육과정에서 다양한 문제가 발생되면서 가족 전체의 심리적 안정과 결속의 위기요소로 작용할 수 있다(정영숙, 2003). 장애아동 부모 대부분은 양육으로 말미암은 심리적 · 신체적 · 경제적 부담을 가진다. 장애아동 부모는 자신의 자녀보다 딱 하루를 더 살다 죽기를 원한다. 왜 그렇게 생각할까? 그만큼 그들의 자녀 미래가 불안하기 때문이다.

양육과정에서 발생하는 육체적 피로와 정신적 스트레스 및 부양시간의 과다 소비, 사회적 제약 및 경제적 지출 등이 가족 갈등을 일으키기도 한다. 한편, 장애아동을 형제자매로 둔 비장애아동은 (부모의 장애아동에 대한 관심 집중으로 말미암아) 부모로부터 차별적 양육을 받은 결과로 애정결핍 스트레스를 경험하게 된다. 또한, 장애아

형제에 대한 과도한 책임감을 느끼거나, 부모의 장애자녀에 대한 실망감을 보상하려는 부담감 등으로 말미암아 가족 갈등에 부닥치기도 한다.

장애아동을 양육하는 가정은 기본적인 양육비용 이외에도 추가비용이 많이 들기 때문에 경제적 부담이 가중된다. 장애아동 가족은 장애아동과 관련하여 상당한 정도의 추가 지출 부담을 안고 있다. 그럼에도 이 모든 부담은 전적으로 개별 가족이 져야 하기 때문에 그 고통은 이루 말할 수 없다. 그렇기 때문에 장애아동이 적절한 치료와 교육을 받지 못하고 방치되는 경우가 많다.

특수교육은 초등학교와 중학교 과정은 의무교육이며, 유치원과 고등학교 과정은 무상교육으로 제공된다. 특히 장애아동의 특수학생 지원자는 늘어나는 추세이다. 그러나 실제로 장애아동의 학교 측으로부터 받는 서비스는 지극히 제한적이다. 왜 그럴까? 그 이유는 지역에 따라 특수학교와 특수학급의 담당 특수교사 숫자가 부족하고, 예산 부족으로 문제점을 알고도 개선하지 못하는 현실 때문이다(김지미 외, 2020: 193-194).

4 아동 문제의 해결책 및 대안

아동기는 자신의 욕구나 문제를 스스로 해결하기 어려운 시기이다. 이 시기는 주로 보육자와 교육자의 가치관이나 교육관에 의해 성장되어 가는 때이므로, 이 시기의 주양육자는 아동에게 매우 중요하게 영향을 미친다. 따라서 주양육자는 아동 양육 시 그들의 발달과정에 적절한 양육과 권익 보장의 역할을 충실히 수행해야 한다.

아동 문제 중에서도 학대, 빈곤, 특히 장애아동의 경우는 대부분 문제가 중복되어 일어날 수 있다. 따라서 이러한 문제는 통합적으로 해결하여야 한다. 예를 들어, 빈곤 가정의 아동은 제때에 영양과 의료 제공이 되지 않으면 장애를 일으킬 수도 있다. 이는 곧 유기, 방임 등의 학대 문제로까지 전환될 수 있는 구조적 연결고리를 가지게 된다. 그러므로 아동 문제는 앞에서도 말했지만 단지 아동만을 대상으로 보지 않아야 한다. 아동을 둘러싼 가족 구성원과 사회 구성원 모두를 함께 보아야 한다. 문제 발생 요인을 사전에 예방하고, 적절한 개입을 하는 더욱 적극적인 사회투자가 필요하다.

레질리언스(Resilience, 탄력성) 이론을 적용한 아동 문제 회복 방안을 생각해 보자. 어릴 때 위험요인이 있는 가정환경에 처한다고 하더라도, 보호요인을 확보하여 위험요인 아동을 대리양육자에 의해 회복할 수 있도록 하는 방안이 있다. 레질리언스 이론은 보육 또는 교육 현장에서 보육 및 학교 교사에 의해 아동의 원가족이 처한 위험요인을 회복할 수 있으며, 특히 아동 및 청소년의 문제 해결에 매우 긍정적인 도움을 줄 수 있다. 따라서 이를 양육 현장에 적극 도입 · 적용하여야 한다(김지미 외, 2020: 204-205).

코로나에도 아동 '놀권리' 지킨다…복지부, '놀이혁신' 콘퍼런스

신종 코로나바이러스 감염증(코로나19) 사태에도 아이들의 '놀권리'를 보장하기 위해 정부와 지역 전문가들이 한자리에 모였다. 보건복지부는 아동권리보장원과 함께 12월 18일 연세대 백양누리 그랜드볼룸에서 '지역에 아동의 놀이권을 채우다'를 주제로 온라인 콘퍼런스를 진행했다. 이날 콘퍼런스에 참석한 한 학부모는 "코로나19 사태로 아이가 또래와 놀 시간이 줄어 걱정이 많았지만, 어른의 개입은 줄이면서 아이가 자유롭게 놀 수 있도록 한 선도지역의 놀이 활동이 만족스러웠다."라고 말했다.

출처: 연합뉴스(2020. 12. 18.), 김서영 기자(sykim@yna.co.kr).

09
CHAPTER

청소년 관련 문제

1 청소년 문제의 개념

우리는 흔히 "청소년(靑少年)은 미래의 주역이다."라고 말한다. 청소년은 어린이와 청년의 중간 시기에 있는 사람이다. 청소년 문제란 청소년기의 젊은이들이 기존의 사회 제도에 효과적으로 적응하지 못함으로써 초래되는 사회적 병리현상을 말한다. 사회 · 경제 · 문화에서 국가 간 경계가 점차 허물어짐에 따라 한 사회를 구성하고 유지하는 갖가지 체제나 기조가 변화의 속도를 더해 가고, 급변하는 삶의 모습에 대한 다양한 우려의 소리가 높아지고 있다.

청소년기는 아동기와 성인기 사이에서 그 두 시기의 특성을 함께 가지고 있으며, 아동에서 성인으로 발달되는 과정 중의 한 시기로, 과도기적 성격을 띤다. 그렇기 때문에 이중적 성격, 즉 주변인(marginal man)으로 정신적 · 신체적으로 불안정과 불균형이 심하게 일어나는 '폭풍과 노도(怒濤)의 시기'이다. 따라서 청소년기는 발달 과정상으로 그들의 내적 세계(성격이나 정신세계)나, 그것이 발현되는 생활에서의 행동 징후상으로도 혼란하고 불안하다.

특히 이 시기는 성적 관심도 뚜렷해지고 심리적으로 성인과 같은 인정을 받으려는 욕구가 강렬해져 부모로부터 경제적 · 정서적으로 독립하려는 성향이 크다. 독립된 생활을 위하여 직업 선정에 대한 고민과 새로운 생활에 적응하기 위한 준비를 하게 되고, 자아를 인식하여 자기대로의 인생관, 생활관, 사회관 그리고 도덕관 등을 확립하는 시기이다.

급속한 사회 변화는 사회 구조나 체제의 변화를 가져오며, 동시에 개인에게는 새로운 사회의 가치관에 빠르게 순응해야 하는 과제를 지운다. 청소년은 성인보다 더욱 커다란 문제를 접하게 되는데, 하나는 빠르게 진행되는 사회 변화에 적응하는 문제와 다른 한편으로는 본인 스스로의 발달 심리학적인 문제에 직면하기 때문이다.

이를 청소년기의 발달과업이라고 하는데, 청소년 문제는 포괄적인 의미로 하나의 '사회문제'라는 입장에서 '청소년에 관한 사회문제'라고 규정할 수 있다. 이렇게 본다면, 청소년 문제란 '영향력 있는 집단에 의해 사회의 가치관을 위협하고 영향을 미쳐 공동의 노력으로 해결될 수 있는 청소년에 관한 사회현상'이라고 정의할 수 있다.

그러나 이와 같은 규정에 있어서도 문제의 주체이자 하나의 객체인 '청소년'이 제외되어 있다. 그러므로 그 규정을 더욱 포괄적으로 하기 위해서, '청소년 자신들이 자신들의 가치관 또는 인간적인 삶을 위협하고 있다고 규정하는 문제, 즉 청소년들만의 고민, 욕구 좌절, 문제의식 등'까지도 포함하여야 할 것이다.

따라서 청소년 문제를 청소년 비행, 문제 청소년으로 동일시하는 입장을 견제하고, '인생에서 가장 예민한 감성대를 지닌 청소년들이 자신의 주변에서 일어나고 있고 부딪치고 있는 크고 작은 모든 현상에 대해서, 그들이 반응하고 수용하는 과정에서 생기는 감정과 행동(무의식적이거나 의식적인 행동 포함)'이 모두 청소년 문제가 될 수 있다고 보는 것이 타당하다(김현용 외, 1997; 한국청소년개발원, 1996; 한국청소년학회, 1999).

2 청소년 문제를 설명하는 이론

1) 사회통제이론(사회유대이론)

다른 범죄이론과 달리, 사회통제이론은 '왜 소수의 사람이 범죄를 저지를까'가 아니라 '왜 다수의 사람은 범죄를 저지르지 않을까'라는 의문을 설명하고자 하는 이론이다. 사회통제이론에 따르면, 다수의 사람이 범죄를 저지르지 않는 이유는 그 행동과 욕구가 내·외적 요소에 따라 통제되기 때문에 사람들이 법을 준수한다는 것이다. 즉, 일탈 행동이나 범죄가 발생하는 것을 줄이기 위해서 사회 통제를 강화해야 한다. 개인의 가치관이나 신념 등의 내적 통제를 강화하여 일탈 행동에 대한 충동을 억제해야 하며, 사회 제도나 법률 등을 보완함으로써 외적 통제 또한 강화해야 한다.

미국의 사회학자 트래비스 허시(T. Hirschi)는 사회통제이론을 바탕으로, 청소년들의 비행에 관해 연구하여 1969년 출간한 『비행의 원인(Causes of Delinquency)』에서 사회유대이론을 제시하였다(http://www.doopedia.co.kr). 그는 연구를 통해 개인이 범죄에 빠지지 않도록 만드는 중요한 요인은 사회적 결속이라고 주장하였다. 즉, 사회적 결속이 개인의 행동을 통제하여 범죄를 저지르지 않도록 하며, 사회적 결속이 약해지면 비행을 저지르기 쉽다는 것이다. 허시는 사회적 결속의 유형을 애착, 열망, 참여, 신념의 네 가지로 설명하였다. 애착(attachment)은 부모, 선생님, 친구 등과의 정서적인 유대관계를 의미한다. 주변 사람들에 대하여 강한 애착을 가지고 있으면 유대관계를 해치지 않기 위해 비행을 저지르지 않을 가능성이 커진다. 열망(commitment)은 사회적인 성공이나 지위를 얻고자 하는 마음으로 이러한 열망이 클수록 합법적인 행위를 추구하게 되며, 이것이 한편으로는 비행을 통제하는 힘으로 작용한다. 참여(involvement)는 건전한 여가활동을 하는 것으로 건전한 여가활동에 참여하다 보면 비행을 저지를 수 있는 기회가 적어지게 된다. 마지막으로 신념(belief)은 사회규범과 가치관에 긍정적이고 수용적인 태도를 가지는 것이다.

2) 차별적(분화적) 접촉이론

차별적 접촉이론이란 사람은 일탈 유형과의 접촉을 통하여 일탈자로 되어 간다는 미국의 범죄학자 에드윈 서덜랜드(E. H. Sutherland)의 이론으로, 분화적 접촉이론이라고도 부른다. 이 이론은 왜 특정한 사람이 일탈적 행위 유형을 학습하게 되는지를 설명한다. 범죄는 일반적인 행위와 마찬가지로 학습을 통해서 배우게 되고, 학습은 주로 친밀한 사람들과의 상호작용을 통해 일어난다는 것이 이 이론의 중심 내용이다. 그러므로 이 이론은 '차별적 교제'에 범죄의 원인을 둔다. 즉, 범죄 행위의 사회화는 비(非)범죄 행위의 사회화와 비교하여 좋고 나쁨을 평가할 수 있는 것이 아니라, 단지 '다른 사회화'로 파악해야 한다.

그는 구체적으로 개인이 범죄 행위로 사회화하는 과정을 다음과 같은 9개의 명제로 설명하였다(김춘경 외, 2016; 신현기 외, 2012). ① 범죄 행위는 학습되는 것이다. ② 범죄 행위의 학습은 사람들 간의 의사소통 과정을 통해 일어난다. ③ 범죄 행위의 학습은 주로 친밀한 집단 속에서 잘 일어난다. ④ 범죄 행위가 학습될 때, 그 학습내용에는 범죄 행위의 기술뿐 아니라 동기, 충동, 합리화 방법, 태도 등을 모두 포함한다. ⑤ 범죄 동기나 충동은 현행 법률을 긍정적으로 정의하느냐, 아니면 부정적으로 정의하느냐에 따라 학습된다. 즉, 어떤 사람은 법률을 반드시 지켜져야 할 규칙으로 정의하는 사람들 속에 있을 수 있지만, 다른 사람은 법률을 위반하는 것이 바람직하다고 정의하는 사람들 속에 있을 수 있기 때문이다. ⑥ 법 위반에 대해 비우호적인 인식보다 우호적인 인식이 앞서도록 학습된 사람은 비행으로 나아간다. ⑦ 차별적 교제는 만남의 빈도 · 기간 · 우선성 · 강도 등에 따라 다양하게 나타난다. ⑧ 범죄적 또는 비범죄적 유형과 접촉하면서 범죄 행위를 학습하는 과정은 일상생활 속에서 다른 행위의 학습 과정에서 작용하는 기제들과 동일하다. ⑨ 범죄 행위는 일반적인 욕구나 가치에 의해 일어나지만, 그러한 욕구와 가치가 범죄 행위의 본질적 성격을 특징짓지는 않는다. 왜냐하면, 비(非)범죄적 행위도 그와 동일한 욕구 및 가치로 이루어지기 때문이다.

3) 사회적 학습이론

사회적 학습이론은 대인(對人) 및 집단 상황에서 일어나는 인간 행동의 형성과 변용에 관한 심리학적 이론이다. 사회 학습은 '대리학습(vicarious learning)'이라고도 하는데, 사회적 학습이론은 개인의 행동은 그 행동이 학습된 배후 조건을 고려할 때 가장 잘 이해할 수 있고, 이는 사람들이 다른 사람이나 어떤 사건을 통해 새로운 행동을 배울 수 있다는 가정을 하고 있다. 직접적인 강화나 벌이 없어도 단순히 다른 사람의 행동을 관찰함으로써 학습이 일어날 수 있다고 설명하며, 강화가 반드시 필요한 것은 아니라고 보았다.

사회적 학습이론에 따르면, 인간의 사회적 행동뿐만 아니라 개인의 성격 같은 심리적 특성도 사회적 과정, 특히 대인관계를 통해 학습된다. 그래서 동물의 행동보다 인간의 학습 행동을 중시하며, 언어 · 인지 · 동기 · 태도 · 가치관 및 퍼스낼리티(personality) 등을 특히 중요시하고, 인간의 사회적 상호 관계가 이러한 심리적 특성의 형성에 미치는 영향과, 또 개인의 이러한 특성이 사회적 상호 관계에 미치는 영향에 관심을 둔다(김춘경 외, 2016; 서울대학교 교육연구소, 1995).

대표적인 사회적 학습이론은 ① 사회적으로 보상받은 행동은 강화되고, 그렇지 못한 행동은 약화된다는 행동주의와 심리학적 강화의 원리로 사회적 행동을 설명하는 강화이론, ② 대부분의 학습은 대인관계를 통해 이루어지며, 다른 사람의 행동을 모방하고 관찰함으로써 사회적 행동이 학습된다는 관찰학습 또는 모방이론, ③ 사회적 상호작용 관계의 상황에서 서로 주고받는 상과 벌, 보상과 희생의 이해관계로서 사회적 행동을 설명하려는 사회적 상호작용 관계의 이론, ④ 개념 형성 · 지각 · 인지 조직 · 태도 · 신념 및 기대 같은 인간의 내적 · 심리적 과정, 즉 인지 과정을 강조하는 인지이론의 입장 등이 있다.

4) 낙인이론

고등학교 중퇴자인 박○○ 군이 도둑질을 했다고 가정하자. 가난한 집안의 고등학교 중퇴자인 박○○ 군의 도둑질 행위를 예로, 낙인이론을 설명해 보자. 낙인이론에 따르면, 박○○ 군의 일탈 행동을 보고, 그를 청소년 비행을 저지른 사람이라고 사회적으로 규정했기 때문에, 그런 정체성이 더 강화되고 결국 범죄자로 살아가게 된다. 이 주장은 왜 비행 행위를 하는가에 대해서는 설명하려 하지 않는다. 다만 어떤 과정을 거쳐서 일탈 행위자나 범죄자로 살아가는가에 초점을 둔다.

일탈 행동이 행위자의 심리적 성향이나 환경적 조건 때문에 발생되기보다는 사회문화적 요인에 따른다고 보는 이론이다. 일탈 행동에 관한 이론으로서, 1960년대 시카고 학파에 속하는 레머트(E. Lemert), 베커(H. Becker), 키추스(J. Kitsuse), 메차(D. Matza) 등이 제창하였다(김춘경 외, 2016; 신현기 외, 2012). 일탈 행동을 단순한 사회병리 현상으로 다루어 온 기존의 관점에서 탈피하여, 일탈이라는 것은 행위자의 내적 특성이 아니라, 주위로부터의 낙인으로 만들어진다고 보았다.

낙인이론은 미드(Mead)의 상징적 상호작용론과 슈츠(Schutz)의 현상학적 사회이론에 근거한다. 대표적인 학자인 베커의 주장에 따르면, 일탈은 한 사람의 행위에 의해서 결정되는 것이 아니라 다른 사람들이 규범을 정하고, 그 규범을 위반한 사람에게 제재를 가했기 때문에 생겨난다. 따라서 박○○ 군이 도둑질한 것 그 자체가 문제가 아니라, 그것을 범죄라고 규정하면서 그를 일탈 행위자로 만드는 것이 문제인 것이다.

그런데 박○○ 군이 일탈 행위자로 한 번 규정을 받게 되면 주변 사람들에게 영원히 범죄 가능성이 있는 사람으로 인식된다. 이렇게 되면 그는 이미 범죄자라고 낙인찍혀 여러 제재나 불이익을 받을 뿐만 아니라, 비슷한 사건이 생기면 경찰이 가장 먼저 그를 관찰할 것이고, 범법자라는 꼬리표 때문에 취업이 힘들어진다. 결국 이런 불이익 속에서 그는 다시 범죄를 저지를 가능성이 커진다.

결국 '낙인'을 설명하는 주장은 어떤 과정을 거쳐서 범죄자가 되는가에 초점이 있는 것이 아니라, 그를 범죄자라고 누가 그렇게 규정하는가에 초점을 둔다. 이런 주장은 갈등이론에서 말하는 '지배－피지배' 계층 간의 가치 갈등의 문제와 연계성이 있다.

차별적 교제이론을 주장한 학자들이 사회해체론자들과 관련성이 있기 때문에 기능론적 요소도 담겨 있다. 또 낙인이론을 "누가 낙인을 하는가?"로 이해하면, 갈등론적 요소와 연관되기도 한다. 그럼에도 차별적 교제이론과 낙인이론은 박○○ 군이 어떻게 해서 범죄자가 되는가에 초점을 두어 설명하기 때문에 상징적 상호작용론과 깊은 연관이 있다.

5) 아노미이론

프랑스 사회학자인 에밀 뒤르켐(E. Durkheim)에 따르면, 자본주의가 급격히 발달하는 과정에서 사회 해체가 일어나고, 사회 규칙이 붕괴되는 무규범 상태인 아노미가 발생한다. 예전에는 도둑질을 하면 안 된다는 규범을 잘 지켰지만, '돈'을 가장 중요하게 여기는 사회적인 분위기가 팽배하자 청소년들은 돈을 갖고 싶은 그 욕망을 누를 수 없게 되고, 결국 도둑질을 하게 된 것이다. 결국 청소년들의 도둑질 행위는 규범이 혼란한 사회구조적 문제 때문에 발생한 것이다.

로버트 머튼(R. K. Merton)이라는 미국 사회학자는 아노미(anomie)를 조금 다르게 설명한다(구정화, 2011). 위에서 말한 박○○ 군은 왜 도둑질을 하였을까? 자본주의 사회에서는 돈이 사회적으로 중요한 목표인데, 하류층이면서 고교 중퇴자인 박○○ 군의 경우는 제도적으로 돈을 획득할 수 있는 수단, 즉 사회적 목표에 도달할 수 있는 합법적인 수단을 가질 수가 거의 없다. 따라서 도둑질이라는 범죄를 저지를 수밖에 없다는 것이다. 즉, 그 사회에서 중요하게 여기는 목표를 성취할 만한 합법적인 수단을 갖지 못하는 괴리로 말미암아 범죄를 저지른다고 설명한다.

아노미이론은 비행이나 일탈 행동의 원인을 사회 구조와 개인의 관계 속에서 찾으려 했다. 결국 일탈이나 비행은 사회생활을 하는 개인이 가치 혼란 속에서 자신의 욕망을 누르지 못하거나, 제도화되지 않은 비합법적인 수단을 사용하기 때문에 생기는 것이다.

6) 사회해체론

사회해체론은 긴장이론, 하위문화이론 등과 함께 사회 구조를 강조하는 이론 중 하나로, 규범과 가치에 대한 합의론적 시각이라고 할 수 있다. 사회질서, 안정성, 통합 또는 유대가 약화되면 범죄나 비행이 증가한다는 견해이다. 사회해체론에 따르면, 질서나 안정성, 유대나 통합이 붕괴된 현상을 사회 해체로 간주하고 사회 해체가 이루어진 지역은 구성원의 변동이 있더라도 계속해서 높은 범죄율이 나타날 수밖에 없다. 이 이론은 1930년대 시카고 대학을 중심으로 주로 도시지역의 범죄와 비행의 지역적 분포에 대한 관심에서 발전하여 최근까지 많은 관심의 대상이 되고 있으며, 범죄학 연구의 주요한 변수를 제시하고, 이론적 지향에 영향을 끼쳤다.

대표적인 사회해체론의 하나인 클리포드 쇼와 헨리 맥케이(C. R. Shaw & H. D. McKay, 1931)의 '차별적 조직이론'은 도시환경이 어떻게 일탈을 일으키는가에 관심을 두고 시카고시의 청소년 55,998명의 법정 기록을 분석하여 청소년 비행은 유전적으로 발생하는 것이 아니라, 그들이 살고 있는 지역의 환경에서 발생하는 것이라고 주장하였다. 구체적으로, 쇼와 맥케이는 그들의 이론에서 사회적 환경이 범죄에 영향을 미친다고 강조하였다(신현기 외, 2012).

그들은 지역과 범죄율이 관계 있다는 증거로 ① 학교 결석률이 높은 지역에서 비행 및 범죄율이 높다. ② 범죄율과 비행률은 도시 중심부에서 가장 높으며 외곽으로 갈수록 낮아진다. ③ 거주자들의 사회적, 민족적 구성이 변동함에도 불구하고 일부 생태학적 지역에서는 높은 비행률이 지속되어 왔다. ④ 비행률이 높은 지역은 사회조직 이외의 지표(높은 인구이동, 낮은 수입, 낮은 주택 소유율, 높은 비율의 외국 태생인)로 특정 지워져 있다고 강조하였다. 따라서 그들은 범죄가 지역의 환경에서 발생하는 것이라는 사실을 주장하였다.

7) 하위문화론

청소년들의 행동을 다르게 설명하려는 사람들도 있다. 예를 들어, 하류층의 중·고등학교 중퇴자 집단만의 독특한 생활방식이 범죄를 만들었을 것이라고 보는 것이다. 바로 하위문화론을 설명하고 있다. 하위계급의 청소년들에게 범죄가 집중되어 있다고 알려져 있는 사실을 강조하는데, 이에 대한 대응 속에서 형성된 범죄의 하위문화론을 반동적 하위문화라고 하며, 부정적인 행위 유형을 가리킨다.

일반적으로 문화는 한 사회 구성원들의 의식주나 가치나 행동 등이 나타나는 일상의 생활양식을 말한다. 그런데 문화는 그 사회 전체에 동일하게 나타나는 것이 아니며, 한 사회 내에서도 부분적인 환경의 영향을 받아서 다르게 나타난다. 이처럼 한 사회에서 부분을 이루는 집단들에게서 나타나는 특이한 문화를 하위문화라고 한다. 예를 들어, 여성 문화, 청소년 문화, 학생 문화 등이 모두 하위문화이다.

알버트 코헨(A. Cohen)이라는 학자는 하위문화 측면에서 비행이나 일탈 행동을 설명한다. 그의 이론에 비추어 보면, 앞에서 소개한 박○○ 군은 계층적으로 하류층이고, 고교 중퇴자라는 특징을 가진다. 인간은 자신이 속한 집단의 규범을 학습하면서 사회화하는데, 이 과정에서 자신이 속한 무수한 집단의 규범 중 어느 하나를 선택하게 된다. 하류층에 속한 박○○ 군은 중산층에 의해 움직이는 사회규범에 불만을 품는다. 그리하여 기존의 문화에 거부하면서 지배 계층이 선호하지 않는 다른 행동이나 문화, 즉 도둑질과 같은 비행 문화를 경험하게 된다. 결국 하류층 내에서의 독특한 하위문화로서 비행 문화를 익혀 사회화하고, 그것을 실행하게 된다.

동일하게 하위문화를 주장하지만, 월터 밀러(W. Miller)라는 학자의 설명은 조금 다르다. 하류층 고교 중퇴자인 10대들의 문화는 이미 그 자체로 하류 계급의 독특한 문화로서 오랫동안 역할을 해 왔고, 박○○ 군은 당연히 그 계층에 속하므로 그 문화를 학습하게 되며, 그 결과 비행이나 일탈을 하게 된다고 본다. 결국 하위문화론은 하류층에서 일탈이나 비행이 일어나는 이유를 설명하는데, 지배 문화에 대항하기 위해 또는 자신이 속한 계급 문화를 사회화했기 때문이라고 본다.

지금까지 살펴본 아노미이론이나 사회해체론, 하위문화론은 모두 개인이나 어떤 집단의 일탈 행동이나 비행의 원인을 밝히려는 시도로 그 원인을 사회구조적인 문제나 사회 문화적인 요인에서 찾고자 한다. 그들은 비행이나 일탈 행동이 생기는 것은 개인들이 사회 구조에 적응하지 못하거나 사회 질서가 제대로 작동하지 않아서라고 설명한다.

이러한 점에서 사회구조적인 측면에 관심을 주로 가지며, 상당 부분 기능론적인 관점을 취한다. 이런 기능론적 관점에서 문제 해결의 방향은 사회 구조나 사회규범이 적절한 기능을 다시 회복해야 하는 것이다. 더불어 비행이나 일탈 행동을 하는 박○○ 군과 같은 10대들에게 그 사회에서 중요하게 여기는 지배적 가치나 규범을 명확하게 사회화시키는 것이 중요하다.

8) 일반긴장이론

일반긴장이론은 로버트 애그뉴(R. Agnew)가 주장한 긴장이론 중의 하나이다. 일반긴장이론은 과거 로버트 머튼이 제시했던 긴장이론[1)]에 뿌리를 두고 있지만, 머튼의 이론과 달리 계층과 상관없는 긴장의 개인적, 사회심리학적 원인을 다루고 있다. 따라서 애그뉴의 일반긴장이론은 하류계층의 범죄 행위가 아닌 사회의 모든 구성요소의 범죄 행위에 대한 일반적 설명을 제공하고 있다(신현기 외, 2012).

일반긴장이론에 따르면, 개인의 목적 달성 실패, 기대와 성취 사이의 괴리, 긍정적 자극의 제거와 부정적 자극의 출현 등이 긴장의 원인이 된다. 이러한 긴장의 원인은 노여움이나 좌절, 실망, 우울, 두려움과 같은 '부정적 감정의 상황'을 일으킨다. 또한, 이러한 부정적 감정의 상황은 약물 남용이나 일탈, 폭력, 학교 중퇴와 같은 반사회적 행동으로 나타나게 된다. 이처럼 부정적 감정의 상황은 긴장과 청소년 비행을 매개

1) 사회해체이론은 지역사회의 제도적 조건을 중심으로 범죄를 설명하였지만, 긴장이론은 더욱 큰 사회적 조건에 초점을 맞추는 이론이다. 로버트 머튼(R. Merton)에 따르면, 문화적으로 규정된 목표와 이를 성취하는 합법적 수단 사이의 불일치가 아노미 상태를 초래하고, 불일치로 말미암은 좌절(긴장)을 경험한 사람들이 범죄에 의존한다. 따라서 머튼의 이론을 아노미(anomie)이론이라고도 한다.

하는 기능을 한다(Agnew & White, 1992; Piquero & Sealock, 2004). 최근 이슈가 되고 있는 인터넷 중독, 사이버상에서의 청소년 범죄 등을 일반긴장이론으로 설명하기도 한다.

3 청소년 문제의 실태와 원인

"열다섯 살 중학생이 담배를 피운다. 학교 친구를 왕따시켰다. 고등학생이 유흥업소에 드나든다. 학교를 중퇴한 열일곱 살 여자아이가 편의점에서 물건을 훔쳤다(구정화, 2011)." 이 사례 속 주인공들의 공통점은 무엇일까? 간단히 말하면, 일탈 행동을 한 것이다. 일탈은 한 사회에서 규범으로 여기는 것에서 벗어나는 일을 말한다. 위에 서술한 사례는 현재 한국 사회의 규범에서 벗어난 행동이기에 일탈 행동이다.

"가난한 집안 형편으로 고등학교를 중퇴한 열여덟 살 박○○ 군과 10대 무리가 도둑질을 하다가 경찰에 잡혀 실형을 선고받았다."라는 신문 기사를 보고 사람들은 무슨 생각을 할까? 사회학자들은 이런 현상을 보면, 그들이 왜 그런 행동을 하였는지, 그 원인에 관심을 가진다. "박○○ 군은 왜, 어쩌다가 문제아가 되었나?"라고….

산업사회 이전의 농경이나 유목 · 수렵을 중심으로 한 전통사회에서는 기술이 단순하고 변화가 완만하였다. 그래서 성인으로서의 역할 습득이나 자립은 별다른 훈련이나 교육 없이 가정과 그를 둘러싼 지역사회를 무대로 한 일상생활을 통해서도 가능했고, 따라서 아동기에서 성인기로의 이행은 일찍부터 시작해서 단기간에 이루어졌다.

전통사회의 가정은 자녀 양육과 가족 구성원의 정서적 만족과 휴식을 제공하는 기관뿐만 아니라, 생산과 소비를 담당하는 경제 활동의 주체이며 교육과 경제 활동의 주된 장소였다. 그러나 산업화가 진행되고 공장제도가 도입됨에 따라 가정의 경제적 생산 기능은 공장이나 직장으로 이전되고, 가정은 소비 기능만을 담당하게 되었다. 경제 활동의 무대가 가정을 벗어나 시장에서 이루어지고 가정과 직장이 분리됨에 따라 부모, 특히 아버지의 생산 활동과 사회 활동을 눈으로 보며 사회 구성원으로서의 역할을 습득하던 전통적 사회화 과정은 쇠퇴하여 가정의 교육적 기능이 크게 약화되었다.

이와 함께 생산기술의 발전과 심화, 분업화 등은 숙련된 양질의 노동력을 필요로 하게 되었고, 사회 구성원으로서 필요한 기술, 규범, 가치 등의 전수가 학교라는 전문적인 교육기관으로 많은 부분 이양되었다.

따라서 사회 활동에 참여하기 위한 교육과 훈련 기간이 훨씬 길어지게 되었지만, 기술의 발달에 따라 생산에 소요되는 노동력은 오히려 줄어들어 노동 시장에의 참여를 허용하는 연령이 늦춰지는 경향이 나타났다.

청소년 교육과 훈련 기간의 연장은 산업에 종사할 노동력을 필요로 하므로, 성인들을 위한 노동 기회와 노동 시장의 확대를 통한 고용증대 효과가 있기도 한다. 교육과 훈련 기간이 길어지고 노동 시장 참여의 시작 연령은 늦춰지므로 청소년기는 점점 더 연장되어 육체적으로는 성숙하였으나 사회적, 경제적으로는 성인 역할을 하지 못하는 청소년 집단이 확대되고 청소년 문제 또한 심각해지게 되었다.

청소년은 아동도 아니고 성인도 아닌 상태에 있으므로, 아동과 같이 의존적일 수도 없고 그렇다고 독립적인 생활을 할 수 있는 처지에 있지도 않다. 이들은 부모로부터의 독립을 추구하는 반면에 부모나 성인들의 사랑과 관심을 기대하고 또 필요로 하는 존재이다.

청소년기에 이러한 갈등 요인과 함께, 사회 변화에 따라 다양성이 심화된다. 그리고 청소년의 생활공간이 가정을 넘어 학교, 친구 집단, 사회 등으로 광범위하게 확대되어 이질적인 집단 및 가치와 접촉하게 됨에 따라 오늘날의 청소년들은 과거보다 몇 곱절의 갈등과 고민을 안고 살아가고 있다.

가정이나 학교에서 가르치고 원하는 생활 방식과 친구 또는 대중매체에서 제시하고 조장하는 것과는 상반되는 경우가 많다. 가정 안과 밖, 학교 안과 밖, 자기가 속한 친구

집단과 다른 또래 집단, 자기가 애착을 갖고 소속감을 느끼고 있는 준거 집단과 다른 집단, 가정과 학교에서 가르치는 것과 현실 사회와의 괴리 등 다양한 집단의 가치와 규범이 상충하는 데서 오는 갈등은 심각하다.

산업사회에서 노동 시장 참여가 지체되고 교육 및 훈련 기간이 연장됨에 따라 좋은 직장에 취업하고자 하는 경쟁과 교육 훈련 과정에서의 경쟁 또한 심해지고 있다. 이러한 현대사회에서 청소년들이 보편적으로 겪는 문제에다가 우리나라의 청소년들은 일류 학교에 가기 위하여 치열한 학업 및 입시 경쟁에서 오는 이중 삼중, 아니 다중의 고통을 겪고 있다.

청소년 문제와 관련해서 주목할 점은 익명성과 비인간화로 통칭되는 도시에서의 인간관계의 변화와 공동체 해체로 표현되는 지역사회 구조의 변화이다. 특히 도시에서는 이웃과의 유대나 친근감이 사라지고, 도시는 모르는 사람들이 모인 거대한 집단으로 변화하고 있다.

공동체에서의 포괄적이고 대면적인 친근한 인간관계는 특정 목적을 위한 단편적인 관계로 바뀌며 이익사회화 경향이 두드러진다. 옆집에 사는 사람이 누구인지 잘 모르는 상황에서 익명성이 증가하고 이기주의가 확산됨에 따라 지역사회 공동체에 의한 교육과 사회통제 기능이 쇠퇴하게 되었다. 오늘날의 청소년들에게는 공동체 생활을 가르치고 훈계해 주는 이웃 어른이 없어졌으며, 따라서 반드시 조심스러워해야 할 대상도 없어졌다.

이러한 사회상의 변화는 청소년들로 하여금 심각한 가치 혼란 속에서 법과 규범에 의한 사회적 표준과 질서에 반하는 성범죄, 절도, 폭력 등의 비행과 범죄로 내몰고 있다. 또한, 소외와 좌절 등으로 말미암아 자살, 약물 중독 등의 통계적 수치가 계속해서 증가하고 있는 것도 사실이다.

특히 오늘날 청소년 비행의 양적 증가와 질적 조폭화(早暴化)는 그 자체로도 중대한 사회문제이지만, 특히 비행 청소년들의 상당수가 비행을 반복하는 과정에서 성인 범죄자로 성장한다는 데 문제의 심각성이 있다.

아직 이성과 의지력이 성장 단계에 있는 청소년의 비행은 사회적 소산이자 책임이라는 전제하에 이들의 재사회화를 통한 건전 육성이라는 복지정책의 실현을 최종 목표로 하여야 한다. 그리하여 범죄 예방과 진압을 통한 재사회화를 최종 목표로 하고 있는 성인 범죄 대책과 차이가 나며, 따라서 이들에 대한 대책은 교육적이고 형벌 회피적이어야 할 것이다.

한편, 청소년 문제 행동의 실태는 사회적 표준과 사회적 현실과의 역동 관계에서 달리 표현되며 인식 기준도 변화한다. 보통 문제 행동을 부정적으로 보면 문제가 되겠으나 긍정적으로 생각하면 발전의 맥락에서 고려될 수도 있다.

그러므로 미성숙한 청소년기의 갈등과 조화의 상반된 심리적 특성이 사회 내에서 더욱 자유롭고 건강하게 자라나고 표출될 수 있는 제반 여건 또한 중요한 고려의 대상이 되어야 할 것이다.

청소년 문제는 결국 산업화에 따른 산업 및 경제 구조의 변화, 정치 및 사회 구조의 변화와 함께 대두된 인간소외, 획일화, 대중화 현상 등으로 말미암아 인간관계가 이해득실을 중시하고 단편적으로 변화되어, 전인적인 교제를 하기 힘들어진 사회상에서 비롯되었다고 하겠다.

대중매체의 상업주의로 대중문화의 선정성, 폭력성 증가나 향락 산업의 번창, 외설물과 폭력물의 범람, 황금만능주의, 편의주의, 편법주의 등 부정적 사회 풍조의 만연 등이 청소년의 건전한 성장에 유해 요인이 되고 있다(김현용 외, 1997; 한국청소년개발원, 1996; 한국청소년학회, 1999). 또한, 정유라와 조민 등을 통해 알려진 지인 찬스 및 부모 찬스는 청소년들의 건강한 꿈과 희망을 송두리째 빼앗아가고 있다.

4 청소년 문제의 해결책 및 대안

청소년 비행을 어떻게 다룰 것인가에 대한 의견은 국가에 따라 다를 것이다. 그러나 공통적인 추세는 비행청소년들이 인격 형성 과정에 있기 때문에 정신적으로 미성숙하고, 교정 가능성이 크다는 점에서 처벌보다는 교육에 중점을 두고 있다. 이에 대해 김은경(2006: 15-23)은 소년사법제도의 개혁 방향으로 다체계적이고 통합적인 예방전략, 지역사회 중심의 처우정책(중간처우 확대), 민간분야의 참여 확대, 사회-임상과학적 접근의 결합, 새로운 처우 방안으로서 '회복사법' 추구 등을 제안하였다.

이를 바탕으로 이수정 등(2007), 초의수 등(2020)은 청소년 비행의 해결책으로, ① 청소년의 성 주체성 형성을 위한 교육적 · 사회적 개입, ② 청소년 성장단계별 비행 예방교육 수립, ③ 학교폭력 및 청소년 비행에 대한 회복적 정의의 실천방안 강화, ④ 민간차원 처우 확대와 기관 간 협력체계 구축, 그리고 ⑤ 가족 지원 프로그램 확대 및 강화를 들고 있다.

이를 위해 방송의 공영화, 유해환경에 대한 법규 정비 및 지속적 규제, 시민단체의 유해환경 정비 활동, 학교 · 지역사회 · 직장 등을 중심으로 한 자율적이고 주체성 있는 문화 활동의 전개가 제시 가능한 대책이다. 한편, 청소년들 스스로가 자주적으로 꾸려갈 수 있는 문화 활동 공간에 대한 정부나 지역사회의 관심과 지원이 더욱 적극성을 띠어야 함은 물론이다.

아울러 청소년 비행을 미연에 막기 위한 예방 프로그램과 정책이 개발, 강화되어 사회의 다양한 집단을 대상으로 다방면에서 이루어져야 할 것이다. 또한, 비행 사실이 경미하고 재범 위험성이 크지 않은 우범소년은 재판 대상에서 제외해 낙인으로부터 오는 부정적인 효과를 최소화할 수도 있을 것이다.

이를 보완하기 위해 청소년의 교정 복지사업 등은 재통합 모델에 입각하여 개별화되고 다원적인 사업으로 전개되어 연속성과 일관성을 보장해야 한다. 물론 이러한 직접적이고 전술적인 접근에 사회 구조의 치료가 선행되어야 함은 당연한 과제이다. 이러한 작업에 있어 가장 중요한 일은 오늘날 우리 사회에 만연되고 있는 배금주의(拜金主義)[2]와 무조건 많은 물건을 생산하자는 물량주의(物量主義) 가치관을 극복하여 인간의 권위와 존엄성이 보장되는 새로운 가치관을 확립하는 일이다.

이는 정책적으로는 경제성장 위주의 근대화 정책에서 탈피하여 인간개발 및 사회개발 위주의 방향 전환을 의미하며, 소득의 재분배 정책을 통하여 사회의 재통합을 이룩하는 것을 뜻한다. 이러한 제반 여건의 조성이 다각적이고 총체적으로 이루어질 때, 청소년들은 혼란스러운 '질풍노도의 시기'를 건강하고 균형 잡힌 신심(信心)의 발전 과정으로서 통과할 수 있을 것이다(김현용 외, 1997; 한국청소년개발원, 1996; 한국청소년학회, 1999).

2) 배금주의(Mammonism)를 황금만능주의 또는 물질만능주의라고도 한다. 돈을 삶의 가장 중요한 가치로 여겨 모든 것을 돈과 연관시켜 생각하고, 돈이면 무엇이든 할 수 있다는 돈 제일주의를 일컫는다. 인생의 목적 역시 돈을 모으는 데 두기 때문에 심할 경우에는 돈을 신격화하는 현상이 빚어지기도 한다.

10
CHAPTER

노인 관련 문제

1 노인 문제의 개념

노인 문제는 사회 변화에 따라 발생하는 사회문제 중에서, 특히 노령화와 함께 발생하는 노인에 관련된 다양한 문제로, 노령화 문제라고도 있다. 노인 문제는 노인들이 인간다운 삶을 유지하는 데 필요한 재화나 서비스에 대한 욕구 및 이와 관련된 권리를 자신이나 가족의 노력만으로는 충족하지 못하여 불만족스러운 상태가 계속되는 현상을 일컫는다. 현대에 이르러 노령인구의 증가나 가족제도의 변혁, 부양 의식의 감퇴, 핵가족화의 진전, 산업이나 취업 구조의 변화, 주택 사정의 어려움 등으로 말미암아 노인 문제가 현재화됐다.

산업화와 더불어 평균 연령은 증가하여 노인의 수는 증가하고 있다. 하지만 이에 반하여 핵가족화 현상이 심화되고, 산업 구조의 변화에 따른 노인의 사회적, 경제적 지위가 저하되며, 대가족제도의 붕괴로 말미암아 노인의 권위가 상실됨에 따라 노인 문제가 커다란 사회문제로 등장하고 있다. 그러나 노인에 대한 사회보장이나 의료보장이 충분하지 않기 때문에 정년퇴직 후의 취업 문제나 노후의 생계유지, 신체 기능의 퇴행과 인권 문제, 핵가족화와 노인 부양의 곤란성 문제 등 복잡하고 광범위하게 걸쳐 있는 문제가 생기고 있다.

중국의 고전인 『예기(禮記)』에는 50세를 애(艾), 60세를 기(耆), 70세를 노(老), 80~90세를 모(耄)라고 했으며, 모두 두발(頭髮)의 변화 상태에 따라 '노'의 단계를 구분하고 있다. 우리나라에서는 오래전부터 회갑(回甲)의 시기를 일반적으로 '노'에 들어서는 단계로 생각해 왔으며, 인생 70을 '고래희(古來稀)'라 하였다(http://www.aks.ac.kr). 그러나 지금은 회갑의 시기를 노년기의 시작으로 보는 사람은 드물고, 대체로 70세 정도를 '노'의 시작으로 보는 추세다.

'노'의 현상은 크게 인간의 생물학적 측면과 사회적 측면에서 함께 설명되고 있으나, 이들의 '노'에 대한 규정을 '연령'의 개념으로 환산했을 때 반드시 일치하는 것은 아니다. '노'에 대한 생물학적 설명은 '노화(老化, aging)'의 개념을 통해서 인간 생물체가 발육이 완성된 성숙기 이후에 일어나는 기능의 쇠퇴 현상에 초점을 두고 있다.

이에 대해서 '노'의 사회학적 설명은 사회 구성원의 가령(加齡: 새해가 되어 나이를 한 살 더 먹음)에 따른 활동이나 사회적 역할의 상실이 노인 혹은 노년기에 들어서는 시점으로 보고 있다. 노년기 연령에 관한 제도적 규정은 나라에 따라 다양한 차이를 보이고 있으나, 일반적으로 노년기 연령의 규정은 한 나라의 정년 연령 및 연금개시 연령과 밀접히 관련되어 있다. 또한, 인구통계에서는 국제적으로 국가 간 자료의 비교를 쉽게 하기 위하여 노인인구를 65세 이상으로 규정하여 사용하고 있다.[1)]

1) 우리나라 「노인복지법」에서는 65세 이상을 노인으로 보고 있으며(제1조의 2 제5호), 정부의 노인복지 관련 각종 서비스 대상자 선정도 대체로 65세를 기준으로 하고 있다.

2 노인 문제를 설명하는 이론

1) 은퇴 적응이론

은퇴 적응을 설명하는 이론에는 역할이론, 사회유리이론, 활동이론, 지속이론, 위기이론 등이 있다. 이러한 이론 중에서 은퇴 적응을 가장 일반적으로 설명하는 이론은 역할이론이며, 대표 연구자는 스트라이브와 슈나이더(Streib & Schneider, 1971)이다(김춘경 외, 2016).

역할이론에서 개인은 사회적 역할을 상실하고, 그와 더불어 자아정체감의 혼란, 자아존중감의 위축, 거부감, 버려짐, 배반감, 인정받지 못한 데서 오는 우울감, 고립감, 외로움을 느끼게 된다. 또한, 은퇴가 자의적인지 타의적인지에 따라 적응에 영향을 미치기 때문에 은퇴 후 성공적인 적응을 위해서는 적어도 은퇴하기 전 3~4년간 은퇴 준비 기간이 필요하다고 강조하였다. 그런데 역할이론은 각 개인의 주관적 경험을 무시하고 남자의 직업적 역할과 나이 든 사람의 은퇴를 고려한 경향이 강하다는 비판을 받고 있다.

사회유리이론은 이전까지 해 오던 직업적 일이나 사회적 활동에서 물러나 삶의 활동 수준과 소속감을 줄여 나가는 사건으로 은퇴를 정의하였다. 은퇴는 인간 발달의 한 과정인 노화과정과 함께 생물학적·사회적 능력을 인식하고 자연스럽게 점진적으로 이탈해 나가는 과정으로 이해하여 준비하는 시간을 갖는 것이 심리적 안정과 적응에 도움이 된다고 보았다. 이 이론의 대표 연구자는 커밍과 헨리(Cumming & Henry, 1961)이다(김춘경 외, 2016).

활동이론은 은퇴 이후에도 은퇴 전과 같이 활동 수준을 높이고, 비슷한 참여를 계속하는 것이 적응에 도움이 된다고 강조하였다. 즉, 중년기의 생활과 활동을 유지하고 사회적 역할에 참여함으로써 성공적인 적응을 가져올 수 있다고 본 것이다. 그러나 은퇴 이후 높은 활동 수준을 유지할 수 없는 은퇴자들은 비현실적 기대감으로 말미암아 오히려 패배 의식을 가진다. 어떤 은퇴자는 은퇴 전의 활동 수준보다 더 낮은 수준의 활동을 원하고 좀 더 여유로운 삶을 원할 수도 있다. 따라서 은퇴자들이 적응을 잘하기 위해서 높은 활동 수준을 유지하는 것이 도움이 된다는 것을 비판하기도 한다.

지속이론에 따르면, 인간은 오랫동안 추구해 온 가치, 자아존중감 수준, 생활양식을 유지하려는 경향이 있으므로 이들을 유지하는 것이 곧 은퇴 적응이라 할 수 있다. 가치, 자아존중감 수준과 같이 개인의 기억에 근거한 이념체계를 내적 지속이라 하며, 친숙한 환경과 친숙한 사람들과의 상호작용을 유지하는 것을 외적 지속이라 한다. 지속은 노년기의 생활 적응을 나타내지만 지나치게 과거를 강조하면 새로운 환경이나 사람에게 적응하는 능력이 감소될 수 있다. 한편, 지속이 지나치게 적으면 오히려 불안을 일으킬 수도 있다. 이러한 지속을 유지하는 방법 중 하나는 은퇴 전에 가졌던 활동적이고 열정적인 직업관을 은퇴 후에는 분주한 삶으로 변화시키는 것이다.

지속이론에서는 다양한 은퇴자의 유형을 설명하는 데 부족함이 있다. 이와 달리, 은퇴 이후 여러 가지 어려움으로 말미암은 위기는 병리적인 것이 아니며, 발달의 한 과정으로서 개인과 환경을 이해하고자 하는 위기이론이 은퇴 후 적응을 설명하는 데 가장 적절한 이론이라고 할 수 있다. 위기이론에서는 은퇴가 개인에게 신체적 · 심리적 · 정신적 건강을 위태롭게 하는 위기가 되지만, 내적 지속성을 유지하고 환경의 변화에 적응하려는 노력, 대처능력, 그리고 여러 가지 성격적 특성 등의 심리적 요소를 강조하고 있다(김춘경 외, 2016).

2) 현대화 이론

사회학적 현대화 이론은 산업사회에 들어와 나타나는 노인 문제의 원인을 이해하는 이론이다(https://blog.naver.com/). 노인의 지위는 특정 사회의 현대화 정도에 반비례하여 현대화의 정도가 높을수록 노인의 지위는 낮아지게 된다고 가정한다(Cowgill, 1974). 노인들은 전통적인 사회에서는 희소 자원의 통제와 전통적인 지식을 매개 수단으로 높은 지위를 점하여 왔으나, 산업화된 사회에서는 능력의 저하로 말미암아 낮은 지위에 속하게 된다는 설명이다. 역할상실, 고립, 소외감, 건강의 악화 등으로 말미암아 노인의 지위를 낮아지게 만드는 것은 결국 노인 문제의 직접 혹은 간접적인 요인이 된다(Aboderin, 2004).

특히 현대화 이론은 은퇴와 복지 문제 등과 맞물려 1980년대 이후 노년사회학적 측면에서 큰 관심을 불러일으켰다. 자본의 유기적인 고도화는 물론 지식 정보사회로 발전하면서 노동력 수요의 감소, 젊은 사람들보다 경쟁력이 떨어지고, 그리고 소득 감소로 이어지게 되면서 자녀에게 의존하는 상태로 살아가게 된다는 점을 강조한다. 이와 관련해 노인들에게 영향을 미치는 현대화 특징을 카우길(Cowgill)은 4가지 요인으로 보고 있는데, 그것은 생산기술의 발전, 보건기술의 발전, 도시화, 높은 교육 수준 등의 변화이다(Cowgil & Holmes, 1972).

이런 요소는 경제사회적 변화가 커지면서 노년층에 대한 지위와 역할을 축소시키는 원인이 된다. 더구나 정보통신기술 발전은 젊은이들과 노년층 간의 정보 격차를 초래한다. 사람(기업) 사이에 정보량의 격차가 생기고, 그 결과로서 수입이나 사회적 지위 등에도 격차가 생긴다는 정보 격차도 미국 등에서 문제가 되고 있다. 정보 격차는 정보의 접근 기회, 활용 수준, 주체적 향유와 수용, 정보기기에 대한 접근 수준에 따라 불평등이 생겨나고, 사람들의 삶이 변화된다고 본다. 정보 격차의 핵심은 '누가 더 많은 정보를 취득 사용하고 있는가?'라는 것과 관계된다. 정보 격차는 기존의 사회경제적 격차를 확대 재생산하는 것은 물론 사회통합을 저해하는 주요 요인이 되고 있다.

그뿐만 아니라 직업상의 경쟁에서 고령자는 젊은이에 뒤지게 되어 결국 퇴직을 감수하게 되고 역할 상실의 문제를 초래한다. 다시 말해, 지식 정보사회로 발전하면서 노인들은 ① 역할상실 및 소외감 증대, ② 수입 감소에 따른 경제적 의존도 심화 ③ 건강보건의 문제, 그리고 ④ 사회적 관계의 축소 등 노년기 문제를 경험하게 된다. 현대화·산업화·도시화 사회로 변하면서 젊은이들의 역할은 점점 커지지만, 나이 든 사람들의 노동력과 효율성이 평가절하 되거나, 신자유주의적 경제논리에 따라 노인들은 가난해지고 일자리 찾기가 어려워졌다(https://blog.naver.com/).

3) 교환이론

사회학자들은 비경제적 관계의 광범위한 다양성을 교환관계로 보고 있다. 이것은 세 가지의 주요한 방식으로 행하여진다. 첫째는 광범한 영역의 활동을 포괄하기 위해 경제적 분석을 확장하는 것, 둘째는 행동주의적 심리학과 경제학의 혼합을 사용하는 것, 셋째는 교환을 배후의 사회관계의 표현으로 보는 것이다. 첫 번째와 두 번째 접근은 개인에, 세 번째 접근은 집단에 초점을 둔다(고영복, 2000).

교환이론은 인간의 사회 행위를 주고받는 교환 행위를 보고 정립한 이론으로, 조지 호만스(G. Homans)가 이 이론의 대표자이다. 그는 경제학적인 개념에 입각하여 인간이란 이윤을 추구하는 존재로서 자신이 지출한 원가나 투자액과 비교해서 반드시 이윤이 있다고 판단되어야 행동을 취하는 것이며, 일반적으로 최대한의 이익을 기대하고 행동을 한다는 것이다. 호만스는 여기에다 학습이론을 도입하여 학습자가 과거에 보상을 받은 경험이 있는 활동은 반복할 가능성이 크다고 주장한다.

호만스(1961)는 『사회 행동: 그 원초적 형태』에서 사람들은 서로 그들에게 손실이 되는 것에 대해서는 보상을 하고, 또한 보상을 찾는 명시적인 행동을 하는 것으로 제시했다. 사람들이 보상을 교환하는 것으로 보는 견해는 행동주의적 심리학을 경제학과 결합시키고자 하는 기초를 제공하고 있다. 그러한 시도는 성공적이지 못했다. 왜냐하면, 행동주의 심리학은 사람들의 현재 행동을 과거 행동의 강화 유형으로서 설명하지만, 경제학은 사람들의 과거 행동을 미래에 기대되는 이익의 측면에서 설명하기 때문이다(고영복, 2000).

오늘의 교환이론은 개인과 개인의 관계뿐만 아니라, 사회적 상호작용의 한 형태로 이해되고 있다. 개인 간의 관계에서도 물질적이거나 정신적인 보상을 기대하고 관계한다고 보고 있으며, 개인과 집단, 집단과 집단의 관계에서도 어떤 보상, 즉 물질적인 것뿐만 아니라, 권력 · 명예 · 지위 등을 얻으려는 기대 때문에 교환관계가 성립된다고 할 수 있다.

교환이론은 다른 사람과의 관계는 물론 사회조직 속에서 흥정과 타협을 통하여 서로 주고받게 되어야 관계의 균형이 유지된다는 것을 시사하고 있다. 그러나 교환이론은 인간을 지나치게 단순하게 취급한다는 비판도 받고 있다(고영복, 2000; 서울대학교 교육연구소, 1995).

이러한 교환이론은 세대 간 관계를 분석하는 데 매우 유용하게 활용된다는 평가를 받고 있다. 그러나 세대 간 관계가 주로 공시적(共時的: 어떤 시기를 횡적으로 바라보는 것)인 관점에서 설명됨으로써, 노년층과 비(非)노년층 관계를 지나치게 비(非)호혜적인 것으로 본다는 비판을 받기도 한다. 노령연금이나 노인장기요양보험 등의 세대 간 계약의 예에서 보듯이, 통시적(通時的: 어떤 시기를 종적으로 바라보는 것)인 관점에서의 세대 간 관계는 상호 호혜적으로 이루어진다고 볼 수 있는데, 이러한 측면이 간과되고 있다는 것이다. 또한, 교환관계를 지나치게 세대 간 관계에 집중한 나머지 노인 개인의 내적 차원의 교환관계나 다른 노인들과의 세대 내 교환관계에 대한 논의는 결여되어 있다는 비판도 받는다(김지미 외, 2020: 267).

3 노인 문제의 실태와 원인

노인 문제는 어느 시대에나 항상 있었다. 모든 사회는 그들의 문화 속에 사회를 지탱해 주는 여러 제도와 밀접하게 연결된 합리적인 노인부양체계를 가지고 있다. 20세기에 들어서 비(非)서구사회에서는 이른바 서구화 과정을 거치면서 그들의 기존 전통적인 노인부양체계가 무너졌거나, 새로운 노인부양체계가 정립되지 않아서, 많은 혼란과 어려움을 겪고 있는 사실을 널리 관찰할 수 있다.

우리나라에서도 20세기 말엽부터 급속하게 제기된 노인 문제의 배경으로 ① 급속한 노인인구의 증가, ② 산업화와 도시화에 따른 가족의 분리와 핵가족화, ③ 전통적인 노부모부양체계의 붕괴와 새로운 체계의 미정립, ④ 노인의 탈(脫)가족화와 이로 말미암은 노후생활의 여러 어려움 증대, ⑤ 노인 문제의 사회적 책임에 대한 정부의 노인복지대책 미흡 등을 들 수 있다.

우리나라의 65세 이상 노인인구는, 1960년대 이후에 일어난 급속한 경제성장에 따른 국민 생활수준의 향상과 보건·의료 분야의 발달로 말미암은 평균수명의 상승으로 급속한 증가 추세를 보이기 시작하여, 1960년의 79만 명에서 2000년에는 337만 명, 2020년에는 813만 명, 2040년에는 1,722만 명, 그리고 2060년에는 1,881만 명으로 전체 인구의 43.9%에 달할 것으로 예상된다(https://kosis.kr/).

이러한 노인인구의 급성장은 노인인구의 실제 숫자 증가뿐만 아니라, 그동안 진행되었던 연령구조의 변화로 1960년대까지의 피라미드형 구조가 인구억제정책의 성과와 이로 말미암은 소자화(小子化)에 따라 종형화(鐘型化) 하는 데서 오고 있다. 이러한 변화는 ① 1970년대 이후부터 시작되는 유소년인구(0~14세 인구)의 절대 숫자 감소, ② 생산인구(15~64세 인구)의 완만한 증가, ③ 노인인구(65세 이상)의 급속한 성장으로 진행되고 있다.

이러한 경향은 각 연령집단의 구성비 및 성장률의 변화 추세에서 뚜렷이 관찰된다. 연령구조의 변화는 부양지수에도 변화를 가져와 생산인구의 피부양인구(유소년인구 및 노인인구)에 대한 부담은 1960년대 이후 현재까지 지속적인 감소 추세를 보이고 있으나, 피부양인구 부양비의 구성은 1980~2020년 사이에 유소년부양비가 82.5%에서 15.7%로 급속한 감소를 보이고 있다.

그런데 문제는 노년부양비이다. 1980~2020년 사이에 노년부양비는 6.0%에서 38.6%로 증가하였고, 이후 더욱 빠르게 증가하여 20년 후인 2040년에는 60.1%로 예상된다. 특히 주목해야 할 점은 유소년인구 100명당 노인인구 숫자를 나타내는 노령화지수가 같은 기간 중 7.2%에서 129.0%로 가파르게 늘어나고 있다. 2025년에는 189.7%가 되어서 초고령화 시대에 진입하고, 20년 후인 2045년에는 392.8%가 될 것으로 전망된다(https://kosis.kr/).

1960년대 이후의 급속한 산업화와 도시화 과정을 노인 문제와 연결해서 보면, ①

산업사회의 정년제로 말미암은 이른 사회활동으로부터의 퇴출, ② 젊은 농촌 노동력인구의 도시 집중에 따른 부자(父子)세대 간의 분리 · 별거, ③ 젊은 세대의 핵가족 선호사상과 부모 부양 기피의식의 만연, ④ 이로 말미암은 전통적인 노부모 부양체계의 쇠퇴 등의 요인으로 말미암아 노인이 가족으로부터 튀어나오는 이른바 탈가족화 현상이 진행되고 있다.

이로 말미암아 노인 문제가 종래의 가족 안에서의 문제에서, 사회적 책임으로 바뀌고 있으나 대책의 미흡으로 노인의 노후생활이 여러 가지 면에서 어려움에 처해 있다. 오늘의 노인 문제는 이른바 '노인의 사고(四苦)'라 하여, ① 노인의 경제적 빈곤, ② 노인의 보건 · 의료 문제, ③ 노인의 무위(無爲) · 무료(無聊), ④ 노인의 사회적 소외(疎外)를 들고 있다.

노후생활의 경제적 어려움은 ① 전통적인 노부모의 가족 내 부양체계의 와해, ② 산업사회화에 따른 이른 정년제와 노인의 사회활동에 대한 사회의 실질적인 문호 봉쇄(門戶封鎖), ③ 노인 스스로의 노후생활에 대한 심적 · 물적 준비 부족, ④ 정부의 노후생활을 위한 경제대책의 미흡 등으로 일어나고 있다.

노인의 보건 · 의료 문제는 노화에 따른 노인의 신체적 노쇠와 질병에서 오는 문제이다. 노쇠 현상은 생물체의 필연적 결과로 신체의 전반적인 기능 감소와 더불어 퇴행성 질환을 가져오게 된다. 노인의 대표적인 질환으로는 관절염, 고혈압, 심장병, 당뇨병, 치매, 골다공증과 같은 것을 들 수 있으며, 이들 질병은 ① 조기 발견이 어렵고, ② 만성적이며, ③ 많은 노인이 이들 질환을 복수로 가지고 있고, ④ 대부분 완치 불능이라는 특성을 지니고 있다.

노인의 보건 · 의료 문제는 ① 의료량(진료건수, 내원일수, 진료일수 등)과 진료비의 증가, ② 기존의 노인보건 · 의료관리체계의 미흡[건강진단, 진단 후의 지속적 관리, 재가와상(在家臥床)노인과 치매노인을 위한 사회적 서비스체계, 노인전문 의료기관의 부재, 예방 · 건강관리보다는 치료 위주의 보건 · 의료조직], ③ 노인의 과다한 의료비 부담 등을 들 수 있다.

노인의 무위 · 무료의 문제는 ① 조기 정년으로 말미암은 사회적 역할의 상실,

② 핵가족화와 주거환경의 변화에 따른 가정 내 역할의 상실, ③ 은퇴 후의 길어진 노후생활을 위한 소일(消日) 자료 및 여가 이용시설의 부족 등의 요인에서 오고 있다.

노인의 고독한 심리는 ① 역할 상실, ② 노쇠에 따른 심정의 약화, ③ 배우자 · 친지 등과의 사별에서 오는 슬픔과 고립감, ④ 죽음을 앞두고 느끼는 두려움과 인생의 허무감 등에서 온다. 노인의 사회적 소외는 노후생활을 하면서 사회로부터 여러 가지 따돌림을 받는 현상을 말하며, 노인에 대한 ① 거부, ② 천시 · 냉대, ③ 무관심, ④ 무례함 등의 여러 형태로 나타나고 있다.

소외의 원인으로는 노인 측의 ① 현대산업사회의 생활에 대한 부적응, ② 심신의 노쇠에 따른 사회활동의 비효율성, ③ 사회 발전에 불필요한 존재라는 인식 등의 요인과, 사회의 ① 노인에 대한 사회 참여 기회의 봉쇄, ② 노인 경시 풍조의 만연, ③ 경로 · 효친 사상의 쇠퇴 등의 요인을 들 수 있다.

노인에 대한 소외는 노인도 노년기의 심신의 변화를 자각하고 이에 슬기롭게 적응하면서 끝까지 사회 발전에 이바지하는 자세로 살아야 할 자신들을 ① 사회의 낙오자 · 패배자로 인식하게 하고, ② 주위에서 일어나는 다양한 일에 대해서 냉소와 더불어 방관자로 자처하며 여생에 임하게 한다.

이러한 노인의 여러 면에 걸친 생활의 어려움은 해결되어야 하며, 짧지 않은 그들의 여생이 자립적이고 참여적이며, 존경받고 보호받으며, 즐겁고 보람찬 것이 되어야 한다. 지금까지 우리나라의 노인 문제는 가족 안에서의 문제로 대개 집안에서 해결되었다. 그러나 광복 후 ① 급속한 서구문화의 유입, ② 6 · 25 전쟁기를 통해 얻어진 생존을 위한 윤리 배제적 생활관, ③ 1960년대 이후의 산업화 · 도시화 · 핵가족화 등으로 생겨난 개인주의 문화의 확산은 전통적인 가족주의 문화에서 노인 문제를 점차 가족 밖의 사회적 문제와 책임으로 전환시켰다(http://www.aks.ac.kr).

대한민국에서 노인으로 살면 불행하다!

우리나라 상대적 노인 빈곤율은 2017년 기준으로 44%정도다. OECD 평균이 15%정도인 것과 비교하면 3배나 높은 셈이다. 빈곤과 불행은 연동되는 것일까? 노인 자살율도 OECD 평균에 3배 이상이다. 노인들이 자살하는 첫 번째 이유는 경제적 이유이고, 두 번째는 건강, 세 번째는 외로움 때문이라고 한다.

여러 지표를 통해 유추해 보면 우리나라에서의 노후는 OECD 국가 중 가장 불행한 생활을 하고 있고, 미래에는 더 심각해질 것이다. 특별한 노력을 하지 않는다면 노후에는 남들과 동반으로 절벽에 부딪히는 상황이 발생하게 된다. 혼자만 힘든 것이 아니고, 가족과 이웃들까지 힘들게 된다.

출처: 울산매일(2020. 12. 20.), 황산 황룡사 주지스님.

4 노인 문제의 해결책 및 대안

노인 문제에 대한 대책은 「노인복지법」의 기본이념에 따라 해결되고 있다. 「노인복지법」의 기본이념은 "① 노인은 후손의 양육과 국가 및 사회의 발전에 기여하여 온 자로서 존경받으며 건전하고 안정된 생활을 보장받고, ② 노인은 그 능력에 따라 적당한 일에 종사하고 사회적 활동에 참여할 기회를 보장받으며, ③ 노인은 노령에 따르는 심신의 변화를 자각하여 항상 심신의 건강을 유지하고 그 지식과 경험을 활용하여 사회의 발전에 기여하도록 노력하는 것"이다(같은 법 제2조).

이의 실현을 위해 ① 경로효친의 미풍양속이 유지되는 건전한 가족제도의 유지 · 발전과 ② 노인의 보건 및 복지증진의 국가, 지방자치단체 및 노인복지사업자의 역할을 강조하고 있다(같은 법 제3조와 제4조). 구체적으로는 ① 복지조치(구호가 필요한 노인의 상담 · 시설 입소, 건강진단, 경로우대, 노령수당, 노인직종의 개발, 생업지원, 주택

등), ② 노인복지시설 및 복지사업(복지시설의 종류와 시설 설치), 그리고 ③ 비용 등에 대해서 규정하고 있다.

앞에서 말한 노인 문제의 해결 혹은 노인복지정책 전개의 기본방향은 노인에 대한 '선가정봉양 후국가보호(先家庭奉養 後國家保護)'의 복지적 전개를 뜻하는 것이며, 전자는 노인을 위한 가족의 책임을, 그리고 후자는 국가와 사회의 책임을 명시하는 것이다. 그러나 ① 핵가족의 증대와 소자화(小子化), ② 노인인구의 증대와 탈가족화는 노인의 가족 내 봉양의 기반을 무너뜨리고 있으며, 더욱이 ③ 정부의 사회적 책임을 강조하는 일련의 개인주의적 노인복지정책은 이를 부채질하고 있다.

이와 같은 현실을 감안할 때 노인복지정책의 방향과 구체적인 대책에서는 노인에 대한 가족의 역할과 사회의 역할이 재검토 · 재조정되고 전통과 개혁이 조화롭게 공생 · 발전하는 새로운 노인 부양 문화의 정립이 모색되어야 한다.

노인 문제의 해결에는 ① 노인, ② 가정, ③ 사회, 그리고 ④ 국가가 다함께 노력해야 하나, 문제의 영역에 따라 노력과 책임의 소재 및 크기가 다르다. 예를 들어, 경제적 빈곤과 노인의 보건 · 의료 문제를 해결하려면 노인 스스로와 가족의 절약생활, 건강관리를 위한 노력보다도 정부의 역할과 대책이 크다. 노인의 무위 · 무료 문제를 없애기 위해서는 정부에서 여가시설을 늘리고 소일 프로그램을 개발하는 것도 필요하지만, 노인 스스로의 생활 자세와 가족의 보살핌이 더욱 절실하다.

현재 정부의 구체적인 노인복지사업을 분야별로 살펴보면 다음과 같다.

첫째, 노인의 생활안정을 위해서는 ① 소득보장의 강화(기초연금의 확대, 노인취업알선센터의 지원, 노인공동작업의 설치 · 확대 등)를 추진하고 있으며, ② 보호가 필요한 노인을 위해 종전의 시설 중심의 사업에서 지역과 가족 중심의 복지체계로 바꾸고 있다. 또한, 노인복지시설의 확충과 운영비 지원, 노인의 집과 경로식당의 운영비 지원, 1인 세대(독거노인)에 대한 간호 · 보호 등에 대한 대책이 펼쳐지고 있다. 더욱 근본적으로는 ① 정년 연장과 퇴직 후 재고용, ② 「고용상 연령차별금지 및 고령자고용촉진에 관한 법률(약칭: 고령자고용법)」의 내실화, ③ 경로우대제의 강화 등이 수반되어야 한다.

둘째, 건강한 노후생활을 위해서 ① 의료서비스의 강화, ② 치매노인사업(치매노인의 등록 · 상담, 치매전문의료시설의 설치)의 강화, ③ 재가노인(在家老人)복지사업[사업비 지원, 가정봉사원(home-helper, 가정도우미)의 파견사업 지원, 주간보호사업 · 단기보호사업의 확충] 등을 추진하고 있다. 더욱 근본적으로는 종전의 치료 위주의 보건 · 의료서비스를 예방 · 건강증진의 방향으로 전환하고, 지역사회 차원에서의 가정 · 지역사회서비스를 강화하며, 노인의료비의 저가 지출을 위한 제도적 장치 등이 마련되어야 한다.

셋째, 존경받으며 활동하는 노인상을 정립하기 위해서는 ① 경로 분위기의 조성(○○경로의 달, ○○경로의 날, ○○부모의 날, 경로 우대제 확충, 노부모 봉양 의식의 앙양), ② 생산적인 여가활용시설의 등록과 관리(전국 경로당에 대한 운영비 지원), ③ 노인 봉사활동의 활성화(노인에 의한 환경 관리, 교통정리, 한문 선생 등의 활동과 봉사 수당의 지급) 등을 도모하고 있다. 더욱 근원적으로는 노부모를 모시는 자손에게 세제 감면, 봉양비 지원, 3세대 아파트의 건립과 분양 등 뚜렷한 혜택을 제공함으로써, 경로 · 효친과 노부모 봉양 의식을 북돋아 생활의 윤리규범으로 사회화되어야 한다(http://www.aks.ac.kr).

11
CHAPTER

장애인 관련 문제

1 장애인 문제의 개념

우리나라 장애인 관련 상황은 어떠할까? 장애인구는 2001년부터 2011년까지 꾸준히 증가하다가 2012년을 기점으로 감소 추세를 보였다. 그러다 최근 4년간(2015~2018)은 다시 장애인구가 증가해 왔다. 2018년 말을 기준으로 등록장애인 수는 258만 5,876명으로, 2001년보다 무려 140만여 명 늘어났다. 한편, 장애인구 가운데 지체장애가 절반 가까운 47.9%이며, 장애인구 고령화 비율은 46.7%이다.

장애인이란 "신체적 · 정신적 장애로 오랫동안 일상생활이나 사회생활에서 상당한 제약을 받는 자"를 말한다. 여기서 "신체적 장애란 주요 외부 신체 기능의 장애, 내부기관의 장애 등을 말하며, 정신적 장애란 발달장애 또는 정신 질환으로 발생하는 장애"를 일컫는다(「장애인복지법」 제2조).[1)]

1) 「장애인복지법」 제2조(장애인의 정의 등) ① "장애인"이란 신체적 · 정신적 장애로 오랫동안 일상생활이나 사회생활에서 상당한 제약을 받는 자를 말한다. ② 이 법을 적용받는 장애인은 제1항에 따른 장애인 중 다음 각 호의 어느 하나에 해당하는 장애가 있는 자로서 대통령령으로 정하는 장애의 종류 및 기준에 해당하는 자를 말한다. 1. "신체적 장애"란 주요 외부 신체 기능의 장애, 내부기관의 장애 등을 말한다. 2. "정신적 장애"란 발달장애 또는 정신 질환으로 발생하는

장애인 문제는 심신의 손상으로 말미암아 사회생활에 곤란을 겪는 장애인을 대상으로, 사회복지의 한 영역으로 다루어야 할 것이다. 특히 일반적인 사회복지의 개념에서는 한 개인의 존엄과 시민으로서 다루고 있지만, 장애인 문제는 장애를 가진 특정 사람을 대상으로 하기 때문에 이와는 구별하여 접근하여야 할 것이다(강영실 외, 2005: 330).

세계보건기구(World Health Organization: WHO)에 따르면, 우리나라 장애인 출현율은 경제협력개발기구(OECD) 국가 30개국과 비교할 때 비교적 낮다. 그러나 장애인 출현율은 국가별 장애의 정의, 조사된 장애 측면, 문화 등에 차이를 보일 수 있으므로, 국가별 장애인 출현율을 단순 비교하는 데는 무리가 따른다. 경제협력개발기구 국가 중 장애인 출현율(2018년 기준)이 높은 국가로는 에스토니아 29.9%, 핀란드 28.5%, 프랑스 18.4%, 미국 12.6% 등이며, 우리나라는 5.4%이고, 일본은 7.6%이다.

그러나 장애인 인구의 많고 적음을 떠나 장애인 문제는 복합적으로 발생한다. 우리나라는 사회 전반의 인식 부족으로 말미암아 장애인의 교육률이 비장애인과 비교했을 때 매우 낮다. 장애인의 낮은 교육률은 경제활동 참여를 어렵게 하고, 그에 따라 낮은 소득으로 말미암아 생활이 불안정한 경우가 많다. 또한, 비장애인과는 달리, 의료재활 등 계속해서 의료 서비스를 받아야 한다. 그렇지만 저소득 상태에서 의료비 부담을 감당하기 어렵기 때문에 재활 서비스를 기대하기도 녹록하지 않은 상황에 처하는 경우도 많다. 따라서 장애인 문제는 복합적인 이해가 필수적이다.

2001년 5월 세계보건총회(World Health Assembly)는 ICF(International Classification of Functioning, Disability, and Health)를 세계적으로 통용될 수 있는 장애인분류체계로 승인하였다. ICF는 ICIDH-2에 제시된 대부분의 내용을 계승하면서, 분류체계와 언어 사용을 더욱 긍정적이고 환경 지향적인 맥락에서 수정한 것이다. ICF는 다양한 전문 영역과 실천현장에 이바지하고자 하는 복합적인 목적을 가지고 있으며, 이를 요약하면 다음과 같다(박용순 외, 2019: 154-155).

장애를 말한다. ③ "장애인학대"란 장애인에 대하여 신체적 · 정신적 · 정서적 · 언어적 · 성적 폭력이나 가혹행위, 경제적 착취, 유기 또는 방임을 하는 것을 말한다.

- 건강 및 건강과 관련된 상태, 건강 관련성과 건강 관련 결정 요소 등을 이해하기 위한 과학적 기초를 제공한다.
- 건강보호전문가, 연구자, 정책입안자, 장애인을 포함한 일반 대중 등 서로 다른 집단의 의사소통을 증진하기 위하여 공통의 언어를 제공한다.
- 국가 간, 건강보호 전문분야 간, 서비스 간, 시기 간의 자료 비교가 가능하게 한다.
- 건강정보체계에 대한 체계적인 기록수단을 제공한다. ICF는 장애를 가진 사람에게만 적용할 수 있는 것이 아니라, 모든 사람의 건강 관련 요소를 설명해 주는 보편적인 적용이 가능한 틀이다.

ICF는 인간의 기능과 기능의 제한 요소를 연관된 상황을 묘사할 수 있도록 해 준다. 이 체계는 정보를 조직화하기 위한 틀로서, 제1영역에서는 기능과 장애를 다루며, 제2영역에서는 상황 요인을 다룬다. 이러한 요인을 설명하면 〈표 11-1〉과 같다(박용순 외, 2019: 155).

〈표 11-1〉 세계보건기구(WHO)의 국제장애분류 개정판(ICF의 장애 개념)

<table>
<tr><th rowspan="2">구분</th><th colspan="2">영역 1: 기능과 장애</th><th colspan="2">영역 2: 상황 요인</th></tr>
<tr><th>신체 기능과 구조</th><th>활동과 참여</th><th>환경적 요인</th><th>개별적 요인</th></tr>
<tr><td>영역</td><td>신체기능
신체구조</td><td>생활 영역
(과업, 행동 등)</td><td>기능과 장애에 영향을 미치는 외적 영향력</td><td>기능과 장애에 영향을 미치는 내적 영향력</td></tr>
<tr><td>구성물</td><td>신체기능의 변화
(생리학)
신체구조의 변화
(해부학)</td><td>• 표준 환경에서의 과제 수행 능력
• 현재 환경에서의 과제 수행 정도</td><td>물리적 · 사회적 · 인식적 측면에서 촉진 또는 방해하는 힘</td><td>개별 특성에 따른 영향</td></tr>
<tr><td rowspan="2">긍정적 측면</td><td>기능적 · 구조적 통합성</td><td>활동과 참여</td><td rowspan="2">촉진 요인</td><td rowspan="2">해당 없음</td></tr>
<tr><td colspan="2">기능</td></tr>
<tr><td rowspan="2">부정적 측면</td><td>손상</td><td>활동 제한 및 참여 제한</td><td rowspan="2">장벽/방해물</td><td rowspan="2">해당 없음</td></tr>
<tr><td colspan="2">기능</td></tr>
</table>

출처: 세계보건기구(WHO, 2001); 박용순 외(2019).

2 장애인 문제를 설명하는 이론

장애를 보는 관점은 장애인 개인의 능력을 강조하느냐, 아니면 장애인을 둘러싼 사회구조적인 특성을 강조하느냐에 따라 차이가 있다. 따라서 여기서는 장애를 보는 관점에 따라 개인모델과 사회모델로 구분한다(김형식, 2005; 오혜경, 2005; 이성규, 2000; Oliver, 1996). 개인모델은 장애를 개인이 가진 의학적 · 기능적 문제라고 보는 시각이며, 사회모델은 장애인이 사는 사회의 환경 문제를 중요하게 인식하는 시각이다. 장애 개념 관련 두 가지 모델의 구체적 내용은 다음과 같다(박용순 외, 2019: 157-160).

1) 개인모델

개인모델은 장애를 개인의 속성으로 이해하고, 장애 그 자체에 관심의 초점을 기울인다. 장애라는 현상을 질병, 종양 및 건강 조건 등에 따라서 직접적으로 일어난 '개인' 문제로 여기는 개인모델은 근본적으로 다음의 두 가지 점을 강조한다.

- 개인의 장애 '문제'에 그 핵심을 둔다.
- 문제의 원인이 장애를 발생시키는 근본적인 제한 혹은 심리적인 상실에서 발생한다.

이러한 관점은 장애의 개인적 비극(悲劇)이론을 구성하는 것으로, 장애는 불행한 개인에게 발생하는 끔찍한 사건이라는 것이다. 이 관점은 '의료전문가의 개별적 치료'라는 형태의 의료보호를 해결책으로 제시하며, 장애 관리의 초점을 개인의 더욱 나은 적응과 행위의 변화에 둔다.

한편, 개인모델을 보는 의료전문가의 영향력은 신체적 기능에만 국한되지 않는다.

심지어 직업을 구하는 장애인에게도 의료전문가가 개입한다. 또한, 의료전문가는 장애를 가진 사람들이 어떤 학교를 다녀야 하는지, 어떤 사회서비스를 받을 것인지, 어떤 복지급여를 받을 것인지, 어떤 종류의 직업이 가능한지를 결정해 주는 역할을 수행한다.

2) 사회모델

사회모델은 장애를 가진 사람의 사회통합이라는 관점에서 장애라는 현상을 '사회적'인 문제로 여긴다(Oliver, 1996). 장애는 개인에게 귀속된 것이 아니고, 사회적 환경에 따라서 생성된 조건의 복잡한 집합체라고 규정한다.

이러한 사회모델의 중요성은 장애인을 더는 그들 속에 무엇인가 잘못된 것을 가진 존재라고 보지 않는 데 있다. 사회모델은 개인적 비극 혹은 병리학의 패러다임을 거부한다. 그러므로 장애인이 어떤 과업을 더는 수행할 수 없는 원인을 장애인 개개인의 부족함 때문이 아니라고 여긴다. 그 원인은 바로 장애인에 대한 편견, 제도적인 차별, 접근 불가능한 공공건물, 이용 불가능한 교통체계, 그리고 분리교육에서 노동의 배제 등이라고 본다.

올리버(Oliver, 1996)는 사회모델의 특징으로, 장애인의 소외를 손상에서 오는 불가피한 결과로 보지 않고, 장애인 개개인이 고착화된 사회 가치와 장애인을 무력하게 하는 사회질서에 대해 어떻게 대응하느냐에 따라 달라질 수 있는 성질의 것으로 본다. 이러한 견해는 장애를 '자연적 특징의 한 종류'나 '불변의 자연적 사실에서 오는 불이익'으로 여기지 않는다. 장애가 비정형, 비이상적 혹은 문제가 있는 생물학적 상태와 전혀 관련이 없다고는 아무도 생각하지 않는다. 개인모델이 신체 기능을 중심으로 장애의 내적 요인을 강조하였다면, 사회모델은 장애의 외적 요인을 강조한다. 즉, 장애인의 사회참여를 제한하는 것은 개인적인 선택에 따른 것이 아니라, 사회적 장벽에 따른 것이다(김형식, 2005).

장애는 장애인 개인에게 귀착되는 개별적 문제가 아니고, 사회 내에 존재하는 것이다. 장애인의 욕구를 사회 조직 내에서 수용하지 못하고, 이에 대한 적합한 서비스를 제공하지 못하는 것은 사회의 실패를 의미한다. 이러한 사회적 실패의 결과는 단순하고 무작위적(無作爲的)으로 개인에게 곧바로 주어지는 것이 아니고, 사회 전체를 통하여 체계적으로 제도화된 차별로 장애인에게 전달된다. 따라서 장애에 대한 사회모델의 이해는 그 자체의 문제로만 인식하는 것이 아니라, 다양한 사회적 배경을 이해하고자 하는 것이다. 그러므로 사회모델이 제시하는 장애의 개념은 장애란 손상 그 자체로 존재하는 것이 아니라, 인간과의 관계, 사회 환경과 제도의 관계에서 이해될 수 있는 사회적 산물이다.

3 장애인 문제의 실태와 원인

장애인구의 증가는 다양한 사회문제를 동반한다. 이를 크게 두 가지 차원으로 분류할 수 있다. 첫째는 사회보장과 관련된 빈곤, 건강, 교육 차원의 문제이고, 둘째는 장애인 인권보장과 관련된 차별 경험과 장애인복지 관련 시설의 서비스 욕구 충족 문제로 살펴볼 수 있다. 여기서는 보건복지부와 한국보건사회연구원(2018)에서 발간한 『2017년 장애인실태조사』를 활용하여 소개한다.[2)]

2) 장애인실태조사는 「장애인복지법」에서 3년마다 하도록 규정하고 있다. 따라서 『2020년 장애인실태조사』는 2021년 중순경에 발간될 예정이다.
「장애인복지법」 제31조(실태조사) ① 보건복지부장관은 장애인 복지정책의 수립에 필요한 기초 자료로 활용하기 위하여 3년마다 장애실태조사를 실시하여야 한다.

1) 장애인의 빈곤 실태

장애인의 빈곤 문제는 장애와 빈곤이 결합된 이중의 억압과 고통이라는 점에서 문제의 심각성을 인지하여야 한다. 장애인은 신체적 · 정신적 · 물리적 장애로 말미암아 경제활동에 참여하기가 어렵다. 따라서 소득이 거의 없거나 낮기 때문에 장애인의 생활수준은 비장애인과 비교할 때 더 낮은 상태일 수밖에 없다. 그래서 장애인가구는 비장애인가구와 비교할 때 가구 소득이 상당히 낮아서 저소득층의 비율이 매우 높다.

『2017년 장애인실태조사』에 따르면, 장애인 가구의 월평균 지출은 〈표 11-2〉에서와 같이 2017년에 190만 8,000원으로, 2014년 170만 6,000원과 비교할 때 11.8% 증가한 것으로 나타났다. 이는 전국 가구 월평균 지출이 1.9% 감소한 것과 비교하면 상대적으로 증가세를 보였다. 그러나 장애인 가구 월평균 지출은 전국 가구 지출의 69.1% 수준으로 매우 낮다는 점을 감안하면 장애인 가구의 경제 상태가 녹록하지 않음을 짐작할 수 있다.

〈표 11-2〉 장애인 가구의 월평균 소득 및 가구지출액 (단위: 만 원)

구분	2011년		2014년		2017년	
	장애인가구	전국가구	장애인가구	전국가구	장애인가구	전국가구
가구소득액 (전국가구 대비율)	1,982 (60.8%)	3,260	2,235 (62.8%)	3,560	2,421 (66.9%)	3,617
가구지출액 (전국가구 대비율)	1,682 (63.7%)	2,642	1,706 (60.6%)	2,814	1,908 (69.1%)	2,761

출처: 보건복지부 · 한국보건사회연구원(2018).

또한, 장애인 가구의 월평균 소득은 전국 가구 소득의 66.9% 수준으로 매우 낮지만, 2014년의 62.8%에서 4.1%p 향상된 것으로 나타나 그나마 희망적이기는 하다. 장애인 중 국민기초생활보장수급자 비율은 16.3%로 2014년 16.9%와 비슷한 수준으로 조사되었다. 전체 인구 대비 국민기초생활보장수급자 비율인 3.2%(2016년 기준)와 비교할 때 약 5.1배 높게 나타나고 있다.

한편, 주관적 경제 상태 조사 결과, 전체 장애인 중에서 자신을 중상층으로 인식하는 장애인은 38.5%이며, 하층으로 인식하는 장애인은 61.5%로 나타났다. 이는 전체 인구 60.5%가 자신을 중상층으로 인식하는 것과 비교할 때 정반대의 결과다. 장애인이 인식하는 주관적 경제 상태 분석을 통해, 장애인이 지각하는 사회통합 및 상대적 박탈감 정도를 미루어 짐작할 수 있다.

2) 장애인의 건강 실태

장애인의 건강 문제는 만성질환 및 각종 사고와 재해 등으로 장애인구가 계속해서 증가함에 따라 나타나는 비교적 최근의 사회문제다. 특히 장애인구의 고령화에 따른 만성질환, 장애여성의 임신과 출산에 따른 진료, 장애아동의 발달 관련 진료 등 의료 접근성과 예방 관리 등이 새로운 문제로 드러나고 있다. 따라서 지역사회에서 이에 따른 건강권 문제를 어떻게 해결해 나갈 수 있는지에 관한 대응방안이 논의되고 있다(오하영, 2016: 131-160; 초의수 외, 2000: 220-221).

『2017년 장애인실태조사』를 보면, 장애인의 보건 · 의료 영역에서 주관적 건강 상태는 전체 인구의 나쁨은 18.4%였지만, 장애인은 51.3%로 높은 격차를 보이고 있다. 또한, 장애인이 최근 1년 동안 병의원(치과는 제외)에 가고 싶을 때 가지 못한 경험률은 82.2%로 나타났다. 과거 치료 중심의 접근에서 장애인을 불건강하다고 보았기 때문에 건강 문제에 대해 스스로 소홀히 다루어 왔음이 지적되고 있다. 그러나 장애인의 건강은 고정불변의 상태가 아니다. 장애인의 건강은 언제든지 좋아질 수도 있고, 나빠질 수도 있는 동적인 상태다. 따라서 적극적인 예방서비스와 건강 지원이 이루어져야 한다. 그렇지 않으면 기존의 장애로 말미암은 2차 장애가 언제든지 추가로 발생할 수 있기 때문이다.[3)]

3) 마이클 마지(M. Marge)가 1988년 이러한 위험을 '이차적 장애(secondary disabilities)'라고 명명하면서 이 문제는 세간의 주목을 받기 시작했다. 1991년 미국의학원은 이를 '이차적 상태(secondary conditions)'라는 용어로 재조명하였다. 이차적 상태란 장애가 발생하고 나서 나타나기는 하지만, 반드시 기저장애의 결과는 아닌 상태를 말한다. 이는 이러한 상태가 적절한 중재로 예방 가능하다는 점을 강조하는 개념이다(박종혁, 2017 재인용; 초의수 외, 2020: 221 재재인용).

한편, 이상의 내용과 관련하여 2017년 12월부터 시행 중인 「장애인 건강권 및 의료접근성 보장에 관한 법률(약칭: 장애인건강권법)」은 장애인 건강권을 보장하기 위한 제도적 시스템과 인식이 부족한 현실에서 장애인의 건강권에 관한 구체적인 규정과 건강보건관리에 관하여 구체적인 규정을 담고 있다. 여기서 '건강권'이란 "질병 예방, 치료 및 재활, 영양개선, 재활운동, 보건교육 및 건강생활의 실천 등에 관한 제반 여건의 조성을 통하여 최선의 건강상태를 유지할 권리를 말하며, 보건과 의료서비스를 제공받을 권리를 포함(같은 법 제3조)"한다.

이 법은 "장애인의 건강권 보장을 위한 지원, 장애인 보건관리 체계 확립 및 의료접근성 보장에 관한 사항을 규정하여 장애인의 건강증진에 이바지하는 것"을 목적(같은 법 제1조)으로 하며, 국가와 지방자치단체의 책무로 규정(같은 법 제4조)하고 있다. 이를 위해 보건복지부 장관은 「장애인복지법」에 따른 장애인정책조정위원회의 심의를 거쳐, 장애인 건강보건관리종합계획을 5년마다 수립하고, 「국민건강증진법」에 국민건강증진종합계획 및 실행계획을 수립 · 시행함에 있어서 장애인 건강보건관리종합계획이 포함되도록 명시(같은 법 제4조 제2항, 제4조의 2)하고 있다.

3) 장애인의 교육 실태

장애인을 대상으로 한 교육은 2008년 5월부터 시행 중인 「장애인 등에 대한 특수교육법(약칭: 특수교육법)」에 근거하고 있다. 이 법의 목적은 「교육기본법」 제18조[4]에 따라 "국가 및 지방자치단체가 장애인 및 특별한 교육적 요구가 있는 사람에게 통합된 교육환경을 제공하고 생애주기에 따라 장애유형 · 장애정도의 특성을 고려한 교육을 실시하여 이들이 자아실현과 사회통합을 하는 데 이바지(같은 법 제1조)"하는 것이다. 따라서 특수교육대상자의 교육적 요구를 충족시키기 위하여 특성에 적합한 교육과정 및 특수교육 관련서비스를 제공한다.

4) 「교육기본법」 제18조(특수교육) 국가와 지방자치단체는 신체적 · 정신적 · 지적 장애 등으로 특별한 교육적 배려가 필요한 자를 위한 학교를 설립 · 경영하여야 하며, 이들의 교육을 지원하기 위하여 필요한 시책을 수립 · 실시하여야 한다.

『2017년 장애인실태조사』에 따르면, 〈표 11-3〉에서 보는 바와 같이 고졸의 비율이 29.6%로, '초등학교, 중학교, 대학교 이상'보다 가장 높게 나타나고 있다. 고졸 이상은 44.8%로 전체 인구의 72.5%와 비교할 때 크게 미치지 못하고 있다. 그러나 고등학교와 대학교 졸업 이상 비율이 점점 높아지고 있는 점은 고무적이라 하겠다.

〈표 11-3〉 장애인의 교육 정도 (단위: %)

구분	2005년	2011년	2014년	2017년
무학	16.5	12.3	12.0	10.9
초등학교	30.8	33.0	29.4	27.5
중학교	16.6	18.4	16.1	16.8
고등학교	25.5	24.5	27.2	29.6
대학교 이상	10.6	11.8	15.3	15.2
계	100.0	100.0	100.0	100.0

출처: 보건복지부 · 한국보건사회연구원(2018).

한편, 중학교를 다니지 않았거나 중퇴한 이유에 대해서는, '경제적으로 어려워서'가 72.5%로 가장 높게 나타났다. 이는 3년 전인 『2014년 장애인실태조사』에서와 비슷한 결과다. 경제적인 어려움으로 교육을 포기한다는 점은 다양한 해석이 가능하다. 하지만 특히 장애인의 빈곤율이 높다는 점을 감안할 때 부교육비 이외에 부가적으로 등하교 시의 교통비, 식비, 기타 부대비용 등 부가적인 추가비용이 경제적 부담으로 작용했을 것으로 보인다.

현대사회에서 장애인의 교육 문제는 과거 특수아동 중심의 특수교육 차원에서 그치지 않고, 장애아동과 비장애아동의 통합교육 환경의 문제점으로까지 발전하였다(김라경, 2014: 23-43; 박영균, 2004: 245-267). 최근에는 장애대학생에 대한 대학교육의 환경 및 교육복지 제공의 문제로까지 논의가 진행되고 있다(민소영, 2019: 333-337; 최선경, 2018: 97-107). 대학교에 진학하는 장애대학생의 심리적 · 신체적 학교생활 부적응에 관한 문제점이 대학의 제반 환경과 함께 장애인에 대한 새로운 교육 문제로 드러나고 있다(초의수 외, 2020: 222).

4) 장애인의 차별 실태

『2017년 장애인실태조사』에 따르면, 장애인에 대한 차별 인식은 〈표 11-4〉에서 보는 바와 같이, 차별이 '없다'는 응답은 20.1%, '있다'는 응답은 79.9%로 나타났다. 특히 차별이 '있다'는 응답이 2014년의 72.6%보다 7.3%p가 높아졌다. 이는 아직도 우리 사회에 장애인에 대한 차별이 심각하다는 사실을 여실히 보여 주는 결과다.

〈표 11-4〉 장애인 차별 인식 (단위: %)

구분	2005년	2011년	2014년	2017년
없다	13.3	19.3	27.4	20.1
있다	86.7	80.7	72.6	79.9
계	100.0	100.0	100.0	10.0

출처: 보건복지부 · 한국보건사회연구원(2018).

「장애인차별금지 및 권리구제 등에 관한 법률(약칭: 장애인차별금지법)」 인식은 〈표 11-5〉에서 보는 바와 같이, 이 법을 '알고 있다'는 응답은 2014년의 8.3%에서 5.6%p가 높아진 13.9%로 나타나 고무적이라 하겠다. 그러나 아직도 '알지 못한다'는 응답이 60.7%로 나타나 법의 실효성에 의문이 든다. 이 법의 목적은 "모든 생활영역에서 장애를 이유로 한 차별을 금지하고 장애를 이유로 차별받은 사람의 권익을 효과적으로 구제함으로써 장애인의 완전한 사회참여와 평등권 실현을 통하여 인간으로서의 존엄과 가치를 구현하는 것"이다(같은 법 제1조). 그럼에도 장애인이 이 법을 알지 못한다는 것은 실로 심각한 현실이다.

〈표 11-5〉「장애인차별금지 및 권리구제 등에 관한 법률(약칭: 장애인차별금지법)」 인식 (단위: %)

구분	2011년	2014년	2017년
알고 있다	7.8	8.3	13.9
들어본 적은 있으나 내용은 모른다	21.3	23.1	25.3
알지 못한다	70.8	68.7	60.7
계	100.0	100.0	100.0

출처: 보건복지부 · 한국보건사회연구원(2018).

5) 장애인복지 관련 시설의 서비스 접근성 실태

『2017년 장애인실태조사』에 따르면, 장애인복지 관련 기관의 서비스 욕구와 관련하여 기관별 이용률은 〈표 11-6〉에서 보는 바와 같이, 장애인복지관 이용률(10.0%)이 가장 높게 나타났다. 다음으로 장애인특별운송사업(5.3%), 직업재활시설(3.4%), 장애인단체(3.3%) 순으로 나타났다. 그런데 장애인복지사업은 최근 장애의 유형 및 그에 따른 세분화된 서비스를 시행하는 사례가 많아졌기 때문에, 단순 비교하여 이용률을 평가하는 것은 무리가 따른다. 그러나 장애인복지사업의 대표적인 기관으로서의 장애인복지관은 지역사회를 거점으로 다양한 자원과 프로그램을 개발할 수 있는 기관이라는 점에서 앞으로도 그 역할이 매우 중요하다. 왜냐하면, 실제로 장애인들이 이용하는 대표적인 기관이기 때문이다.

〈표 11-6〉 장애인복지 관련 사업 시행기관 이용 경험 (단위: %)

이용시설	비중	이용시설	비중	이용시설	비중
장애인복지관(단종포함)	10.0	특수교육지원센터	1.5	성인장애인 교육시설	0.5
장애인특별운송사업 (장애인콜택시, 해피콜 등)	5.3	주간보호시설	1.4	장애인정보화교육기관	0.5
		장애인재활지원센터	1.1	수화통역센터	0.4
직업재활시설	3.4	장애인생활이동지원센터	0.8	장애인가족지원센터	0.4

이용시설	비중	이용시설	비중	이용시설	비중
장애인단체	3.3	정신건강증진센터	0.8	장애인거점병원 · 행동발달증진센터	0.4
체육시설	2.2	발달장애인지원센터	0.8	점자도서관	0.3
장애인재활 병원 · 의원	1.8	장애인자립생활센터	0.7	정신재활시설 (지역사회전환시설 등)	0.3
정신요양시설 · 의료기관	1.7	지적장애인지원센터	0.5	장애인권익옹호기관	0.3

출처: 보건복지부 · 한국보건사회연구원(2018).

한편, 장애인 복지 관련 사업을 시행하는 23개 기관 중 이용 희망 비율이 가장 높은 기관은 지적장애인 자립지원센터(58.3%), 정신요양시설 · 의료기관(50.7%), 발달장애인지원센터(45.4%), 발달장애인 거점병원 · 행동발달증진센터(43.2%), 정신재활시설(41.9%) 순으로 나타났다. 주로 발달장애인과 정신장애인을 대상으로 하는 기관의 향후 이용 희망 정도가 높게 나타나고 있는데, 이는 중증에 속하는 발달장애인과 정신장애인의 낮 시간 활용 욕구가 반영된 결과라고 분석할 수 있다. 이용 경험률이 가장 높았던 장애인복지관은 향후 이용률이 20.7%로 나타났는데, 여기에 주로 자폐성장애(56.9%), 지적장애(42.1%), 언어장애(31.0%)의 이용 희망 비율이 상대적으로 높게 나타났다.

6) 여성장애인의 차별 실태

여성장애인 수가 증가하는 것은 현대사회에서 여성의 사회 · 경제활동 참여가 꾸준히 느는 현실과 함께, 발생 가능한 산업재해나 교통사고 등을 그 이유로 생각할 수 있다. 또한, 연령이 높아지면서 장애발생률이 높아지는 것을 볼 때, 인구의 노령화와 여성의 평균수명이 남성보다 긴 상황을 여성장애인 수가 증가하는 요인으로 생각할 수 있다. 따라서 앞으로 여성장애인 수는 더 증가할 것으로 예측되고, 전체 장애인 중 여성장애인이 차지하는 비율도 점진적으로 증가할 것이다(강영실 외, 2005: 344-346).

임신 · 출산 또는 자녀 양육 및 가사노동과 관련된 부담의 정도는 가족 구성원들의 지지 정도와 경제적 상황 및 건강 상태 등에 따라 각기 다르게 나타난다. 그러나 일반적으로 여성장애인은 가족의 도움을 받아야 하는 경우가 많다. 그런데 도움을 받을 수 있는 가까운 가족이나 친지가 없어서 자녀 양육 및 가사노동에 어려움이 있어도 본인이 직접 하는 경우가 많다.

그리고 자녀를 양육하는 과정에서도 자녀가 심리적으로 위축되는 문제와 함께 신체적 · 물리적 조건으로 말미암아 부모로서의 역할을 제대로 수행할 수 없는 어려움을 안고 있다. 그래서 여성장애인은 심리적 긴장감에서 벗어나기가 어렵다. 여성장애인에 대한 사회적 지원체계가 부족한 상황에서 여성장애인은 자신들에게 주어진 역할을 수행하지 못하고 있다는 심리적 부담을 더욱 크게 느낄 것이다.

그뿐만 아니라 여성장애인은 비(非)장애여성보다 단순한 물리적 폭력 이외에도 심리적 · 정서적 학대까지도 포함하는 가정학대의 대상이 되기가 쉽다. 일반적으로 여성장애인은 비장애여성과 비교해서 상대적으로 폭력과 같은 학대에 적절하게 대응하기가 어렵기 때문에 가정폭력과 같은 상황에 노출되기가 쉽다. 그럼에도 여성장애인 대부분은 적절한 대처방법을 몰라 그냥 참고 지내는 경우가 많다.

여성장애인의 고용이나 취업 상태가 매우 열악하고, 이로 말미암아 월평균 수입 역시 매우 낮은 것은 여성장애인의 경제적 환경을 악화시키고 있을 뿐만 아니라, 사회적으로도 어려움이 가중될 것이다. 특히 혼자 사는 여성장애인의 경제적 어려움은 더욱 심각할 것으로 예측할 수 있다. 즉, 여성장애인이 가구주인 경우에 소득 불안정으로 말미암은 생계 불안을 경험하게 될 것이다. 이처럼 여성장애인은 남성장애인과 비교할 때 경제적으로 독립하지 못하고, 더욱 의존적인 상황에 처해질 수밖에 없다.

4 장애인 문제의 해결책 및 대안

장애인이 겪는 생활상의 어려움은 매우 다양할 뿐만 아니라, 문제를 바라보는 시각에 따라 문제의 원인도 달라진다. 여기서는 장애인의 고용 보장, 교육권 보장, 접근권 보장, 그리고 자립생활 보장을 대안으로 제시한다(박용순 외, 2019: 166-174; 조의수 외, 2020: 225-231).

1) 장애인의 고용 보장

「장애인고용촉진 및 직업재활법(약칭: 장애인고용법)」에 "근로자를 고용하는 사업주는 그 근로자 총수의 100분의 5 범위 안에서 대통령으로 정하는 비율 이상에 해당하는 장애인 근로자를 의무적으로 고용"하고, "의무고용률에 못 미치는 장애인을 고용하는 사업주는 대통령령으로 정하는 바에 따라 매년 고용노동부 장관에게 부담금을 납부"하도록 규정하고 있다(같은 법 제28조 제1항, 제33조 제1항). 장애인의 빈곤을 해결하고, 자립생활을 위한 최선의 방법은 경제력을 확보할 수 있는 취업이다. 따라서 장애인의 고용 보장을 위해 다음과 같이 제안한다.

첫째, 장애인의 고용의무제도를 강화한다. 실제로 기업에서는 장애인 의무고용률을 지키는 것보다 부담금을 납부하는 것이 더 유리하다고 판단하는 경우가 많다. 이것은 정부 기관에서도 마찬가지다. 정부에서도 의무고용률을 지키지 않는데, 하물며 기업에서 고용의무제도를 얼마나 지키고 있을까! 고용의무제도의 효과성을 높이기 위해서는 정부에서 먼저 의무고용률을 철저하게 지키고, 그다음 기업에서 지키는 것이 그렇지 않는 것보다 더 유리하다고 느낄 수 있도록 다양한 정책을 개발하고 서비스를 강화하여야 한다.

둘째, 지역사회 중심의 고용촉진사업을 전개한다. 현재의 장애인 고용 정책은 대체로 중앙정부의 고용노동부 중심으로 이루어지고 있다. 그러나 이제부터는 지방자치단체가 해당 지역의 장애인 고용에 관한 관심을 크게 확대하여야 한다. 장애인 고용 문제는 중앙 정부와 지방자치단체가 함께 해결해 나가는 방향으로 패러다임을 전환하여야 한다.

셋째, 사업주 지원제도를 개선한다. 손실비용을 기준으로, 이를 보전할 수 있는 다양한 지원체계를 구축하여 사업주를 지원하여야 한다. 현재의 사업주 지원제도가 장애인 고용에 긍정적인 영향을 미치지 못하는 이유와 사업체에 실질적으로 필요한 지원제도가 무엇인지에 대해 종합적인 검토와 연구가 이루어져야 한다.

넷째, 취업지원 서비스를 개발한다. 장애인의 고용 창출과 고용 안정을 위해서는 사업체에 대한 전문적인 구인 상담과 취업 알선, 취업 후 적응지도 서비스 등이 적절하게 제공되어야 한다.

다섯째, 사업체 규모에 따라 고용촉진 전략을 차별화한다. 일반 노동시장에서는 '대기업은 안정, 중소기업은 불안정' 고용이라는 등식이 고착되어 있다. 이러한 현상은 장애인 노동시장에도 그대로 적용되고 있다. 따라서 사업체 규모별 특성을 고려하여 차별화한 고용 촉진 전략을 운영하여야 한다.

2) 장애인의 교육권 보장

장애인의 교육재활은 교육을 통해 자립적인 사회참여와 사회통합을 이루는 목적을 가지고 있으며, 이를 위해 교육정책과 제도, 교육기술 등을 총칭하는 의미를 가진다. 우리나라에서 근대적 특수교육이 시작된 지 한 세기가 흘렀다. 이제 우리나라 특수교육은 장애인을 보호와 구호의 대상이 아닌, 개개인의 특성에 맞는 교육을 통해 한 사회의 건강한 구성원으로 세우기 위한 선진적 노력을 추진해야 한다. 이를 바탕으로 장애인의 교육권 보장을 위해 다음과 같이 제안한다(한국장애인개발원, 2017).

첫째, 특수교육 대상자의 전달체계 확대 시행에 다른 체계적 교육지원 시스템이 강화되어야 한다. 앞으로 점점 더욱 고도화되고 생애 발달단계에 따른 연계성을 갖춘 교육 수혜자 중심의 욕구가 강해진다. 따라서 향후 학교 급별 종단적 특수교육 서비스 전달체계 구축과 강화, 유관기관 간 연계 시스템 마련 및 협력 강화 등이 이루어져야 한다.

둘째, 장애학생의 교육력 제고 및 사회통합을 위한 체계적인 지원이 계속해서 이루어져야 한다. 교원 양성과정 개선, 특수교육 교원의 장애 유형별 지도역량 강화, 통합교육 담당교원과 협력 시스템 마련 등 학령기 장애학생의 교육력 제고를 위한 특수교육 전문성을 강화해야 한다. 아울러 장애학생의 사회통합을 위한 진로 · 직업교육, 고등교육 접근성 및 교육 인프라를 강화하고, 비장애학생에 대한 장애학생 인권 친화적 분위기 조성을 위한 인권존중 문화 정착이 강화되어야 한다.

셋째, 장애학생의 생애에 걸친 지원을 위한 유관부처의 협력체계를 지금보다 더욱 긴밀하게 구축하여야 한다. 보건복지와 고용노동부를 비롯하여 유관기관 등이 유기적인 관계 속에서 장애인 정책을 수립하고 추진해 나가도록 협력체계를 구축하여야 한다. 특히 지방자치단체에서 특수교육 관련 사업을 적극적으로 추진할 수 있도록 강력히 권고하여야 한다.

3) 장애인의 접근권 보장

장애인복지 서비스 대표기관이라 할 수 있는 장애인복지관의 최근 이용률은 그리 높지 않다. 그 이유는 장애인복지 사업 시행기관의 유형이 지역사회 중심으로 다양해지면서 서비스 이용자가 분산되었기 때문이다. 그런데 다양화된 서비스는 장애 유형에 적합한 구체적 지원을 할 수 있다는 장점이 있지만, 복지 사각지대에 있는 장애인이 있을 때 신속한 대응이 어렵다는 단점이 있다. 따라서 복지 사각지대에 있는 장애인을 발굴 · 예방 · 관리할 수 있는 지원체계가 구축되어야 한다. 이와 관련하여 시 · 군 · 구에서는 위기 장애인에 대한 전문 사례관리를 지원하는 것을 강조하고 있다.

「장애인활동 지원에 관한 법률(약칭: 장애인활동법)」은 “신체적 · 정신적 장애 등의 사유로 혼자서 일상생활과 사회생활을 하기 어려운 장애인에게 제공하는 활동지원 급여 등에 관한 사항을 규정하여 장애인의 자립생활을 지원하고, 그 가족의 부담을 줄임으로써 장애인의 삶의 질을 높이는 것을 목적"으로 한다(같은 법 제1조). 여기서 활동지원 급여는 수급자에게 제공되는 활동보조, 방문목욕, 방문간호, 야간보호 등의 서비스를 말한다. 이 법은 장애인의 자립생활, 사회참여, 그리고 인권을 보장하려는 장애정책의 패러다임 변화와 함께 제정되었다. 따라서 장애인의 접근권이 보장되도록 이 법에 따른 정책이 뒷받침되어야 한다.

4) 장애인의 자립생활 보장

자립생활이란 신체에 장애가 있으면서도 다른 사람의 원조 없이 독립된 일상생활을 영위하는 것을 일컫는다. 그러나 영어 'independent living'이 번역어로 쓰이는 자립생활은 노동력으로서의 사회활동을 기대할 수 없는 중도장애인이 사회의 일원으로 의의 있는 자기실현과 사회참가를 위해 주체적으로 노력하는 것을 말하는 것으로, 사회적으로 가치 평가하려는 생활 개념이다.

많은 국가에서 자립생활운동 지지자들은 장애에 대한 지배적인 관점이었던 의료적 관점이 장애인을 아프거나 결함이 있는 혹은 비정상적인 사람으로 묘사하기 때문에 전문가의 개입이 필요하고 가족 부양의 짐, 자선(도움)에 의존하는 사람으로 바라보는 부정적인 태도를 만들었다고 주장한다.

자립생활은 장애인 당사자들의 권리를 찾기 위한 하나의 이념이자 장애와 사회를 보는 하나의 방법이며, 자기결정권과 자아존중감, 그리고 동등한 기회를 얻기 위한 장애인들의 전 세계적인 운동이다. 우리나라에서도 자립생활 이념이 보급되면서 자립생활운동에 대한 관심과 활동이 장애인 당사자 주체의 자조모임을 중심으로 확산되고 있다.

미국에서는 자립생활운동이 1960년대 말 시민운동과 소비자 운동에 영향을 받아 1970년부터 장애인의 권리운동으로 성장하기 시작하였다. 자립생활운동은 특수교육과 재활전문가들의 통합, 정상화, 그리고 재활 개념을 대신하여 장애인 당사자들의 새로운 패러다임이다. 초기의 자립생활운동의 주창자들과 지지자들은 중증장애인이었다. 그들은 대부분의 사람이 전문가의 치료(통제)와 가족들의 온정적인 태도, 보호가 필요하다고 생각하는 이들이었다.

자립생활 이념에서 장애인들은 본질적으로 시민이며 부차적으로 의료, 재활, 사회서비스의 소비자라고 본다. 자립생활운동은 민주주의 국가에서 장애인도 시민으로서 사회 참여의 동일한 권리와 동일한 범주의 선택권을 갖고 있으며, 다른 시민들이 당연히 누리고 있는 매일의 삶과 자기 인생의 계획을 세울 때 자기결정권과 통제권, 자유를 가져야 한다고 말한다. 자립생활운동가들은 장애인들을 좌절시키는 제도적인 장벽을 없애야 한다고 주장한다.

자립생활이 충족되기 위해서는 보조공학기술, 소득보장, 활동보조 서비스 등이 반드시 필요하며, 이로 말미암아 비로소 동등한 기회를 획득할 수 있다. 자립생활운동은 서비스를 이용하는 장애인들이 그 서비스를 스스로 선택, 통제할 수 있어야 하며, 지역에서 서비스 제공자들의 경쟁 속에서 자유롭게 서비스를 선택할 수 있어야 한다. 즉, 자립생활의 가장 중요한 핵심은 중증장애인 당사자가 선택과 결정권을 가지고, 사회적 지원을 받는 일방적 수혜자가 아니라는 것이다. 스스로 자원을 활용해 만들어 나가며, 자신에게 맞는 지원을 결정하고 관리하는 당사자주의다.

PART

4

사회문제와 다양한 사회적 이슈

12 CHAPTER 범죄 문제

1 범죄 문제의 개념

사회가 있는 곳에 법이 있다. 게오르크 헤겔(G. Hegel)은 그의 저서 『법철학요강(Grundlinien der Philosophiie des Rechts, Philosophy of Right)』에서 범죄란 "법 그 자체를 훼손하는 것"이라고 하였다(http://philinst.snu.ac.kr/). 법은 국가의 강제력을 수반하는 사회규범으로, 사회질서를 유지하고, 사회생활을 보장하고, 사회가 유지되기 위해 정의를 실현한다. 사회를 정상적으로 유지하고 발전시키려면 어떻게 해야 할까? 개인과 개인 사이에서 '해서는 안 되는 행동'을 정하여 '해도 되는 행동'과 구별하여야 한다.

그런데 해서는 안 되는 행동 중에는 공권력을 사용해서라도 금지해야겠다고 결정한 행동이 있다. 이렇게 법률로 정하여 공권력을 동원해서라도 금지해야 하는 행동을 범죄라고 한다. 즉, 법으로 보호되는 이익을 침해하고 사회의 안전과 질서를 무너뜨리는 반사회적 행위를 범죄라고 한다. 범죄는 법에 의해 보호되는 이익인 법익을 침해하고, 사회의 안전과 질서를 문란하게 만드는 반사회적 행위 중 이를 처벌하기 위해 법에 규정되어 있는 행위를 말한다.

그러나 범죄의 개념은 문화에 따라 매우 다양하고, 시대에 따라서도 크게 변화하기 때문에 어떤 특정 행위를 보편적인 범죄로 간주하고 단정을 내리기가 극히 어렵다. 집단에 대한 반역이나 배신, 특히 전시(戰時) 등의 이러한 행위는 가장 보편적인 범죄 중의 하나이며 가장 오래전부터 공적 위법행위(public wrong)로 인식되어 온 행위가 될 것이다. 인류 역사상 초기부터 나타난 다른 유형의 범죄로는 신성모독, 초자연적 금기사항에 대한 위반, 근친상간 등이 있다.

근친상간은 원시사회에서나 현대사회에서나 대체로 비난의 대상이 되지만, 각 문화권마다 이를 다르게 규정하고 있다. 일반의 용인을 받지 못하는 것을 제외한 성적 표현 형태는 현대사회에서 다양한 방식으로 취급되며, 이를 형법상 규율하는 나라도 있다. 살인은 모든 문명사회에서 범죄로 간주된다. 그러나 문명사회 내에서도 원시 종족들이나 친족 공동체들은 살인을 비교적 사적인 문제로 취급해 관련 친족 집단이 처리하도록 하는 경우도 있다. 따라서 영아살해, 사람 사냥, 고령의 노인 살해 등과 같이 어떤 사회에서는 관습상 행해지는 고의적인 살인행위가 다른 사회에서는 살인죄라는 범죄행위로 규정될 수 있다.

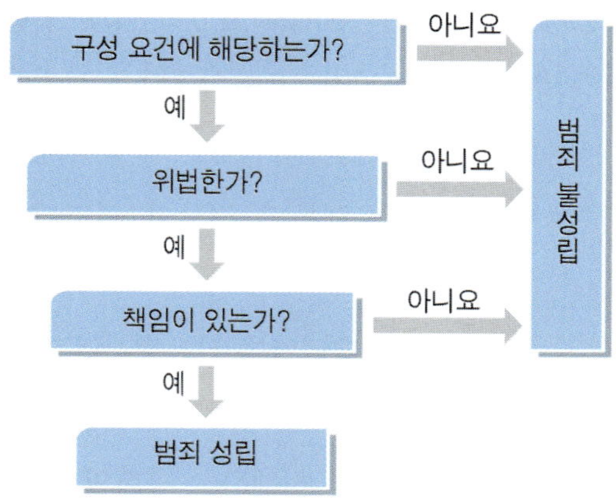

[그림 12-1] 범죄의 성립과 불성립

어떤 행위를 범죄라고 규정하기 위해서는 우선 그 행위가 법률이 금지하고 있는 행위에 해당해야 한다. 예를 들어, 사람을 폭행한 행위가 범죄가 되려면 폭행을 금지하는 규정이 있어야 한다. 하지만 구성 요건이 충족되었다고 하여 바로 범죄가 성립하는 것은 아니다. 사람을 살해한 행위는 살인죄에 해당하지만, 그것이 사형 집행관의 사형 집행 행위였다면 범죄가 성립하지 않는다. 즉, 그 행위가 법질서 전체의 관점으로 보아 위법이라는 가치 판단이 가능해야 한다. 그러나 어떤 행위가 구성 요건에 해당하고 위법한 때에도, 책임의 요소에 해당되어야 범죄가 성립한다. 예를 들어, 다른 사람을 폭행한 사람이 5세에 불과한 어린이라든가, 심각한 조현병(정신분열병)[1]에 걸려 자신이 무엇을 하고 있는지 알지 못하는 사람이라면, 그 사람에게 책임을 물을 수 없으므로 그 사람의 행위는 범죄가 성립되지 않는다.

2 범죄 문제를 설명하는 이론

범죄가 성립하는 데 필요한 각각의 요소를 법학적 · 사회학적 · 정책학적 관점을 바탕으로 연구하는 형법학의 주된 연구대상을 범죄이론이라고 한다. 이러한 범죄이론은 일반적으로 주관주의적 접근방법과 객관주의적 접근방법을 통해서 구성요건이론을 시작으로 위법성론, 책임론, 미수론, 공범론 등을 차례로 고찰하게 된다.

1) 조현병은 과거 정신분열병이라 불리던 질환으로 사고(思考), 감정, 지각(知覺), 행동 등 인격의 여러 측면에 걸쳐 광범위한 임상적 이상 증상을 일으키는 정신 질환이다. 조현병은 여러 가지 유형으로 나타나며, 단일 질병이 아닌, 공통적 특징을 지닌 몇 가지 질병으로 이루어진 질병군으로 파악되고 있다. 조현병은 우리가 생각하는 것보다 훨씬 흔한 병이며, 그 어떤 병보다 가정과 사회에 부담을 주는 병이다. 우리나라에도 약 50만 명 정도가 현재 조현병 환자이거나, 앞으로 환자가 될 가능성이 있는 것으로 추정된다.

- **주관주의:** 범죄에서 주관적 요소를 중요시하여 행위자의 반사회적 성격 · 범죄적 위험성을 형벌적 평가의 대상으로 하고, 형벌의 종류와 경중도 이에 상응해야 한다.
- **객관주의:** 범죄에서 외부적 사실인 행위와 결과라는 객관적 요소를 형벌평가의 대상으로 하고, 형벌의 종류와 경중도 이에 상응해야 한다.

1) 위법성론

어떤 행위가 법질서 전체의 원리와 어긋나는 것을 위법성이라고 하는데, 실질적 위법성론은 형식적 위법성론과 함께 위법성의 본질에 관한 이론이다. 형식적 위법성론은 법실증주의적 입장에서 어떤 행위가 위법하다는 것은 그 행위가 법률의 형식적 규정에 위반되기 때문이라고 파악한다. 실질적 위법성론은 기본적으로 자연법론을 토대로 법의 실질적 내용을 구명하는 이론이다. 이 이론은 형식적 위법성론과는 달리 단순히 법규 위반이라는 형식적 사실에 국한할 것이 아니라 법질서 전체에서 위법성의 판단기준을 찾는다. 곧, 가장 상위에 있는 「헌법」은 물론 「형법」·「민법」· 행정법 · 관습법 등이 모두 포함된 법체계에서 통괄적으로 추출된 구체적인 기준이 위법성 판단의 기준이 된다.

이 이론 내에서도 위법성의 실질적 내용이 무엇인가에 따라 권리침해설, 법익침해설, 문화규범위반설, 사회상규설 등의 견해가 대립한다. 오늘날에는 위법성의 판단기준으로서 실질적 위법성론이 일반적으로 받아들여지고 있으며, 형식적 위법성론은 거론되지 않는다. 이 이론에서는 초법규적 위법성조각사유가 인정되는데, 현행 「형법」 제20조에서 "사회상규에 위배되지 않는 행위는 처벌하지 않는다."라는 규정은 이러한 초법규적 위법성조각사유로 이해된다.

2) 책임론

범죄는 소질과 환경으로, 필연적으로 결정된 행위자의 사회적 위험성이 있는 성격의 소산이다. 따라서 책임의 근거는 사회적으로 위험한 행위자의 사회적 성격(반사회적 성격)에 있다는 견해를 말한다. 사회적 책임론은 인과적 결정론의 입장에서도 도의적 책임론이, 형사책임의 근거로 삼고 있는 자유의사는 하나의 주관적 환경에 불과하다고 비판하며 인간의 자유의사를 부정한다. 즉, 범죄는 행위자의 소질과 환경으로 결정되는 것이므로, 행위자에게 도덕적 비난을 가하는 것은 말도 안 되는 것으로 본다.

사회적 책임론에 의하면, 책임의 근거는 행위자의 반사회적 성격에 있으므로, 사회생활을 하는 책임 무능력자에 대하여도 사회방위의 보안처분을 하여야 한다. 따라서 책임능력은 형벌능력을 의미하고, 형벌과 보안처분은 사회방위의 수단인 점에서 동일하며, 다만 양적 차이가 있을 뿐이다.

책임의 근거가 행위자의 반사회적 성격에 있기 때문에 책임론은 반사회적 성격의 징표를 문제로 하며, 여기에 성격책임의 원리가 지배하게 되는 것이다. 사회적 책임론은 근대학파(신파)의 형법이론에 기초가 되는 책임이론이며, 범죄론에 있어서의 주관주의와 형벌론에 있어서의 목적형주의와 결합된 책임이론이라고 할 수 있다.

3) 미수론

미수(未遂)란 범죄의 실행에 착수하였으나 종료함에 이르지 않은 경우를 말한다. 일반적으로 범죄는 그 실행에 착수하여 처음 행위자가 의도한 대로 소기의 결과를 거두는 것도 있지만, 그 중도에서 좌절되는 것도 있고, 또 스스로 중지하는 경우도 있으며, 또한 행위는 종료하였으나 그 결과를 얻지 못하는 경우도 있다.

그리하여 「형법」은 범죄의 실행에 착수하여 어떠한 죄가 될 사실의 전부가 실현된 때에는 범죄가 완료된 것으로 기수(既遂)라 하고, 이에 반하여 실행에 착수는 하였으나 어떠한 사정에 의하여 법률이 각개의 조문에서 죄로 규정하고 있는 사실의 전부를 실현함에 이르지 않은 경우를 미수라 하고 있다(같은 법 제25조).

불능범이란 행위자에게 범죄의사가 있고 외관상 실행의 착수라고 볼 수 있는 행위가 있지만 행위의 성질상 결과의 발생이 불가능한 경우, 즉 구성요건실현의 가능성이 없는 경우를 말한다. 구성요건실현의 가능성은 위험성을 의미하므로 불능범은 위험성이 없는 행위로서 미수범으로 처벌할 수 없고 범죄도 성립하지 않는다는 것이 종래 통설의 견해이다.

그런데 「형법」 제27조는 불능범이란 논제 아래 "실행의 수단 또는 대상의 착오로 인하여 결과의 발생이 불가능하더라도 위험성이 있는 때에는 처벌한다. 단 형을 감경 또는 면제할 수 있다."고 규정하고 있다. 즉, 「형법」 제27조는 그 죄를 불능범이라고 하고 있지만 불가벌적(不可罰的)인 불능범(不能犯)을 규정하고 있는 것이 아니라, 위험성이 있기 때문에 처벌되는 미수를 규정하고 있다. 일반적으로 불능범과 불능미수(不能未遂)는 그 위험성의 유무에 의해 구별된다. 즉, 불능범은 사실상 결과의 발생이 불가능할 뿐 아니라 위험성이 없기 때문에 벌할 수 없는 행위를 의미하고, 불능미수는 결과의 발생은 사실상 불가능하나 그 위험성으로 말미암아 미수범으로 처벌되는 경우를 말한다.

4) 공범론

「형법」 제33조는 "신분관계로 인하여 성립될 범죄에 가공한 행위는 신분관계가 없는 자에게도 전3조(제30조~제32조, 공동정범 · 교사범 · 종범)[2]의 규정을 적용한다. 단, 신분관계로 인하여 형의 경중이 있는 경우에는 중한 형으로 벌하지 아니한다."라고 규정하고 있다. 이것을 종래 공범과 신분이란 문제로 취급하여 왔다. 즉, 신분이 범죄의

2) 제30조(공동정범) 2인 이상이 공동하여 죄를 범한 때에는 각자를 그 죄의 정범으로 처벌한다. 제31조(교사범) ① 타인을 교사하여 죄를 범하게 한 자는 죄를 실행한 자와 동일한 형으로 처벌한다. ② 교사를 받은 자가 범죄의 실행을 승낙하고 실행의 착수에 이르지 아니한 때에는 교사자와 피교사자를 음모 또는 예비에 준하여 처벌한다. ③ 교사를 받은 자가 범죄의 실행을 승낙하지 아니한 때에도 교사자에 대하여는 전항과 같다. 제32조(종범) ① 타인의 범죄를 방조한 자는 종범으로 처벌한다. ② 종범의 형은 정범의 형보다 감경한다.

성립이나 형의 가감에 영향을 미치는 경우에 신분 없는 자와 신분 있는 자가 공범관계에 있을 때 이를 어떻게 취급할 것이냐의 문제가 그것이었다. 우리나라의 통설은 「형법」 제33조의 본문은 진정신분범(眞正身分犯)[3]의 연대성을, 단서는 부진정신분범(不眞正身分犯)[4]의 개별화를 규율한다는 입장을 취해 왔다.

2인 이상의 책임능력이 있는 자가 서로 공동으로 죄가 될 사실을 실현하고, 그것에 참가공력한 정도의 여하를 불문하고 전원을 (교사범도 아니고 종범자도 아닌 주범인) 정범자(正犯者)로 처벌한다는 것으로, 이를 '공동정범(共同正犯)'이라 한다(같은 법 제30조).

공동정범의 특성은 하나의 범죄를 각자가 분담하여 이행하였지만, 각자는 그 전체에 대해 형사책임을 진다는 점에 있다. 법문에 '각자'라고 한 것은 이러한 의미에서의 표현이다. 공동정범의 성립에는 먼저 객관적 요건으로서 2인 이상의 자가 공동으로 어떤 범죄를 실행하였다는 공동참가의 사실이 있어야 한다. 다음으로 주관적 요건으로서 소위 '공동모의' 혹은 서로 공동으로 어떤 범죄를 실행하려는 공동의사가 존재하여야 한다. 예를 들면, 3인이 타인의 주택 내에 침입하여 절도할 것을 모의(謀議)하고, 그 중 1인은 옥외에서 망을 보고 다른 1인은 입구의 창문을 열고 또 다른 1인은 옥내에 침입을 하여 재물을 절취한 경우, 이 3인은 모두 주거침입, 절도의 정범(正犯)으로 처벌된다.[5]

3) 특정 신분이 아니면 범죄가 성립하지 않는 경우의 범인으로, 예를 들어 공무원이나 중재인이라는 신분이 아니면 수뢰죄는 성립하지 않는다.

4) 일정한 신분이 없는 자가 저지른 일도 범죄로 성립할 수는 있지만, 신분이 있는 자가 저질렀을 경우 형량이 더 가중되거나 감해지는 범죄를 말한다.

5) 그들 중 망을 보고 있었던 자는 때로는 종범이 될 수도 있다. 공동정범은 타자(他者)의 행위에 대하여 종속적으로 책임을 지는 것이 아니고, 그 자체가 독립적으로 정범자로서의 책임을 진다.

3 범죄 문제의 실태와 원인

한국은 역사상 유례없는 급속한 산업화 · 도시화를 거치면서 점점 더 심각해지는 범죄 문제에 직면하게 되었다. 특히 최근에는 잔혹한 살인사건, 반인륜적인 가정파괴사범, 어린이 유괴살인, 강도강간사건 등이 잇따라 발생해 범죄 문제의 심각성을 드러내 주었다. 한 사회의 범죄 현황을 정확히 파악하는 것은 여러 가지로 어렵다. 그러나 현재로서는 적지 않은 한계에도 불구하고 공식적인 통계를 이용해 범죄 현황을 분석하는 수밖에 없다. 〈표 12-1〉에서 보는 바와 같이 법무부 교정본부(2020)의 『2020 교정통계연보』에 따르면, 2010년 1일 평균수용 인원은 47,471명이었고, 2019년 1일 평균수용 인원은 54,624명으로 10년 사이 범죄는 15% 증가하였다.

〈표 12-1〉 교정시설 1일 평균 수용 인원 (단위: 명)

구분	수용 정원	1일 평균 수용 정원	수용 내용					
			수형자	미결 수용자			노역장 유치
				계	피의자	피고인	
2010년	45,930	47,471 (100.0%)	30,607 (64.5%)	14,819 (31.2%)	786 (1.7%)	14,033 (29.6%)	2,045 (4.3%)
2015년	46,600	53,892 (100.0%)	32,649 (60.6%)	19,267 (35.8%)	847 (1.6%)	18,420 (34.2//50	1,976 (3.7%)
2019년	47,990	54,624 (100.0%)	33,813 (61.9%)	19,343 (35.4%)	632 (1.2%)	18,711 (34.3%)	1,468 (2.7%)

출처: 법무부 교정본부(2020).

이처럼 범죄는 점점 늘어만 가고 있다. 왜 범죄가 증가하는가? 여러분은 어떻게 생각하는가? 요즈음 사람들이 범죄에 대하여 두려워하는 것은 납득이 가는 일이다. 왜냐하면, 범죄가 증가하고 있을 뿐만 아니라, 범죄는 또한 강도를 더해 가고 있고 더욱 무정해지고 있기 때문이다. 오늘날 사람들은 생명에 대해서 뿐만 아니라, 재산에 대하여도 두려워한다. 범죄의 피해자들은 강도 행위와 함께 불필요한 파괴 행위가 수반되는 사례가 허다하다는 것을 알고 있다. 도난으로 말미암은 손실의 공식 집계에는 흔히 피해자의 재산 피해액은 포함되지 않는다.

특히 촉법소년 범죄가 날로 심각해지고 있다. 반복되는 촉법소년 범죄를 이대로 두어도 괜찮을까? 2020년 9월 26일 제주도에서 10대 소년 3명이 마트 유리창을 깨고 들어가 절도 행각을 벌렸다. 이들은 진열된 담배를 담고 계산대를 뒤져 현금을 챙겼다. 절도 행각을 하면서 계산대 위에 있는 달걀과 사탕을 먹기도 하는 대범함을 보였다. 또 근처 주차되어 있던 택시 3대를 둔기로 유리창을 깼고 차 안에 있는 금품을 훔쳤다. 밤 사이에 총 5회에 걸쳐 절도를 했다. 그런데 붙잡힌 가해자들은 형사처분을 할 수 없는 만 14세 미만의 촉법소년이었다. 또 다른 사건도 있었다. 중학생 3명은 차를 훔쳐서 경찰과 추격전을 벌이고, 결국에는 차와 전봇대를 들이받고 나서야 경찰에 붙잡혔다. 운전을 한 학생은 만 14세가 안 돼 형사처분을 면하였다.

촉법소년이란 만 10세 이상 만 14세 미만으로 형벌을 받을 범법행위를 한 형사 미성년자를 말한다. 촉법소년은 형사처분 대신 소년법원에서 보호처분을 받게 되는데, 만 14세 미만의 미성년자를 처벌할 수 없다는 규정은 처음 「형법」이 만들어진 1953년부터 현재까지 유지되고 있다. 이는 아직 미성년자가 미성숙하고 사리분별력이 없다는 점, 그리고 교육적 조치에 따라 개선 가능하다는 점에서 도입된 것이다.

그렇다면 실제로 촉법소년에 대한 교화가 가능할까? 촉법소년 대부분은 분위기에 휩쓸려 범죄에 연루되거나, 자신의 행동이 범죄에 해당하는지도 모르고 저지른 경우가 많다. 이런 학생들은 경찰서에 가고, 소년법원의 절차를 거치는 것 자체만으로도 반성을 하고 보호처분을 통해 교화되기도 한다. 하지만 교화가 안 되는 학생들도 분명히 있다. 이들은 오히려 범죄를 저질러도 형사처분을 받지 않는다는 것을 학습하여 다시 범죄를 저지르기도 한다.

서스펜스 영화나 미스터리 소설 가운데에서 살인이 저질러졌을 때, 거기에는 반드시 동기가 있다. 살인 동기에는 사람을 죽이는 것이 재미있어서라는 잔인하고 변태적인 경우도 있으며, 피해자에 대한 원한에서 비롯된 경우도 있다. 심지어는 짜증스럽고 울화가 터질 것 같아 사람을 때려 숨지게 한 사례도 있다. 인간이 범죄를 저지르는 요인으로는 대체로 다음과 같은 이유를 들 수 있다. 유전적 요인, 기후나 풍토 등의 자연조건, 전쟁이나 재해라는 사회 조건, 사회 구조 및 문화 형태, 사회환경, 성격적 요인 등이 그것이다.

아카데미상을 수상한 바 있는 영화, 조나단 드미(R. J. Demme) 감독의 '양들의 침묵(The Silence Of The Lambs, 1991)'은 여성의 살가죽을 벗겨 내는 이상 범죄를 소재로 한 서스펜스물이다. 경찰에서는 범인의 동기를 알아내지 못해 수사는 답보상태에 이른다. 이것은 영화세계에서 일어난 일이지만, 우리들을 에워싸고 있는 사회에서도 실제로 각종 잔인한 범죄가 끊임없이 일어나고 있다. 거기에다 이 영화에서 보듯이 범죄 동기를 포착하기 어려운 사건들이 많이 발생하고 있다.

범인이 어째서 그러한 범죄를 저질렀는지에 대한 동기는 매우 복잡하여 좀처럼 밝혀내기가 힘이 든다. 자신과 전혀 관계없는 사람을 범죄에 끌어들이는 현상이 많아진 것도 다 그런 경향의 하나라고 할 수 있다. 이와 같은 일은 도덕성이 결여되었다는 문제뿐만 아니라, 사람들의 심리적 장애가 영향을 주고 있는 것으로 보인다. 현대사회에서는 각종 스트레스나 욕구의 억압과 속박이 많아졌다. 그것이 자신도 모르는 사이에 마음속에 쌓이고, 쌓였다가 무엇인가를 계기로 한꺼번에 폭발하는 것이다. 그것이 범죄 행위를 촉발시키는 경우도 있다.

지금까지는 범죄자라고 하면 사회에 적응하지 못하는 유형의 사람이라고 생각해 왔다. 그러나 현대에는 직장에서 유능하다고 인정받던 사람이 항공기를 납치하거나, 마음씨가 착하고 부드럽다는 소문이 나 있던 사람이 살인을 하거나, 사람의 목숨을 구해주는 의사가 마약범죄를 저지르기도 한다. 이처럼 겉보기에는 행복하고 평화롭게 보이는 사람도 실상은 여러 가지 고뇌에 싸여 마음이 서서히 병들어 가는 것이 현대인이다. 그렇다면 현대인은 누구든 범죄자가 될 수 있는 요소를 지니고 있다는 말인가? 그렇다. 누구든지 범죄자가 될 수 있다.

4 범죄 문제의 해결책 및 대안

범죄 문제를 바라보는 관점에 따라서, 범죄의 형태에 따라서, 범죄의 원인에 따라서 범죄 문제의 해결책도 다양하게 강구될 수 있다. 여기서는 사회문제의 이론적 관점에서 범죄 문제의 해결책을 다음과 같이 제시하고자 한다(김기원, 2017: 236-238; 최유성 외, 2003: 37-45).

첫째, 기능론적 관점에서 보면, 범죄 행위에 대한 사후적 교정 기능을 수행하는 기관과 사전적 예방 기능을 수행하는 기관의 역량을 강화할 필요가 있다. 사후적 교정 기능의 수행기관은 재사회화 기능을 수행하여야 한다. 대표적으로 사후적 교정 기능을 수행하는 기관으로는 교도소와 구치소가 있다. 이들 교정기관은 이미 범죄를 저지르고 수형자 신분으로 수감 중인 수형자에게 교육, 교화활동 및 직업훈련 등을 시행하여 출소 후 사회에 성공적으로 정착할 수 있도록 각종 사회복귀 프로그램을 개발하여 시행하는 기관이다. 이들 교정기관은 잘못 사회화되어 수감 중이거나 구금 중인 범죄자들에게 바람직한 사회적 규범을 학습시켜야 한다. 그리하여 이들이 건전한 사회인으로서 사회의 안정과 발전에 긍정적으로 이바지할 수 있도록 하여야 한다.

사전적 교정 기능은 사전에 범죄 발생을 예방하는 기능이다. 사전에 범죄 발생을 예방해야 하는 이유는 일단 범죄가 발생하면 다음과 같은 문제가 일어나기 때문이다. 피해 회복의 불가능, 범죄자 검거의 어려움과 막대한 검거 비용, 교정시설 운영의 막대한 비용, 범죄자 교정의 어려움, 사회의 기본질서 교란 등이 그것이다. 경찰과 학계에서는 사후 대응 중심에서 범죄 예방 중심으로 패러다임을 전환하기 위해 '범죄예방환경설계제도'의 법제화를 추진하고 있다. 이는 지역사회 밀착형 협치 모델로, 범죄 예방 주체 및 분야를 다양하게 만들어서 경찰력의 한계를 극복하기 위한 대안이다.

둘째, 갈등론적 관점에서 보면, 희소한 자원의 배분과정에서 부당한 배분이나 착취가 발생하지 않도록 사회 구조를 개혁하여 범죄 원인을 제거하는 것이다. 이러한 사회

구조의 개혁은 국민의 사회적 합의를 토대로 이루어져야 한다. 만약 그렇게 하지 않으면 막대한 사회적 비용과 혼란을 일으킬 수 있다. 또한, 가치 있는 자원의 배분과정에서 파생되는 첨예한 이해 갈등을 원만하게 조정할 수 있는 사회적 조정 기구를 상설 운영할 필요가 있다. 이때 관 주도의 위원회보다는 민간 주도의 갈등조정기구가 서비스 접근성이나 효과성 측면에서 바람직하다.

셋째, 상호작용론적 관점에서 보면, 무엇보다 사회가 범죄 행위의 원인이 되는 우범자에 대한 부정적인 사회적 정의를 내리지 말아야 한다. 부정적인 사회적 정의는 상호작용 과정을 거쳐 결과적으로 범죄라는 행위로 나타나게 되므로, 이러한 과정에서 이차적 일탈이 발생하지 않도록 하여야 한다.

또 일탈의 중화를 통해서 범죄 문제를 해결하는 것이다. 범죄자는 처벌의 대상이 아니라, 치료의 대상으로 보고 각종 심리치료나 정신과적 치료를 통해 범죄 행위의 원인을 없애야 한다. 범죄가 자주 일어나는 지역을 우범지역이라고 부르는 부정적인 낙인을 찍지 않아야 한다. 이 지역을 밝은 환경으로 조성하고, 호감이 가는 지역 명칭으로 변화시켜야 한다. 이러한 긍정적인 사회적 정의가 지역사회의 긍정적인 상호작용을 유발시켜 범죄를 예방하는 데 이바지할 수 있도록 하여야 한다.

13
CHAPTER

중독 문제

1 중독 문제의 개념

한참 분위기 좋은 닭살 커플들은 주로 어떤 대화를 할까? "하루라도 널 보지 않으면 견딜 수 없어. 하루 종일 네 생각만 해. 어떻게 하지? 너에게 중독된 것 같아. 네가 없인 아무것도 할 수가 없어. 네가 책임져." 술도 마약도 아닌 사람에게 중독되었다고? 그것이 가능할까? 도대체 무엇이 그리 좋아서 몇 번 만에 중독이 될까? 어떤 행동이 즐거움을 주면 그 행동을 반복하고 싶은 욕구가 강화된다.

중독(Addiction)의 사전적 의미는 생체가 음식물이나 약물의 독성에 의하여 기능 장애를 일으키는 일(예: 연탄가스 중독), 술이나 마약 따위를 지나치게 복용한 결과, 그것 없이는 견디지 못하는 병적 상태(예: 카페인 중독), 어떤 사상이나 사물에 젖어 버려 정상적으로 사물을 판단할 수 없는 상태(예: 기계 문명에 중독 들린 자의 풍을 떠는 말솜씨라고 하겠지만…)를 뜻한다(https://stdict.korean.go.kr/).

중독이란 원래 의학용어이지만, 지금은 흔히 사용하는 일상용어가 되었다. 명확하게 정의하기 어려운 사회 현상이 벌어졌을 때 사용하는 신드롬(syndrome)이라는 용어도 원래 질병(disorder)으로 정확히 진단하거나 원인을 규명하기 전에 증상, 징후, 다양한 특징을 뭉뚱그려 부르는 의학용어다. 쇼핑 중독, 초콜릿 중독, 게임 중독 등 중독이라는 말도 자주 사용한다. 그런데 곰곰이 생각해 보면 흔히 사용하는 단어라도 의미와 개념을 정확히 알고 사용하는 경우는 드물다(하지현, 2012).

중독은 '특정 행동이 건강과 사회생활에 해가 될 것임을 알면서도 반복적으로 하고 싶은 욕구가 생기는 집착적 강박'이라고 할 수 있다. 현대 정신의학에서는 중독이라는 단어가 상용되면서 오해의 여지가 있다고 보고, 남용(abuse)과 의존(dependence)으로 나누어 정의한다. 남용은 일상적인 양보다 많은 양의 물질을 섭취하고, 그로 말미암아 사회생활에 문제가 생기는 것을 말한다. 콜라를 매일 한 병 정도 마신다면 남용은 아니다. 그러나 한 번에 페트병 2개를 단번에 마시는 사람은 콜라를 남용하는 것이다. 다시 말해 통상적인 1인분의 몇 배를 한 번에 복용하거나 사용하는 것이 남용이다.

한편, 의존에는 특징적인 증상이 있다. 첫 번째는 내성이다. 같은 효과를 얻기 위해 사용해야 하는 양이 늘어나거나 물질 혹은 행동을 원하는 시간이 점점 짧아진다. 예전에는 진통제를 12시간 간격으로 1알만 먹으면 통증이 가라앉았는데, 이제는 6시간 간격으로 2알은 먹어야 한다면 내성이 생겼다고 본다.

두 번째는 제시간에 섭취하지 않으면 경험하는 심리적, 생리적 금단 증상이다. 생리적 금단 증상은 물질이 작용하던 생물학적 기전이 멈춰지면서 역(逆)작용이 일어나는 것이다. 나른함을 느끼게 하는 약물은 흥분과 초조 또는 불안을, 짜릿함을 주는 약물은 나른함과 공허함을 느끼게 한다. 금단 증상은 무척이나 괴롭기 때문에 스스로 끊거나 줄이려는 노력을 포기하고, 다시 그 물질을 복용하게 만든다. 그래서 중독된 사람은 그것을 찾아 헤매고, 편안히 복용하거나 사용하는 환경을 만드는 데 온 시간과 에너지를 쏟는다. 이를 구갈(craving)이라고 한다.

점차 그 행동은 즐거움을 위한 일시적 여흥이 아니라 삶의 중심으로 자리 잡는다. 그래서 해야 할 일이나 일상적 인간관계에 어려움이 생긴다. 그 행동 말고는 더 이상 재미있거나 성취감을 느끼는 일이 없기 때문이다. 술을 마시다가 다음 날 지각하거나, 게임으로 꼬박 밤샘을 하고 나서 학교에 가서 졸거나, 시험 전날인데도 여자 친구와 통화하느라 공부하지 못하는 것이 좋은 예다.

이런 일이 자주 반복되면, 주변에서 보다 보다 못해, “좀 줄이는 것이 어때?”라고 충고한다. 처음에는 정신이 번쩍 들어서 조절하려 노력한다. 그러나 이미 중독 단계에 접어든 사람은 쉽사리 끊지 못한다. 이제 그것 없이 살아가는 삶은 상상할 수 없다. ‘들어올 때는 마음대로 들어와도 나갈 때는 마음대로 못 나간다.’는 깡패 집단의 논리가 여기에도 작용한다. 깡패 집단에 일단 들어가면 나가고 싶어도 쉽게 나갈 수가 없다. 마찬가지로 중독에서 벗어나려 할 때 보복하는 행동대장은 금단이다. 강렬한 금단 증상을 경험하고 나면 다시는 벗어날 생각은 엄두도 못 내고, 그 행동에 몸을 내맡기고 만다.

한 가지 일에 미친 듯이 매진하는 것도 중독이다. 중독의 보상 회로가 그 일을 할 때 기쁨을 경험하게 하면서 그 일을 반복하도록 더욱 강화시켜 주기 때문이다. 중독되면 시야가 좁아지고, 우선순위를 나눌 때 그 일 한 가지와 나머지로 확연히 갈린다. 또한, 한 가지 운동이나 취미를 시작하면 열중하는 것도 어찌 보면 중독이다. 일시적인 중독은 삶의 활력소가 되고, 새로운 것을 학습하게끔 동기를 부여한다. 어느 정도 시간이 지나면 즐거움이나 집착은 줄어들고, 일상생활에 새로운 취미나 운동이 자연스레 스며들어 일부분을 차지한다. 이렇듯 삶이 균형을 되찾으며 조금씩 업그레이드되는 것이다. 이것이 중독이란 시스템의 순기능이다.

그러나 인간에게 중독이란 치명적인 유혹이다. 그래서 빠져나오지 못하는 사람들이 많고, 삶의 균형이 깨질 때까지 오직 ‘달리기’만 해서 후유증이 남는 안타까운 상황이 벌어진다. 그러므로 유혹을 즐기며 삶의 원동력으로 삼되, 참고 절제할 수 있는 의지력이 필요하다. 유혹에 빠져 헤어 나오지 못한다면 아무리 의미 있는 일에 중독되었다고 해도 건강하고 행복한 삶이라고는 할 수 없다. 한 가지만 쌓이고 커지다 보면 어딘가는 비거나 허물어지기 때문이다(하지현, 2012).

2 중독 문제를 설명하는 이론

1) 생물학적 이론

유전자 합성이 약물 남용에 영향을 미친다는 주장이다. 예를 들면, 약물이 투입된 상태에서는 걱정을 덜하게 된다거나, 즐거움이 커지는 정도가 클수록 상대적으로 약물에 탐닉할 가능성이 커지게 된다. 입양자녀의 알코올 중독률은 입양부모보다 원부모의 알코올 중독률에 더 가깝게 나타나며, 일반 인구는 10명 중 1명이 알코올 의존자가 되지만, 알코올 의존자 자녀는 10명 중 3~4명이 알코올 의존자가 나타난다는 연구 결과가 있다(Schuckit, 1987: 301-309). 이는 알코올 중독 발생에 생물학적 요인이 기인한다는 것을 여실히 보여 준다.

약물 의존자가 약물을 취하기 시작하면, 당뇨병 환자가 인슐린(insulin)을 갈망하는 것과 같이 강하게 약물을 갈망하게 된다.[1] 즉, 약물이 심리적 · 신체적 부족함을 보완해 주는 역할을 하므로, 심신의 결핍감이 증가할 때마다 약물에 탐닉하게 된다. 이런 현상이 계속되다 보면 나중에는 신체적 불편감이 없더라도 약물을 탐닉하게 된다. 이처럼 약물은 생물학적인 결핍감을 보완해 주는 안정제로서 작용한다(Dole, 1980: 138-154)는 주장이다(초의수 외, 2020: 313).

1) 성인병의 3대 주범으로는 고혈압, 고혈당, 고지혈(콜레스테롤)이 꼽힌다. 그중 고혈당을 제대로 조절하지 못할 때 생기는 병이 당뇨병이다. 당뇨병(糖尿病)은 이름 그대로 오줌에 당이 섞여 나오는 병이다. 당뇨병은 췌장의 랑게르한스섬에서 분비되는 인슐린이 부족할 때 발생한다. 인슐린을 추출하여 당뇨병 치료의 문을 여는 데에는 프레더릭 밴팅(F. Banting)의 역할이 컸다. 그는 1921년에 베스트(C. Best)와 함께 92번에 달하는 실험을 수행한 끝에 인슐린을 추출할 수 있었다. 밴팅은 1922년에 인슐린에 대한 임상 시험에 성공했으며, 이듬해에 노벨 생리의학상을 수상했다. 오늘날에는 유전자재조합기술을 이용해 인슐린을 대량으로 생산하는 방법이 활용되고 있다.

2) 심리학이론

강화이론에 따르면, 약물 사용을 계속하고 싶은 욕구는 극도로 강한 강화효과 때문이다. 많은 약물 사용자는 약물 사용에 따른 긍정적 정서가 계속해서 강화되고, 약물 사용으로 말미암아 이러한 긍정적 정서는 더 증가하게 된다. 따라서 이러한 경험으로 말미암아 추후 약물 사용에 대한 갈망은 더욱 증가한다(McAuliffe & Gordon, 1980: 137-141). 물론 개인마다 약물에 대한 강화 반응 수준이 다르기 때문에 약물에 탐닉하는 정도도 개인마다 차이가 난다. 특정 개인이 약물 사용에 따라 긍정적 정서가 극대화되었다면, 그는 추후 약물 사용에 대한 갈망이 증가하여 중독으로 발전할 가능성이 높다.

부적절한 성격이론에 따르면, 불쾌한 현실로부터의 도피를 가능하게 하고, 자기도취적 감정을 자아내는 데 약물을 활용한다. 즉, 성격적 결함에 따른 부적절한 정서와 문제 해결의 수단으로 약물을 활용한다. 부적절한 성격 배후에는 낮은 자아존중감과 자기비하가 연관된다. 낮은 자아존중감과 자기비하를 다루는 방법으로 약물을 선택한다(Kaplan & Sadock, 1994). 그런데 특정 개인에 따라서는 약물에 대한 강화 반응이 높았다고 하더라도 성격적으로 원만할 경우, 약물 사용 가능성을 스스로 통제하는 능력이 커져 약물중독자로 발전할 가능성이 낮아질 수 있다.

3) 사회학이론

사회학습이론에 따르면, 인간의 행동은 강화로 형성된다. 즉, 특정 행위에 따른 이전의 보상이 그 행동을 결정한다. 약물 남용 여부는 약물의 사회적 강화, 약물의 나쁜 영향, 동료, 부모, 법의 부정적 제재 등을 통해 어느 정도 억제될 수 있다.

긴장이론에 따르면, 사람들이 사회구조적 상황에 의해 스트레스를 받게 되며, 이러한 스트레스는 사람들로 하여금 사회적 규범을 위반하도록 동기화시킨다. 따라서 약물의 반복적 사용도 이러한 사회적 압력과 갈등의 개인적 표현이며, 사회적 부적응의 결과물이다.

사회통제이론에 따르면, 사회가 약물 사용을 부정적으로 여길수록 개인의 약물 사용 가능성이 낮아진다. 그럼에도 특정 개인이 약물을 남용한다면, 이는 동조적인 주류 문화가 약물을 허용하는 정도가 높음을 의미한다. 다시 말해서, 관습적 다른 사람(예: 목사, 교사, 고용주, 부모, 경찰 등)에 더욱 많이 애착되고, 관련될수록 사회 규칙을 깨고 약물을 사용할 가능성은 그만큼 낮아진다.

하위문화이론에 따르면, 특정 개인이 약물 사용에 우호적인 태도를 지닌 특정 집단과 더 가까이할수록 약물 사용은 그만큼 많아진다. 이와는 반대로 약물 사용에 반대하는 하위문화와 가까울수록 약물 사용은 억제된다(윤혜정 · 권경인, 2011: 577-598). 예컨대, 특정 개인이 음주를 부추기는 문화를 지닌 조직(이를테면, 건설 현장의 노동자들이나 농사철 일꾼들에게 간식으로 막걸리 등을 주기도 함)의 가치를 더 선호할수록 그 개인은 음주에 대한 거부감이 없어진다(김대원 외, 2010; 초의수 외, 2020: 313-315).

3 중독 문제의 실태와 원인

1) 인터넷 중독

인터넷 중독이란 인터넷을 과하게 사용하여 인터넷 사용에 대한 금단과 내성이 생겨, 이로 말미암아 일상생활의 장애가 유발되는 상태를 말한다. 다르게 표현하면, 지나치게 많이 인터넷을 사용하거나 게임에 몰두하여 일상생활 및 대인관계 문제, 사회직

업적 기능의 저하가 유발되는 등 심각한 장애가 발생하는 경우를 말한다.[2)]

1980년대 이후 컴퓨터가 보급되면서 컴퓨터 중독이라는 용어가 새로이 등장하게 되었고, 1990년대를 넘어서자 인터넷의 사용이 널리 퍼졌다. 1996년에 들어서는 인터넷 사용이 증가함에 따라 인터넷 중독이 나타나게 되었다.

과도하게 PC 게임을 하면서 발생하는 게임 중독도 통칭하여 인터넷 중독이라고 불린다. 유병률은 전체 인구의 2~15% 정도로 파악되며, 남성이 여성보다 많다고 보고되고 있는데, 이는 인터넷 사용을 남자가 여자보다 더 많이 하기 때문으로 이해할 수 있다.

인터넷 중독 질환(IAD)이라는 용어를 처음으로 사용한 사람은 1996년 정신과 의사인 이반 골드버그(I. K. Goldberg)다. 그는 인터넷 중독 질환을 "인터넷 사용을 중단하거나 감소하면 정신 운동성 초조와 불안 혹은 인터넷에 대한 강박적 사고나 환상(또는 백일몽) 등의 증상이 일어나는 금단과 인터넷을 더 많이 사용해야 만족을 느끼는 내성을 가지며, 인터넷 사용을 위하여 중요한 사회적 · 직업적 활동이 손상될 때"라고 정의했다.

인터넷 중독은 미국 피츠버그대학의 킴벌리 영(K. S. Young) 박사 등에 의해 체계화되었는데, 킴벌리 영은 인터넷 중독 자가진단을 고안하기도 했다. 그는 인터넷 중독 유형을 다음의 5가지로 분류하였다(http://www.koreanpsychology.or.kr).

- **사이버 섹스 중독:** 섹스나 포르노 등의 내용물을 담고 있는 인터넷 사이트(음란 채팅, 음란물 공유, 성인 방송 등)를 강박적으로 계속 드나드는 경우다.
- **사이버 관계 중독:** 온라인을 통한 인간관계에 과도하게 몰두해 있는 경우다. 이런 경우 실제 인간관계를 등한시하게 되기도 한다.
- **네트워크 강박증:** 강박적으로 온라인 게임, 쇼핑, 주식 매매 등을 하는 경우다.
- **정보 과부하:** 강박적으로 웹사이트나 자료를 검색한다. 이 경우 자신에게 필요

2) 인터넷 중독은 사이버 중독, 인터넷 중독 질환(Internet Addiction Disorder: IAD), 병적 인터넷 사용(Pathological Internet Use: PIU)이라고 불리며, 인터넷 증후군(internet syndrome), 웨버홀리즘(webaholism)이라 불리기도 한다.

한 정보보다는 정보 수집 자체에 집착하게 되기도 한다.

- **컴퓨터 중독**: 강박적으로 온라인 게임에 몰두한다. 우리나라 청소년들과 젊은 성인들에게서 자주 관찰되는 유형이다.

인터넷 중독은 통신 중독, 게임 중독, 음란물 중독 등으로 분류되기도 한다. 이런 인터넷 중독은 가상세계와 현실세계의 혼동, 언어파괴, 폭력성 및 성충동 유발 등의 문제점을 일으키기도 한다. 그러나 인터넷 중독은 현재 정신과 진단체계 내의 한 장애로서 정식으로 인정받고 있지는 못한 상태이다. 일부에서는 이러한 현상을 독립적인 장애로 보는 것을 반대하고 다른 질환, 즉 충동조절장애, 강박장애, 우울증의 한 증상으로 보기도 한다.

한편, 우리나라에서도 인터넷 인구가 늘어나면서 인터넷 중독이 사회문제화 되자 정보통신부(현 방송통신위원회)에서 2000년 10월에 인터넷중독정보센터 홈페이지(www.cyadic.or.kr)를 오픈했으며, 인터넷중독예방상담센터를 열었다.

2) 스마트폰 중독

스마트폰의 하드웨어 및 소프트웨어는 비약적으로 발전하고 있으며, 각종 애플리케이션을 활용함으로써 우리의 생활은 상상하기 어려운 수준으로 다양화되고 있다. 스마트폰은 단순히 핸드폰 이외에도 컴퓨터, mp3, 동영상 플레이어 등 많은 기능을 가지고 있으며, 원하는 정보를 언제, 어디서든 쉽게 얻을 수 있다는 장점과 오락성을 포함한 여러 가지 이점 때문에 현대인들의 전폭적인 사랑을 받고 있다.

2018년 7월, 한국의 스마트폰 가입자 수는 5,000만 명을 넘어섰다. 사실상 국민 1인당 1스마트폰 시대가 되었다. 모든 국민이 스마트폰을 사용하는, 드디어(?) 이른바 '스마트 시대'에 살고 있다. 지하철이나 버스, 커피숍과 식당, 심지어는 길거리를 걸어가면서도, 차 안에서 운전을 하는 중에도 우리는 손에서 스마트폰을 때지 못한다(매일경제, 2018. 8. 26.). 마치 우리들의 손에서 스마트폰이 떨어지기라도 하면 큰일이라도 날

듯이….

그러나 많은 연구진이 보고서에서 밝히고 있듯이, 스마트폰이 휴대폰과 인터넷의 기능을 모두 가지고 있다는 점에서 이 역시 내성, 금단증상이나 일상생활의 어려움 및 충동 조절장애 등과 같은 중독의 특성을 내포하고 있어 사회적인 문제가 될 가능성이 높다. 스마트폰의 급격한 확산은 기기 사용에 있어서 편리함 이외에도 여러 가지 부작용을 함께 일으키고 있으며, 이에 따라 최근 스마트폰 중독이라는 개념으로 문제의 심각성이 드러나고 있다.

특히 간혹 젊은 주부들의 경우, 어린 영유아 자녀들이 보챌 때 이를 달래기 위한 수단으로 스마트폰을 쥐어 주는 경우가 있는데, 이것은 젖 뗀 아이에게 길거리에서 파는 불량식품을 던져 주는 것과 같다. 무엇보다도 사람과 사람의 직접적인 교류, 일상적인 관계를 통해 나누는 대화의 소중함을 잃어버릴까 염려스럽다. 감정도 없고 온기도 없는 차가운 기계가 매개하는 세상을 걱정해야 한다.

그러나 지금의 스마트폰은 현대인에게 편리를 주는 매우 중요한 기기의 하나로, 그 사용을 단순히 억제할 수만은 없다. 스마트폰 보급 증가는 게임 중독과 몰래카메라 등 부작용도 낳았지만, 금융과 유통 산업의 성장을 견인하는 등 새로운 성장 동력 역할을 톡톡히 했다는 평가를 받는다.[3] 따라서 스마트폰을 사용하는 시간과 공간을 계획적으로 제한하도록 하고, 반복적이거나 강박적인 사용으로 말미암아 신체에 위해가 발생하지 않는지 항상 확인하도록 하는 것이 좋다.

3) 게임 중독

게임 중독에서 벗어나기 위한 아이들은 고백한다. 일어나자마자 밥은 간단하게 라면

3) 한국은행에 따르면, 2018년 1분기 하루 평균 모바일뱅킹 이용금액은 5조 3천 946억 원으로 전 분기보다 20% 급증했다. 최근 1년간 모바일뱅킹을 실제로 이용한 고객은 6천 267만 명으로 전체 인터넷뱅킹 실제 이용 고객 중 92.4%를 차지했다. 금융 서비스 중 조회 서비스의 85.1%가 모바일뱅킹 등 인터넷뱅킹을 이용했지만, 금융기관 창구 이용은 9.8%에 그쳤다. 인터넷 전문은행인 카카오은행은 출범 1년 만에 고객수가 633만 명에 달했고, 수신액과 여신액이 지방은행 수준인 8조 6천 300억 원, 7조 원으로 커졌다(매일경제, 2018. 8. 26.).

등으로 때우고, 컴퓨터 주변에 편의를 위한 물건을 갖춰 놓고, 더욱 편한 자세를 위해 누워서 하고, 게임을 하면 시간은 순식간에 지나간다고…. 버지니아 공대 총기 난사 사건의 청년은 게임과 현실을 구분하지 못했다. 그리고 우리 아이들은 "나는 분명 그 사람과 다르다."라고 말한다. 게임을 모르면 왕따가 되는 미디어 세대, 진짜처럼 변해버리는 다양한 종류의 게임 속에 방치된 아이들을 보면서 부모들은 불안에 떨고 있다.

2019년 5월 25일, 세계보건기구(WHO)는 '게임이용장애'를 질병으로 분류하였다. 게임이용장애란 게임 중독 상태를 일컫는 말로 세계보건기구는 "일상생활보다 게임을 우선시해 부정적인 결과가 발생해도 게임을 지속하거나 확대하는 게임 행위의 패턴"이라고 정의한다. 다시 말해, 게임에 대한 통제 기능이 손상되고 삶의 다른 관심사 및 일상생활보다 게임을 우선시하며 부정적인 결과가 발생해도 게임을 중단하지 못하는 것으로, 이런 현상이 12개월 이상 지속되면 게임이용장애로 판단하며, 증상이 심각하다면 12개월 전이라도 게임이용장애 판정을 내릴 수 있다.

이에 따라 게임이용장애는 질병코드를 부여 받고, 2022년부터 194개 세계보건기구 회원국에 적용 · 도입된다. 그렇다면 과연 게임 중독은 정말 질병일까? 여러분은 어떻게 생각하는가? 게임 중독이 질병이라고 생각하는 사람들의 의견은 다음과 같다. 게임 중독에 걸린 사람들의 뇌의 구조가 약물 중독에 빠진 사람들과 유사하여 의학적 소견 및 진단이 가능하다는 점, 이를 통하여 현재 게임 중독 증상이 심한 사람들을 게임 중독 병명으로 분류하여 도움을 줄 수 있다는 점, 게임 중독이 범죄로 이를 수도 있다는 점 등이 있다.

게임 그래픽이 발달하고 가상현실(virtual reality: VR) 게임이 생겨나면서, 지금의 게임은 실제 현실과 상당히 유사한 느낌을 주게 됨에 따라 점점 가상과 현실의 경계가 모호해지고 있다. 이를 통해 상대적으로 분별력이 떨어지는 사람은 게임 중독으로 말미암아 가상과 현실을 구분 못하고 범죄를 저지를 수 있다. 따라서 이런 사람들을 더욱 효과적으로 치료하기 위하여 게임 중독을 질병으로 구분하자는 의견은 상당히 일리가 있다. 그러나 질병 분류로, 게임에 대한 부정적인 인식으로 말미암은 통제와 진단을 통한 치료가 과연 게임 중독에 대한 올바른 해답일까?

게임 중독에 이르게 되는 현상 중 하나는 일부분의 사람들 중 자제력과 분별력이 다른 사람들과 비교할 때 부족하여 스스로 통제를 하지 못하여 중독되는 것이다. 또한, 게임에 대한 흥미로 말미암아 과하게 몰입하다가 중독되는 일, 과금(게임에 돈을 쓰게 하는 행위)을 통해 소비되는 비용이 아까워 계속해서 게임을 하다 중독되는 일 등이 있다. 다시 말해, 우리가 해야 하는 일은 게임 중독을 질병으로 정하고 중독을 치료하는 것과 게임 자체에 대해 부정적으로 보는 인식이 아닌 중독되는 상황과 원인에 집중하여 이것을 예방하고 올바른 방향으로 고쳐 나가야 한다. 즉, 결과가 아닌 원인에 초점을 두어야 한다.

4) 알코올 중독

세계보건기구는 2010년 보고서를 통해 해로운 음주를 건강에 악영향을 미치는 중요요소로 규정하고, 이에 대한 세계 전략을 세운 바 있다(http://health.kdca.go.kr). 이 보고서를 통해 세계보건기구는 해로운 알코올 사용이 "전 인류의 조기 사망과 장애를 초래하는 위험요인 중 세 번째"이며, 저개발국에서는 첫 번째 문제라고 강조했다. 이는 흡연에 의한 사망자 수보다도 더 큰 것으로 전 세계적으로 사망과 장애의 2.7%가 흡연에 의한 것이지만, 3.5%가 음주로 발생하는 것으로 보고되고 있어 음주의 해악이 전 세계적으로 계속해서 강조되고 있는 추세이다. 이러한 추세를 반영하듯 최근 경제협력개발기구 국가들의 알코올 섭취량은 전반적으로 감소 추세에 있다.

음주자 중 반 수 이상의 사람들이 과음 후 '필름이 끊김'이라고 하는 현상을 경험한 바 있다고 한다. 블랙아웃(black-out)이라고 하는 이 현상은 알코올성 치매의 초기 증상으로 알려져 있다. 과음 자체가 뇌신경 세포에 독성 영향을 주게 되는데, 이러한 독성 영향이 많아지면 신경세포가 손상되어 블랙아웃이 나타나고, 장기간 반복되면 알코올성 치매로 이어지게 된다.

알코올 의존자는 흔히 술 이외의 안주나 음식을 골고루 챙겨 먹지 못한다. 또한, 알코올이 위에서 비타민이 흡수되는 것을 방해한다. 이에 알코올 의존자에서 영양 결핍이 흔히 발생한다. 비타민 결핍과 같은 영양 부족은 알코올성 치매 발생에 악영향을 준다.

알코올 사용장애는 다른 정신질환과 마찬가지로 다양한 요소가 원인적 역할을 한다. 유전적, 그리고 발달 과정, 심리 사회적 요소가 복합적으로 작용하여 생기게 된다. 알코올 사용장애의 유전적 원인은 매우 잘 알려져 있다. 심한 알코올 남용의 가족력이 있는 경우 3~4배 위험도가 증가하는 것으로 되어 있고, 쌍생아 연구나 입양 연구 결과도 이러한 유전적 요인을 지지하고 있다. 부모의 알코올 문제가 자녀에게 역할 모델을 제공해서 심리적 접근성을 높게 하거나, 반사회적 성격 등이 위험 요인으로 작용하기도 한다. 또한, 취약한 개인과 술이 쉽게 접촉할 수 있는 기회를 제공하는 환경적 요소도 중요한 요인으로 작용한다.

5) 도박 중독

도박이란 불확실한 결과에 대해 돈을 걸고 하는 내기를 말한다. 이런 의미에서는 승부를 걸고 하는 모든 내기는 비록 가볍다 해도 모두 도박에 속한다. 물론 도박 자체가 문제가 아니고, 일부의 사람들이 지나치게 몰입하는 것이 문제가 된다. 우리나라에서는 도박 자체를 불법으로 규정하고 있지만, 합법적인 도박도 있는데 카지노(내국인은 강원랜드)를 비롯해서 경마, 경륜, 경정, 로또를 비롯한 복권, 스포츠 토토 등이 정부의 허가하에 운영되고 있다.

그러나 지금 우리사회는 합법적인 도박은 물론이고 불법적인 도박이 크게 성행하고 있는데, 한동안 큰 사회문제를 일으켰던 바다이야기, 스크린 경마를 비롯한 성인오락실, 오래전부터 암암리에 성행하고 있던 각종 하우스, 그리고 최근에는 카지노바, 인터넷을 이용한 각종 도박이 주변에 널려 있는 현실이다. 과거 성인 남성 위주의 도박에서 최근에는 여성 중독자의 비율이 늘고 있고 심지어는 청소년들도 무방비로 도박의 유혹에 노출되어 있어 큰 문제가 되고 있다.

정신분석학자 에드먼드 버글러(Bergler, 1985)에 따르면, 도박 중독자는 다음 여섯 가지 특성을 보인다. ① 도박 중독자는 정기적으로 도박을 한다. 여기서 양적 요소가 중요하긴 하지만, 그 규모 역시 무시할 수 없다. 알코올 중독과 마찬가지로 문제는 도박자가 과도하게 도박을 하는 시점을 아는 것이 중요하다. ② 도박이 모든 다른 흥미들 가운데 우위를 점한다. ③ 도박 중독자는 연이은 패배 경험에도 변치 않는 낙관주의를 보인다. ④ 도박 중독자는 자신이 돈을 따는 한 결코 도박판을 떠나지 않는다. ⑤ 도박 중독자는 신중하겠노라고 처음에 약속했음에도 불구하고 종국에는 지나친 위험을 감수한다. ⑥ 도박 중독자는 도박의 단계에서 스릴(전율, 흥분, 고통과 쾌감을 동시에 느끼게 하는 긴장감 같은 감각)에 대한 주관적 경험을 가지고 있다. 도박자가 계속해서 열광적으로 추구하는 것은 바로 이 감각 즉, 스릴에 대한 갈망이다(http://www.koreanpsychology.or.kr).

도박자에게 나타나는 심리적 특징은 미성숙함과 성격의 황폐화이다. 이들 중에는 중독되기 전부터 기본적으로 미성숙한 사람도 있고, 도박에 중독된 후에 이러한 특징이 더욱 두드러지게 나타나는 사람도 있다. 도박 문제가 심해질수록 도박자는 자신이 도박을 하고 있다는 사실을 철저히 감추고, 빚을 갚거나 잃어버린 돈을 찾을 생각에만 집착한다. 마음이 급해지기 때문에 점차 성급해지고 화를 잘 내며, 별다른 이유 없이 사람을 의심하거나 비난하기도 한다. 또한, 이들은 기분 변화가 심하다.

도박자는 도박 문제를 일부 인정하면서도 한편으로는 부정하거나 합리화하며 끊임없이 핑계를 댄다. 이들이 흔히 하는 변명은 다음과 같다. ① 잃은 돈을 복구하려는 소망 때문에 도박을 끊을 수가 없다. ② 나는 언제든 혼자서 도박을 끊을 수 있다. ③ 한 번만 크게 따면 그만둘 것이다. ④ 나는 습관성 도박자가 아닌 프로 도박사다. ⑤ 나는 즐기면서 도박을 하고 있다. 도박은 나의 취미 생활이다(http://www.koreanpsychology.or.kr).

4 중독 문제의 해결책 및 대안

정부는 전국에 중독관리통합지원센터(구, 알코올상담센터) 50개소를 설치 · 운영하여 통합적인 문제, 음주자 및 알코올 등 중독자(의존자) 관리체계를 구축하고, 중독자(의존자) 조기 발견 · 상담 · 치료 · 재활 및 사회로의 복귀를 지원하고 있다. 지원 내용은 알코올 등 중독자 관리, 중독자 가족 지원, 중독 폐해 예방 및 교육, 지역사회 사회안전망 조성, 지역진단 및 기획 등이다.

중독 문제에 대해 우리나라 보건복지부(2019)에서는 기본적으로 다음과 같은 여섯 가지 차원으로 구분하여 개입 방향을 제시하고 있다. 첫째는 중독 조기 발견 및 개입 서비스이다. 이는 중독에 대한 고위험군 발굴 및 의뢰체계를 구축하여 조기 발견하고, 단기 개입 서비스를 시행하는 것이다. 둘째는 중독 관리 사업으로, 전문적인 사례관리 서비스, 위기관리 서비스, 재활 및 직업재활 서비스를 시행하는 것이다. 셋째는 가족 지원 사업으로, 중독자 가족을 위한 이용체계 구축, 사례관리 서비스, 가족교육 및 프로그램, 그리고 가족모임 지원 서비스 등이다. 넷째는 중독 예방교육 사업으로, 아동 · 청소년 예방교육 사업, 직장인 중독 예방 지원 사업, 지역주민 예방교육 사업 등이다. 다섯째는 지역사회 사회안전망 조성 사업으로, 보건복지 네트워크 구축, 지역 법무 연계 · 협력체계 구축, 자원봉사 관리 · 운영체계 구축, 경찰 및 응급 지원 네트워크 구축 등이다. 여섯째는 지역사회를 진단하고, 자원을 조정하며, 중재하는 것이다.

세부적으로 알코올 중독 예방을 위하여 음주 폐해의 심각성에 대한 사회적 분위기 전환, 건강증진 생활습관 실천율 향상으로 음주 폐해의 최소화, 알코올 관련 질환 치료 및 재활 강화 등의 기본 목표를 수립하여 실천하고 있다. 마약류 중독자 치료를 위해 종래 범죄자로 인식하던 격리 위주의 형사 처벌정책에서 치료해야 할 환자로 인식하는 치료재활 보호정책으로 전환하고, 사회복귀 지원에 대한 내실화를 위해 노력하고 있다. 또한, 인터넷 중독은 다른 약물 중독의 문제와 원인 및 대상, 그리고 대처방법에서 차이가 있지만, 일상생활의 심각한 문제를 해결하기 위해 노력하고 있다. 예컨대, 청소년의 경우 학교와 지역사회 연계를 적극적으로 시행하면서 학교 대상으로 하는 중독 예방교육, 부모교육 등 관련 프로그램을 개발하고 있다(김지미 외, 2020: 374-377).

14 CHAPTER 정신건강 문제

1 정신건강 문제의 개념

정신건강이라는 표현은 흔히 쓰이는 말인 정신보건, 정신위생을 새로이 대신하는 말이다. 정신건강은 하나의 목표가 달성된 이상적인 상태를 의미한다면, 정신위생은 정신건강을 위한 실천적 수단을 더 강조한 용어다. 정신건강은 인간의 심리적 기능이 어느 정도 정상적인가를 나타내는 개념이다. 일반적으로 정신질환이 없고, 정상 범주에 있으며, 잘 적응하고 있고, 불만이 적고 행복감을 느끼는 사람 등의 조건을 갖춘 경우로 볼 수 있다. 인간 정신 기능의 생리적 · 심리적 · 사회적 측면이 상호 심각한 갈등 없이 고유의 기능을 발휘하고 있으며 사회집단과 현실적 적응을 하고 있음을 가리킨다.

세계보건기구(WHO)에 따르면, 건강은 단지 질병에 걸리거나 허약하지 않은 상태만이 아니라 신체적, 정신적, 그리고 사회적으로 양호한 상태이고, 따라서 정신건강은 일상생활에서 언제나 독립적 자주적으로 처리해 나갈 수 있고 질병에 대해 저항력이 있으며, 원만한 가정생활과 사회생활을 할 수 있는 상태이자 정신적 성숙 상태를 말한다.

미국정신위생위원회(National Committee for Mental Hygiene)에서는 "정신건강이란 다만 정신적 질병에 걸려 있지 않은 상태만이 아니라, 만족스러운 인간관계와 그것을 유지해 나갈 수 있는 능력"이라고 정의하고 있다. 즉, 예방적 차원뿐만 아니라 치료적 차원, 나아가 어떤 환경에서도 대처해 나갈 수 있는 건강하고 균형 잡힌 성격의 발달을 의미한다고 볼 수 있다(김춘경 외, 2016).

정신건강은 흔히 다음 네 가지 측면에서 고찰할 수 있다(서울대학교 교육연구소, 1995). ① 질병의 대립 개념인 정신건강으로서, 이는 정신병리가 없는 상태를 가리킨다. ② 이상적 상태인 정신건강으로서, 최적의 정신적 기능을 발휘할 수 있도록 정신기능의 모든 하위영역이 조화되고 이상적 상태를 이루고 있는 것을 가리킨다. ③ 통계적 개념인 정신건강으로서, 수학의 통계적 개념을 적용하여 인간행동(혹은 정신 기능)의 정상분포 곡선에서 중간 부분을 건강한 것으로 보고 양극단을 비정상(혹은 불건강)으로 본다. ④ 상호작용 체제인 정신건강으로서, 이는 인간 정신 기능의 생리적 · 심리적 · 사회적 측면이 상호 심각한 갈등이 없이 고유의 기능을 발휘하고 있으며, 사회집단과 현실적 적응을 하고 있음을 가리킨다.

과거에는 정신건강 문제는 개인의 심리적 문제로만 생각하려는 경향이 있었으나, 정신적 질환 또는 이상심리가 다른 사람, 사회나 경제 등에 미치는 영향에 대해서 점차 관심이 미치게 되었다. 그리하여 최근에는 개인의 정신건강 문제를 가족체제, 사회심리적 환경, 또는 사회문화적 체제와 밀접하게 관련된 것으로 여긴다. 따라서 가정 · 학교 · 직장 · 지역사회 등의 전 사회적 망을 통해서 정신건강을 증진하고 각종 이상심리를 예방하고 치료하려는 경향이 점차로 강화되고 있다.

2 정신건강 문제를 설명하는 이론

1) 기능주의

기능주의는 사회를 구성하는 체계 속의 기능이 상호의존적으로 짜여 있으며, 이것이 온전히 충족될 때 사회 안정과 질서가 유지된다고 주장한다. 이런 기능주의 관점에서 사회문제는 사회 전체의 기능적 결함에서 비롯되는 것이 아니라, 사회체계의 일부 기능인 사회화 기능과 사회 통제 및 사회 분배 기능이 잘못 작동하여 비롯된다. 즉, 개인의 잘못된 사회화나 사회규범의 위반, 개인의 미흡한 역할 수행 등이 사회문제를 일으킨다(이철우, 2017: 397; 초의수 외, 2020: 291).

기능주의에 따르면, 정신건강 문제는 그것의 발생에 대하여 효과적 예방과 치료를 제공하는 우리 사회의 능력 혹은 기능에 한계가 있을 때 발생하여 사회문제가 된다. 정신건강 문제는 개인적, 사회적, 국가적 차원으로 조망할 수 있다. 첫째, 개인 차원에서 정신건강 문제는 일종의 질병이나 개인의 병리로 간주한다. 둘째, 사회 차원에서 정신건강 문제는 사회연대감과 사회결속력 부족으로 말미암아 발생한다고 본다. 셋째, 국가 차원에서 공공정신의료기관과 교육 및 의료재활의 부족, 즉 정신건강체계 구축이 실패하여 그 결과로 정신건강 문제가 발생한다고 본다.

2) 갈등주의

갈등주의에 따르면, 사회체계는 질서와 안정의 상태가 유지되는 것이 아니라, 항시 불평등과 갈등, 대립이 존재한다. 사회적 권력과 자원은 희소하기 때문에 불평등하게 분배되며, 이를 더 많이 차지하기 위한 갈등과 투쟁은 필연적이다. 이러한 입장에서 갈등이론가들은 정신질환을 결핍이나 불평등, 적절한 치료에 대한 기회 불평등과 연결지어 생각한다. 즉, 제한된 재화를 소유하는 과정에서 발생하는 과도한 억압과 경쟁이 개인에게 부당한 압력으로 행사되어 정신질환이 유발한다고 주장한다.

어떤 학자들은 낮은 사회계층에 속하는 사람들이 다른 계층의 사람보다 상대적으로 낮은 교육을 받으며, 보상과 기회를 적게 받기 때문에 정신질환으로 연결되는 사회적 스트레스를 경험하게 된다는 사회원인가설을 주장한다. 반면, 사회이동이론을 주장하는 또 다른 학자들은 조현병 환자가 병의 진행 중에 생계유지 능력에 손상을 입을 뿐만 아니라, 사회관계를 회피하기 위하여 저소득층 지역으로 이동한다고 주장한다.

3) 상징적 상호작용론

상호작용론자들은 정신건강 문제는 사회적으로 구성된다고 주장한다. 즉, 정상행동과 이상행동의 구분은 사회문화적 가치 판단으로 형성된다. 그들은 정신질환에 대한 정의, 분류 등은 문화와 시대에 따라 달라지기 때문에 질환의 원인, 결과, 치료 가능성 등은 과학적 분석으로 결정되는 것이 아니고, 상호작용하며 살아가는 사람들이 어떤 행동을 문제로 판단함으로써 정신질환이 분류되고 정신장애자가 된다고 본다.

다르게 표현하면, 개인이 일부의 상징에 동의하고, 그 상징이 의미하는 대로 행동한 결과 정신건강 문제에 직면하게 된다고 본다. 예컨대, 정신질환자란 주위에서 개인에게 주어진 정신질환이라는 상징에 동의하고, 그 상징에 부여된 의미대로 행동한 결과로 이해한다. 이 관점에 따르면, 사회는 이미 정신질환자에 대한 이미지가 확립되어 있어서, 그 부류에 속하는 행동을 보이면 정신질환자로 낙인을 찍는다. 그리고 정신질환자는 이런 사회 낙인에 동의하며, 정신병적인 행동을 계속하게 된다(문인숙 · 양옥경, 1991).

3 정신건강 문제의 실태와 원인

보건복지부와 삼성서울병원(2017)의 『2016년도 정신질환실태 조사』[1]에서는, 섭식장애와 신체형장애를 제외하고 약물 사용장애가 포함된 17개 정신질환에 대한 유병률 조사가 이루어졌다. 17개 정신질환의 평생유병률(평생 한 가지 이상의 정신질환에 한 번 이상 이환된 적이 있는 사람)은 25.4%였다. 18세 이상 우리 국민의 25.4%는 평생 중 한 번 이상은 17가지 정신질환 중 한 가지 이상을 경험하였다는 의미다.

성별로는 남성 28.8%, 여성 21.9%로 남성의 평생유병률이 여성의 약 1.3배였다. 알코올과 니코틴 사용장애를 제외한 모든 정신장애 평생유병률은 13.2%로 나타났다. 17개 정신질환의 일년유병률(지난 1년 동안 한 가지 이상의 정신질환에 한 번 이상 이환된 적이 있는 비율)은 11.9%(남성 12.2%, 여성 11.5%)로, 우리 국민 9명 중에 한 명이 이환되었다.

평생유병률이 높은 순서대로 주요 정신질환군을 열거하면, 알코올 사용장애가 12.2%, 불안장애가 9.3%, 기분장애가 5.3%(주요 우울장애 5.9%), 니코틴 사용장애가 6.0%, 조현병 스펙트럼장애가 0.5%, 약물 사용장애가 0.2%였다. 성별로 살펴보면, 남성에서는 알코올 사용장애가, 여성에서는 불안장애의 평생유병률이 가장 높은 것으로 나타났다.

2015년 인구주택총조사 결과를 표준인구로 삼고, 일년유병률을 적용하면 국내 추정 정신질환자 수를 추산해 볼 수 있다. 지난 1년 중에 18세 이상 국민에서 정신장애를 경험한 사람은 남성 2,415,261명, 여성 2,285,252명으로 총 4,700,513명으로 추산되며, 알코올과 니코틴 사용장애를 제외한 경우 남성 981,437명, 여성 1,888,717명으로 전체

1) 「정신건강증진 및 정신질환자 복지서비스 지원에 관한 법률(약칭: 정신건강복지법)」 제10조 제1항("보건복지부장관은 5년마다…실태조사를 하여야 한다.")의 규정에 따라, 정신질환실태 조사는 5년 주기로 이루어지기 때문에 여기서는 『2016년도 정신질환실태 조사』를 활용하였다. 다음 실태조사인 『2021년도 정신질환실태 조사』는 2022년 중순경에 발간될 예정이다.

2,870,154명으로 추산된다. 참고로 이번 조사는 5년 전 조사와는 달리, 대상 인구가 70세 이상까지 확대된 점을 고려하여야 하고, 조사 상병명이 조정된 점도 고려하여야 한다.

알코올 사용장애는 알코올 남용과 중독을 포함하는 질병군으로, 평생유병률은 12.2%(64세 이하: 13.4%)로 매우 높았다. 남성의 평생유병률은 18.1%로 여성의 6.4%와 비교하면 약 3배 높았다. 니코틴 사용장애 평생유병률은 남성 10.6%, 여성 1.4%로 전체 6.0%(64세 이하: 6.5%)였으며, 이는 2011년(7.3%)보다는 다소 감소한 수치이다.

인터넷 등의 중독 조사는 정신건강기술개발사업단과 보건복지부의 '인터넷, 게임, 스마트폰 생활 습관 설문' 자가 척도(각 30문항, 28문항)를 이용하였다. 인터넷 중독은 1.4%, 게임 중독은 1.2%, 스마트폰 중독은 5.0%로 나타났다. 인터넷 중독은 여성에서 남성보다 3배가량 높고, 18~29세 연령군, 미혼집단, 부분제 취업집단에서 높았다. 남성은 60대에서도 높게 나타났으며, 미취업집단에서도 높게 나타났다.

병적 도박이란 반복적인 도박은, 지속적이고 반복적인 부적절한 도박 행위로, 10가지 항목 중 적어도 5가지 이상 해당될 때 진단할 수 있고, 도박 고위험군은 1~4개의 증상을 보이는 경우로 정의한다. 병적 도박은 국민 중 0.5%(남성 0.9%, 여성 0.1%), 병적 도박 고위험군은 1.4%(남성 2.7%, 여성 0.2%)로 나타났다. 2011년보다는 다소 감소한 경향을 보였다.

일반 성인 중에서 정신건강 문제로 관련 인력(의사, 정신건강의학과 의사, 사회복지사, 목사 등)과 상의한 적이 있는 경우는 전체의 9.6%였다. K-CIDI[2]로 정신질환 진단을 받은 사람 중의 22.2%가 정신건강 관련 인력을 한 번 이상 방문한 것으로 나타났다. 이는 2006년 11.4%, 2011년 15.3%와 비교할 때 이용률이 증가하였지만, 아직도 구미선진국과 비교하면 낮은 수준이다. 정신질환별 정신건강 서비스 이용률에 편차가 심한데, 기분장애가 52.5%, 조현병 스펙트럼 장애가 39.3%, 불안장애가 27.3%, 알코올 사용장애가 12.1%였다.

2) K-CIDI는 정신질환 실태조사에 사용하는 도구로, WHO에서 개발한 WHO-CIDI(Composite International Diagnostic Interview)의 한국어판을 말한다.

정신질환 범죄자의 재범…법무부-복지부, 책임은 누가 더 클까

아동성범죄자 조두순의 출소(12일)가 하루 앞으로 다가오면서 정부의 강력범죄자에 대한 출소 후 관리 체계에 대한 관심이 커지고 있다. 2018년 기준 정신질환 범죄자의 재범률은 64.9%로 일반 범죄자(44.9%)보다 훨씬 높다. 조두순은 정신질환 판정을 받지 않았지만, 심각한 반사회적인 성향과 성도착증 증세를 보였다. 문제는 조두순만큼 관심과 관리를 받지 못하는 다른 출소자들이다. 전문가들은 치료감호나 보호관찰 종료 후 사회로 복귀하는 정신질환 범죄자들의 상당수가 관리 사각지대에 놓여 있다고 우려한다. 재범 가능성을 크게 낮추지 못한 채 사회로 돌아가기 때문이다. 주무부처인 법무부(관리대상자 · 범죄자)와 보건복지부(정신질환자)가 '핑퐁게임'을 하며 관리 책임을 떠넘긴다는 지적도 나온다.

출처: 동아일보(2020. 12. 11.), 박성민 기자(min@donga.com).

4 정신건강 문제의 해결책 및 대안

여기서는 5년 주기로 시행하는 정신건강 실태조사 결과를 바탕으로 해결책을 모색한다(보건복지부, 2017: 37-41). 지난 5년간 우리 사회는 사회적으로 충격적 사건이 발생하였지만, 평균적으로는 소득이 증가하고 건강 수준이 향상되었으며, 평균수명이 늘어나고 다양한 복지정책이 시행되는 등 정신건강에 긍정적인 영향을 줄 수 있는 여건 변화도 있었다.

우리나라 국민 중 18~64세 기준 정신질환 평생유병률은 2011년 27.4%에서 2016년 26.6%로 약간 감소된 경향을 보였다. 알코올과 니코틴 사용장애는 정신질환 평생유병률 저하에 이바지하였다. 알코올 사용장애는 2011년보다 많이 감소하였지만, 2010년 15세 이상 우리나라 국민 1인당 알코올 소비량은 8.9리터, 2015년에는 9.0리터로 다소 증가하였다.

20대는 본격적으로 알코올과 담배에 노출되는 시기로, 생물학적 · 심리적으로 통제력이 부족하고, 우울 및 불안장애 위험이 높아서 알코올 예방 정책만으로는 한계가 있다. 청소년 시기부터 알코올 등 중독성 물질에 대한 예방 교육이나 20대 층을 향한 알코올 예방 정책을 통해서 20대, 특히 젊은 여성을 대상으로 관리가 필요하다. 또한, 최근 혼술을 마시는 사람의 비율이 증가하고 있다. 이런 혼술 문화는 알코올 의존자의 행동을 합리화시키는 측면이 있으므로, 혼술 문화가 확산되지 않도록 적절한 대책이 강구되어야 한다.

국내 주요 우울장애의 유병률은 미국이나 유럽과 비교할 때 아직은 많이 낮지만, 다른 아시아 국가보다는 높은 수준이다. 전 연령층에서 주요 우울증이 감소하였으나, 20대 남성, 특히 미취업 층에서 우울증이 증가하였다. 이는 취업난, 주택난, 낮은 혼인율, 상대적 빈곤감 등에서 지난 세대보다 상대적 어려움을 겪는 20대의 고통이 반영된 것으로 보인다. 우울증은 체질적 소인과 함께 사회적 요인이 발병에 중요한 영향을 미친다. 따라서 젊은 세대를 위한 각종 노동복지 정책과 함께 우울증을 조기에 인지하고, 치료받을 수 있는 서비스 강화, 정신 치료에 대한 사회적 · 제도적 장벽을 제거하는 정책 수립과 함께 젊은 세대를 위한 IT 기술을 활용한 우울증 자기관리법을 개발하여야 한다.

불안장애 평생유병률은 최근 10년 사이 6.9%에서 9.5%로 꾸준히 증가하고 있다. 1인 가구 비율이 2000년 15.5%에서 2015년 27.2%로 증가하면서 안전과 관련된 불안이 증가하고, 가족의 사회적 지지가 부족해지는 점이 한 원인으로 추정된다. 최근 몇 종의 대형 재난을 겪으며 전반적인 안전에 대한 신뢰가 하락한 점, 묻지마 범죄가 증가한 점 등도 불안 증가에 이바지했을 것이다. 실제 경제협력개발기구의 '삶의 질(How's life) 보고서'에서, 사회연계 지원 부문은 경제협력개발기구 최하위권이었고, 밤에 혼자 있을 때 안전하다고 느끼는 정도 역시 34개국 중 28위로 하위권이었다(보건복지부, 2017: 38-39).

급격히 변화하는 사회 환경에 적응하고, 생존해야 하는 사회적 압력으로 말미암은 막대한 불안감도 이바지했을 것이다. 실업자 수가 1997년 경제 위기(IMF 외환 위기) 이후 최대 수치로 나타나고, 청년실업률도 높아만 가고 있다. 이로 말미암은 고용 불안, 주거 불안 등 생활에 대한 불안감도 증가했을 것이다. 사회공포증, 특정 공포증의 경우 젊은 연령에서 위험이 더 높았고, 특히 20대에서 유병률이 가장 높아 젊은 층의 불안에 관심을 더 많이 가져야 할 때다.

지금까지의 상황을 살펴볼 때, 가장 우선적으로 고려해야 할 일은 사회안전망 개선이다. 그리고 우울장애와 비교할 때 상대적으로 관심에서 멀어져 있는 불안장애에 대한 정신건강 정책을 체계적으로 수립하여 정신건강 서비스에 대한 접근성을 향상시켜야 할 것이다. 특히 고립된 1인 가구에 대한 사회적 지지 제공, 30대 이하 젊은 층의 불안에 대한 개입 등 위험이 높은 계층을 대상으로 한 지원 정책을 설계하여야 한다.

15 CHAPTER 자살 문제

1 자살 문제의 개념

자살의 영어 단어인 suicide의 어원은 라틴어의 sui(자기 자신을)와 caedo(죽이다)의 두 낱말의 합성어이다. 여기서 알 수 있듯이, 자살이란 그 원인이 개인적이든 사회적이든, 당사자가 자유의사(自由意思)에 의하여 자신의 목숨을 끊는 행위를 말한다. 이 정의는 일견 명백하기는 하나 실제로는 여러 문제가 있다. 예컨대, 음독(飮毒)은 일반적으로는 자살의 한 형태인 것으로 되어 있지만, 그것이 처벌(處罰)의 형식으로서 이루어졌을 때[1] 과연 자살이라 할 수 있는지, 그리고 전쟁에 의한 사망은 일반적으로 자살이라고 하지 않으나 과거 일본 군대의 '가미카제(神風) 특공대'나 이른바 '육탄용사(肉彈勇士)'처럼 스스로 자진해서 죽음으로 뛰어드는 경우를 자살적 행위라고 할 수 있는지 그 한계는 모호하다.

1) 왕족 또는 사대부가 죄를 지었을 때 임금이 내리는 사약(賜藥)이 그것이다. 사약은 옛날부터 사용되어 왔으나 형전(刑典)에 인정된 제도는 아니다. 형전에는 교수(絞首)·참수(斬首)만을 사형제도로 명시하고 있었다. 왕족 또는 사대부는 그들의 신분을 참작하여 교살시키는 대신에 사약을 내렸던 것이다.

사전적으로 자살(自殺)은 스스로 자기의 목숨을 끊는 것을 뜻한다. 소설가 이외수(2004)는 그의 책 『감성사전』에서 자살을 다음과 같이 정의하였다. "자살은 자신의 목숨이 자기 소유물임을 만천하에 행동으로 명확히 증명해 보이는 일. 자살은 피조물로서의 경거망동. 자살은 생명체로서의 절대 비극. 그러나 자살은 가장 강렬한 삶에의 갈망이다."

모든 자살은 소중한 생명을 상실하는 자살자 자신의 비극이요, 세상에서 가장 불행한 죽음이다. 이러한 자살은 가족과 주변 사람들의 삶을 황폐화시키고, 그들에게 형언할 수 없는 고통과 충격을 주는 비극이다. 더 나아가 자살은 사회 구성원들로 하여금 삶의 의미와 가치에 대해 혼란스럽게 함으로써 사회 전체에 생명경시 풍조를 조장하고 엄청난 후유증을 남기는 참극이다. 무엇보다도 자살로 인한 심각한 해악은 사회의 도덕적 규범을 흔들고 사회적 통합(결속력)을 와해시킴으로써 사회의 존립에 중대한 위기를 초래하는 점이다.

자살은 그 어떠한 명분으로도 결코 합리화되거나, 미화되어선 안 된다. 그렇다 하더라도 한을 품고 스스로 목숨을 끊은 이들을 불쌍히 여기는 마음을 갖는 것은 살아남은 우리가 가져야 할 최소한의 인간적 도리일 것이다. 중요한 것은 자살자들을 이해한다고 해서 잘못된 모든 것을 옳다고 정당화하는 것이 아니라는 사실이다. 사실 자살을 결행하려는 사람은 모든 수단과 방법을 동원하여 일단 막아야 하겠지만, 이미 고인이 된 사람들을 앞에 두고서는 그들의 죽음이 남긴 숙제를 놓고 함께 고민하는 것이 살아있는 자들의 의무일 것이다. 자살한 개인에게 죄가 있는지의 여부를 판단하기에 앞서, 스스로 목숨을 끊도록 내모는 불의한 사회구조의 문제를 되짚어 보는 것이 남아 있는 자들의 마땅한 도리일 것이다(곽혜원, 2011).

2 자살 문제를 설명하는 이론

프랑스의 사회학자 에밀 뒤르켐(E. Durkheim)이 1897년에 출간한 『자살론(Le suicide)』은 사회학의 고전으로 평가받고 있다. 사회학자 김종엽은, 이 책은 "사회학 저작인 동시에 사회학이 무엇일 수 있는지를 보여 주는, 다시 말해 사회학 자체를 설립하는 저작"이라고 평가했다(강준만, 2005).

이 책에서 뒤르켐은 "자살은 엄연히 사회 현상이며, 자살의 원인 역시 사회적이다."라고 했다. 뒤르켐은 자살이 사회적 현상이라는 것을 보이기 위하여 여러 가지 통계자료를 조사했다. 그 결과 사람들이 생각하던 것과는 달리, 정신병이나 신경쇠약증 같은 것이 자살과 확정적인 관계가 없다는 것을 밝혔다. 또한, 유전적 요소, 개인의 체질, 밤낮의 길이, 계절에 따른 온도의 영향 등 다양한 신체적 물질적 조건이 자살 현상을 설명하기에는 부적합하다는 것을 밝혔다.

또한, 뒤르켐은 자살을 '문명에 대한 반성 수단'으로 보면서, ① 이기적 자살(개인이 사회에 덜 통합되어 있기 때문에 나타나는 자살로 독신자의 자살률이 기혼자보다 높은 것이나, 개신교 신자들의 자살률이 로마 가톨릭 신자들보다 높은 경우가 그 대표적 예다), ② 이타적 자살(개인이 집단이나 공동체에 지나치게 통합이 잘 되어 있어서 나타나는 자살로 군대 조직과 같은 곳에서 가미카제(kamikaze)와 같은 행동이 그 대표적 예다), ③ 아노미적 자살(사회적 규제가 적을 때 나타나는 자살 유형으로 사회적 혼란, 특히 경제적 위기의 상황에서 일어나는 자살이 그 대표적 예다), ④ 숙명적 자살(사회적 규제가 너무 심하기 때문에 일어나는 자살로 자녀가 없는 기혼여성이나 노예들의 자살이 그 대표적 예다)의 네 가지로 분류하였다.

자살률과 사회통합 간의 관계에 주목했던 뒤르켐은 지나친 개인화나 지나친 규제력 모두 높은 자살률을 낳는다고 보았다. 이는 최근 들어 급격히 치솟고 있는 한국의 자살 신드롬을 설명하는 데에 한 시사점을 던져 주고 있다 하겠다(강준만, 2005).

버트런드 러셀(B. Russell)은 1932년에 쓴 '자살이 위법인가?'라는 글에서 "자살이란 주제를 다룰 때 그 장단점을 따지기보다는, 이른바 인간 생명의 신성함과 연결해 바라보는 경향이 있다."라며 다음과 같이 주장했다. "그러나 나는 그 어구를 심각하게 받아들이는 것이 오히려 불법이라고 본다. 그것을 받아들이는 사람이라면 전쟁에 대해서도 비난해야 마땅하기 때문이다(당시 전쟁을 비난하는 것은 불법으로 간주되었음). 너무나 비참한 나머지 자살을 시도하게 되는 저 불행한 사람들 앞에서 인명의 신성함을 호소하는 것은, 전쟁이 인류의 제도의 일부로 존재하는 한 철저하게 위선이다."

자살을 시도하는 사람의 80~90%가 우울증을 앓는다는 통계에 근거해 자살을 일종의 병(病)으로 보는 시각도 있다. 우울증은 인류를 괴롭히는 열 가지 질병 가운데 네 번째로 평생 동안 5명 중 1명이 걸릴 수 있을 정도로 발병률도 높다. 우울증 환자의 15%는 자살로 생을 마감한다고 한다(강준만, 2005).

3 자살 문제의 실태와 원인

자살은 지역적 · 시대적으로 다양한 발생 상황을 보여 주고 있다. 자살률이 높은 나라는 리투아니아 · 러시아 · 벨라루스 등이며, 반대로 낮은 나라는 이탈리아 · 영국 · 스페인 등이다. 이것만으로는 나라별 자살 경향을 판단하기는 어려우나, 서유럽의 경우 전반적으로 자살 경향이 북부일수록 높고, 남부로 올수록 낮아진다.

남녀별 · 연령별 자살 경향을 보면, 남녀별로는 어느 나라에서나 여자의 자살률이 남자보다도 훨씬 낮다. 연령별로는 어느 나라에서나 자살률은 연령이 높아짐에 따라 점차 높아지고 있다.

자살의 원인은 매우 복잡하고 파악하기 어렵다. 신경쇠약 · 실연 · 병고(病苦) · 생활고 · 가정불화 · 장래에 대한 고민 · 사업 실패 · 염세(厭世) 등 여러 가지가 있으며, 그중에서도 염세 · 병고 · 신경쇠약 · 실연 · 가정 불화가 두드러지게 많다. 이것을 남녀별로 보면 남자에게는 신경쇠약과 병고가 많고, 여자에게는 가정불화와 실연이 많다. 그리고 연령별로는 청소년에서는 실연과 염세가 많고, 노인에서는 병고가 특징적으로 많다. 가정불화는 20~30대에 많다. 어느 경우이든 자살의 원인은 자살 기수자(旣遂者)의 유서나 가족의 증언, 또는 미수자(未遂者)의 진술 등으로 파악하게 되는데, 여러 조건이 서로 얽혀 있다.

우리나라에서 요즘 자살이 너무 흔하다. 툭하면 터져 나오는 게 누군가의 자살 소식이다. 한국이 경제협력개발기구(OECD)에서 자살률이 1위라는 얘기는 그간 쭉 나온 것이었고, 언론인뿐만 아니라, 우리 모두가 그 문제에 익숙해져 있다. 그런데 과거 언론의 자살 사건 및 자살자에 대한 전통적인 보도 관행이 어쩌면 자살을 미화하는 것이 아닌가 하는 생각도 든다. 그냥 자살하면 당사자로선 모든 문제가 다 끝나는 분위기, 그래서 자살이 하나의 선택지처럼 여겨지는 인식이 만연해 있다. 남은 가족이나 친지, 주변 사람들, 즉 자살 생존자는 더욱 고통을 받고 또 다른 자살 위험군이 된다.

자살 시도 환자의 대략 80% 이상은 우울증이나 양극성장애와 같은 기분장애를 앓고 있는 것으로 나타나 우울증의 조기 발견 및 적극적 치료가 필요하다. 또 자살 시도 환자의 약 70%는 정신과 외래를 다시 방문하여 치료를 받지 않는다고 한다. 이런 환자들일수록 충동적이고 반복적으로 자살을 시도하기 때문에, 추가 자살 시도를 예방하기 위해서는 가족들이나 주위에서 정신과 외래로 치료를 이끄는 것이 매우 중요하다.

신문이나 TV 등의 매체를 통해 유명인들의 자살 소식을 접했을 때 우리 국민들은 누구나 놀라기도 하고 안타깝기도 했을 것이다. 과거엔 유명인은 물론이고 평범한 사람의 자살 사건 기사에도 언제 어디서 어떻게 자살을 시도했는지 상세하게 나왔다. 이제는 자살이 너무나 가볍고도 선정적으로 보도되어 사람들도 무디어지는 듯한 느낌을 받는다. 어쩌면 여러분들도 주변인으로부터 "유명인들도 죽음을 선택하는데, 나도 따라 죽고 싶다."라는 이야기를 들었을 수도 있다. 사람들이 쉽게 자살 방법을 알게 됐고, 그 피해는 더 커졌다.

언론이 정작 자살하는 방법은 잘 알 수 있게 안내하면서, 자살자들에게 자살 이후 남은 사람들이 어떻게 될지 생각해 보게 하지는 않았다. 그렇다고 자살 보도를 아예 안 할 수는 없다. 하지만 사생활을 포함해 죽은 이유까지 우리가 속속들이 알 필요도 없다. 그나마 최근에 자살을 바라보는 사회적인 시각이 조금은 달라졌다고 느껴진다. 한 언론에서 박지선 씨 어머니의 유서 내용을 단독이라고 보도했지만, 오히려 대중으로부터 지탄을 받고 다른 언론 역시 경쟁적인 취재에 나서지 않았던 점 때문이었다. 이젠 그런 기사를 쓰면 욕먹는다는 걸 기자들도 알고 있다(경향신문, 2010. 11. 21.).

2019년 우리나라 자살 사망자는 1만 3,799명으로 2018년보다 0.9%(129명) 증가했다. 인구 10만 명당 자살 사망자 수인 자살률은 26.9명으로 이 역시 2018년보다 0.9% 증가했다. 이는 경제협력개발기구(OECD) 국가 중 1위다. 특히 40대 이상부터 자살률은 30명 이상, 70대 이상은 45명을 넘었다. 자살공화국이란 오명이 붙은 이유를 고스란히 보여 준다. 매일 38명이 자살로 삶을 마감했다. 현대인은 하루 중 신문을 읽는 데 약 39분을 보낸다고 하니, 이 신문 지면을 살펴보는 중에도 어디선가 목숨을 끊는 선택을 하는 셈이다. 이처럼 자살이 너무 익숙해진 세상이 됐다(서울경제, 2020. 11. 12.).

특히 청소년의 극단적 선택이 문제이다. 보건복지부와 중앙자살예방센터의 '2020 자살예방백서'에 따르면, 지난 2018년 극단적 선택으로 세상을 등진 청소년은 2017년 대비 18% 늘어난 10만 명당 9.1명으로 집계됐다. 우리나라 청소년(9~24세)의 사망 원인 1위는 2011년 이후 8년 연속 자살이 차지하고 있다. 더욱이 코로나19 장기화에 따른 우울증과 유명인들의 잇따른 자살 여파로 2020년 청소년 자살률이 최고조에 달할 수 있다(www.spckorea.or.kr).[2] 실제로 한국청소년상담복지개발원 등에 따르면, 2020년 3~9월 청소년사이버상담센터에 접수된 '우울 · 불안 · 충동 · 분노조절 문제' 상담은 2019년 같은 기간 대비 85.7%나 급증했다. 또 자해 · 자살 문제 관련 상담도 같은 기간 69.7% 증가했다. 특히 자살 문제 관련 상담은 2019년 1,660건에서 2020년 같은 기간

2) 이렇게 주장하는 데는 모방 자살(copycat suicide), 자살 전염(suicide contagion)이라고도 하는 베르테르 효과(werther effect)를 기반으로 한다. 베르테르 효과란 유명인 또는 평소 존경하거나 선망하던 인물이 자살할 경우, 그 인물과 자신을 동일시해서 자살을 시도하는 현상을 말한다.

3,292건으로 두 배 가까이 늘어났다(서울경제, 2020. 11. 12.).

자살을 시도한 우울증 환자는 '죽으면 모든 것이 해결되고 편해질 것 같다'는 말을 하곤 한다. 과연 그럴까? 죽은 뒤에는 편안함 · 후련함 등의 감정을 느낄 수 없다. 오히려 남은 사람들은 '대체 왜?'하는, 답이 나오지 않는 질문을 되풀이하며 고통스러운 시간을 보낸다. 때론 자살한 사람을 원망하기도 한다. 그런데도 많은 이가 자살을 고통 해소와 문제 해결 방안으로 생각하는 듯하여 안타깝다.

앞에서 뒤르켐도 말하였다시피, 자살을 사회학적 관점에서 보면 여러 부류가 있다. 개인주의적 성향이 강한 사람이 사회에 통합되지 못하고 소속감을 잃어버리면서 시도하는 자살은 이기적인 자살이다. 학력과 지위가 높은 사람 또는 이혼 · 독거자 등의 자살이 여기에 속한다. 이타적 자살은 사회와 자기 자신을 동일시할 때 발생한다. 민주나 정의, 종교적 신념을 외치며 분신 · 투신하는 경우가 이 범주에 속한다. 가치관의 붕괴와 혼돈에서 오는 아노미적 자살도 있는데, 이는 대개 파산이나 실직을 경험하고 나서 하게 된다.

문제는 이 모든 것이 사회와 연결돼 있다는 점이다. 즉, 사회 통합 기능의 부실에서 온다는 것이다. 자살의 원인을 경제적 어려움, 학업 · 직업 · 결혼생활의 실패, 대인 관계의 갈등, 신체 질병 등에서 찾지만 과거에도 그런 어려움은 언제나 존재했다.

4 자살 문제의 해결책 및 대안

우리는 다방면에서 점점 풍족해지고 있다. 그런데 왜 예전보다 자살이 증가하는가? 결국 사회가 다원화하고 복잡해졌지만 사회가 개인을 적절하게 아우르고 자살하지 못하게 하는 제어 장치를 제대로 두지 않은 탓이다. 따라서 사고의 변화가 필요하다.

자살을 생각하거나 시도한 사람, 실제로 자살한 사람을 나약하고 의지가 부족하다며 몰아붙이고 뭔가 부족한 사람 취급을 하는 시각을 바꿔야 한다. 자살 책임을 그 가족이나 배우자에게 전가하는 분위기 역시 변해야 한다.

이제 자살은 개인이나 가족만의 문제가 아니라, 사회 전체에 깊은 상처를 남기는 사회적 문제이다. 따라서 사회 통합과 안전망 문제로 보아야 한다. 자살은 어려운 상황으로부터 빠져나가는 대응 방안이 아니라, 주변 사람과 자기 자신에게 더 괴롭고 힘든 결과를 남기는 극단적 선택일 뿐이다. 그러나 자살 충동 또는 시도 문제가 있을 때 어떻게 해야 할지 몰라, 환자 본인도 보호자도 당황해하며, 상황이 악화되도록 방치한 경우가 부지기수이다. 이런 사람들을 적절한 평가와 치료를 통해 지금보다 나은 상태가 될 수 있도록 정신과 전문의의 도움을 받도록 해야 한다. 혹시 아직도 정신과 치료는 조현병(調絃病)[3] 환자만 하는 것으로 생각하는가!

자살 충동을 느끼는 친구나 가족을 곁에서 보고 있는 것도 참 괴로운 일일 것이다. 그러나 자살을 결정하는 원인이나 결정 과정은 개인마다 다양하고, 때로는 당사자를 잘 안다고 생각하더라도 적절한 도움을 줄 수 없는 경우가 많다. 또한, 앞서 얘기했듯 이런 사람들은 대부분 우울증 등의 정신질환을 가지고 있기 때문에, 곧 나아질 것이라는 섣부른 위로나 일시적 대책이 도움이 되지 않으며, 때로는 오히려 당사자들의 절망감을 악화시킬 수도 있다. 따라서 따뜻한 말로 정신과 진료를 권유하고, 주위 사람들에게 위험성을 알려서 함께 대처하는 것이 필요하다.

최근에는 노령화 사회로 접어들면서 노인 인구의 정신건강에 대한 관심이 점점 증가하고 있다. 노인 자살 시도 환자들의 경우는 더욱 심각하고 치명적인 방법으로 자살을 선택하고 있어 안타까움을 더한다. 정신건강 의학계에서는 자살 가능성이 큰 환자를 선별하고 적극적인 치료를 통해 자살을 예방하는 데 힘써 왔다. 하지만 그것으로는 한계가 있다. 정부 · 사회단체 · 지역사회의 역할이 중요하다. 사회복지 시스템과 실업

3) 「약사법」 개정 때 슈퍼 판매 일반약 확대와 함께 변경하기로 한 정신분열병의 새 병명이다. 정신분열이란 마음이 나눠진다는 뜻인데 이는 실저 의학적인 증상과도 차이가 있을 뿐 아니라 환자를 낙인찍는 인격 모독의 병명으로 비판받아 왔다. 이처럼 증상과 병명에 차이가 나는 것은 영어 'schizophrenia'를 일본에서 정신분열병이라고 번역했기 때문이다. 새로 명명된 조현은 '현악기의 줄을 고르다.'라는 뜻으로 '뇌의 신경망을 튜닝(조절)한다는 의미'에서 정해졌다.

대책이 자살 예방과 연계되어야 한다.

학교의 정신보건 교육, 알코올과 약물 관련 법안 개선, 정신 상담제도 활성화, 건물·교각의 자살 예방 기준 강화, 자살에 쓰일 위험성이 높은 도구의 접근 제한 등 세세한 것을 모두 논의해야 한다. 이제 언론도 유명인의 자살을 선정적으로 다루지 말고 자살 예방 활동이나 자살 위기를 극복한 사례를 자주 소개하는 방향으로 나아가야 한다.

우리 사회는 어느덧 예전보다 크게 나아진 경제적·문화적 풍요로움을 누리고 있다. 그런데도 자살이 늘어나는 것은 물질적·외형적 가치만으로 인간을 행복하게 할 수 없다는 방증이다. 이제 생명의 소중함과 내적 가치의 귀중함을 돌아봐야 한다. 삶이 언제나 살만한 것이 아니라는 점은 모두 알고 있다. 그렇다고 언제나 우울함과 고통만 있지 않다는 것도 느끼며 산다. 하지만 우울하고 고통스러운 그 순간에 주위의 누군가에게 '나 지금 많이 힘들다. 괴롭다.'라고 하면서 손을 내밀 수 있고, 그 손을 따뜻하게 잡아 주는 누군가가 있어야 한다. 그 손은 당신이어야 하고, 사회이어야 하고, 국가이어야 한다.

정책을 만드는 사람들은 예산을 투입한 만큼 티가 나고 결과가 당장 팍팍 나오길 바랄 것이다. 그런데 한 개인이 스스로 목숨을 끊을 때는 엄청난 고민을 거치고 거쳐 그런 행동을 하는 거라, 그 사람이 계속 살아가기로 한다고 해서 결과가 수치로 '뻥' 하고 나타나기 어렵다. 그리고 구체적으로 말하면, 서울시에서 청년들의 정신과 상담 진료비를 5회까지 지원한다거나, 외국처럼 응급실에 실려 온 자살 시도자에게 회복 이후 지원 기관과 즉각 연결을 해 주는 등 큰 예산이 들어가지 않는 정책만 있어도 효과는 나타난다. 정권과 상관없이 자살예방 예산은 아예 기본값으로 일정액을 고정해 두고 장기적으로 가야 한다. 생명이 달린 일이니 여야가 싸울 일도 아니다(경향신문, 2010. 11. 21.).

인구와 저출산-고령화 문제

16
CHAPTER

1 인구와 저출산-고령화 문제의 개념

1987년 7월 11일 전 세계 인구가 50억 명이 돌파한 것을 기념하는 '50억의 날(The Day of Five Billion)'을 기념하기 위하여, 1989년 유엔개발계획(UNDP)이 매년 7월 11일을 '세계 인구의 날'로 제정하였다. 세계 인구의 날은 인구 수, 인구 분포, 고령화 등 다양한 인구 문제에 대한 심각성을 환기하는 것을 목표로 하며, 전 세계 규모의 인구 문제를 해결하기 위한 연구 결과가 이날 발표되기도 한다. 그런데 '다양한 인구 문제'라고하면 어떤 게 제일 먼저 떠오르는가? 우리나라에선 저출산-고령화가 가장 핵심 문제로 생각날 것이다. 하지만 지구 반대편에서는 또 다른 인구 문제가 떠오르고 있다. 이에 대한 관심을 촉구하기 위해 '세계 인구의 날'을 맞아 이벤트가 매년 진행되고 있다.

통계청에 따르면, 2015년부터 2020년까지 우리나라의 합계출산율 평균은 1.11명이다(http://kostat.go.kr/). 세계 합계출산율이 2.47명인 것과 비교할 때 상당히 낮다. 특히 2018년의 0.98명, 2019년의 0.92명이라는 수치는 세계적으로 그 유래를 찾아볼 수 없는 합계출산율이다. 이제 어떻게 대응할 것인가? 반면, 2015년부터 2020년까지 한국의 기대수명은 82.5세로 세계 기대수명 72.3세보다 높은 수준이다. 이렇게 저출산이 심해진다면 어떤 사회적 문제가 부차적으로 생기게 될까? 7월 11일은 세계 인구의 날, 2067년엔 세계 인구 100억 명 돌파! 그렇다면 우리나라의 미래는 어떻게 될까?

인구 문제란 한 국가나 지역의 인구 증감, 인구의 지역 간 불균형 분포, 인구 구성의 불균형 등으로 발생하는 인구와 관련한 모든 문제를 말한다. 과잉 인구의 발생은 인구 부양력을 증가시켜 자원의 해외 의존도를 증가시킨다. 또한, 인구의 지나친 지역적 편재는 대도시의 과밀화와 농촌의 과소화 현상을 초래하여 대도시에서는 주택 · 교통 · 공해 · 범죄 등의 여러 사회 문제가 발생하고, 농촌에서는 노동력 부족의 문제가 발생하고 있다. 그리고 성비의 지나친 불균형으로 말미암아 여성 인구보다 남성 인구가 많은 현상(男超現象)이 증가하게 됨에 따른 결혼 문제, 노령화의 가속화에 따른 노인복지 문제 및 노동력 부족 문제 등이 점차 현실로 다가오고 있다.

일본에서는 전시(戰時) 중의 인구 증강 정책, 패전 후에는 180도 완전히 바뀌어 인구 과잉으로 인식하여 출생 억제 정책으로 급전, 오늘날에는 출생 감소에 기초하여 인구 고령화 문제에 고심하는 사회로 크게 바뀌었다. 개발도상국에서의 급속한 인구 폭발, 도시의 인구 팽창은 식량 부족, 자원 · 환경 문제 등 유한한 지구상의 인류 전체의 21세기 문제로서 직면하고 있다.

인구 문제는 민족이나 종교, 국가, 사람들의 가치관 · 국제 관계 등과도 관련하여 점점 확대되고 있다. 따라서 다양한 인구 문제에 대한 관심이 촉구된다. 일반적으로 인구 문제는 현재와 미래적 시점에서 다음의 4가지로 정리하여 생각할 수 있다(https://search.naver.com/).

첫째는 인구 수량 · 총량을 둘러싼 문제이다. 인류의 역사는 산업혁명 이후 고출생 · 고사망(多産多死)에서 다산소사(多産小死)를 거쳐 저출생 · 저사망(小産小死)으로 인구 전환을 경험하였다고 할 수 있다. 전쟁이나 유행병 · 자연재해 등에 의한 인구 동태에 대한 영향 등 인구의 변동은 역사의 일그러짐을 객관적으로 말하기도 한다. 20세기의 지구는 실제로 인구 폭발의 세기였다고 할 수 있지만, 선진국은 계속되는 출생 감소에 고심하는 양극 구조 · 남북문제를 드러내고 있다.

둘째는 인구 자질 · 우생(優生)을 둘러싼 문제이다. 비문맹률 등 교육 정도별 · 유전적 질병이나 장애 등의 문제이다. 또한, 최근에는 유전공학과 생식기술의 발전으로 생명윤리 측면에서의 생과 사를 둘러싼 중절 및 태아에서 뇌사의 한계까지에 따른 문제로 확산되고 있다.

셋째는 인구 이동 · 분포, 도시화라는 지역 공간적 이동이나 농업 노동력의 다른 산업으로의 전환 · 사회 이동을 둘러싼 문제이다. 전자는 국내와 국제 인구 이동으로 구분된다. 빈곤한 개발도상국에서 풍요로운 선진국으로의 벌이가 증가, 경제나 정치 난민뿐만 아니라 환경 난민의 발생도 21세기의 대과제가 될 것이다.

넷째는 인구의 연령 구조, 고령화를 둘러싼 문제이다. 개발도상국을 포함한 전 세계적 고령화가 지금부터 진행되어 노인부양이나 복지, 연금이나 의료개혁 등 사회보장 문제가 있다(https://search.naver.com/).

2 인구와 저출산-고령화 문제를 설명하는 이론

세계 인구는 1800년에서 1960년까지 160년간 약 20억 명이 증가했는데, 1960년에서 1970년 사이 약 15년 동안에만 10억 명의 인구가 증가하였다. 그 다음 13년간에도 10억 명이 증가하여, 10억 단위로 늘어나는 기간도 단축되는 경향이다. 최근의 인구 증가 동향은 인구 증가를 경제사회적 발전의 성과로 보는 인구전환론(demographic transition)으로 설명되는데, 인구전환론은 인구 동향을 다음과 같은 4단계로 구분한다.

- **제1단계:** 출산율과 사망률이 모두 높음
- **제2단계:** 사망률이 급락하지만, 출생률은 높음
- **제3단계:** 사망률의 하락속도는 점차 둔화되나 사망률의 하락과 함께 출생률도 낮아짐
- **제4단계:** 출생률과 사망률이 모두 낮은 안정 상태

제2~3단계는 출생률과 사망률의 차가 크기 때문에 자연인구 증가율(이민 제외)이 매우 높다. 일반적으로 서구 제국과 일본은 인구 전환이 끝난 단계에 있으며, 많은 개발도상국은 제2~3단계에 있다. 개발도상국의 급격한 인구 증가는 식량 공급이 이를 따라가지 못함으로서 세계적으로 식량 위기를 부추기고 있다. 또한, 농산물 증산을 위한 대량의 비료와 살충제를 이용한 농업재배는 토지를 황폐화시키는 등 환경 파괴 문제를 일으킨다.

이처럼 개발도상국에서는 인구 급증이 문제가 되고 있지만, 반대로 선진국에서는 인구 전환의 제4단계 후 인구 정지 상황(한 쌍의 부부가 2.1명의 아이를 출산, 인구 증가가 없는 상황으로 인구의 자연증가율이 0인 상태)이 현실화되고 있다. 그런데 일본, 프랑스 등은 한 쌍의 부부가 2.1명 이하의 신생아를 출산, 인구 감소로 말미암은 인구 구조의 왜곡이라는 문제가 일어나고 있다.

1) 인구 문제에 관한 거시 이론적 관점

(1) 기능주의적 관점

유기체와의 비유에 기초한 기능주의에 따르면, 사회 전체는 생물유기체와 마찬가지로 상호 의존적 관계를 가지는 다양한 부분으로 구성되는데, 이러한 부분들은 전반적으로 사회의 유지 · 존속 · 발전에 적합한 기능을 수행하도록 사회 구성원 간의 가치 합의가 이루어져 있다.

기능주의의 기본적 문제는 "어떻게 사회는 그 욕구를 충족시키는가?"이다. 각 과정,

제도, 관행은 사회적 요구를 충족시키고, 그리하여 사회의 구조나 평형상태를 유지하도록 돕는 것으로 간주된다. 기본적으로 기능주의적 설명은 문제가 되는 행동을 규명하는 것에서 출발하였다. 고립되어 있는 것으로 보이는 행동은 아무런 의미가 없는 것으로 나타난다. 따라서 이러한 행동은 더 넓은 사회적 맥락 속에 위치 지워지고 어떤 사회적 요구를 만족시키는 것으로 간주된다.

기능주의적 관점에 따른 인구 문제는 개인의 기능적 실패의 문제일 수도 있지만, 사회구조적인 차원에서 사회 제도의 기능적 실패의 문제일 수도 있다. 만일 사회의 각 부분이 자신들의 응당 수행해야 할 기능을 제대로 수행하지 못한다면 사회는 조화가 깨지고, 성장 · 발전해 나가지 못할 뿐만 아니라 유지되기조차 어렵게 된다(김기원, 2017: 561-562; Gilbert & Terrell, 2005: 2-14). 예컨대, 저출산으로 말미암은 인구 문제는 가족이 자신의 일차적 기능인 출산 기능을 제대로 수행하지 못한 결과로 볼 수 있다. 마찬가지로, 고령화에 따른 노인 부양 문제 또한 가족이 자신이 수행해야 할 사회복지 기능을 제대로 수행하지 않은 결과다.

(2) 갈등론적 관점

갈등론에 따르면, 사회는 상호 대립적 이해관계를 갖는 세력 간 끊임없는 갈등과 투쟁, 그리고 그에 따른 사회구조적 변동으로 특정지어진다. 이해관계의 상충은 희소자원의 소유와 배분을 둘러싸고 발생하는데, 고전적 갈등론자인 마르크스는 생산 수단이나 권위의 불평등 배분을 갈등의 원천으로 파악한다.

갈등론적 관점에 따른 인구 문제는 권위의 불평등에 대한 여성의 집단적 반발로 볼 수 있다. 여성들이 남성 지배적 가족제도와 성 역할 분업이라는 불공정한 권위 체계에 대한 거부, 그리고 여성의 사회적 정체성 확립이라는 사회 변동 과정에서 남성 집단과 여성 집단의 불균등한 권력관계가 균등한 권력관계로 변해 가는 과정에서 파생된 사회문제로 볼 수 있다. 예컨대, 저출산 문제는 여성의 경제활동에 따른 결혼 연령이 높아지고, 사회적 지위가 높아짐에 따른 피할 수 없는 결과다.

2) 인구 문제에 관한 미시 이론적 관점

(1) 상징적 상호작용론적 관점

앞서 소개한 기능론이나 갈등론 등과 같은 거시적 관점은 개인으로 대체할 수 없는 사회적 구조를 설정하고, 그 구조 속에 위치한 개인을 바라보기 때문에 인간의 주체적 능동성을 과소평가하는 경향이 있다. 그러나 사회 · 문화 현상에 대한 미시적 관점으로서 상징적 상호작용론은 거시적 관점이 간과한 개인의 능동적인 사고 과정과 행위의 선택, 그리고 다른 사람과의 의사소통 과정에 주목한다.

상징적 상호작용론에 따르면, 사람은 언어와 문자 등 상징을 사용하여 서로 상호작용하며, 그 과정에서 자신과 주위 사람들과의 관계를 깨닫고, 자신이 어떻게 행동할 것인가를 판단한다. 상징적 상호작용론은 개인이 자신들 나름대로의 방식으로 주어진 상황을 정의하며 이에 따라 행동하고 있음을 강조한다. 따라서 중요한 것은 객관적인 사회적 조건이 아니라, 개인이 그것을 어떻게 주관적으로 인지하고 평가하느냐는 '상황 정의'이다. 예컨대, 월 소득이 같은 근로자들 가운데 자기가 하층이라고 생각하는 사람과 중산층이라고 생각하는 사람이 있을 수 있으며, 그들은 자신의 환경에 대해 서로 다른 상황 정의와 행위 유형을 가질 것이다.

우리나라에 오랫동안 구전되어 온 전래동화 '흥부전'과 인구 문제를 연결해 보자. 주인공 흥부를 묘사하는 핵심 단어로는 다자녀, 빈곤, 선행, 복(福) 등이 있다. 도덕적인 측면을 제외한다면, 오랫동안 우리 사회는 흥부라고 하면 다자녀 가구, 그리고 그로 말미암아 극심한 빈곤을 겪는 가족이라는 사회적 인식이 있었다. 심지어 다자녀 가구를 흥부네 가족이라는 별칭을 붙이기도 하였다. 이러한 다자녀 가족에 대한 부정적인(?) 사회적 정의는 젊은 사람들에게 다자녀 출산에 대한 두려움과 때로는 혐오감을 느끼게 하였고, 결과적으로 저출산이라는 인구 문제를 만들어 내게 되었다(김기원, 2017: 563).

(2) 맬서스의 인구론

맬서스(T. R. Malthus)는 『인구론(An Essay on the Principle of Population)』에서 인구 문제를 사회구조적인 문제가 아니라, 개인적인 문제로 보았다. 인간 생존의 사회적 조건과 인구 문제에 관한 학설인 『인구론』 초판(1978)에서, 맬서스는 식량은 산술(등차) 급수적으로 늘어나지만 인구는 기하(등비) 급수적으로 늘어나므로, 자연대로라면 과잉 인구로 말미암은 식량 부족은 피할 수 없으며, 그로 말미암아 빈곤과 죄악이 필연적으로 발생할 것이라고 주장하였다. 즉, 벤저민 프랭클린(B. Franklin)이 제공한 미국의 통계자료를 근거로, "인구는 25년마다 두 배로 증가하는 경향이 있다."라고 했다. "인류는 1, 2, 4, 8, 16, 32, 64, 128, 256, 512이라는 식으로 증가할 것이고, 식량은 1, 2, 3, 4, 5, 6, 7, 8, 9, 10이라는 식으로 늘어날 것이다. 따라서 225년 후에는 인구와 식량의 비는 512대 10이 될 것이고…."

이 얼마나 무섭고 심각한 상황인가! 만약 이 상태를 그냥 두면 어떻게 될까? 필연적으로 빈곤과 죄악이 발생할 것임이 눈앞에 선하다. 그리하여 인류의 다수는 불행해질 수밖에 없다. 그래도 두렵지 않은가? 그런데 과연 맬서스의 주장대로 되었는가? 1970년대 초반까지 세계 인구 증가 전망은 맬서스의 주장에 딱 들어맞는 듯했다. 적어도 저개발국들에서는 분명 그랬다. 당시 인구학자들은 그냥 내버려 두면 50년 후 세계 인구는 다섯 배로 늘어난다고 예측했다.

그러나 맬서스의 우울한 『인구론』 예언은 다행히 빗나갔다. 참으로 천만다행이 아닐 수 없다. 인구 폭발이라는 함정에서 유럽 사회를 구해 준 것은 무엇일까? 녹색혁명, 즉 화학비료 투입에 따른 농업 생산 증가와 함께 산아제한이 중요한 역할을 했다. 많은 사람이 도시로 옮겨 살게 되면서 자녀 양육이 부담이 되자 자녀를 여럿 두지 않고 한두 명만 키우게 된 것이다. 그 후 개발도상국에서도 경제발전에 따라 인구증가율이 낮아졌고, 1970~1975년 사이에 인구증가율은 사상 최초로 둔화되기 시작했다.

(3) 마르크스의 인구관

맬서스와는 정반대로, 마르크스는 인구 문제를 개인의 문제가 아니라 사회구조적인 문제라고 주장하였다. 마르크스는 맬서스가 주장한 것처럼 시간과 공간을 초월해서 일반적으로 적용될 수 있는 인구법칙이란 존재하지 않으며, 시대에 따라 그리고 사회마다 나름대로의 인구법칙이 존재하기 마련이라고 강조한다. 맬서스의 인구법칙은 순전히 생물학적 결정론에 근거를 두고 있기 때문에 동식물의 세계에서나 적용될 수 있는 것일 뿐 인간사회에서는 적용될 수 없다는 것이다(고영복, 1992: 396-397).

그는 인구 증가의 결과로 빈곤 문제가 발생한다는 맬서스의 주장에 반대하였다. 맬서스가 과잉 인구와 빈곤 문제를 하위계층 사람 자신들의 문제로 돌린다고 비난하였다. 인구 문제로 일어나는 사회 경제적 불안은 오히려 사회 제도적인 결함에서 비롯된 것이라고 주장하였다. 마르크스는 역사적으로 특정 생산양식은 나름대로의 인구법칙을 가지고 있으며, 이들 법칙은 이것이 적용되는 특수한 역사적인 상황에 관해서만 유효하다고 봄으로써, 자연의 법칙이라고 주장한 맬서스의 보편적인 인구법칙을 부정하였다(고영복, 1992: 396-397; 김기원, 2017: 566).

3 인구와 저출산-고령화 문제의 실태와 원인

앞에서도 언급했지만, 인구 문제는 사회문제와 밀접한 관계를 가진다. 일반적으로 인구 문제는 양적인 문제와 질적인 문제로 나누어 생각할 수 있다. 양적인 문제에서는 인구의 가속도적 증가가 문제가 되고, 질적인 문제에서는 연령, 취업, 사회계층 등의 구성이 논의된다. 인구 문제는 시대에 따라 그 양상이 달라지지만, 오늘날에는 개발도상국에서의 인구 증가와 선진공업국에서의 출생력 저하와 노령 인구의 증가가 자원과 환경의 문제와 관련되어 주목되고 있다.

과거에는 급격하게 늘어나는 인구를 제한하기 위해 산아제한 정책을 펼쳤으나, 반대로 오늘날에는 급격한 합계출산율 저하로 고령화, 생산인구 저하, 세대 갈등 등의 사회문제가 발생하고 있다. 전 세계와 한국의 저출산–고령화의 현황에 대해 살펴보고, 미래에 발생할 인구 문제의 심각성에 대해 생각해 보자.

통계청의 2019년 세계와 한국의 인구현황 및 전망에 따르면, 세계 인구는 2019년 77억 1,000만 명(2020년 기준으로는 78억 명)으로 2000년과 비교할 때 1.3배로 나타났다. 향후 2067년에는 103억 8,000만 명에 이를 것으로 예상하고 있다. 드디어 인구 100억 명 시대를 맞이하게 된다. 그렇다면 우리나라 인구는 어떻게 변화될까? 우리나라 인구는 2020년 5,200만 명으로, 2028년까지 소폭 증가한 이후 다시 감소하여 2067년에는 3,900만 명이 될 것으로 전망하고 있다(http://kostat.go.kr/).

인구 구조 측면에서(2019년부터 2067년 동안), 세계 평균과 우리나라가 조금 다를 것으로 보고 있다. 우선, 2019년에 65세 이상 고령인구 비율은 세계 평균은 9.1%이며, 우리나라는 이보다 5.8%p 큰 14.9%이다. 지금 현재만 봐도 우리나라가 세계 평균과 비교할 때 고령인구가 많은 것을 알 수 있다. 그런데 문제는 여기서 끝나지 않는다. 2067년이 되면 이 폭이 더 커질 것으로 예상된다. 2067년에 65세 이상 인구 비율 전망은 세계는 18.6%이며, 우리나라는 46.5%가 될 것으로 전망하고 있다. 이대로 시간이 더 지나간다면 65세 이상 고령인구가 15~64세 생산인구보다 더 많아질 날이 오게 될 것이다.

이처럼 세계와 우리나라의 인구 전망 노선이 이렇게 현격하게 다른 이유가 무엇일까? 여러분의 생각은 어떠한가? 과연 그 이유가 무엇 때문일까? 바로 우리나라의 심각한 인구 문제 중 하나인 '저출산'이 원인이다. 저출산 현상은 여성의 사회 참여 증가, 결혼 연령의 상승, 육아와 가사 노동에 대한 부담, 사교육비 증가, 결혼과 가족에 대한 가치관 변화 등으로 나타나고 있다. 저출산 현상으로 인구가 정체하거나 감소하면 경제 활동 인구가 줄어들어 세금 감소, 연금 및 보험 비용 증가, 경제 침체 등 다양한 문제가 발생한다.

한편, 우리나라의 고령화 문제는, 생활수준의 향상과 의학 기술의 발달로 평균 수명이 늘어나면서 인구 고령화 현상이 나타나고 있다. 인구 고령화 현상이 심화되면 노년층을 부양해야 하는 청장년층의 부담이 늘어나게 되고, 노동력 부족으로 국가 경쟁력이 약화된다. 또한, 노년층의 질병, 빈곤, 소외 등 노인 문제도 나타난다. 고령화 문제를 연금 폭탄, 복지 붕괴, 노동력 부족 사태, 세대 간 충돌 등으로 표현한다. 고령화를 일컫는 이러한 용어는 매우 자극적이다. 이는 위기의식이 그만큼 크다는 것을 의미한다.

4 인구와 저출산-고령화 문제의 해결책 및 대안

계속해서 인구가 증가하는 나라에서는 어떤 대책을 강구하고 있을까? 우리가 그들 입장이라면 이런 문제를 어떻게 해결하려고 할까? 인구 증가 문제를 해결하기 위한 대책으로 다음과 같은 생각을 할 수 있겠다. 가족계획으로 적정 인구로 조절하는 인구 증가 억제책, 국토의 균형 있는 발전을 통한 인구의 분산과 재배치, 경제력 증대를 통한 인구 부양력을 높이는 방안 등이 그것이다.

그런데 우리나라는 이와 정반대로, 곧 인구가 감소할 상황이다. 그렇다면 우리나라 저출산 문제를 해결하기 위해 우선적으로 필요한 정책은 무엇일까? 저출산 문제를 해결하기 위해서는 출산 장려 정책을 시행하고, 보육 시설을 확충하여야 한다. 또한, 교육비 부담을 줄일 수 있는 공공 교육 서비스 등을 지원하며, 양성평등 문화를 조성한다.

실제로 인구보건복지협의회의 '2017년 저출산 국민인식조사'에 따르면, 저출산 해결을 위한 정책으로는 "출산 및 육아 지원 확대(50.4%)"가 가장 높게 나타났다. 저출산이 생활에 미칠 영향으로 "국민연금 고갈로 연금 혜택을 못 받을 것 같다(74.1%)", "복지정책 확대로 세금이 늘어날 것 같다(71.3%)"가 높게 나타났다. 이는 미래에 대한 경제적인 불안감이 가장 큰 걱정거리로 나타난 것이다. 저출산에 대한 원인으로는 "자녀 양육에 대한 경제적 부담(64.3%)", "일과 육아 양립 문화가 미흡(33.3%)"한 것으로 조사됐다(http://kostat.go.kr/).

고령화 문제를 해결하기 위해 연금제도와 사회보장제도를 정비하고, 노인들의 경제력을 증대시킬 수 있도록 정년 연장이나 직업 훈련 등의 정책을 시행하여야 한다. 실제로 통계청의 2019년 세계와 한국의 인구현황 및 전망에 따르면, 한국의 총부양비(생산연령인구 1백 명당 부양해야 할 유소년+고령인구) 역시 2019년 37.6명에서 2067년 120.2명으로 증가할 전망이라고 한다. 그런데 같은 기간 세계 평균 총부양비는 53.2명에서 62.0명으로 증가할 것으로 보인다(http://kostat.go.kr/).

17
CHAPTER

환경 문제

1 환경 문제의 개념

산업혁명 이후 인류가 석탄, 석유 등과 같은 화석연료를 에너지원으로 이용하면서 공업 생산이 현저하게 늘어났다. 더불어 소비 활동도 급격하게 증가하여 우리의 생활은 놀랍도록 풍요로워졌다. 그러나 20세기 후반에 들어서면서 인류의 풍요로움 뒤에 숨어 있던 그늘이 드러나게 되었다.

인류에게 풍요를 선물하였던 산업화의 주요 동력원인 석탄과 석유의 고갈 시기가 눈앞에 다가왔으며, 기하급수적으로 증가한 인구를 먹여 살릴 식량을 재배하는 공간이 부족해지는 등 자원의 한정성으로 말미암은 많은 문제가 나타났다. 하지만 이보다 더욱 심각한 것은 자원의 과도한 개발 과정에서 부수적으로 발생한 각종 환경오염이 지구 곳곳에서 재앙으로 나타나고 있는 것이다. 이러한 환경 문제는 인간이 저지른 사고로 발생하기도 하고(예: 원유 수송선 침몰로 바다오염 등), 인간이 직접 만들기도 한다(예: 비양심적인 기업의 오폐수 방류로 말미암은 수질오염 등).

78억 명을 넘는 세계 인구의 식량을 생산하는 농경지는 총 육지 면적의 10% 미만이다. 게다가 산업화와 도시화 과정에서 많은 부분이 주거와 공업 용지로 이용되었기에 경작지의 면적은 더욱 줄어들고 있다. 결국 무리한 식량 생산으로 토양의 지력이 현저하게 떨어졌을 뿐만 아니라, 산업화 과정에서 배출되는 각종 오염 물질로 토양오염까지 더해져 문제의 심각성이 매우 크다.

환경 문제가 세계적으로 큰 주목을 받게 된 것은 세계적인 베스트셀러 『침묵의 봄(Silent Spring)』 출판에 의해서이다.[1] 1958년 1월 12일 『보스턴 헤럴드』는 살충제로 말미암은 야생 동식물의 피해 사례를 상세히 다뤘다. 특히 연방정부의 살포로 말미암아 발생할 수 있는, 인간에게까지 미칠 수 있는 잠재적인 위험을 경고했다. 문제는 농무부와 몇몇 주 기관이 매미나방, 모기 떼의 습격을 퇴치하기 위해 땔감으로 쓰는 기름에 DDT(유기염소 계열의 살충제이자 농약)[2]를 섞어 살포한 데서 발생했다. 신문은 뉴햄프셔 주 힐스보로에 사는 유기 원예가이자 자연주의자인 베아트라체 트럼 헌터(B. T. Hunter)의 중독 반대에 대한 편지도 실었다.

카슨(R. Carson, 1962)이 『침묵의 봄』을 쓰기로 마음먹은 것은 매사추세츠에 사는 조류학자이자 『보스턴 포스트』의 편집자인 친구 허킨스(O. Huckins)가 이러한 소식을 편지로 보내 오면서부터였다. 『침묵의 봄』은 환경 문제의 심각성과 중요성을 독자들에게 일깨워 주었다. 그는 책에서 "미국에는 봄이 와도 자연은 침묵하고 있다."라고 하여 경종을 울렸다. 이는 당시의 케네디(J. F. Kennedy) 정권에 큰 영향을 미쳤다.

카슨은 살충제의 사용 실태와 그 위험성을 조사하고, 생물학자로서의 전문지식과 작가로서의 능력을 발휘해 방사능 낙진으로 말미암아 더욱 절실해지기 시작한 환경 문제의 복잡성을 알기 쉽게 풀어 냈다. 더불어 무분별한 살충제 사용으로 파괴되는 야생 생물계의 모습을 적나라하게 공개하여, 생태계의 오염이 어떻게 시작되고 생물과

---

1) 레이첼 카슨(R. L. Carson, 1907-1964)은 농약의 남용이 생태학적 위기를 초래하며 작은 새가 지저귀는 봄을 침묵하게 한다는 것을 경고했는데, 이에 대한 격렬한 찬반양론의 와중에서 농약의 잔류 영향에 대한 연구가 행해지고 미국에서는 1964년 DDT, BHC 등 9종류의 농약 사용이 금지되었다. 『타임』지가 20세기를 변화시킨 100인 중 한 사람으로 뽑은 카슨이 쓴 『침묵의 봄』은 20세기 환경학 최고의 고전으로 평가받고 있다.

2) 다이클로로 다이페닐 트라이클로로에테인(Dichloro-Diphenyl-Trichloroethane)을 말한다. 강력한 살충 효과와 제초 효과를 가지고 있다. 상온에서 색이 없는 결정 상태의 고체로 존재하며 극성이 없어서 물에 녹지 않는다. DDT는 클로로벤젠과 트라이클로로에탄올을 반응시켜 제작하며, 다양한 상품명을 가지고 있다. 곤충의 신경세포에 작용하여 나트륨이 세포막을 이동하는 것을 막아 버림으로써 살충 효과가 나타난다.

자연환경에 어떤 영향을 미치지는지 구체적으로 설명하였다. 이를 통해 정부와 살충제 제조업체의 행태를 지적하고, 환경 문제에 대한 대중들의 생각을 환기시킬 수 있는 기회를 제시하였다.

1960년대 선진국에서는 많은 공해 문제가 발생하였다. 일본은 4대 공해병(구마모토의 미나마타병, 니이가타의 미나마타병, 욧카이치의 대기오염, 도야마의 이타이이타이병)으로 말미암은 소송 사건이 일어나, 1971년에 환경청이 설치되었다. 그 후 환경 악화는 세계적 규모로 확대되었다. 지구의 이상 기후와 유럽에서는 대기오염으로 말미암은 산성비로 삼림이 마르고 호수에서 물고기가 죽었다.

일본 공해병의 원조 미나마타, 그 실체를 보다

미나마타병은 창업 100년을 훌쩍 넘은 화학공업 회사 '칫소'의 미나마타 공장에서 메틸수은을 포함한 폐수를 처리하지 않은 상태로 미나마타 만과 강 하구 등에 장기간 배출함에 따라 생겨났다. 공해병(公害病)이란 일본식 단어로 공해가 원인이 되어 발생하는 질병을 이르는데, 의학적 용어라기보다는 사회적 용어다. 일본의 4대 공해병이라 하면 반드시 제일 먼저 메틸수은 중독에 의한 미나마타병이 나온다. 우리나라에서는 1980년대 울산 온산지역의 공업단지에서 일어난 '온산병'이나, 서울 상봉동 진폐증 소송 사건 등이 유명한 공해병 사례로 꼽힌다.

처음에는 원인을 알 수 없는 전염병, 괴질이라고 오해되어 환자의 집 주변을 소독하거나 환자를 격리시키는가 하면 환자들과 친하게 지내던 이웃까지 등을 돌려 버리는 등 차별이 극심하여 환자들은 병과 생활고, 차별이라는 삼중고에 시달려야 했다. 1968년이 되어서야 정부는 미나마타병이 칫소의 폐수로 말미암은 공해병이라고 공식발표를 했고, 환자들의 잇따른 소송과 긴긴 싸움이 시작되었다. 재판이나 교섭 등으로 기업과 정부에 대한 책임을 묻는 피해자들의 싸움은 너무나 지난하고 힘겨운 세월이었다. 하지만 아직도 미나마타의 싸움은 끝나지 않았다!

출처: 오마이뉴스(2010. 10. 13.), 전은옥 기자.

산업혁명 이후 자원의 개발과 사용으로 다양한 환경오염 문제가 발생하고 있다. 자연적 정화 능력을 초과하였을 때 오염이 발생했다고 한다. 오염은 크게 대기오염, 수질오염, 토양오염, 해양오염으로 나눌 수 있다. 이 네 가지 오염은 모두 유기적으로 연계되어 있고, 처리 방법을 도입할 때 다양한 측면에서 고려하여 의도하지 않은 환경적 영향이 생기지 않도록 주의해야 한다.

대기오염이란 사람과 동식물을 포함한 여러 환경에 나쁜 영향을 주는 물질들이 대기에 포함되어 있는 상태를 뜻한다. 대기가 오염되면 대기 상태가 맑은 경우보다 가시거리가 짧아지며, 색의 대비도 훨씬 떨어지게 된다. 수질오염이란 강, 하천, 호수와 같은 담수와 지하수를 관측하였을 때 생물학적, 물리적, 화학적으로 수질이 자연정화 용량을 초과한 상태를 말한다. 토양오염은 카드뮴 중독이 대표적으로, 이타이이타이(いたいいたい)병[3]을 들 수 있다. 일본에서 카드뮴으로 오염된 유역에 대한 연구를 통해, 카드뮴이 사망률과 신장병을 높인다는 것이 밝혔다. 해양은 육지의 담수가 마지막으로 도달하는 환경이자, 오염물질을 정화하고 자연 생태계를 순환시키는 생명의 원천이다. 해양 환경은 인류의 삶과 질에 밀접한 영향을 미치고 있다. 해양은 대기오염과 마찬가지로 국경이 없는, 국제적 협력이 필요한 환경 문제이다. 해양오염의 원인으로는 육지에서의 오염물질 유입, 기름 유출, 간척 사업, 방사능 물질 유입 등이 있다.

오늘날의 생태학은 우리 인간이 얼마나 상호의존적이며, 또 동식물과 무기물과도 상호의존적인가를 깨닫게 해 준다. 따라서 인간으로 하여금 잃어버린 자연을 회복하고 더러워진 자연환경을 정화하며, 모든 자연 파괴의 행동을 멈추도록 촉구하고 있다.

이러한 것을 보면 20세기는 전쟁이나 혁명의 세기라고 말하지만, 그 이상으로 '환경파괴'의 세기라고 할 수 있을 것이다. 예를 들면, 베트남전쟁은 맹독성의 다이옥신을 포함한 고엽제가 투하되어 베트남의 생태계를 무참히 파괴시켰고, 많은 사람에게 신체적 불구라는 후유증을 남겼다. 이와 같이 서구 문명이 낳은 과학기술은 거대한 파괴력을 가지고 인류의 존립까지 위협하고 있다.

3) 일본 도야마현(富山縣) 신쓰가와(神通川) 유역에서 1910년경부터 발생한 병으로 환자가 아픔을 호소할 때 '이타이 이타이(아프다 아프다)'라고 하는 것에서 붙여진 병명이다. 1968년 원인 규명 끝에, 과거 주변의 광산에서 아연의 제련 과정에 의해 배출한 폐광석을 통해 카드뮴이 유출되며 강으로 흘러들어가 이를 식수나 농업용수로 사용한 주민들에게 발병한 것으로 밝혀졌다. 이 병으로 사망한 사람은 56명이었으며 수백 명이 심한 고통을 호소했다고 한다. 카드뮴은 체내에 들어오면 혈류를 타고 간과 신장으로 확산되며 골연화증을 일으킨다. 카드뮴에 중독된 환자는 칼슘 부족으로 뼈가 굽거나 금이 가기 때문에 기침만으로도 늑골이 골절될 수도 있다. 이들은 허리와 관절에 심한 통증을 느끼고, 팔 · 늑골 · 골반 · 대퇴골 등에 골절 현상이 일어났다.

2 환경 문제를 설명하는 이론

1969년 프린스턴 대학교에서 열린 학회에서 영국의 과학자 제임스 러브록(J. E. Lovelock)은 그의 가이아(Gaia)[4] 가설을 처음으로 발표하였으며, 그 자리에 모인 여러 학자들, 특히 미국의 미생물학자인 린 마굴리스(L. Margulis)는 그의 주장에 큰 감명을 받았다. 그녀는 러브록의 아이디어를 더욱 발전시킬 수 있는 여러 연구에 관해 그와 함께 토론하기도 했으며, 가이아 가설에 대한 대중적인 책을 집필하도록 러브록에게 힘을 북돋기도 했다. 그에 따라 1979년 러브록은『가이아: 지구상의 생명에 대한 새로운 시각(Gaia: A New Look at Life on Earth)』이라는 책을 발표하며 대중에게 처음으로 그의 주장을 알렸다.

그의 책은 당시 부상하고 있던 환경주의 시각을 더욱 과학적이고 대중적인 언어로 설명하며, 환경윤리와 정책 영역에서 부상하던 여러 정치적, 사회적 운동에 큰 영향을 미쳤다. 그의 가이아 이론은 무엇보다 생명체의 생존을 위해서는 경쟁과 자원 착취가 아니라, 지구상 모든 생명체와 물리적 시스템 간의 상호작용을 인정하는 새로운 환경 윤리가 필요하다고 주장했다. 많은 사람은 지구 자체가 하나의 살아 있는 생명체로서 그 자체로 존중받아야 한다는 환경윤리적인 주장에 대한 과학적인 근거를 가이아 이론에서 찾았다. 한편, 어떤 이들은 이에 종교적인 의미를 부여하며, 신성한 지구를 보호해야 한다는 주장을 하기도 했다.

가이아 이론은 지구를 생물과 무생물이 상호 작용하는 생명체로 보면서 지구가 생물에 의해 조절되는 유기체임을 강조한다. 이렇게 지구상은 복잡한 물리적 · 화학적 환경을 통해 자체의 정화력과 유지 복원력을 갖는다는 것이 가이아 이론이다. 하지만 그는 30년 만에 자신의 이론을 대폭 수정하였다. 인간이 저지른 환경오염과 생태계 파괴로

4) '가이아'란 그리스신화에 나오는 '대지의 여신'을 가리키는 말로서, 지구를 뜻한다. 러브록이 말하는 가이아란 지구와 지구에 사는 생물, 대기권, 대양, 토양까지를 포함하는 하나의 범지구적 실체다.

지구는 회복 불가능하다는 것이다. 이렇게 가다가는 인류가 살아갈 수 없을 것이라며 기존의 주장을 뒤집었다.

지구의 자정 능력을 과신한 나머지 과다한 이산화탄소 배출과 오존층 파괴 등 심각한 환경오염을 저질러 온 인간의 능력을 과소평가하였음을 인정한 셈이다. 지구가 살아 있는 생명체라는 가이아 이론의 종말은 지구의 생명이 다해 가고 있다는 경고의 목소리임이 분명하다.

러브록의 견해에 의하면, 가이아는 다음과 같은 세 가지 속성을 가진다. 첫째, 가이아는 스스로 모든 생물에 적합한 환경 조건을 만들어 준다는 것이다. 따라서 인간이 가이아의 역할에 심한 간섭을 하지 않는다면, 가이아는 그 속성을 그대로 유지할 것이라는 점이다. 둘째, 가이아는 마치 생물처럼 중요한 기관을 가지고 있으며, 또 부속기관을 가지고 있어 필요에 따라 신축, 생장, 소멸이 가능하고 장소에 따라 역할이 달라질 수 있다는 것이다. 마지막으로, 이러한 가이아 이론은 지구를 환원적이고 지엽적인 시각이 아니라, 전일적이고 종합적인 유기체적 관점에서 파악했다는 평가를 받고 있다.

러브록은 반핵 운동을 시작으로, 대규모 산업적 농업에 대한 비판을 통해 새로운 에너지와 식량 생산 방식에 대한 대안을 고민할 필요가 있음을 지적했다. 가이아라는 지구 생명체의 생존이 인간을 포함한 지구상 생명체 전체의 생존을 위해 필수적이라는 그의 주장은 많은 환경주의자들에게 지구 온난화와 같은 전 지구적 환경 문제의 심각성을 일깨웠고, 해결을 위한 노력을 발전시키도록 도움을 주었다.

3 환경 문제의 실태와 원인

인류가 지구에서 살아가는 데 가장 필수적인 공기와 물은 순환하며 재생 가능하다는 이유로 고갈에 대한 우려가 다소 적은 자원이었다. 하지만 오늘날 공기와 물의 오염은 그 무엇보다 인류에게 위협이 되고 있다. 지구의 여기저기서 이상기후 현상이 빈번하게 발생하고, 산성비가 내려 건축물이 부식되고, 마시는 물이 오염되어 동식물이 죽어가는 등 인간을 둘러싼 모든 환경이 변화하고 있다. 또한, 피해 범위가 광범위하고 피해 규모도 상상을 초월한다.

한편, 산업화가 활발히 진행되면서 대량의 폐기물이 배출되어 그 처리가 사회문제로 드러나고 있다. 일부는 그 처리를 외국에 위탁하면서 폐기물은 배출국만의 문제가 아니라, 전 세계의 문제로 확대되고 있다. 또 자연계에는 존재하지 않는 각종 인공 화학 물질이 다량으로 생산되어 살포되면서 생태계를 위협한다. 위험 물질이 동식물에 잔류되어 축적되면서 종(種)이 멸종하기도 하며, 먹이사슬을 통해 다른 종에 오염 물질이 축적되기도 한다. 이러한 문제는 결국 먹이사슬의 가장 최상층에 있는 인간에게도 치명적인 영향을 주게 된다.

기온이 1도씩 오를 때마다 세상은 어떻게 변할까? 환경운동가 라이너스(M. Lynas, 1973)는 그의 저서 『6도의 멸종(Six degrees)』에서 우리의 간담을 서늘하게 말하고 있다. 그는 기후 변화에 따른 인류 문명의 파괴적 미래를 다음과 같이 예측했다.

"지구의 평균 온도가 1°C 오르면 북극의 얼음이 녹는 속도가 빨라져 북극곰이 멸종 위기에 놓인다. 2°C 올라가면 그린란드 전체가 녹아 마이애미, 맨해튼이 바다에 잠기고, 열사병으로 사망하는 환자들이 수십만 명으로 늘어난다. 3°C 오르면 지구의 폐 아마존이 사라진다. 4°C 올라가면 높아진 해수면 상승으로 말미암아 뉴욕이 물에 잠긴다. 5°C 이상 오르면 정글이 모두 불타고 가뭄과 홍수로 말미암아 거주 가능한 지역이 얼마 남지 않는다. 살아남은 사람들은 생존을 위한 전쟁을 벌이게 된다. 평균 온도가 6°C까지 올라가면 지구 생물의 95%가 멸종한다."

이제 우리가 대답할 차례다. 여기서 말하는 '6도의 멸종'은 무엇의 멸종을 말하고 있는가? 북극곰이나 펭귄의 멸종을 말하는가? 아니면 희귀 동식물을 말하는가? 결코 아니다. 바로 지구 문명과 그것을 세운 인류 전체의 멸종을 말한다(라쉬, 2020: 30-36). 여러분 앞에 참으로 무시무시한 미래가 전개되고 있다. 물론 당장 자신의 세대에는 그런 일이 일어나지 않는다고 말하겠지만….

4 환경 문제의 해결책 및 대안

인류는 산업 문명이 가져온 환경오염으로 말미암아 세기말적 파멸에 직면하고 있다. 이제 인류는 개인의 손해는 물론이고, 국가와 민족의 손해를 현저한 정도로 감수하면서 지구를 살리고 보존하는 공동의 노력을 인류적 차원에서 전개하는 일을 지상의 과제로 삼아야 하는 새로운 생존의 상황 속에 살고 있다.

이러한 의미에서 환경 문제는 대량생산 · 대량 소비 사회가 창출한 서구 근대 기술 문명의 위기의 귀결이라고 할 수 있다. 환경 문제의 큰 특징의 하나는 탈(脫)국경적이며 초월적이라는 것이다. 이 지구 환경 문제를 정리하면, ① 지구온난화, ② 열대림의 감소, ③ 산성비, ④ 오존층 파괴, ⑤ 유해 물질의 국경을 초월한 이동, ⑥ 해양오염, ⑦ 야생생물의 감소, ⑧ 사막화, ⑨ 개발도상국의 공해 문제가 있다. 환경 문제는 당초 국내문제였으나 냉전의 종언과 함께 지구 환경 문제가 국제정치의 정책으로서 국제정치의 주요한 쟁점으로서 논의되게 되었다.

오늘날 지구는 땅, 공기, 물을 비롯해 그 속에 살아 숨 쉬는 동식물마저 오염되기 시작하였고, 그로 말미암은 고통의 소리가 여기저기서 들려와 이른바 사면초가의 위기에 처하게 되었다. 인류는 이러한 지구의 위기 앞에서 결코 관찰자가 될 수 없다. 인간 또한 지구에서 숨 쉬며 먹고 마시고 살아가는 수많은 생물종 가운데 하나이기 때문이다. 이제라도 인간의 편의와 풍요를 위해 지구를 파헤치는 것을 지양하고 지구와 인간의 관계 회복에 노력을 기울여야 할 것이다.

'대기오염 지옥' 日 기타큐슈가 푸른 하늘 되찾은 비법은?

1960대에만 해도 오염물질로 자욱하던 일본 기타큐슈 시(市)가 현재 푸른 하늘을 유지하는 비법을 공개해 주목된다. 기타큐슈 시 환경국 통제 및 검사과의 타가미 류지 씨는 기타큐슈의 사례를 들어 대기질 개선책을 소개했다. 기타큐슈는 1901년 일본에서 최초로 제철소가 들어선 4대 공업도시였다. 타가미 씨는 "초기 매연은 번영은 상징이었으나, 1960대에는 심각한 대기오염으로 어려움을 겪었다."라고 설명했다.

이에 아이들의 건강을 우려한 엄마들이 움직였다는 것이 타가미 씨의 설명이다. 그는 "당시 오염을 유발하는 기업 앞에서 집회를 하는 등 자발적인 모임을 했다."라고 말했다. 이후 이 문제에 대해서 자체적으로 공부하던 엄마들은 연구결과를 내놨다. 이를 기반으로 기업을 압박하고 시 측에 제재를 요구했다는 설명이다. 타가미 씨는 "이 과정에서 시민, 기업, 행정 모두가 대기질 개선을 위해 함께 노력했다."라며, "이것이 소송까지 간 다른 도시와 다른 점"이라고 설명했다. 대화를 통해 문제를 해결할 수 있었다는 것이다.

출처: 뉴스1(2017. 6. 1.), 정혜아 기자.

18
CHAPTER

히키코모리 문제

1 히키코모리 문제의 개념

일본어 히키코모리(引き籠り)란 '틀어박히다'라는 뜻을 나타내는 '히키코모루(ひきこもる)'의 명사형이며, 도지코모리(閉じこもり)라고도 한다. 히키코모리 개념은 일본의 정신건강의학과 의사 사이토오 타마키(齋藤 環)가 2005년 자신의 저서(『負けた教の信者たち』)를 통해 최초로 소개하였다(김춘경 외, 2016). 그는 이 저서에서 히키코모리를 장애나 질병으로 보지 않고, 다양한 사회 · 개인적 요인으로 말미암은 상태로 보았다.

일본 후생노동성(厚生労働省)에 따르면, 히키코모리는 "여러 가지 이유로 사회적 참가 영역이 좁아져서 취직이나 취학 등 자택 이외에서의 생활의 장이 장기간에 걸쳐 상실된 상태와 그런 상태에 있는 사람(仕事や学校に行かず､かつ家族以外の人との交流をほとんどせずに､6か月以上続けて自宅にひきこもっている状態 時々は買い物などで外出することもあるという場合もひきこもりに含める)"을 의미한다. 우리나라에서는 우리말 다듬기에서 폐쇄은둔족(閉鎖隱遁族)이라는 말로 다듬었으나, 보통 '은둔형(隱遁型) 외톨이'라는 단어가 더 많이 사용된다(https://search.daum.net/).

2010년 8월 『옥스퍼드 영어사전(제3판)』에는 'hikikomori'를 수록하고, 그 의미로 "사회와의 접촉을 이상할 만큼 피하는 일, 일반적으로는 젊은 남성이 많다."라고 적고 있다. 그들은 주로 인터넷과 게임에 몰입하면서 현실과 가상의 사이버 세계를 혼동하여 폭력을 휘두르거나 스스로 영웅시하며 자기만족을 꾀하기도 한다.

사이토오 타마키는 정신질환 때문에 나타나는 은둔과 구별하기 위해 '사회적 히키코모리'라는 용어를 사용하고, 이를 "20대 후반까지 문제로 나타나면서 6개월 이상 자택에 틀어박혀 사회에 참여하지 않는 상태가 계속되고, 정신장애를 제1의 원인이라 볼 수 없는 경우"로 정의하였다. 히키코모리는 단일 질환이나 장애 개념이 아니며, 그 실태가 다양하여 생리학적 요인이 깊이 관여하는 경우도 있고, 명확한 장애가 없는 경우도 있으며, 장기화된다는 것이 특징이다(https://search.daum.net/).

일본에서 히키코모리 현상이 사회문제로 부각되기 시작한 것은 1980년대 후반부터 1990년대 중반으로, 서구에서는 이를 일본 특유의 사회문화적 현상으로 보는 경향이 있었다. 미국의 저널리스트이자 캘리포니아대학교의 객원연구원 마이클 질렌지거(M. Zielenziger)는 『히키코모리의 나라』라는 책에서 히키코모리를 일본 특유의 현상으로 규정하고, 이를 일본의 사회문화적 병리로 다룬 바 있다. 일본인들의 명품 선호 경향이나 오타쿠(おたく)[1]의 증가, 일본경제의 추락이나 정치적 정체, 자살률의 증가, 국제적 고립 등이 히키코모리와 맥락을 같이한다고 보고 있다(김춘경 외, 2016).[2]

▲ 정부에서 '히키코모리' 찾아낸다
출처: 국민일보(2020.10. 2.). 김지훈 기자.

1) 초기에는 '애니메이션, SF영화 등 특정 취미 · 사물에는 깊은 관심을 가지고 있으나, 다른 분야의 지식이 부족하고 사교성이 결여된 인물'이라는 부정적 뜻으로 쓰였다. 그러나 1990년대 이후부터 점차 의미가 확대되어, '특정 취미에 강한 사람', 단순 팬, 마니아 수준을 넘어선 '특정 분야의 전문가'라는 긍정적 의미를 포괄하게 되었다. 한국에도 오타쿠라는 말이 들어와 '오덕후', 줄여서 '덕후'로 변형돼 쓰이고 있다. 비슷한 말로, 한 가지 일에 광적(狂的)으로 몰두하는 사람, 낚시광 · 바둑광 · 골프광 등으로 불리는 '광(狂)' 이라는 단어가 있다. '오타쿠'라는 단어가 공식적으로 언급된 것은 1983년이다. 일본의 칼럼니스트 나카모리 아키오(中森明夫)가 『로리콘만가지(ロリコンマンガ誌)』에 6월부터 8월까지 게재한 칼럼에서 처음으로 '오타쿠'라는 단어를 사용한 것으로 알려져 있다. 오늘날에는 일본 대중문화 속에서 오타쿠적 요소가 담긴 만화, 애니메이션, 게임 등이 인기를 얻자 하위문화의 중요성이 인식되며 평가도 달라지고 있다.

2 히키코모리 문제를 설명하는 이론

미국 정신분석가 하인즈 코헛(H. Kohut)의 이론을 히키코모리 문제에 적용하여 설명하고자 한다. 코훗은 '자기애'라는 대단히 정밀한 이론을 정립하였다. 코헛은 자기애를 모든 사람이 가지고 있고, 그것이 없이는 살아갈 수 없는 욕망이라고 하였다. 자기애와 히키코모리는 매우 관련이 깊다(https://blog.naver.com/korea-hikikomori).

히키코모리 청년의 가족이나 이를 돕는 지원자들이 때때로 한탄하듯 불평하는 말이 "그들은 프라이드가 너무 높다."라고 한다. 확실히 그들은 프라이드가 높은 데다 치료나 지원을 거부하거나, 자신의 상태가 히키코모리라고 이름 붙어지는 것을 거부한다. 또 어떨 때는 "작가가 되겠다." "음악가가 되겠다."라는 등 주변 사람들이 볼 때에는 현실적이지 않는 목표를 가지고 있다. 어떤 때는 부모가 만든 식사에 생트집을 부리거나, 무제한적인 용돈을 요구하거나, "지금 당장 OO을 사줘" 등 가족에게 하인 부리듯 얘기하거나, 그러한 태도를 보인다. 가족의 얘기는 전혀 듣지 않고 자신의 요구만 주장하며, 그것이 받아들여지지 않을 경우에는 격노하거나 난폭하게 변하는 경우가 많다. 이러한 케이스를 전문가들은 '자기애성 인격장애'로 진단한다.

그러나 타마키는 그렇게 보지 않는다. 확실히 많은 히키코모리가 자기 가족들에게 자기중심적으로 휘두르는 경우가 많다. 그러나 그들은 세상, 즉 사회에서는 매우 자신이 없는 태도를 보이는 경우가 많고, 오히려 자기애가 너무 약해서 구석으로 내몰린 상태라고 타마키는 주장한다. 같은 히키코모리에 대하여 전혀 다른 견해이다. 그러나 히키코모리의 자기애를 문제시하는 사람은 가끔 이런 것들을 잊어버리진 않았을까! 즉, 프라이드와 자신감은 결정적으로 다르다. 방안에 틀어박혀 있는 사람의 마음은 한마디로 말하면, 프라이드가 높지만 자신감이 없는 상태에 있다.

2) 그러나 이러한 현상은 우리나라를 비롯하여 대만, 홍콩, 미국, 오스트리아, 이탈리아, 영국 등 많은 선진국에서도 존재한다는 사실이 보고되고 있다.

미묘한 표현이겠지만, '무모하게 으스대는 사람'의 모습을 보면 진짜로는 자신이 없기 때문에 바보처럼 보이기 싫고 무서워 허세를 부리며 자신 없는 모습을 감추는 것이다. 자신과 프라이드는 정신분석적으로 말하면 '이상적 자아'와 '자아 이상'으로 말할 수 있다. 이상적 자아는 있는 그대로의 자신, 거울에 비추어진 자신의 이미지에 대한 사랑이고, 자아 이상은 내가 그리는 내 모습으로 '저렇게 살고 싶다.' 등 우러러보는 이상에 대한 사랑을 일컫는다.

지향하는 이상은 위에서 사람을 이끄는 것이지만, 끓어오르는 야심은 밑에서 사람을 몰아세우기도 한다. 히키코모리의 경우는 이상은 있지만 야심이 제대로 기능을 하지 않는다. 그들의 이야기를 듣고 있으면 높은 이상을 가짐으로써 언제까지나 열등감으로 고통스러워하는 사람이라고 하지만, 그들의 이상을 제대로 말하고 있는 것인지 모르겠다. 지향하는 진짜 이상을 잃어버리고 그들의 이상은 '보기 좋은 뽐내는 모습', '세상의 체면이나 평판 좋은 모습' 등으로 변해 있다. 그들은 자신만의 이상을 이야기할 수 없다. 다른 사람들로부터 목표가 쥐어졌을 때 프라이드를 방패로 삼아 물러나 버린다.

타마키에 따르면, 사람은 공기처럼 인간관계가 필요하다. 장기간 사람과의 접촉 없이 생활을 하면 생각하는 방법이나 감정을 나타내는 것 등이 매우 불안정하게 된다. 가정 내 폭력이 가끔 일어나는 이유는 이렇게 불안정하기 때문이다. 히키코모리에게 나타나는 강박 상태도 대인관계가 부족할 때 상승한다. 인간관계가 회복되면 강박 상태가 점점 회복된다.

히키코모리 치료에 코헛이론을 인용하는 것은 왜 인간이 인간관계가 필요한 것인지에 대해 설득력 있게 말하는 이론이기 때문이다. 인간은 자기애 없이는 살 수가 없다. 자기애의 적절한 성장을 돕게 하기 위해서는 '자기-대상과의 관계'가 필수적이기 때문이다. 코헛은 엄마가 신생아를 찬찬히 쳐다보며 접촉을 한 순간부터 자기애가 발달한다고 한다.

그러면 이 발달을 촉진시키는 근본적 에너지는 무엇일까? 이것이야말로 자기애 에너지라고 코헛은 말하였다. 자기애는 인간이 발달하고 있는 가운데 빠질 수 없는 에너지의 원천이며, 사람이 사람 형태를 갖추기 위해서는 없어서는 안 될 것이다. 다시 말하면, 사랑의 원천은 자기애이다. 다른 사람을 사랑하는 근저에는 자기애가 있고, 그 자기애를 키우는 것은 다른 사람을 사랑하는 것이다. 혹 자기애가 고갈되어 버리면 다른 사람을 사랑하지 못하게 되어 버린다. 히키코모리는 주변인에 대해 혹독한 비판을 하거나, 조그마한 일에도 가족을 매도하기도 한다. 이것은 옆에서 보기에 자기중심적인 태도로 보이지만, 사실은 그렇지 않다. 다른 사람에 대하여 부정적인 사람은 결국 자기 자신에 대해서도 부정적이다(https://blog.naver.com/korea-hikikomori).

3 히키코모리 문제의 실태와 원인

2008년 일본의 시민단체인 '전국 히키코모리 가족연합회'의 보고서에 따르면, 히키코모리의 80% 가량이 20~30대이며 이 중 8 대 2 정도로 여성보다 남성이 압도적으로 많다. 정도에 따라 3~4년, 심하면 10~20년 동안 두문불출하며 세상과 단절하는 경우도 있다. 치열한 경쟁에서의 낙오로 말미암은 사회 부적응 인간형이다(https://search.daum.net/).

일본 'NHK 복지 네트워크'의 2008년 조사에 따르면, 히키코모리는 160만 명 정도 되는 것으로 추산한다. 거의 외출을 하지 않는 광의의 히키코모리를 포함하면 전국 300만 명 이상으로 파악하고 있다. 그런데 2019년 일본 내각부 '히키코모리 고령화 실태조사'에 따르면, 히키코모리 숫자가 120만 명 정도로 나타났다. 이 조사에 따르면, 40~64세 은둔형 외톨이 숫자는 약 61만 명으로, 40세 미만 약 54만 명을 웃돌았다. 특히 이들 중년 히키코모리의 70% 이상은 남성이었고 절반은 은둔 기간이 7년을 넘었다. 이들 중 40~44세는 상당수가 일본에서 취업난이 심했던 2000년 전후에 대학을 졸업한 후 취업 실패 등으로 히키코모리가 된 경우였다.

특히 일본에서는 히키코모리의 노령화가 새로운 문제로 대두되고 있다. 이른바

'8050 문제'로 불리는 중장년 히키코모리가 일본 사회에서 갈수록 심각성을 더하고 있다.[3] 우선 이들 나이 든 히키코모리를 돌보던 부모 세대가 먼저 노령화되면서, 더는 이들을 지원해 주지 못하는 상황이 생기고 있다. 때문에 상당수의 히키코모리가 점차 가난에 빠져들고 있다. 그런가 하면 경제력 있는 부모에게서 재산을 물려받은 히키코모리 또한 좁은 사회관계 때문에 신종 범죄의 대상이 되는 경우도 많다고 한다. 주로 인터넷으로 정보를 얻는 히키코모리의 특성상 온라인에서 이들 돈을 가로채려는 범죄자들에게는 손쉬운 먹잇감이 될 수밖에 없다.

- 70대 여성 시신과 40대 후반 아들의 동거

2018년 8월 일본 나가사키현 나가사키시의 주택가에 악취가 진동했다. 동네 주민들이 냄새의 진원지를 더듬어 보니 한 아파트 2층이었다. 혹시나 싶어 주민들이 경찰에 신고했고, 방 안에서 70대 여성의 시신이 나왔다. 모두를 경악시킨 것은 함께 살고 있던 40대 후반의 아들이었다. 그는 어머니가 집 안에서 잘못 넘어져 사망하고 시신이 부패할 정도로 시간이 흘렀는데도 그 사실을 까맣게 모른 채 자기 방에 틀어박혀 있었다. 아들은 과거 아버지의 일을 도우며 생활했지만, 아버지가 약 10년 전 사망한 뒤부터 집에 틀어박혀 밖으로 나가지 않았다. 관청에서는 모자에 대해 행정 지원을 하려 했지만 아들이 한사코 거부했다고 한다.

- 아들을 살해한 전 농림수산성 사무차관

2019년 12월 일본 언론들은 전 농림수산성 사무차관 구마자와 히데아키(熊沢英明, 76)가 법원에서 징역 6년형을 선고받은 사실을 속보로 전했다. 관료로서 최고 정점에 올랐던 구마자와는 아들(44)을 살해한 죄로 기소됐다. 그는 2019년 6월 도쿄 네리마구의 집에서 아들을 흉기로 수십 차례 찔러 숨지게 한 뒤 경찰에 자수했다. 중학교 때부터 폭력적 성향을 보였던 아들은 1994년 대학

3) 8050 문제란 80대 부모와 50대 히키코모리 자녀가 한집에 사는 상황을 빗댄 것으로, 사회 부적응 청년들의 고령화가 초래한 어둡고 우울한 현상들을 포괄하는 말로 쓰인다.

입학과 동시에 부모와 떨어져 살기 시작한 뒤 25년을 히키코모리로 지내 왔다. 그러다 2019년 5월 갑자기 부모의 집에 찾아와 같이 살기 시작했고, 이 과정에서 여러 차례 폭력을 휘둘렀다. 구마자와는 결국 자신이 죽임을 당하는 것은 물론이고, 다른 사람들에게도 해가 미칠까 두려워 아들을 세상과 격리시키기로 결심했다고 진술했다.

사카이 모토히로(酒井元浩) 미야자키대 교수는 "히키코모리 중 과반수인 40대가 10년 내 50대가 될 텐데, 그렇다면 80대가 되는 노부모 부양 문제가 생긴다."라고 말했다. 중년 자녀가 부모의 연금이나 수입에 의존해 살다가 부모 사후 생계가 막막해지는 것이다. 실제 2018년 가나가와현에서는 부모 사후 시신을 방치해 온 40~60대 자녀들이 사체 유기 혐의로 체포되는 사건이 잇따랐다. 직업이 없는 상황에서 부모의 연금을 못 받게 된다는 것 때문에 신고를 하지 않고 시신을 방치한 것이다.

한편, 우리나라에서 처음으로 은둔형 외톨이 사례가 보고된 것은 2000년이며, 은둔형 외톨이의 전형적 생활 패턴을 보여 주는 '혼자 놀기', '시체 놀이' 등의 말도 유행했다. 건강보험공단 2018년 자료에 따르면, 국내 잠재적 은둔형 외톨이가 21만 명에 달할 것으로 추정되기도 했으나, 그 숫자를 정확히 추정할 수는 없다. 그래서 정부 차원에서의 조사와 대책 마련이 필요하다는 주장이 제기됐다(매일경제, 2019. 4. 12.).

아직 국내에 히키코모리가 얼마나 있는지는 알 수 없다. 우리나라는 실태조사가 진행된 적이 없어 규모조차 제대로 파악하지 못하고 있다. 다만, 통계청 경제활동 인구조사 분석 결과(2011년 기준)에서 교육이나 훈련을 받지 않으면서 경제활동을 하지 않는 '니트(NEET)족[4]'이 100만 명을 넘어선 것으로 파악되는 등 실제 은둔형 외톨이가 국내에만 최소 수십만 명에 이를 것으로 추정하고 있다. 물론 일본에서 히키코모리의 기준으로 정한 6개월 이상 은둔하는 사람의 수는 그렇게 많지 않을 수도 있다. 하지만 히키

4) Not in Education, Employment or Training의 줄임말이다. 보통 15~34세 사이의 취업인구 가운데 미혼으로 학교에 다니지 않으면서 가사일도 하지 않는 사람을 가리키며 무업자(無業者)라고도 한다. 취업에 대한 의욕이 전혀 없기 때문에 일할 의지는 있지만 일자리를 구하지 못하는 실업자나 아르바이트로 생활하는 프리터족과 다르다.

코모리 문제가 우리나라로까지 번질 가능성은 매우 높다.

실제 우리는 여러 매체를 통해 "오랜 시간 게임만 하던 누군가가 돌연사 했다."라는 소식을 접하기도 했다. 사이버 폐인, 인터넷에서 유행하는 우스개로 끝날 문제가 아닌 것만은 확실하다. 이런 유형의 인간들 범죄가 점점 빈발하고 있어 충격을 주고 있다. 특히 '묻지 마 살인' 등이 대표적인 예인데 히키코모리 유형의 인간 범죄에서 시작하여 일반인도 비슷한 범죄를 저지르고 있고, 더욱 심각한 것은 침묵의 다수 젊은이가 그들의 범죄에 심정적으로 동정하고 있다는 사실이다.

이처럼 치열한 경쟁 사회에서 낙오되거나, 각박한 현실에서 희망을 잃은 채 적개심으로 충만하거나, 그도 저도 아니면서 게임하듯 악행을 일삼는 반사회적인 인격 장애자들의 살인 행각이 줄을 잇고 있다(https://search.daum.net/). 다음 열거한 사건은 모두 2008년 일본에서 일어난 것들이다.

- 게임 주인공 수법과 비슷한 살인사건

24세의 범인이 지나가는 행인을 대상으로 무차별 칼부림을 벌여 1명을 숨지게 하고 7명을 크게 다치게 한 사건이다. 범행 후 범인은 빨리 자신을 잡아 보라고 경찰에 전화를 거는 등 상식을 뛰어넘는 엽기적인 모습을 보였다. 이 용의자는 초중고 시절 착실한 학생으로 게임광이었던 것으로 나타났다. 흉기를 휘두르며 행인들을 잇달아 쓰러뜨리는 이번 범행이 게임 주인공의 수법과 비슷했다. 고교 졸업 후 프리터(freeter)[5]로 체포 당시 최신 휴대용 게임 소프트를 갖고 있었다.

5) 영어의 '자유로움'을 뜻하는 프리(free)와 독어의 '노동자'를 뜻하는 '아르바이터(arbeiter)'를 합성한 일본의 신조어이다. 1987년 일본의 구인 잡지인 『리크루트』에서 능력이 됨에도 불구하고 직업을 갖지 않고 평생 아르바이트만으로 생계를 이어 가는 '사회인 아르바이터'를 지칭하면서 처음 사용됐다. 이후 일본의 버블경기가 붕괴되고 경기침체가 시작된 2000년부터 그 뜻이 15~34세 사람들 중 정규직업을 갖지 못했거나 실업자인 사람을 뜻하는 말로 변하게 됐으며, 현재 그 숫자는 수백만 명으로 추산한다. 한국에서 프리터의 개념은 시간제 · 파견용역 · 재택 노동자로 일하는 비정규직이나 비경제활동인구 가운데 취업준비자들이 여기에 속한다. 한편 '프리터족'이란 프리터(freeter)에 '같은 부류'를 뜻하는 한자인 족(族)을 다시 한국에서 덧붙여 만든 것이다.

- 오카야마(岡山)의 한 전철역 살인사건

  오카야마의 한 전철역에서 18세 된 청소년이 30대 회사원을 선로로 밀어 숨지게 한 사건이다. 용의자는 뚜렷한 이유 없이 아무나 죽이고 싶었다고 말해 일본 열도가 충격에 휩싸였다. 체포된 용의자는 고등학교를 갓 졸업한 가출 청소년이었다. 학업 성적도 우수하고 품행도 모범적이었다는 이 용의자는 교도소에 갈 수만 있다면 누구든지 죽이고 싶었을 뿐이라고 말했다. 치열한 경쟁 사회에 적응하지 못한 절망감이 청소년들을 충동적인 '묻지 마 살인'으로 몰고 있는 것이다.

- 아키하바라(秋葉原) 토오리마(通り魔) 살인사건

  2톤 트럭을 몰던 운전기사가 4거리에서 적신호를 무시하고 달리다가 택시와 충돌하자, 트럭에서 뛰어내려 차에 치여 쓰러진 사람과 구출하러 온 사람, 그리고 경찰에게 양날의 칼을 휘두른 사건이다. 이어 그는 비명을 지르며 지나가는 행인들도 차례차례 찔렀다. 10분 남짓 동안에 일어난 사건으로 사망 3명, 부상 2명을 낸 참극이었다. 사건 당일은 일요일이었으며 보행자천국인 사건 현장은 참혹한 피바다였다. 그는 "생활에 지쳤다, 세상이 싫다, 사람을 죽이러 아키하바라에 왔다, 누구든지 상관없다."라고 진술했다. 그는 여러 개의 칼을 갖고 있었고, 누마즈(沼津)에서 아키하바라까지 가는 동안 휴대전화에는 "아키하바라에서 사람을 죽이겠다. 차로 돌진해서 차를 쓸 수 없으면 칼을 사용한다. 모두들 안녕"이라는 등의 메시지가 30건이나 기록되어 있었다.

이러한 히키코모리가 되는 원인에는 여러 가지가 있을 수 있다. 첫째, 학교나 회사에서 당하는 육체적 · 정신적 고통(왕따 등)을 피하기 위해서다. 둘째, 가족과의 관계에서 발생한 트라우마나 가족으로부터의 지나친 간섭 때문에 자신감을 갖지 못해서다. 셋째, 사회에 압도되어 인생에 대한 절망으로 일으키는 자해행위의 일종이다. 넷째, 자신이 보기 싫어하는 현실, 사람들, 장소 등을 보지 않기 위해서다. 다섯째, 속마음을 겉모습이라고 합리화시켜 사회나 어떤 상황이 기대하는 역할을 찾아내는 것이 어렵기 때문이다.

사회생활을 시작하면서 책임감이 주어지는 청소년부터 젊은 성년의 시기에 히키코모리가 된 사람은 사회로 복귀하지 못한 채 중년이 되기도 한다. 진학이나 취직 적령기에 놓인 사람들 외에 사회인으로서 자립한 사람들도 히키코모리가 될 수 있다. 성인 히키코모리들은 부모가 죽은 뒤가 걱정되어 부모의 죽음을 숨기고 연금을 부당하게 수급하는 등의 사건을 일으키기도 한다(김춘경 외, 2016).

우리나라의 은둔형 외톨이 관련 최근 한 조사 결과를 살펴보자. 구인구직 매칭 플랫폼 '사람인'에 따르면, 최근 구직자를 대상으로 취업활동 중 은둔형 외톨이로 지낸 경험에 대해 알아본 결과 응답자의 59.8%가 그렇다고 말했다(경향신문, 2020. 11. 5.; 대구신문, 2020. 11. 10.; 매일신문, 2020. 11. 9.).

그 이유는 취업도 안 되고, 코로나19로 계속 집에 있게 돼서(82.4%, 복수응답)라는 답변이 가장 많았다. 이어 아무런 의욕이 생기지 않아서(37%), 계속되는 취업 실패로 할 일이 없어서(27%), 경제적 여건이 어려워서(24%), 주변에서 취업했는지 물어보는 게 싫어서(12.9%), 주변 친구들이나 지인들이 취업한 것에 대한 자격지심 때문에(12.5%), 대인관계 공포증이 생겨서(8.6%) 등이라고 말했다.

장기간 집에 은둔하면서 가장 걱정하는 것은, 미취업이 장기화될 것이라는 불안감(45.9%)이 가장 높게 나타났다. 계속해서 미래에 대한 불안(28.9%), 무기력증의 심화(21.3%), 건강 상태 악화(2.9%) 등을 겪었다. 스스로를 지금도 은둔형 외톨이라고 생각하는 구직자는 42.4%였다.

은둔 시점은 구직활동을 시작하고 평균 4개월이 지나서였다. 집에 은둔하면서는 대부분은 인터넷 검색(57.1%, 복수응답)으로 시간을 보냈지만 취업사이트 공고 검색 등 지속적인 구직활동(54.5%), TV 시청(37.8%), 입사지원서 · 자기소개서 작성(28.6%) 등의 활동을 하고 있었다.

전체 응답자의 절반 이상(56.7%)은 장기화된 미취업으로 취업 눈높이가 달라졌다고 답했으며, 눈높이를 낮춘 조건으로는 연봉(초봉) 수준(53.8%, 복수응답), 기업 형태(규모, 37%), 비정규직, 계약직 등 고용 형태(36%) 등을 들었다.

4 히키코모리 문제의 해결책 및 대안

히키코모리는 열등감으로 말미암은 적응부재에서 시작되다가 외부와의 유일한 창구인 인터넷 중독증 · 의존증으로 빠져드는 경우가 많다. 이는 고립으로 말미암아 발생하는 여러 특성이다. 이웃 · 친척들과 단절, 급속한 사회변화, 학력 지상주의에 따른 압박감, 대학을 나와도 취직하지 못하는 데 따른 부담감, 내성적인 성격 등이 원인으로 지적된다.

일본 후생노동성에서 제시하는 판정기준은 다음과 같다. 정신분열이나 조울증, 기질성 정신장애가 없을 것, 초진 시점에서 3개월 이상의 무기력, 히키코모리 상태일 것, 치료관계가 6개월 이상 계속되고 있을 것, 적어도 본인이 5회 이상 병원을 방문했을 것, 평가표에 해당 사항이 충분히 갖추어져 있을 것 등이다.

가벼운 증상에서 시작되다가 다른 사람과의 교류가 점점 어려워지면서 중증으로 빠져드는데, 가족제도의 붕괴와 인적자원의 소실 등으로 확대될 개연성을 가지기 때문에 심각한 사회문제로 대두된다. 카운슬러(Counselor) 등과의 상담, 정신과 치료, 다양한 체험 프로그램 등이 해결책으로 제시되고 있으나 뾰족한 해법이 없는 것이 특징이다.

진정 이들 히키코모리 현상을 해결할 방법은 없을까? 무엇보다 개인의 의지와 지각이 필요하다는 것은 두 말하면 잔소리다. 일본에서는 히키코모리 현상의 해결을 위해 국가적 차원에서의 연구가 이루어지고 있다. 또한, 동호회 활동을 통해 히키코모리 극복사례 등을 공유함으로서 히키코모리 예방과 극복을 위해 힘쓰고 있다. 편하고 단순한 것을 추구하며 혼자만의 공간에서 지내려 하는 귀차니스트[6)]들이 히키코모리의 무서운 유혹에 빠지지 않도록 지금부터 대책을 강구해야 한다.

6) '귀찮다+nist'로 이루어진 용어로, 만사를 귀찮아하고, 귀찮은 것을 몹시 싫어하며 혼자 노는 데 익숙한 이들을 가리키는 인터넷 신조어다. 또한, 이 귀차니스트들의 철학 또는 모든 일을 귀찮아하는 현상이 고착화된 상태를 '귀차니즘(귀찮다+ism)'이라고 부른다.

코헛에 따르면, 바람직한 발달은 청소년기나 성인기를 통하여 지지적 대상이 지속하는 것이다. 특히 청소년기에 자기를 무조건적으로 지지해 주는 인간이 한 명이라도 있는 것이 필요하다. 이것은 가족이거나 은사이거나 친구라도 좋다. 그러한 존재가 있거나 없는 경우 인간에 대한 신뢰도가 전혀 다르다. 이것은 히키코모리의 임상에서 때때로 경험한다. 아쉽게도 방에 틀어박혀 있는 사람들의 대부분이 사춘기나 청소년기에 있어서 이러한 중요한 대상과의 관계가 끊어져 버리는 경우가 매우 많다. 히키코모리의 대부분이 이러한 상황에 놓여 있다고 생각한다. 그 상황이 자기애의 발달을 방해하거나 사회 참가의 첫발을 망설이게 하는 것이다(https://blog.naver.com/korea-hikikomori).

그렇다고 해서 무작정 여러 사람과 관계를 가지는 것이 의미가 있는 것은 아니다. 사교적으로 살아라가 아니고, 중요한 것은 적어도 자기를 긍정하고 신뢰를 배반하지 않을 대상과의 관계를 가지는가 어떤가 하는 것이다. 이러한 관계는 오히려 가족은 어렵다. 어느 정도 거리가 있는 관계가 바람직하다고 생각한다. 예를 들어, 옛 은사이거나 어떤 때는 히키코모리에 대한 이해가 있는 할아버지, 때로는 부모의 지인이든가 그러한 약간 떨어진 관계의 사람이 안정된 관계를 만들기 쉬울지도 모른다. 그러한 사람이 한 사람이라도 관계 지어지면 그것은 히키코모리에게는 커다란 구원이 된다. 가끔 만나더라도 만났을 때 여러 가지 이야기를 들어주고, 전혀 책망하지 않으며, 그러한 입장을 이해하고 옆에 있어 주는 사람이 있는 것만으로도 위안이라고 생각하는 이가 많다. 될 수 있으면 형제나 친척이 그러한 존재라면 더욱 좋겠다.

결론을 말하면, 아주 가끔이라도 편지를 주고받거나 일생을 통하여 지지적 대상과 관계 맺는 것이 매우 중요하다. 지금은 메일 등으로 쉽게 연락을 주고받을 수 있으므로, 그러한 관계를 맺는 것이 예전보다 쉬워졌다. 따라서 학교의 선생님들에게 기대를 한다. 담임을 하면서 약간 걱정되는 학생이 있다면, 이러한 학생은 졸업을 하고 나서도 연하장이라도 계속 보냈으면 한다. 때로는 그것이 본인과 사회를 연결하는 유일한 통로가 되어 언젠가 다시 사회에 발을 내딛는 기회가 될지도 모른다(https://blog.naver.com/korea-hikikomori).

19 CHAPTER
언택트 문제

1 언택트 문제의 개념

언택트(Untact)란 비대면 접촉을 뜻하는 신조어이다. '접촉(Contact)'이라는 말과 부정을 뜻하는 'un'을 결합해서 만든 신조어로, "접촉하지 않는다."라는 의미를 가진다. 무인 기기나 인터넷의 사용이 증가하면서 사람과 사람 사이에 직접적인 대면 접촉이 줄어드는 양상을 의미하는 것으로 사용된다. 즉, 소비자들과 비대면 형태로 접촉하는 형식으로, 키오스크(kiosk)[1)]나 VR(virtual reality)[2)], 챗봇(chatterbot)[3)] 등이 그 예이다.

흔히 옷가게 등 가게에 들어가면, 직원 분들이 "손님, 어떤 종류를 찾으세요?"라고 자주 물어본다. 하지만 특히 내가 어떤 제품을 미리 보고 들어가지 않는 이상, 어떤 종류를 찾는다고 굳이 말하지는 않는다. 대개 "그냥 둘러보려고요~"라고 말하고는 직

1) 정부기관이나 지방자치단체, 백화점이나 전시장, 또는 공항이나 철도역 같은 곳에 설치되어 각종 행정절차나 상품정보, 시설물의 이용방법, 인근 지역에 대한 관광정보 등을 제공하는 무인정보 단말기다.

2) 사용자가 컴퓨터로 생성된 가상의 공간에서 보고, 듣고, 느끼면서 데이터와 상호작용을 하는 것. 직접 또는 간접적으로 가상의 공간에서 움직일 수 있다.

3) 문자 또는 음성으로 대화하는 기능이 있는 컴퓨터 프로그램 또는 인공 지능을 말한다. 사람처럼 자연스러운 대화를 진행하기 위해 단어나 구(句)의 매칭만을 이용하는 단순한 챗봇부터 복잡하고 정교한 자연어 처리 기술을 적용한 챗봇까지 수준이 다양하다. 챗봇은 채터봇(chatterbot), 토크봇(talkbot) 등의 이름으로도 불린다.

원 분이 없는 쪽부터 둘러보기 시작한다. 왜 그럴까? 왠지 누군가가 옆에 있으면 불편하고, 빠르게 구경하고 나가야 할 것 같은 느낌이 들어서이다.

언택트라는 용어는 2017년 10월 출간된 『트렌드 코리아 2018』에 처음으로 등장했다. 서울대학교 소비트렌드분석센터에서 펴낸 이 책에서 '언택트 기술'은 '인공지능과 네트워크, 빅데이터와 사용자인터페이스 기술의 진보가 사람이 하던 업무를 사람 없이 수행하는 기술'의 의미로 사용되었다. 이 당시 언택트는 프랜차이즈 가맹점에 보급되기 시작한 무인 주문기 등을 사례로 들어 상거래에 있어 기술의 발달이 단순한 무인 기술이나 비대면 기술을 넘어 사람과 사람이 만나는 방식의 변화로 이어지고 있음에 관심을 두면서, 다른 사람과 대면하는 것을 부담스러워 하는 신세대의 심리적 성향에 주목하는 개념이었다. 같은 의미의 영어권 용어는 넌컨텍트(noncontact), 노컨텍트(no contact), 제로컨텍트(zero contact) 등이다(김난도 외, 2017).

초기 무인 키오스크와 같은 언택트 기술 자체는 프랜차이즈 매장과 같은 서비스 제공자의 인건비 절약을 위해 도입되었으나, 사용자들은 사람보다 실수가 적은 기계적 주문의 편의성과 함께 꼭 필요하지 않은 경우에 굳이 사람과 대면하는 일에서 발생하는 대인관계의 피로감을 줄여 준다는 점에서 전 세대와는 달리 젊은 소비자에게도 수월하게 수용되었다.

이후 언택트 기술은 인공지능과 같은 4차 산업혁명 기술이 일상에 도입되는 상황에서, 베이비붐 세대와는 달리 태어나면서부터 인터넷이나 모바일과 같은 디지털 문명을 경험한 소비자들이 시장의 주류로 진입하면서 발생하는 새로운 사회문화적 양상을 의미하는 것으로 확장되었다.

언택트 기술은 2020년 전 세계로 확산된 신종 코로나바이러스 감염증(COVID-19, 코로나19)의 방역을 위하여 사회적 거리 두기가 강조되기 시작하자 새삼스럽게 주목받는 트렌드 용어로 떠올랐다. 이 질환이 전 세계에서 단기간에 소멸되지 않을 것이 확실시되는 가운데 일상에서의 대면 접촉을 줄이는 생활방역이 강조되면서 물리적인 대면 접촉을 줄이는 기술로서 로봇배송 등 언택트 기술이 각광을 받기 시작했으며, 언택트 문화 자체도 중요한 사회 트렌드로 자리 잡기 시작했다.

2 밀레니얼 세대와 언택트

1) 밀레니얼 세대

밀레니얼(Millennial) 세대라는 말은 1991년 펴낸 책『세대: 미국의 미래사(Generations: The History of America's Future)』에 처음 언급되었다고 한다. X세대의 뒤를 잇는다고 하여 Y세대라고 불리기도 한다. 그리고 컴퓨터와 IT에 친숙하다고 하여 테크 세대, 자기 위주로 생각하고 행동한다고 하여 'Me Generation'이라고도 불린다.

밀레니얼 세대는 1980년대 초부터 2000년대 초 사이 출생하여 2007년 글로벌 금융위기 이후 사회생활을 시작한 세대로, 모바일 기기를 이용한 소통에 익숙한 사람들이다. 이들은 2010년 이후 사회의 주역으로 점점 대두하고 있다. 한편 Z세대(Generation Z)는 1995년대 이후부터 2000년대 중반까지 출생한 세대를 말한다.

독일의 시장조사기관 GfK에 따르면, 미국 밀레니얼 세대의 64%가 집에서도 휴대전화만 사용하는 것으로 드러났다. 성인을 기준으로 한 조사에서는 44%로 나타났는데, 이처럼 밀레니얼 세대가 높게 나타난 결과는 그만큼 그들이 성인보다 모바일 기기 사용에 더 익숙함을 말해 주는 것이라 하겠다(https://search.daum.net/).

미국에서는 밀레니얼 세대가 주요 노동인구 계층으로 부각되기도 했다. 미국 월스트리트 저널의 보도에 따르면, 미국에서 밀레니얼 세대는 노동인구의 중심이 되고 있으며, 미국 전체 노동인구의 약 3분의 1가량을 차지한다.

▲ 한국의 밀레니얼 세대
출처: 한국경제(2018. 10. 3.), 오상헌 · 고재연 · 김보라 기자.

소비자 측면에서의 밀레니얼 세대는 트렌

드에 민감하면서도 브랜드보다 합리적인 가격을 중요시하는 편에 속한다. 내 집 마련 등 소유에 대한 개념은 약한 편이고, 효율성과 가치를 중시한다. 틀에 박힌 일보다는 가치 있는 일을 통해 돈을 벌고 싶어 하는 경향도 있다.

(1) 정보 검색에 능통

밀레니얼 세대는 PC, TV, 핸드폰과 함께 자란 테크 세대이다. 어렸을 때부터 인터넷을 사용해 왔기 때문에, IT를 활용한 정보 검색에 능통하다. 이 우수한 정보 검색 능력을 바탕으로, 물건을 구매할 때도 가격 비교나 리뷰 등의 지표를 유심히 살펴보는 경향이 있다. 또한, 집안의 경제적 결정이나 회식 장소 결정 등 윗세대들의 의사결정을 돕는다. X세대와 달리 밀레니얼 세대는 어렸을 때부터 실질적인 구매 결정권을 쥐고 있었다. 또 제품 자체의 성능이나 가격에 대한 정보뿐만 아니라, 브랜드나 기업의 윤리적인 측면까지도 고려하는 성향이 있다.

(2) '나 자신'이 주인공인 삶

밀레니얼 세대는 X세대와는 확연하게 다르다. X세대는 인맥 관리에 힘쓰고, 회식이나 조직 문화에 익숙했다. 하지만 앞에서 밀레니얼 세대를 'Me Generation'이라고 언급했던 것처럼, 그들은 다른 사람보다 '나 자신'을 인생에서 가장 중요하게 생각한다. 자기 계발이나 건강관리와 같이 자신에게 만족감을 주며 삶의 질을 향상시키는 경험을 우선시한다. 그들은 3포가 아닌 N포 세대[4]라 불릴 정도의 각박한 사회에 살고 있으며, 금융 위기 이후 찾아온 경제 침체 덕에 다른 세대보다 물질적으로 궁핍하다. 그렇기 때문에 불확실한 미래를 위한 투자보다는 현재 가치를 극대화하는 데에 관심을 많이 가진다.

---

4) 사회, 경제적 압박으로 말미암아 연애, 결혼, 주택 구입 등 많은 것을 포기한 세대를 지칭하는 용어로 포기한 게 너무 많아 셀 수도 없다는 뜻을 가진다. 기존 3포 세대(연애, 결혼, 출산 포기), 5포 세대(3포 세대+내 집 마련, 인간관계), 7포 세대(5포 세대+꿈, 희망)에서 더 나아가 포기해야 할 특정 숫자가 정해지지 않고 여러 가지를 포기해야 하는 세대라는 뜻에서 나온 말이다.

2) 밀레니얼 세대의 성장

다른 세대보다 물질적으로 궁핍하다고 하는 밀레니얼 세대가 어떻게 소비 트렌드를 이끌어 나갈 수 있었을까? 1981~1996년 태어난 국내 밀레니얼 세대는 1,098만 명으로, 전체 인구의 21.2%를 차지한다. 전 세계적으로 밀레니얼 세대는 인구의 대략 4분의 1을 차지하고 있다. 이들은 향후 20년 내에 최대 소비 파워를 가진 그룹으로 부상할 것이라고 전망되고 있다. 소비 시장에서 차지하는 파워는 통계적으로 나와 있는 인구 비중보다 훨씬 크다. 왜냐하면, 앞에서 언급한 것처럼 그들은 미래를 위한 투자보다는 현재를 위한 투자를 많이 하는 경향이기 때문이다.

혹시 여러분은 2017년 국내에서 개봉한 영화 '플립'을 보았는가? 이 영화와 이탈리아 명품 브랜드 구찌에는 한 가지 공통점이 있다. '한물간' 영화와 매출이 감소하던 구찌 브랜드를 밀레니얼 세대가 되살렸다는 점이다. 플립이 미국에서 상영된 건 2010년이지만, 인터넷 등을 통해 이 영화를 접한 국내 밀레니얼들은 '내 인생 최고의 영화'란 평가를 내렸고, 페이스북을 통해 이런 리뷰를 퍼 날랐다. 국내 배급업체는 이례적으로 '7년 묵은 영화'를 스크린에 올렸다(한국경제, 2018. 10. 3.).

5년 연속 매출이 20%씩 쪼그라들던 구찌 역시 2015년부터 밀레니얼 세대를 겨냥해 디자인과 마케팅을 파격적으로 바꾸면서 매출 성장률(2018년 상반기 45%)이 가장 높은 명품 브랜드로 변신했다.

밀레니얼 세대가 국내 정치 · 경제 · 사회 · 문화 전반의 지형을 바꾸고 있다. 소비시장에서 차지하는 파워는 인구 비중보다 훨씬 크다. 디지털 기기에 익숙하고 정보 검색에 능하기 때문이다. 부모나 직장 상사 등 윗세대들도 각종 제품을 사거나 식당을 예약할 때 이들에게 의존한다. 사실상의 '구매 결정권'을 밀레니얼 세대가 쥐고 있다. 밀레니얼 세대가 "역사상 가장 강력한 소비 세대"(미국 소비자 조사업체 퓨처캐스트의 제프 프롬 대표)로 성장하자 국내외 기업들은 앞다퉈 '밀레니얼 세대 잡기'에 뛰어들었다. 이들의 라이프 스타일에 맞는 신개념 제품을 내놓고, 디자인도 뜯어고치고 있다.

밀레니얼 세대는 정치적 영향력도 키우고 있다. 자신이 좋아하는 정치인을 아이돌

가수처럼 우상화하는 '정치 팬덤화'를 주도하고 있다. 서강대 류석진 교수는 그들을 "사실상 새로운 형태의 정치집단으로 자리 잡았다."라고 분석하였다. 서강대 최명화 교수는 "밀레니얼 세대가 앞으로 10~20년 동안 세계 정치 · 경제 · 문화 트렌드를 주도할 것"이라며 "기업의 상품 · 서비스는 물론 정부 정책의 성패도 밀레니얼 세대에 달려 있다."라고 말했다(한국경제, 2018. 10. 3.).

팬덤(Fandom)과 팬덤 문화

팬덤은 광신자를 뜻하는 퍼내틱(fanatic)의 '팬(fan)'과 영지(領地) 또는 나라를 뜻하는 접미사 '덤(-dom)'의 합성어이다. 사전적 의미는 '(스포츠 · 영화 등의) 팬 전체'이며, 통상 연예계나 스포츠계의 팬 집단을 일컫는다. 흔한 말로 '오빠(누나) 부대'로 불리기도 하며, '워너비(wanna be)' 혹은 '그루피(groupie)'라는 표현도 사용된다. 한국에서는 1980년대 초부터 등장했는데, 가수 조용필의 '오빠부대'가 한국 팬덤의 시초이다.

팬덤이 문화적 영향력을 행사하면서 팬덤 문화라는 말이 탄생하기도 했다. 팬덤 문화는 단지 스타를 바라보는 데에서 그치는 것이 아니라 관련 상품을 구입하고, 이를 통해 자신을 스타 혹은 캐릭터와 일체화하는 등 점차 그 범위가 확산되고 있다. 하지만 간혹 맹목적인 스타 사랑으로 인해 팬덤이 보여 주는 집단행동은 사회문제가 되기도 한다. 이어 가수 서태지가 청소년의 우상으로 떠오르면서 1990년대의 팬덤 문화를 낳았다. 2000년을 전후해서는 수많은 팬클럽이 등장하면서 한국 청소년 문화를 팬덤 문화로 보는 학자들까지 생겨났다.

3 언택트 문제의 실태

세상에는 단점 없는 것들은 없다. 언택트도 편의성이라는 장점을 가져다주었다. 그러나 일자리 감소, 노년 소외, 정서적 안정의 부재 등 그전에는 예상치 못했던 부작용이 나타날 것이다.

1) 일자리 감소

그동안 우리가 하던 일을 로봇이나 키오스크, 챗봇이 대체하는 시대가 왔다. 안 그래도 경제가 침체된 시대에 살아왔던 밀레니얼 세대는 일자리마저도 잃어버리는 것일까? 결론부터 말하면, 지금 당장은 아니다. 기계도 수시로 관리가 필요하고, 이 매장 관리자들은 결국 사람의 손을 필요로 하기 때문이다. 그렇지만 언젠가는 기계가 사람을 대체할 수 있을 것이다. 그때에 우리의 일자리는 누가 책임을 질 수 있을까!

2) 노년 소외

우리나라는 2017년 노인이 전체 인구의 14% 이상을 차지하는 고령사회가 되었다. 2025년경에는 노인 인구 비중이 20%가 넘는 초고령사회로 바뀔 것이다. 심지어 노인 인구 비중은 2045년에는 37%, 2065년에는 47% 가까이 접근할 것이다. 하지만 장년층과 노년층은 디지털 정보화 수준이 국민 평균의 절반 수준밖에 안된다고 한다. 그러면서 디지털 기술을 따라가지 못한 디지털 소외층, 디지털 푸어(digital poor)가 되었다.

무인 계산대(키오스크)는 대형 패스트푸드 업체에 가면 많이 볼 수 있다. 3년 사이에 키오스크 설치가 10배 증가하였다고 한다. 전체 매장의 60% 정도가 키오스크를 사용한다고 한다. 하지만 장년층, 노년층은 키오스크를 접해 보지 못해 주문에 어려움을 겪고 있다. 직원이 도와주기도 하지만 기계가 보이면 우선 못하겠다는 생각이 먼저 든다고 한다. 따라서 주문을 포기하는 경우도 생긴다고 한다.

패스트푸드나 음식점은 젊은 세대가 많이 가니 그럴 수 있다고 생각하겠지만, 최근에는 은행 업무나 대중교통 서비스도 모두 모바일을 통해 진행되고 있다. 실제로 은행에서는 젊은 사람을 찾기 어려우며, 은행도 좋은 혜택은 다 모바일 가입자에게만 주고 있다. 하지만 이를 알지 못하는 노년층은 어쩔 수 없이 창구에 가서 업무를 봐야 한다. 그럼에도 이자를 덜 받거나 수수료를 부담하면서까지 한다.

명절에 기차표 예매하는 것은 국민 티켓팅이라고 불릴 만큼 치열하다. 온라인으로 팔리는 표가 93%라고 한다. 현장에서 구매할 수 있는 표는 고작 7% 정도뿐이다. 예매 방법을 몰라서 못하기도 하지만, 상대적으로 빠른 속도로 예매해야 하는 명절 티켓 예매에서 노년층이 뒤쳐지는 것은 당연한 일이다. 최근엔 고속버스도 어플 예매 서비스를 시작하면서 예매를 못한 노년층이 줄을 서서 기다려도 버스를 못 타는 상황도 발생했다고 한다.

3) 정서적 안정의 부재

언택트를 통하여 편안한 생활을 누릴 수는 있지만, 이러한 패턴에 자주 노출되면 인간관계에서 겪는 갈등에 대하여 인내력이 약해진다. 그렇기 때문에 2030 세대들 사이에서는 『~해도 괜찮아』 등과 같은 책이 베스트셀러로 팔리고 있으며, 현실 도피성 여행의 수가 늘고 있다.

4 언택트 문제의 해결책 및 대안

신종 코로나바이러스 감염증의 위기는 사람들로 하여금 다양한 IT 기술을 활용하게 하였다. 사회적 거리두기를 실천하는 상황에서 사람과 사람 간의 접촉을 피하고자 언택트 기술의 사용이 사람들의 일상이자 IT 트렌드가 될 수밖에 없다.

그렇다면 신종 코로나바이러스 감염증뿐만 아니라, 앞으로 다가올 또 다른 팬데믹을 대비하여 단순히 언택트 서비스를 증가시키는 것이 좋은가? 그저 언택트 서비스를 통해 디지털 의존도를 높이는 것이 답은 아니다. 왜냐하면, 언택트 서비스가 많아질수록 사이버 위협이나 디지털데이터의 위변조 가능성 또한 높아질 것이기 때문이다.

언택트는 편리함을 가져다주는 대신, 소통의 부재를 초래할 수 있다. 앞으로의 우리 사회는 편리함과 소통 사이를 이어 주는 매체가 필요할 것으로 본다.

카카오스토리부터 페이스북, 인스타그램, 틱톡까지 10대들은 항상 트렌드에 앞서 왔다. 이 모든 시장의 혁신자, 초기 수용자들은 모두 10대들이었고, 이런 10대들은 지금도 앞서서 모바일 시장을 바꾸어가고 있다. 현재의 얼리어답터(early adopter)[5] 역할을 맡고 있는 Z세대, 10대들이 들어온 시장에 20대, 30대가 들어온 후 40대가 들어와 새로운 트렌드가 만들어지듯, 언택트도 새로운 트렌드로서 앞으로의 소비시장을 이끌어 갈 전망이다.

5) 새로운 제품 정보를 다른 사람보다 먼저 접하고 구매하는 소비자. 제품의 수용(adoption)이 다른 사람들보다 빠르게, 일찍(early) 발생하는 사람들을 칭하는 말이다. 뉴멕시코 대학의 에버렛 로저스(E. M. Rogers) 교수가 1972년 신제품 커뮤니케이션을 다룬 저서 『혁신의 확산(Diffusion of Innovation)』에서 처음 사용할 때만 해도 대중에게 알려지지 못했으나, 1995년 이 책의 재판이 나올 무렵 첨단기기시대를 맞아 이 용어도 신조어로 부상했다. 얼리어답터는 세상의 변화에 민감하고, 호기심이 많으며 관심분야에서 남보다 앞서서 더 많은 정보를 얻는 것에서 기쁨을 느끼는 소비자이다. 하지만 신제품이라고 무조건 사지 않고 선택적 구매를 하는 차별성을 보인다. 특히 자기만족에 머물지 않고 인터넷 등을 통해 모임을 만들어 활동하는 것이 가장 큰 특징이다.

20
CHAPTER

교육 문제

1 교육 문제의 개념

교육은 사람을 사람답게 형성해 가는 과정이다. 사람은 일생을 통하여 사람답게 살기 위한 사회화 과정으로서의 교육을 받게 된다. 교육은 인간 형성의 과정이며 사회 개조의 수단이다. 교육은 바람직한 인간을 형성하여 개인생활 · 가정생활 · 사회생활에서 더욱 행복하고 가치 있는 나날을 보내게 하며, 나아가 사회발전을 꾀하는 요인으로 작용한다(http://www.aks.ac.kr).

교육은 어버이와 자식 사이, 교사와 제자 사이, 선배와 후배 사이 등 일반적으로 경험이 풍부한 사람과 미경험자 사이, 혹은 성숙자와 미성숙자 사이에서 이루어진다. 그러나 여기에는 두 가지 힘이 작용하고 있음을 간과해서는 안 된다. 하나는 인간이란 생명체가 본래부터 가지고 있는 선천적인 힘으로, 환경을 통해 이러한 자발적 · 창조적 가능성이 드러나고 개발되어 자기발전을 도모하는 것이다. 다른 하나의 힘은 후천적으로 성숙자인 양친 · 교사 · 선배 등이 이미 계획된 목표와 방향에 따라 미성숙자들을 이끌며, 또는 어떤 목표나 방향의 가능성에 장애가 되는 것을 억제하는 힘이다. 이 두 가지의 힘, 즉 안으로부터의 힘(自力)과 밖으로부터의 힘(他力)이 서로 작용함으로써 교육은 성립된다.

이와 같은 사실은 '교육'이라는 낱말의 뜻을 고찰해 보면 더욱 선명해진다. 교육의 교(敎)는 본받음(效) · 가르침(訓) · 알림(告) · 훈계(訓戒) · 학문(學) · 도덕(道德) · 종교(宗敎) 등 다양한 뜻을 가지고 있는 한자로서, '방향을 제시하고 그 곳으로 이끈다.'는 뜻과 '모범을 보이고 이렇게 하지 않으면 안 된다.'는 의미를 가지고 있다. 육(育)은 기름(養) · 낳음(生) · 자람(成) 등의 뜻을 가지고 있으며, '육성한다', '올바르게 자라남' 등을 의미한다. 이것은 인간이 내면적으로 지닌 천성, 곧 타고난 소질과 성품을 보호, 육성하는 과정을 뜻한다. 그리고 나아가 교육을 받는 자리에 있는 사람이 가진 성장하는 힘, 발육하는 힘을 전제로 하여, 그 자발성과 창조성을 충분히 조장시켜 자립을 키워 주는 것을 의미한다.

구미에서도 교육을 Education(영어), Éducation(프랑스어), Erziehung(독일어), Paidagogen(그리스어) 등이라 하는 바, 모두 그 뜻은 '끌어낸다(引出)', '이끌어낸다(導出)'라는 의미를 가지고 있다. 영어의 education과 프랑스어의 éducation은 라틴어 educare에서 유래한 것으로, 'e'의 '밖으로'와 'ducare'의 '끌어낸다.'가 합쳐진 합성어이다. 이처럼 구미에서도 교육이란 어린이가 가진 천품과 개성을 밖으로 끄집어낸다는 뜻이며, 또한 그 가능성을 바람직한 방향으로 최대한 끄집어 올린다는 의미를 가지고 있다.

지금까지 살펴본 것처럼 동서양을 막론하고 교육의 뜻은 내부의 자연적 성장의 힘과 외부 영향력과의 합력(合力)에 의하여 성립되는 인간 형성의 작용을 말하며, 타고난 그대로의 인간을 바탕으로 하여 참되고 가치 있는 인간으로 이루어 보려는 작용으로 인식되고 있다.

과거 신분제 사회에서는 교육의 기회가 신분에 따라 차등적으로 허용되었으나, 누구도 그것이 불평등하다고 생각하지 않았다. 하지만 현대사회에서 교육이 개인의 사회적 위치 향상과 평등한 사회를 구현하는 주요 통로로 받아들여짐에 따라 교육의 기회균등은 사회적으로 중요한 관심사가 되고 있다. 많은 사람이 교육을 통해 개인의 능력과 노력이 사회적 지위 획득으로 이어질 것을 기대하고 있고, 교육이 개인의 삶과 사회 전반에 미치는 영향이 크므로, 모든 사회 구성원에게 교육 기회를 균등하게 제공하는 것은 교육제도에서 매우 중요한 문제이다.

교육의 기회균등은 개인의 학력 성취가 가족의 사회 경제적 배경으로 제약당하지 않고 능력에 따라 배분되는 정도라고 정의할 수 있다. 학력은 사회적 성공을 보장하는 가장 유력한 수단이다. 이와 같은 학력 성취가 계층별로 다르게 이루어진다면, 교육 수준의 차이 때문에 빚어진 결과의 불평등, 즉 직업이나 소득의 불평등은 정당성을 획득할 수 없다. 그러므로 학력 성취의 사회적 평등은 이른바 능력주의 사회를 실현하는 기본적 조건이 된다.

이에 따라 우리나라를 비롯한 많은 사회에서 법과 제도를 통해 교육의 기회균등을 보장하기 위해 여러 가지 노력하고 있다. 그러나 교육제도와 관련하여 차별 없이 기회균등을 보장한다는 것이 어떤 모습인지에 대해서는 논란이 있으며, 구체적인 교육의 기회균등 실현 방법에 대해서는 사회적으로 합의하기가 쉽지 않다. 그럼에도 교육 기회균등의 의미는 다음 두 가지 측면에서 이해할 수 있다(http://www.aks.ac.kr).

첫째, 조건에 따라 차별하지 않고 교육의 기회를 균등하게 보장하는 것이다. 이는 우리 국민이면 누구나 경제적, 사회적, 신체적 조건과 관계없이 교육받을 기회를 가져야 함을 의미한다. 신분제가 폐지된 이후 모든 사람에게 동등하게 교육받을 기회가 주어지고 있으며, 국가 중심의 의무 교육, 무상 교육이 시행됨에 따라 교육의 기회 보장이 실질적으로 구현되고 있다. 대한민국에 거주하는 아동이라면 누구나 중학교까지 국가로부터 교육의 기회를 보장받는다.

둘째, 교육 여건의 차이를 최소화하는 것이다. 교육받을 기회에서 차별이 없더라도, 다른 외적 교육 여건의 차이 때문에 기회를 제대로 누리지 못한다면 교육의 기회가 균등하다고 할 수 없을 것이다. 도시 지역과 농촌 지역의 학교 간, 혹은 같은 지역 내의 학교 간에 규모나 시설, 교사의 수준, 문화적 환경 등의 교육 여건의 차이가 발생한다면, 사람들은 교육의 기회가 균등하다고 생각하지 않을 것이다. 따라서 이러한 교육 여건의 격차를 줄이려는 노력은 실질적인 교육의 기회균등을 위한 것이라고 볼 수 있다.

2 교육 문제를 설명하는 이론

1) 사회심리적 관점

교육을 사회심리적 관점에서 보면, 교육은 성격 형성의 과정으로서 사람이 사람답게 되어 가는 사회화의 한 과정이다. 인간의 성격 형성은 어렸을 때 대부분 이루어지는 것이 사실이지만, 평생을 통하여 계속되는 재사회화의 과정이기도 하다. 요즘과 같이 사회 변동이 빠른 시대에는 한 개인이 살아가면서 다양한 경험을 하게 된다. 새로운 경험은 새로운 자극을 주고, 그것은 지난날의 경험을 통하여 형성된 성격을 새롭게 만들기도 한다(김종일 외, 2004: 236-238).

2) 사회구조적 관점

교육을 사회구조적 관점에서 보면, 교육은 사회통합을 위하여 행동 규범을 유지하고 긴장을 처리하는 기능을 수행하는 제도이다. 행동 규범의 유지 기능은 사회에 내재하는 문화, 즉 사회 구성원들이 구성원으로서의 역할을 잘 하게 하기 위하여 필요한 지식과 기술, 그리고 그와 관련된 가치와 규범, 전통과 문화를 배우는 과정을 일컫는다. 인간은 일생을 통하여 사회 구성원으로서의 역할을 다하기 위한 교육을 받게 된다.

긴장을 처리하는 기능은 생활양식을 배워 나가는 과정에서 발생하는 긴장과 스트레스를 없애 주는 기능을 교육이 담당하고 있다는 뜻이다. 일반적으로 놀이를 통한 긴장이나 스트레스 해소는 새로운 활력을 찾기 위해서 필요하다. 교육은 건전한 놀이와 스포츠 등을 가르침으로써, 사회적 의무와 역할 수행에 필요한 규범을 습득하는 과정에서 발생하는 각종 긴장과 스트레스를 없애 주는 기능을 한다.

3) 교육적 관점

교육을 교육자의 입장에서 보면, 교육은 인간의 내면에 있는 개인의 소질과 능력을 이끌어 내어 자아실현을 할 수 있도록 도와주는 제도적 장치이자 과정이다. 인간은 누구나 고유한 개성과 능력을 지닌 존재로서 삶의 존재 이유가 있다. 그것을 드러나게 하는 것이 교육이다. 어떤 놀이나 공부를 통하여 각자가 잘할 수 있는, 즉 소질이 나타나도록 돕는 것이 교육이다. 교육은 개인의 소질이나 능력이 어디에 있는지, 어떤지를 파악하고, 사람답게 살도록 도덕과 규범을 익히며, 일을 통하여 사회적 존재로서의 소임을 다하도록 돕는 역할을 수행한다.

3 교육 문제의 실태와 원인

1) 교육 문제의 실태

(1) 입시 위주의 교육

"교육은 백년지대계(百年之大計)"라고 하여 우리나라는 옛날부터 교육을 대단히 중요시해 왔다. 백년지대계란 먼 장래까지 내다보고 세우는 큰 계획으로, 최소한 1세기를 내다보아야 한다는 의미이다. 그러나 현실은 그렇지 못하다. 교육부장관 · 대통령이 바뀔 때마다 교육정책은 수시로 바뀌고 있다. 그리하여 학생들을 지도해야 할 일선에 있는 교사들은 입시지도를 어떻게 해야 할지 몰라 우왕좌왕하고 있다. 이것이 우리 교육의 현주소이다.

우리나라 교육의 가장 큰 문제점은 지성교육과 인성교육을 적절히 배합하지 못하고,

나라를 이끌어 나갈 주역인 학생들에게 입시 위주의 암기식, 주입식 교육을 고집하는 것이다. 인성교육보다는 입시 위주의 교육을 강요하는 것이다. 학생들은 학교에서 대부분의 시간을 보내고 있다. 아침 일찍 학교에 와서 0교시 수업을 하고, 정규 수업을 7~8교시까지 한다. 그러고도 보충에 야간자율학습까지…. 그 후에도 학원이나 독서실에 가서 새벽 2~3시까지 공부하고 집에 돌아와서도 편히 쉬지도 못하고 책을 펴는 것이 그들의 모습이다.

예전에 MBC의 '하자 하자!'라는 프로그램에서, 고등학생들에게 아침밥을 해서 주고, 다른 나라의 학생들과 우리나라 학생들을 비교하는 내용의 프로그램이 있었다. 다른 나라 학생들은 9시 정도에 학교에 간다. 그리고 보충수업, 야간자율학습, 0교시 수업 등과 같은 것들은 없다. 방과 후에는 자기가 좋아하는 클럽활동을 하며 즐긴다. 하지만 우리나라 학생들은 아침 7시 30분까지 학교에 가서 끊임없는 수업을 받으며, 쉬는 시간에는 활기찬 모습이 아닌, 거의 엎드려 자는 그러한 모습을 보였다. 아침엔 일찍 일어나야 하고 공부의 압박으로 말미암아 잠도 몇 시간 자지 못하기 때문에 아침 먹을 생각을 할 여유조차 없다.

(2) 교육 기회의 불평등

현대 산업사회에서 교육은 사회적 지위를 성취하는 데 도움을 준다. 교육은 가난한 사람들에게는 부를, 낮은 사람에게는 높은 지위를 가능하게 하여 평등한 사회를 실현하는 통로로 인식되었다. 따라서 교육을 받는다는 사실 그 자체만으로도 이미 더욱 평등한 위치로 나아갈 수 있는 계기가 마련된다.

교육이 가져다주는 많은 혜택을 누릴 수 있기 위해서는 교육 기회가 중요한 역할을 하는데, 교육 기회를 결정하는 요인에는 성, 지역, 사회제도, 경제 배경, 신체, 능력 등을 들 수 있다. 이러한 다양한 요인의 작용이 평등해야 평등한 사회의 실현이 가능하다. 교육 기회의 평등은 모든 학생으로 하여금 자신들의 능력, 재능을 (선천적으로 타고난 조건의 사회적 배경에 구애받지 않고) 발휘될 수 있도록 학교교육의 기회를 동일하게 제공하는 것이다.

교육적 불평등의 문제가 논의되기 시작한 것은 최근의 일이다. 전근대사회에서는 인간의 운명이 출생으로 결정되었기 때문에 교육적 평등이나 불평등이라는 말은 존재하지 않았다. 모든 것이 운명이었고, 출생과 더불어 속하게 되는 가정에 의하여 삶의 모든 기회가 결정된다. 서양의 경우에는 19세기를 기점으로 교육적 불평등 문제가 제기되기 시작했다. 우리나라의 경우에는 60년대 이후 고도의 경제성장과 발전을 가져오는 데는 교육을 통한 인적자원이 하나의 요인이 되었다.

이러한 사회적 조건 변화에 따라 자연스럽게 교육받을 기회를 의미하는 접근의 문제가 사회적으로 주목받기 시작했다. 이처럼 교육의 기회가 확대되고, 내적인 가치를 더욱 확고히 하기 위해서 교육적 불평등 문제가 수면 위로 드러나기 시작하였다. 따라서 교육 기회는 평등해야 한다는 생각이 늘어남에 따라 교육 기회의 불평등이 사회문제로 드러났다.

우리나라 현행법에서는 교육 기회에 대해 매우 포괄적으로 서술하고 있다. 「대한민국헌법」 제31조 제1항에는 “모든 국민은 능력에 따라 균등하게 교육을 받을 권리를 가진다.”라고 규정하고 있다. 「교육기본법」 제4조 제1항에는 “모든 국민은 성별, 종교, 신념, 인종, 사회적 신분, 경제적 지위 또는 신체적 조건 등을 이유로 교육에서 차별을 받지 아니한다.”라고 규정하고 있다. 여기서 우리는 중요한 발견을 하게 된다. 교육받을 기회가 개인의 능력에 기초하여 결정되어야 한다는 능력주의 원리에 기초하고 있음을 알 수 있다. 능력주의 원리에 의하면, 현실적으로 교육받을 기회를 누리지 못하는 것은 개인의 능력이 부족하기 때문이라고 말하게 된다.

(3) 교육의 역기능성

앞서 말했지만, 교육은 사회 통합을 위하여 행동 규범을 유지하고 긴장을 처리하는 기능을 수행한다. 그런데 교육이 그러한 기능을 제대로 수행하지 못했을 때 어떤 현상이 발생할까? 역기능성이 증대하여 사회 해체의 증후가 나타나게 된다. 그것은 결국 사회 통합을 저해하고 사회 불안을 일으켜서 사회 발전의 장애 요인으로 등장한다.

지금 우리 교육이 행동 규범의 유지를 제대로 하고 있는가? 교육을 통하여 과거의 역사와 문화와 전통을 올바로 계승하고, 미래지향적으로 창조하는 노력이 나타나고 있는가? 한민족 고유의 정통성을 이어 받고, 민족자존의 기상을 세계화 시대에 걸맞게 재창조하는 교육인가? 이러한 질문에 대해 몇 가지로 나누어 살펴보자(김종일 외, 2004: 244-246).

첫째, 민족의식의 주체적 확산이 잠재적 행동 유형으로 나타나고 있는가를 보아야 한다. 그것을 알자면 한국의 역사교육의 현주소가 어떤지를 살펴야 한다. 그러나 한국의 역사와 문화 교육은 21세기 변화의 시대에 맞게 정립되어 있지 않았다. 영어나 수학에 치중하는 입시교육으로 말미암아 역사교육이 매우 소홀하게 취급받고 있는 현실이 그것을 잘 증명하고 있다. 종종 단군의 동상에 대한 훼손 사건과 그에 대한 정부의 매우 미온적인 대처에서도 알 수 있다.

둘째, 민주 사회 구성원으로서의 국민적 의무와 책임을 다하도록 교육이 행해지고 있지 못했다. 그것은 통상 사회질서 유지와 관계되는 것으로, 지나치게 개인이나 집단의 권리만을 주장하는 사례는 없는가 하는 문제이다. 민주 사회에서 개인과 집단의 이해관계와 관련하여 적극적으로 주장하는 것을 나쁘다고만은 할 수 없다. 그러나 그것이 지나치면 옳지 않다. 혐오시설 설치와 관련하여 상당수 국민이 보이는 님비 현상은 그러한 우려를 반영하고 있다. 이것은 공교육의 붕괴가 가져오는 현실이다. 대화와 타협을 통한 합리적인 사회적 합의를 거부하는 현상이다.

셋째, 교육을 통한 사회적 긴장 처리 기능이 제대로 작동하지 못했다. 교육의 기능이 제대로 수행되면 건전한 놀이교육을 통하여 사회적 의무를 수행하는 과정에서 발생하는 긴장과 스트레스를 없앨 수 있다. 그러나 우리의 교육 현실은 건전한 놀이문화의 발전에 어떠한 이바지도 하지 못하였다. 심지어 학교에서의 미술, 음악교육도 입시과목에 그 시간을 내주고 있는 형편이다. 노래방이나 음주문화의 건전성은 이미 훼손된지 오래됐고, 이를 대체하여 긴장 관리 기능을 할 수 있는 교육은 보이지 않는다. 이는 결국 일탈과 범죄로 이어질 수밖에 없다.

2) 교육 문제의 원인

(1) 출세지상주의

대학에 가지 않는 것은 그 이외 어떠한 진로를 택하더라도 대학에 가는 것보다 못하게 여긴다. 그러나 대학에 간다고 하여 모두 같은 지위를 부여받는 것은 결코 아니다. 우리나라 대학 체제는 어느 대학, 어느 학과이냐에 따라 그 사회적 위세가 서열화돼 있다. 그리고 그 서열의 어느 위치에 있는가에 따라 사회적 출세 가능성이 달라진다.

문과생은 모두 법대에 가서 법조계에 진출하는 것이 최상의 목표이며, 이과생은 모두 의대에 가서 의사가 되는 것이 최상의 목표인 셈이다. 이것이 근래에 이르러 경상계와 IT 분야로 확대되긴 했으나, 여전히 자신의 적성에 맞는 분야에서 능력을 발휘하기보다는 사회에서 보편적으로 인정받는 분야에 진출하고 싶어 한다. 중소기업에서 능력을 발휘하기보다는 유수한 대기업에서 근무하고 싶어 하는 것도 마찬가지다.

추구하는 가치가 단일화되어 있는 사회에서 그 가치를 추구하려는 열망은 고조될 수밖에 없고, 그 가치를 얻기 위한 경쟁은 치열할 수밖에 없다. 일원화되어 있는 가치 체계에서 서열은 더욱 명료하게 드러난다. 서열적인 위계구조는 현대에 이르기까지 우리 사회의 조직 원리이자 일상생활의 지배원리로 작용하고 있다. 일원화되어 있는 권위주의적 위계구조에서 최고의 위치를 차지하고자 하는 출세지상주의가 바로 현대 한국인들의 왜곡된 교육열과 문제의 근원이 되고 있다(김종일 외, 2004: 246-247).

대한민국은 철저한 출세지상주의 · 엘리트주의 사회다. 다른 나라 역시 그렇지만 대한민국처럼 엘리트에 집중되고 의존하는 경향이 크지는 않아 보인다. 문제는 이런 출세지상주의 · 엘리트주의가 정치, 경제만이 아닌 모든 분야에 뿌리를 내리며 부패한 권력의 핵심 고리를 형성하고, 그들만의 이너서클(inner circle)[1]을 만들어 부정을 공유하

---

1) 영어로 '안쪽 원'이라는 뜻으로, 주로 조직 내에서 그 조직의 실질적 권력을 점유하는 소수 핵심층을 이르는 말이다. 이들은 외부로 명확한 실체가 드러나지는 않으나, 독점적 정보력을 바탕으로 조직의 주요 의사결정에 절대적인 영향력을 행사한다. 학연 · 인맥 등을 중심으로 뭉쳐 기업의 중요한 의사결정에 영향을 끼치는 내부집단, 대통령 등 유력 정치인의 핵심 측근으로서 정치적 영향력을 행사하는 인사 등이 이너서클에 속한다. 한편, 같은 회사나 업종의 사람들과 정보를 공유하며 업무 성과를 높이는 긍정적인 이너서클도 존재한다. 또 업무와 관련되지 않더라도 관심사나 취미를 공유하며, 인맥을 쌓고 여가 생활을 즐기는 등 순기능을 얻을 수도 있다.

는 상황까지 치닫게 되었다는 점이다.

'박근혜–최순실 게이트'가 세상에 공개되며,[2] 가장 중요하게 거론된 것은 이런 출세지상주의 · 엘리트주의의 허상을 전 국민이 목격하게 되었다는 사실이다. 예컨대, 그 중심에 우병우(전 대통령비서실 민정수석)라는 존재가 있었다. 학창 시절에 1등을 한 번도 놓쳐 본 적이 없던 그는 서울대에 당연하듯 합격하고 3학년에 사시 1차에 합격했다. 우병우 처제는 아이의 유명 외국인학교 불법 입학으로 비난을 받기도 했다. 다른 재벌가 사모와 달리, 그녀는 이름도 낯선 세인트 키츠네비스라는 곳의 국적을 사서 아이를 외국인학교에 입학시켰다. 이처럼 일그러진 엘리트주의가 청산되지 않는다면, 우린 다시 괴물과 같은 또 다른 우병우를 수없이 마주해야만 할 것이다.

(2) 학벌주의

학벌은 분명 계급은 아니지만, 일종의 신분제처럼 작동하는 학벌 의식은 현대판 한국식 신분제도로 고착화되고 있다. 능력보다 학력과 학벌을 중시할 경우에 모두가 높은 학력을 추구하는 고학력 인플레이션이 발생하게 된다. 특히 같은 학력 중에서도 특정한 학교 출신자가 실제적인 능력과 사회에 이바지한 것보다 많은 대우와 혜택을 보거나, 심지어 권력을 독점하게 될 때 어떤 현상이 발생할까? 그 결과 학벌주의는 사회적 차별과 불평등을 구조화시킬 수밖에 없다.

학벌주의는 고려 시대의 과거제도에서 그 뿌리를 찾아볼 수 있다. 과거제도라는 학력 인증시험을 통해 고위직에 등용될 수 있는 신분 상승의 제도적인 채널이 마련되었고, 이것이 현대적 개념의 학력 혹은 능력주의의 기초가 된다. 이후 조선 시대에는 철저한 신분제도하에서 과거제도가 제한적으로 활용되었으며, 이후 능력보다 당쟁과 파벌을

2) 2016년 9~10월 당시 박근혜 대통령의 비선실세인 최순실(최서원으로 개명) 씨가 미르 · K스포츠재단 설립에 관여했다는 의혹 등에 이어 최 씨의 태블릿 PC를 입수한 언론의 보도가 나오면서 드러난 사건이다. 최 씨는 박근혜 정부의 국정에 개입한 것은 물론 미르재단 · K스포츠재단 설립에 대기업의 출연을 강요한 의혹, 자신의 딸인 정유라의 이화여대 입학 특혜 의혹 등을 받았다. 헌법재판소가 2017년 3월 10일 대심판정에서 박근혜 대통령 탄핵심판사건 선고기일을 열고 재판관 8명 전원일치 의견으로 박 대통령에 대한 파면 결정을 내렸다. 이정미 헌법재판소장 권한대행은 "피청구인 대통령 박근혜를 파면한다."는 주문을 확정했다. 이는 2016년 12월 9일 국회가 대통령 탄핵소추안을 의결하고 헌재에 접수한 지 92일 만의 결정으로, 헌재가 국회의 탄핵심판 청구를 인용한 것은 대한민국 헌정사 최초의 현직 대통령 파면이다.

중심으로 고위직 등용이 이루어졌다. 이러한 전통이 개화기와 식민지 시대 이후에도 사라지지 않고 계속해서 유지되었고, 근대화를 거친 이후에도 같은 학연을 가진 사람들이 동문, 선후배를 찾아 자기의 이익을 도모하는 이기적인 공동체로 변모하였다.

개인 능력이 동일하다고 가정할 때 우리 사회에서 성공과 출세하는 데 가장 중요한 요인은 학벌이다. 비명문대와 지방대 학생은 취업과 승진, 그리고 인격적으로 무시당하고 있다. 심지어 지방대를 '지잡대'라고까지 하는 현실에서 무슨 말이 더 필요할까! 더 나아가 특정 학벌이 정부 고위직은 물론 민간·기업 부분을 독점하고 있다. 얼마나 많이 배웠는가가 아닌 어디에서 배웠는가가 더 중요한 현실은 대학을 서열화시키고, 더 나아가 교육체계는 물론 교육 전반을 왜곡시키는 문제를 낳고 있다. 학벌사회는 특정 학교에 입학하기 위한 입시경쟁 사회를 낳고, 교육은 전인교육이 아닌 시험선수를 양산하는 입시교육이 되고, 공부 잘하는 학생만이 학교나 사회에서 모두 인정받는 사회로 전락하고 만다.

결과적으로 성적 우수자는 자신이 훌륭한 사람이라는 허위의식을 내면화시키는 동시에 성적이 좋지 않은 학생은 자신감을 상실하게 되고 자신을 무가치한 존재로까지 믿고 만다. 학생들은 대학의 좋고 나쁨 혹은 선택의 문제가 학문에 따른 것이 아니라, 학교 이름을 보고 선택한다. 왜냐하면, 사회 전 영역에 걸쳐 학벌에 따라 권력이 집중된다. 특히 서울대 출신들이 그 권력을 독점하고 있기 때문이다. 학벌은 한국 사회에서 사회적 차별과 불평을 계속적으로 확산·강화하는 요인이 되고 있다. 더욱 심각한 문제는 계급 차이로 생기는 사회적 불평등은 개인의 노력을 통해 일정 정도 극복할 수 있다. 그러나 학벌은 계급과 달리 한 번 정해지면 바꿀 수 없는 일종의 후천적 신분이다. 이는 계속해서 차별과 불평등을 양산하는 핵심 요인이 된다.

(3) 황금만능주의

배금주의(拜金主義) 또는 물질만능주의라고도 하는 황금만능주의란 돈을 삶의 가장 중요한 가치로 여겨 모든 것을 돈과 연관시켜 생각하고, 돈이면 무엇이든 할 수 있다는 돈 제일주의를 일컫는다. 인생의 목적 역시 돈을 모으는 데 두기 때문에 심할 경우에는 돈을 신격화하는 현상이 빚어지기도 한다. 산업화가 진행되면서 물질적 가치가 정신적 가치를 앞서게 되고, 이로 말미암아 황금만능주의 풍조가 생겨나게 되었다.

문제는 삶의 최고 가치를 돈에 두게 되면서 나타나기 시작한 각종 사회 현상인데, 이들 현상들이 국가·사회 전반에 미치는 해악이 너무 크다는 데 심각성이 있다. 곧 지나친 개인주의와 이기주의로 이어져 갖가지 사회문제를 낳는다. 지나치게 돈을 숭배해 이기주의가 팽배하면, 돈이 있는 사람은 강자로 여기고 돈이 없는 사람은 약자로 여기는 풍조가 생겨난다. 따라서 돈이 없는 사람은 수단과 방법을 가리지 않고 돈을 모으는 데 집착하고, 돈이 있는 사람들은 더 많은 돈을 버는 데 몰두한다.

이렇게 되면 사회 정의나 윤리 도덕은 더 이상 필요가 없다. 여기서 정경유착이 생겨난다. 공무원들은 자신의 이익을 위해 국가를 팔고, 기업인은 공무원들에게 줄 비자금을 마련하느라 바쁘다. 국가를 위해 일해야 할 공무원들과 국가 경제를 살찌워야 할 경제인들이 돈으로 서로 얽히고설켜 자신들의 배만 불리는 사이에 서민들의 가계는 찌들 대로 찌들어 간다. 그리하여 자연히 각종 사회 범죄가 늘어날 수밖에 없다. 같은 범죄를 저지르고도 돈 있는 사람은 풀려나고, 돈 없는 사람은 교도소에서 고생한다는 유전무죄 무전유죄(有錢無罪 無錢有罪)[3]라는 말도 생겨난다.

(4) 사교육 시장의 팽창

소득 격차와 자산 격차가 매우 큰 대한민국에서 계층 상승의 도구가 학교 졸업장이라는 점은 잘 알려져 있다. 학력으로 사람을 평가하는 현상도 빚어져 몇몇 명문 대학에

3) '유전무죄 무전유죄'라는 유행어를 만들어 낸 지강헌 사건을 소개한다. 1988년 10월 16일, 서울 북가좌동 한 가정집에서 탈주범 4명이 한 가족을 인질로 삼고 경찰과 대치하다가 자살 또는 사살되는 유혈극이 벌어졌다. 처음 12명의 미결수 탈주범 중 마지막 인질범은 최후의 순간에 비지스(BeeGees)의 '홀리데이'를 들으면서 깨진 유리로 자기 목을 그었다. 바로 그 인질범이 지강헌이다. 그리고 그가 남긴 '유전무죄 무전유죄'라는 말은 우리 사회에서 오랫동안 유행했다. 이들의 탈주 계기가 된 것은 형량의 불평등이었다. 지강헌은 "돈 없고 권력 없이는 못 사는 게 이 사회다. 전경환의 형량이 나보다 적은 것은 말도 안 된다." "대한민국의 비리를 밝히겠다. 돈이 있으면 판검사도 살 수 있다. 유전무죄 무전유죄, 우리 법이 이렇다."라고 항변했다. 전두환 전 대통령의 동생인 전경환은 수십 억 원에 대한 사기와 횡령으로 1989년 징역 7년을 선고받았으나, 실제로는 2년 정도 실형을 살다가 풀려났다. 지강헌 등은 돈 있고 권력 있는 자는 특혜를 받고, 돈 없고 권력이 없으면 중형을 받는 상대적 불평등에 분노한 것이다.

자식들을 보내기 위해 고액과외가 유행하게 되었다. 대한민국 사회에서 교육 정의를 바로 세우는 일 중에 가장 중요한 것이 소득 격차가 교육 격차로 이어지지 않도록 하는 것이다.

최순실(최서원), 조국(전 법무부장관)과 장영표(단국대 교수)의 '스펙 품앗이?' 사태를 겪으면서 우리가 깨닫는 것은 무엇인가? 자산과 소득이 많거나 사회적 지위가 높은 가정의 자녀는 사회적 자본이 많아서 지인 찬스가 너무나 자연스럽게 특권으로 이어지고 있다는 점이다. 이에 문재인 정부는 계층 사다리의 공정성을 확보하기 위해 대입 정시전형의 비율을 높이고자 하였다. 물론 그 결과는 전혀 알 수 없지만….

사교육비의 변동은 공교육의 정상 여부를 판단하는 매우 좋은 지표인데, 사교육비가 커지는 현상은 다음의 몇 가지 결과를 불러온다. 첫째, 입시경쟁 속에서 학생들의 삶이 파괴된다. 교실에서 학생들은 성적 경쟁에 내몰린다. 학생들은 편의점에서 컵라면과 삼각김밥으로 끼니를 해결한다. 둘째, 학부모와 학생의 압력이 발생하여 사교육의 경향에 공교육이 동조하는 현상이 강하게 나타난다. 셋째, 교과 성적에 반영되는 교과인지, 수능에 반영되는 교과인지에 따라 교과의 가치가 판가름이 날 만큼 중등교육은 파편화될 것이다. 넷째, 교실 현장에서 교사의 수업에 충실히 참여하는 학생 비율이 낮아질 수 있다.

근본적으로 공교육을 활성화할 수는 없을까? 진정 팽창하는 사교육을 막을 방법은 없는가? 사교육을 축소하고 공교육을 정상화하기 위해서는 대학평준화와 소득 격차 완화를 이루어 낼 필요가 있다. 그러나 이러한 문제는 국가의 기초를 새롭게 놓는 수준의 교육혁명이 필요한 일이다. 사교육 시장이 팽창하는 근본적인 이유에 대해서는 다음과 같은 몇 가지로 추측할 수 있다.

첫째, 잦은 입시정책 변경은 학부모와 학생의 불안감을 유발한다. 정보의 부족과 대책에 대한 막연함은 학부모와 학생들을 불안감에 떨게 하고 이를 학원에서 해결하도록 만든다. 이러한 위기 장면에서 정부는 사교육 시장에 공교육을 보호한다는 명확한 경고 신호를 주어야 한다. 공교육을 보호하는 것은 교육의 공정성과 학생의 인권을 보호하는 정책이기 때문이다. 또한, 국가교육회의와 같은 범합의기구로부터 도출된 입시정책을 일관되게 유지해야 한다.

둘째, 교과 내신과 수능, 두 가지를 함께 대비하는 학생들은 사교육 학원에 더 의지할 가능성이 커진다. 실제로 이러한 요인은 초등학교와 중학교 사교육 참여율보다 고등학교 학생들의 사교육 참여율이 가파르게 증가하는 까닭을 설명할 수 있다.

셋째, 수능을 치르는 N수생들의 숫자가 증가하고 있다. 코로나19로 말미암은 재학생의 불리함은 N수생의 증가로 연결될 가능성이 크다. 전체 대학수학능력평가 응시접수자 중 졸업생의 비율은 지속적으로 증가하고 있다. 이번 정시 확대 정책으로 말미암아 수시보다 정시에 더 강점이 있는 N수생들이 사교육 시장으로 대거 몰리는 현상이 나타날 수 있다.

(5) 신자유주의적 시장논리 교육

정부는 신자유주의적 시장논리에 따르는 교육정책을 펴고 있으며, 교육현장에 더욱 더 경쟁 논리 도입을 가속하고 있다. 신자유주의는 1980~1990년대를 주도한 미국 중심의 시장근본주의 논리를 일컫는다. 이것은 1970년대의 석유파동(oil shock)[4]으로 말미암은 경제성장 감소 등 복지국가 위기론에 편승하여 세금을 낮추고 기업 중심의 성장 정책을 지원함으로써, 전반적으로 부익부 빈익빈(富益富貧益貧)[5] 현상을 심화시켜 왔다.

특히 세계무역기구(WTO)는 미국 중심의 자본주의적 세계화 전략의 첨병으로서 각국 간의 무역 장벽을 헐고 자유무역을 강력히 주창하였다. 이는 교육 분야에도 그 영향력이 가시화되었다. 교육 개방을 통하여 외국 교육기관이 마음대로 와서 대학을 설치

4) 석유파동이란 원유 가격이 급등하여 전 세계 각국에 경제적 타격을 준 사건을 말하며, 지금까지 가장 큰 영향을 끼친 2차례의 석유파동은 각각 1973과 1979년에 일어났다. 한국의 경제는 제1차 석유파동 때에 다른 국가와 비교할 때 크게 영향을 받지는 않았으나, 제2차 석유파동 때는 극심한 피해를 받았다. 이는 제1차 석유파동 이후 경제 체질 개선이 이루어지지 못하고 중화학공업 중심의 확대 정책에 중점을 둔 것에 기인한다.

5) 기독교 「신약성서」의 마태복음 13장 12절과 25장 29절을 보면 이런 글이 나온다. "무릇 있는 자는 더욱 받아 풍족하게 되고, 없는 자는 있는 것까지도 빼앗기리라(Whoever who has will be given more, and he will have an abundance. Whoever does not have, even what he has will be taken from him)." 부자는 더욱 부유해지고 빈자는 더욱 가난해진다는 '부익부 빈익빈' 현상을 말한다. 그런데 이는 가난한 사람에게서 무조건 빼앗아 부자에게 주는 것은 아니다. 상황을 제대로 이해하려면 마태복음에 나온 이야기를 자세히 읽어 보기 바란다.

할 수 있게 되면 더욱더 공교육 입지는 약화될 수밖에 없다. 외국 대학 및 초·중·고교들이 국내 학교법인을 설립하지 않고, 분교 설립을 통해 학교를 운영할 수 있다. 내국인도 본인이 원하면 얼마든지 이들 국제 학교에 입학할 수 있다.

이처럼 신자유주의는 수요자의 선택권을 중시한다. 그 결과 초래된 문제점은 무엇일까? 교육 평등의 가치가 훼손될 수 있다. 학교 교육은 경제 원리에 따라 움직인다. 결국 민주적 공동체라는 가치에 소홀해진다. 교육의 질을 제고하지 못한다. 왜냐하면, 학교 간의 경쟁이 심화되기 때문이다. 입시를 위한 교육이 심해진다. 소비자는 상급학교 진학에 유리한 교육을 원하기 때문에 창의 교육이나 인성교육은 등한시될 수밖에 없다.

4 교육 문제의 해결책 및 대안

결론부터 말하면, 현재 우리나라 교육 문제 해결에 특효약이 없는 것 같다. 특효약이 있었으면 벌써 처방하였을 것이다. 중국의 가장 오래된 지리서인『산해경(山海經)』에 우리나라를 '동방 예의지국'이라 하여 동방의 예의지국 또는 군자국(君子國)이라고 일컬어 왔다. 심지어 공자는 자기의 평생 소원이 뗏목이라도 타고 조선에 가서 예의를 배우는 것이라고 하였다. 이렇게 우리나라는 도덕성에 있어서 성인에게도 큰 영향력을 줄만큼 역량을 가진 국가이며, 민족이었다. 하지만 근대에 들어 일본의 식민지와 근대화, 산업화로 말미암아 '동방 예의지국'이란 표현은 무색하게 되어 버렸다.

역대 대통령이 바뀔 때마다 교육개혁을 한다고 장관을 바꾸고, 이런저런 온갖 방법을 다 써 봤지만 아직도 일류대를 향한 입시 열망은 그대로이며, 별다른 개선의 징조도 전혀 보이지 않는다. 이것은 기본적으로 우리나라 사람들의 교육열이 과도하게 높아 일류대, 명문대에 대한 선호가 지나치기 때문이다. 더 근본적으로는 사회적 구성이 일류대 출신들의 네트워크로 이루어져 그들의 출세에 유리하도록 짜여 있기 때문이기도 하다.

그런데 과연 교육열이 높은 것이 문제가 되는가? 잘 생각해 보면, 교육열이 높다는 것은 근본에 있어서는 탓할 일은 아니다. 공부하고 싶다는 것은 그 동기가 어떠하든 일단 긍정적으로 볼 수 있을 것이다. 그것이 학생 자신의 동기가 아니라는 것이 문제다. 문제는 부모의 과도한 욕심과 조바심 때문이라는 데 있다. 그러나 부모의 욕심은 사람이면 누구나 가지는 보통의 감정(人之常情)이라고 볼 수도 있다. 그렇다면 경쟁을 가속화시키는 구조가 문제가 된다. 그러니까 결국 정책을 통해서 이를 완화시키는 수밖에 없다(김종일 외, 2004: 266-267).

그런데 서두에서도 말했지만, 지금의 교육 문제에는 묘방이 없는 것 같으니 어찌할까! 좀 엉뚱하겠지만, 굳이 묘방을 제시하자면 그럴듯한 한 가지 대안은 있다. 바로 초 · 중 · 고교의 평준화처럼 대학도 평준화하면 어떨까 하는 생각이다. 그리고 입학은 쉽게 하고, 졸업은 어렵게 하자는 것이다. 대학을 평생 언제든지 다닐 수 있는 체제로 만드는 것이다. 물론 이 대안이 현실성이 있다고 생각하는 독자는 별로 없을 것이다. 그렇다고 교육 문제를 이대로 방치할 수는 없지 않은가! 여러분은 어떤 대안을 가지고 있는가?

21
CHAPTER

사이버 범죄 문제

1 사이버 범죄 문제의 개념

사이버 범죄란 사이버 공간을 이용한 불법 행위나 사이버 공간에서 획득한 정보의 이용 과정에서 발생하는 각종 범죄를 말한다. 사이버 범죄는 인터넷과 같은 정보 통신망으로 연결된 컴퓨터 시스템이나, 이들을 매개로 한 사이버 공간을 이용하여 공공복리를 저해하고, 건전한 사이버 문화에 해를 끼치는 행위이다.

사이버 범죄는 빠른 시간 안에 불특정 다수에게 많은 악영향을 미친다. 그러나 사이버 공간이라는 특성상 정보 발신자의 특정이 어렵고, 전자 정보의 증거 인멸 및 수정이 간단하기 때문에 범죄 수사에 어려움이 많다. 사이버 범죄는 국내 · 외에 동시에 발생할 수 있다는 특성을 갖고 있는데, 이에 대처하기 위해 국가 간의 법 제도의 상이성을 초월한 국제적인 형사 사법의 규칙도 필요하다.

사이버 범죄는 단순 해킹을 비롯하여 컴퓨터 바이러스 및 악성 프로그램의 유포 또는 정보 통신망 자체를 공격 대상으로 하는 사이버 테러, 명예 훼손, 음란물 유포, 사이버 스토킹 등 비윤리적 행위, 그리고 금전적 이익을 목적으로 하는 해킹과 결합한 금융 범죄, 자료 변조 및 유출, 개인 정보 도용 등 다양한 종류가 있으며, 계속해서 새로운 유형이 출현하고 있다. 사이버 공간은 형체가 없는 허구의 공간으로 기본적으로 익명적 신뢰를 바탕으로 하며, 정보의 흐름을 통제하기 어려운 속성이 있어 사이버 범죄의 위험성이 상존하고 있다.

사이버 범죄의 특징으로 꼽히는 것이 익명성, 자동화를 통한 반복성, 원격 운영성이다. 즉, 이름을 숨기기 쉽고, 동일한 수법의 범죄를 아주 많이 시도할 수 있고, 현장에 있지 않더라도 범죄가 가능하다는 뜻이다. 따라서 범죄의 피해자가 엄청나게 늘어나 사회 문제를 일으키기도 한다. 대표적인 사례가 '스팸 문자의 여왕'으로 통하는 '김미영 팀장' 사건이다. 2011년 김미영 팀장이 체포되었는데, 김미영 팀장은 여성이 아니라 30대의 남성이었으며, 그간 무려 670만 건 상당의 대출 스팸문자를 전송하고, 2,800만 건 상당의 음란 스팸문자를 전송했다(뉴시스, 2011. 8. 2.; 중앙일보, 2020. 1. 14.).

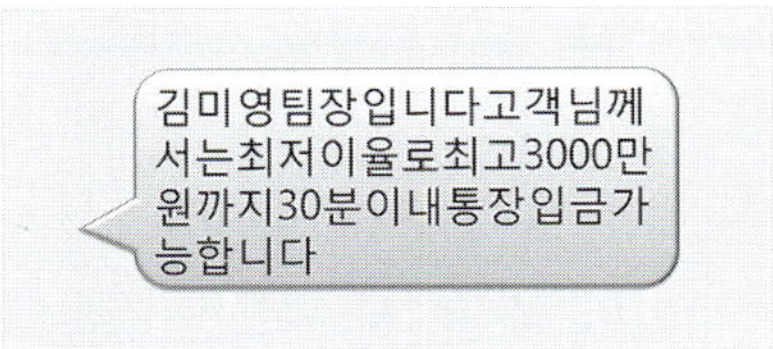

▲ '김미영 팀장'의 대출 스팸문자 내용

김미영 팀장의 스팸문자는 사람을 교묘히 유혹해 돈을 가로채 간다. 이런 범죄를 사이버 피싱(phishing)이라고 한다. 피싱의 영어 스펠링 'phishing'은 낚시(fishing)에서 나온 말이다. 미끼를 뿌려 물고기를 낚듯 사람을 낚아채기 때문이다. 사이버 피싱은 누구나 당하기 쉽고, 순식간에 돈을 빼간다. 신고하여 경찰이나 검찰이 추적 조사를 해도 돈을 되찾기란 '하늘에 별 따기'다. 대포통장을 이용, 이미 국외로 인출된 경우가 대부분이다. 사이버 피싱에 안 당하려면 당장의 달콤한 유혹에 속지 말고 차분히 대응하여야 한다.

2 사이버 범죄 문제를 설명하는 이론

1) 일반긴장이론

일반긴장이론은 인간이 생활하면서 다양한 부정적인 감정과 긴장을 느끼게 되며, 이런 부정적인 감정 혹은 긴장을 없애기 위해 다양한 행동을 하고, 이런 행동 중에 일부가 범죄로 나타날 수 있다는 이론이다. 긴장이 발생하는 원인은 긍정적인 자극의 소멸, 부정적인 자극의 생성, 목표 달성의 실패 등이다. 이런 긴장은 부정적인 분노부터 우울까지 부정적인 감정을 유발하고, 이런 감정을 완화하기 위한 활동을 촉진한다. 이런 감정을 완화하기 위한 행동 중에 일부가 범죄로 나타날 수 있다.

일반긴장이론에 따르면, 온라인 공간에서의 사이버 범죄도 일상적 긴장에서 경험하는 화나 분노가 표출되어 발생할 수 있으며, 오히려 그 영향력은 현실에서보다도 더 클 수 있다. 현실에서는 긴장으로 아무리 화가 나더라도 그것이 폭력으로 표출될 가능성은 낮다. 신체폭력을 예로 들면, 대면 상황에서는 상대의 반격이나 처벌 등의 염려로 아무래도 망설이게 되고, 또 그것이 나쁜 행동이라는 인식이 있기 때문에 자제하게 된다. 하지만 사이버 공간에서는 사회적 실재감이 낮고, 상대와 비대면 상황이기 때문에 아무런 제약 없이 부정적 감정을 폭력으로 표출하기가 쉽다. 더구나 사이버 범죄는 현실에서 우울을 경험하는 청소년들이 현실도피 목적으로 사이버 공간에 의존하다가 범죄를 저지르게 된다.

2) 사회적 실재감이론과 사회적 단서결여이론

사회적 실재감은 행위자들이 커뮤니케이션 상호작용에 참여한다는 느낌을 얼마만큼 가지는가를 의미한다. 다시 말해서, 상대방이 있다고 느끼는 정도, 즉 상대방과 직접 만나서 대화하는 것과 흡사한 느낌의 정도를 뜻한다. 사이버 공간에서 사회적 실재감이 없어지면 상대방의 존재감을 느끼지 못해 아무런 죄의식 없이 범죄를 저지를 수 있게 된다.

사회적 단서결여는 개인 간의 유대를 유지하기 위한 여러 가지 단서가 결핍되어 사회적 참여가 어려워지는 것을 말한다. 즉, 사람들과의 유대가 약화되거나 단절됨으로써 사회적 연결이 결여되고, 온라인상에서 자기통제감이 약화되어 사이버 공간에서 범죄가 증가하게 된다(이철우, 2017: 371-376).

3) 몰개성화이론

개인이 군중의 구성원이 되어 집단행동을 하게 되면 군중 속에 함몰되어 내적 규범 및 사회 규범의 통제로부터 벗어나 개인적인 특성과는 관계없이 충동적이고 비이성적이며 극단적으로 행동하기 쉬워진다. 스탠포드 대학교의 심리학과 교수 필립 짐바르도(P. Zimbardo)는 1971년 교도소 실험을 통해 이러한 현상을 '몰개성화'라고 지칭하였으며, 익명성이 증가하고 책임이 분산되고 집단의 크기가 커질수록 몰개성화가 증가한다고 주장하였다.

이후 다이너(Diener)는 몰개성화를 촉진하는 두 가지 요인으로 '자의식의 감소'와 '독립적 존재로서의 정체성을 상실하고 집단과 동일시하는 경험'을 꼽았다. 다이너에 따르면, 자의식의 감소는 주변의 평가에 대한 무관심을 가져오며, 자신을 집단과 동일시하는 경험은 익명성을 증가시키고, 환각 상태와 유사한 독특한 경험을 불러일으킨다. 또한, 프렌티스 던(P. Dunn)과 로저스(Rogers)는 여기에서 더 나아가 책임 단서와 주의 단서가 각각 공적 자기인식과 사적 자기인식의 감소에 영향을 미쳐 반사회적 행동에 이르게 된다는 모델을 제시하였다(http://www.doopedia.co.kr).

개인이 몰개성화 상태가 되면 자기 관찰이나 자기 평가를 제대로 하지 못하여 내적 통제력이 감소하고, 사회적 평가에 대한 관심도 감소하여 다른 사람이 어떻게 평가할지에 대한 걱정도 하지 않는다. 죄책감이나 공포, 부끄러움 등의 감정에 둔감해져 통제력이 약해지고, 따라서 몰개성화 상황에서 집단 구성원들은 공공의 윤리나 사회적 규범 등 내적으로 자신의 행동을 통제하던 기제가 약화됨에 따라 불법적이거나 폭력적인 행위 등 개인적으로는 좀처럼 행하지 않을 다양한 반사회적인 일탈 행위를 비교적 쉽게 행하게 된다.

사이버 공간에서의 익명성이 과연 어떠한 이유로 탈(脫)억제된 현상을 유발하는지에 관한 연구에서는 익명의 상황이 '공적 자기의식'과 '사적 자기의식'의 작용을 감소하게 만듦으로써 몰개성화와 탈억제화를 촉진한다고 한다. 즉, 익명의 상황에서는 자신의 얼굴은 물론 신분이 노출되지 않게 되므로 남의 눈치를 보지 않고 자유롭게 행동할 수 있게 된다. 아울러 익명의 상황에서는 평소 해서는 안 된다고 생각하는 내적인 사회 금기와 제약으로부터 벗어나기도 한다. 그리하여 자신의 내적 기준과 달리, 무책임하고 반규범적인 절제되지 않은 행동을 할 수도 있다.

4) 사이버 하위문화이론

앞에서도 여러 번 말했지만, 사이버 공간은 국경이 없고, 다양한 사람이 참여하기 때문에 일정한 가치규범이 존재하기 어렵다. 그래서 사이버 공간에서는 모든 규제로부터 자유로우며, 심지어 사이버 범죄가 당연하다고까지 여겨지기도 한다. 이처럼 인터넷의 친(親)범죄적 문화 환경이 사이버 범죄의 원인이 된다는 견해가 사이버 하위문화이론이다.

범죄 행위자들이 이용하는 인터넷 환경이 친범죄적인가의 환경적 요소는 큰 관심 없이 대강 보아 넘길 수 없는 중요한 요인이다. 범죄 행위자들은 아무래도 집단 환경과 규범의 맥락적 요소에 크게 영향을 받는다. 익명성을 포함한 다른 여러 요인보다도 개인들이 이용하는 사이버 공간의 문화 규범적 요소, 즉 하위문화적 환경 요인이 사이버 범죄를 일으키는 요인이 될 수도 있다(이철우, 2017: 371-376).

3 사이버 범죄 문제의 실태와 원인

2011년에 모 금융회사의 업무가 완전히 마비된 적이 있다. 금융회사의 전산망을 공격한 사이버 범죄 때문에 모든 금융거래가 마비되어 큰 혼란이 일어났고, 수많은 사람이 피해를 입었다(박기원, 2012). 사이버 범죄는 사건 현장이 정해져 있지 않다. 전 세계에 거미줄처럼 깔린 인터넷 때문이다. 세계 어느 곳에서도 우리나라의 인터넷 사이트나 전산망을 공격할 수 있다. 심지어 인공위성을 사용해 사이버 범죄를 일으킬 수도 있다.

이처럼 사이버 범죄는 전문적이고 교묘하게 일어난다. 따라서 이 분야의 전문가여야 수사를 할 수 있다. 경찰청에도 사이버 범죄를 담당하는 '사이버범죄수사대'가 따로 있다. 사이버 범죄가 일어나면 접속자나 해킹한 진원지를 찾기 위해 방대한 접속 정보 등을 조사해야 한다. 하지만 이를 밝혀내는 것이 쉽지 않고, 너무 교묘하기 때문에 속수무책으로 당하는 경우도 많다. 따라서 미리 예방하는 것이 최선이다.

인터넷을 쓰다 보면 사이버 범죄가 얼마나 자주 발생하는지 알 수 있다. 인터넷은 직접 보지 않고 대화를 하거나 거래를 하는 특징을 가지고 있다. 이를 비대면성(非對面性)이라고 하는데, 직접 보지 않으니 아무래도 범죄의 유혹이 많을 수밖에 없다. 인터넷에서 범죄가 자주 일어나는 것은 바로 이 때문이다. 다음에서 그 대표적인 사례를 몇 가지 들어본다.

1) 인터넷 앵벌이

인터넷을 통해 다수의 선량한 사람을 속여 돈을 뜯어내는 범죄다. 경찰서 사이버수사팀은 2007년 인터넷 채팅 사이트를 통해 2천여 명의 채팅자로부터 현금을 받아 챙긴 일당 11명을 사기 혐의로 검거했다. 이들은 조직적으로 업무를 분담하여 2004년 10월부터 인터넷 채팅사이트에서 여성 대화방을 이용해 "도와주세요, 가정폭력 피해 가출 소녀입니다."라는 허위의 쪽지를 상대방에게 발송하고 교통비 등으로 돈을 송금 받고 가로챘는데, 그 액수가 무려 9천만 원이었다(뉴시스, 2007. 7. 30.).

2) 전자상거래 사기

인터넷 전자상거래를 이용한 사기다. 온라인 쇼핑몰 거래가 통상 '선(先)결제'라는 특성을 악용한 것이다. 시중 가격보다 싸게 판매하는 것처럼 광고를 한 후 고객으로부터 선금을 받고, 상대방이 신분을 확인하기가 힘들다는 점을 악용하여 연락을 끊고 잠적하는 수법을 쓴다. 개인끼리의 물품 직거래, 게임 아이템 등 거래에서 흔히 발생한다. 아예 가짜 인터넷 쇼핑몰을 차려 놓고 사기를 치기도 한다(머니투데이, 2014. 4. 6).

3) 인터넷 명예훼손

인터넷 토론방 등에서 잠깐의 분노를 참지 못하는 등의 이유로 흔히 발생하는 사건이다. 평소에 점잖은 사람들도 서로 얼굴을 보지 않는 인터넷상에서는 이성을 잃고 폭언을 하는 일이 자주 생긴다. 그런데 이를 또 교묘하게 이용하여 일부러 온라인 게임을 하면서 상대방을 자극하여 상대방이 욕설을 하면, 그 화면을 저장한 후 명예훼손으로 고소하겠다고 협박하여 돈을 뜯어내는 범죄까지 생겼다(동아일보, 2013. 3. 18.).

4) 직장에서 일어나는 사이버 범죄의 사례

기업에서 일어나는 대표적인 사이버 범죄가 산업 스파이 행위다. 언론을 통해 기업에서 많은 연구 개발비를 투자하여 개발한 기술 문서가 산업 스파이에 의해 유출당한 사건들이 종종 보도된다. 이런 사건의 대부분은 해당 기업의 내부 직원들에 의해, 혹은 내부 직원과 외부인이 공모해서 벌어진 범죄다.

기업의 직원들은 자기가 다니는 기업의 비밀을 보호할 의무가 있다. 그러나 그런 의무를 지키지 않는 직원들이 있는 것은 사실이며, 기업은 직원 중 누가 산업스파이 행위를 할지 미리 알 방법이 없다. 따라서 기업은 '정당한 범위'로 전체 직원들의 행동을 감시할 필요가 있다. 특히 국가적으로 중요한 산업 기술을 가진 기업의 경우 이런 기술을 보호하는 것은 법적인 의무이기도 하다.

기업이 정당한 수준에서 직원을 감시한다 하더라도, 나쁜 마음을 먹은 직원들의 속마음을 읽을 방법은 없다. 기업들은 이들을 어떻게 확인하고 대응하여야 할까? 이들에 대한 확인 대부분은 드러난 행위로 파악한다. 출입이 금지된 구역에 들어가는 행위, 불필요한 동료와의 다툼, 외부 인사와의 과도한 접촉, 너무 잦은 퇴직금 파악, 부적절한 전자우편 내용 등은 비정상적인 직원들에게서 흔히 나타나는 행동이다. 기업은 직원들의 이런 행동을 통계로 관리하게 된다. 특정 직원의 행동 통계가 정상 범위를 초과하면 이런 직원을 집중 감시하는 것이 기본적인 원칙이다.

그런데 기업의 내부 직원 감시가 '정당한 범위'를 넘을 경우, 이는 인권 침해 소지가 있다. 인권과 범죄 예방의 경계는 애매모호하며, 정확한 경계는 법원의 판례를 통해 정해지는 추세다. 감시에 필요한 예산, 장비, 인원에 따른 비용도 기업의 책임이지만, 과도한 감시로 말미암은 개인의 사생활 유출도 기업의 책임이다.

4 사이버 범죄 문제의 해결책 및 대안

"과거 범인을 검거하기 위해 경찰이 많아야 했다면, 이제는 천재 한 명이 중요하다. 새로운 수사기법 도입 노력과 함께 과학기술계의 적극 참여가 필요하다(김기범, 2020)." 디지털기술의 진보로 보이스 피싱, 스미스 피싱, 성범죄 등 증가하는 온라인 범죄를 막기 위해 과학기술계가 나서야 한다. 선진국에서 진행되는 디지털 신종 범죄가 수년 후 국내에 유입될 가능성이 높은 만큼 사전에 사이버 범죄 대응 전략을 갖춰야 한다.

최근 일어나는 온라인 범죄의 대부분이 다크넷과 같이 일반인들이 접속하기 어려운 인터넷 암시장에서 발생한다. 야생동물이나 마약 거래, 성범죄 등이 대표적이다. 김기범(2020)에 따르면, "다크넷은 3개 이상의 노드를 거쳐 다크웹에 접속해야 하기에 접속 자체도 쉽지 않고, 해당 브라우저의 취약점이나 언더커버 등을 활용해 추적하는 등 여전히 사이버 수사에 한계가 있다."고 한다.

암호화폐도 마찬가지다. 거래소를 통한 거래 추적은 최근 어느 정도 가능하게 개선됐지만, 선진국 이외 개발도상국에서는 여전히 추적에 한계가 있다. 암호화폐를 통한 암거래 시장 거래를 잡기에 여전히 취약점이 많다는 것이다. 2019년까지 경찰이었던 김기범은 현장 경험을 토대로 "사이버 문제는 안보와 경제, 외교, 인권 등 다양한 이슈와 연결돼 있다. 검찰과 경찰 등 수사기관뿐 아니라, 범정부 차원에서 다룰 수 있도록 국가과제로 격상해야 한다."라고 강조했다.

특히 김기범은 과학기술계의 적극 협조를 요청했다. 그는 n번방 사건의 피고인 조주빈을 예로 들며 "조주빈의 스마트폰을 푸는 데 똑똑한 한 명이 필요한 것처럼 과거 범인 검거와 달리 이제는 수사에서 천재 하나가 더 필요한 상황이 됐다."라며 "기술적 능력이 수사에 굉장히 중요한 만큼 과학기술계의 참여가 필요하다."라고 말했다. 이 외에도 그는 일반음란물을 유포하는 사이트의 주 수입원이 '도박사이트 광고'라며 "도박사이트 처벌 등으로 광고를 차단하는 것이 좋은 수사 전략이 될 것"이라고도 덧붙였다.

김유향 국회입법조사처 기획법무담당관은 "인터넷 공간의 진화와 발전에 많은 여성 엔지니어가 참여해 젠더 불균형을 시정해야 한다."라고 강조했다. 그에 따르면, 인터넷의 힘의 권력 구조는 남성 중심이다. 우리나라 전체 사이트 순위 중 남성이 지배하는 공간이 절반 이상이다. 인터넷이 막 활성되던 초반에는 여성인 것을 숨기고 페르소나를 만들어 인터넷에서 생활한 여성이 많을 정도로 과거엔 그 정도가 더 심했었다.

김유향은 "이 같은 웹상 권력 구조 차이가 디지털 공간의 여성차별과 혐오의 공간을 만든다."라고 분석했다. 인터넷 공간의 핵심인 오락과 재미에 여성을 대입해 놀이하면서 여성 혐오와 차별이 시작됐다는 것이다. 그는 "우리나라 우익사이트는 여성 혐오와 결합이 돼 있다. 특히 한국의 인터넷 공간은 여성에 대한 조롱과 혐오의 전시장"이라며, "사이버 성희롱과 디지털 성범죄물이 오락거리나 상품으로 소비되는 공간이 돼버렸다."라고 말했다.

그는 온라인에 새로운 기술이 나올 때마다 성범죄에 사용되는 점도 지적했다. 그에 따르면, 정부의 개인정보 수집 우려와 사생활 및 보안을 이유로 시작된 '텔레그램', 온라인상에서 개인과 개인이 직접 돈을 주고받을 수 있도록 암호화된 가상화폐 '비트코인'이 나오자 성범죄에서 제일 많이 활용됐다. 최근 일반인들도 쉽게 할 수 있는 딥페이크(인공지능을 기반으로 영상에 얼굴을 합성하는 것)의 피해자의 대부분도 우리나라 여성 아이돌이다.

그는 "인터넷이라는 공간을 재구성하지 않으면, 새로운 기술이 개발되더라도 디지털 성범죄물을 만들고 유통하는 수단이 될 것"이라며, "인터넷 공간의 진화 발전에 있어 많은 여성엔지니어와 과학자들이 젠더 불균형을 시정하고자 하는 역할이 필요하다. 그렇지 않으면 디지털 공간에서 여성의 지위는 지금처럼 왜곡될 것"이라고 강조했다(김기범, 2020).

22 CHAPTER 종교 문제

1 종교 문제의 개념

초경험적 · 초자연적이면서 의지를 가진 존재로 믿어지는 것이 신이나 영혼이며, 원리로 인정되는 것이 법과 도덕이다. 이것들은 단순한 사상이나 이론이 아니라, 종교적 상징으로 만자(卍字)나 십자가(十字架)는 물론, 신상(神像)과 같은 구체적인 형태로 표현되는 경우가 많다.

세계적인 여러 사상이 나타난 시기에 발전한 종교 사상 중에서 후세에 가장 크게 영향을 끼친 것은 현세 부정의 사상이다. 미개 · 고대의 시대에는 타계(他界: 다른 세계) 관념은 있었어도 현세(現世)의 가치는 부정되지 않았는데, 이 시기의 종교는, 인간은 영원히 이 세상에 전생(轉生: 다른 것으로 다시 태어남)하며 고통을 경험하여야만 된다든지, 타고난 죄(원죄)의 관념 등을 가르쳤다. 이와 같은 문제의 해결에는 이미 현세의 인간관계에 의지할 수 없기 때문에 그 구제는 초자연적인 힘에 의하여 내세(來世)에서 달성된다고 생각하게 되었다. 이리하여 민족 특유의 종교로부터 세계적 · 보편적인 종교가 출현하였다(http://www.doopedia.co.kr).

종교는 사람이 자신의 경험이나 능력으로는 설명할 수 없는 초월적인 힘을 믿고 의지함으로써 마음의 안정과 평화를 얻고자 한다. 인간에게 닥치는 갖가지 문제 가운데 가장 근본적인 것을 해결하려는 것이 종교이다. 곧, 고뇌나 죽음과 같이 인간에게 있어서 가장 근본적인 문제를 절대자에게 의지하여 해결하려는 것이 종교다. 자연과 인간을 포함한 존재의 바탕, 인생의 가치, 이상적인 인간관계 등과 같은 문제를 해결하기 위한 것이다.

사람들이 종교를 갖기 시작한 것은 아주 오래 전부터이다. 원시인이 죽은 자를 묻는 방법, 동굴 벽에 남긴 그림, 풍요와 다산의 상징으로 만든 여신상 등으로 미루어 보아 선사 시대의 인류가 종교를 갖고 있었던 것은 분명하다. 그동안 종교는 많은 질적 변천을 거쳐 왔으나, 오늘날에도 인간의 내적 생활에 크게 영향을 끼치고 있다. 종교라는 말은 원래 근본이 되는 가르침을 의미하는 불교어였다. 그런데 그 말이 19세기 말 일본 메이지 시대(明治時代)에 서양의 'religion'의 번역어로 쓰이게 되면서 일반화되었다.

Religion의 어원은 라틴어의 religio로서, 초자연적인 존재에 대한 외경의 감정과 그것을 표현하는 의례 등의 행위를 의미한다. 고대 유럽에서는 기독교권의 성립과 함께 교의(敎義)와 의례의 체계를 갖춘 종교 집단을 가리키는 개념이 되었고, 중세에는 비세속적인 수도원 생활까지도 이 개념으로 불렸다. 현재 religion의 번역어로서의 종교는 기독교 · 불교 · 유교 · 이슬람교 등의 개별 종교를 총칭하는 유(類)개념으로 사용된다.

베버는 그의 책 『종교사회학(Soziologie der Religion)』에서 "종교의 정의는 연구의 처음에 내릴 수 있는 것이 아니며, 만일 필요하다면 연구의 맨 마지막에 내려야 한다."라고 주장하였다. 그는 책 마지막까지도 종교에 대한 명확한 정의를 내리지 않았는데, 이는 그가 종교의 정의를 규정하는 것을 의도적으로 피하고 있다고 볼 수밖에 없다. 이러한 베버의 주장에 대해 버거(P. L. Berger, 1973)는 "연구에서 정의를 회피하거나 뒤로 미루는 것은 연구 분야가 모호해진다."라고 비판하면서, 명시적 정의를 내려야 한다고 주장하였다(이원규, 2015 재인용; 이철우, 2017: 348 재재인용).

신의 초인간적 행동이 신화로서 전해지고 숭배의 일정한 형식인 의례(儀禮)가 행해지는데, 이러한 종교의 특징이 고대로부터 철학자 · 지식인들 사이에 종교에 대한 경멸

심(輕蔑心)을 일으키게 하고, 과학의 인식과 모순된다고 지적받고 있다. 그러나 한편으로는 일상의 경험으로는 도저히 체험할 수 없는 구체성 · 실재감(實在感)이 사람들이 종교를 지탱해 가는 매력이다.

신앙을 함께하는 신자들끼리 신앙적 공동체를 갖는 게 종교의 또 다른 특징이다. 같은 신앙을 가진다는 원칙 위에 결성된 집단을 교단(教團)이라고 하는데, 교단은 승려나 목사와 같은 전문가를 양성하여 신자에게 교리를 철저히 가르치며 공동체의 유지를 도모하는 한편, 외부에 대해서는 새로운 신자를 획득하는 행동, 즉 전도(포교)를 한다. 또한, 교단에는 사회에서의 지배적인 종교를 볼 때 사람들이 태어날 때부터 가입하는 경우와, 자기 의사에 따라 가입하는 경우가 있다.

한국 사회의 종교를 흔히들 '종교 백화점'이라고 말한다. 어쩌다가 이런 말을 듣게 됐을까? 그러나 종교는 개인적 차원과 사회적 차원에서 다양한 기능을 수행하고 있다. 개인적 차원에서 종교는 합리적 사고와 과학적 능력으로 해결할 수 없는 삶과 죽음, 삶의 가치, 그리고 존재의 의미와 같은 근본적인 질문에 대한 해답을 제시한다. 또한, 인생의 좌절과 슬픔을 극복하는 데 도움을 주어 정서적 위안을 제공한다. 예를 들어, 학생들이 중요한 시험을 앞두고 기도를 하며 마음을 다스리는 것은 개인적 차원의 종교 기능이라 할 수 있다.

사회적 차원에서 종교는, 첫째, 사회 구성원들에게 공통된 가치와 신념을 제시함으로써 공동체 내부에 연대감과 일체감을 조성하여 사회 통합에 이바지한다. 둘째, 종교적 규율이 사회규범으로 작용하여 이에 어긋나는 행동을 하는 구성원을 제재하여 사람들의 일탈 행위를 방지하는 사회 통제 기능을 수행한다. 셋째, 사회 변동을 유발하는 힘이 되기도 한다. 종교는 사람들의 의식 변화를 초래하여 변화를 염원하게 하기도 하고, 사회적 부조리나 경제적 불평등과 같은 사회문제를 비판하고 새로운 가치를 제시하여 사회 변혁을 촉구하기도 한다.

한편, 종교와 정치는 서로 밀접하게 관련되어 왔다. 그렇기에 현대사회에서는 종교의 자유와 정교분리를 원칙으로 하고 있다. 분리의 수준에는 차이가 존재하는데, 벨라(Bellah, 1957)는 종교와 정치 간의 균형의 상태로 '창조적 긴장 상태'를 제시하였다.

창조적 긴장 상태가 현실의 변화와 발전을 위한 발판을 제공한다고 보았다. 통계청의 조사에 다르면, 우리나라의 종교인 숫자는 계속해서 줄어드는 추세이다. 종교인이 줄어드는 데는 세속화에 따라 종교가 그 영향력을 잃은 것도 원인이라고 할 수 있지만, 종교 내부적 문제점 역시 큰 비중을 차지한다고 볼 수 있다(이철우, 2017: 347).

2 종교 문제와 유럽의 종교 전쟁

종교 전쟁이란 넓은 의미로는 종교를 둘러싸고 일어난 모든 전쟁을 일컫는다. 특히 서양사 분야에서는 종교 개혁 후인 16~17세기에 로마 가톨릭(구교), 프로테스탄트(신교) 두 파의 대립을 큰 원인으로 하여 일어난 일련의 전쟁을 가리켜서 이렇게 불렀으며, 13세기에서 16세기 초반까지 이단(異端)으로 몰려서 탄압되었던 여러 종파와 벌어진 국지적인 전쟁도 포함된다(종교학대사전 편찬위원회, 1998). 그 주된 것은 네덜란드 독립전쟁(80년 전쟁), 프랑스의 위그노 전쟁, 독일을 중심으로 한 30년 전쟁을 들 수 있다. 거기에서는 신교의 자유가 쟁점이 되었는데, 유럽의 패권을 둘러싼 정치적 투쟁이 전쟁을 크게 확대했다.

현대에도 중동 전쟁이나 인도·파키스탄 전쟁을 종교 전쟁이라고 하는 경우도 있는데, 종교적 대립이 반드시 참된 원인이 아니며, 거기에는 분명 종교적 대립을 사회적·정치적 문제나 국제관계가 잠재하고 있다. 이러한 사실을 큰 관심 없이 대강 보아 넘겨서는 안 된다. 따라서 종교 전쟁이라는 개념은 개개의 전쟁도, 또한 연속하는 일련의 것도 정확하게 파악할 수 없게 되었다고 할 수 있다(http://www.doopedia.co.kr).

1) 십자군과 알비즈의 전쟁

13세기 초, 남(南)프랑스의 알비(Albi)와 툴루즈(Toulouse)를 중심으로 세력을 떨쳤던 이단 종파인 알비즈와 파(派)에 대한 교황 이노센트 3세의 응징 요구를 받고 출동한 십자군과 알비즈의 전쟁이 중세 종교 전쟁의 시작이다. 1208년에 일어났으며, 이 전쟁으로 많은 사람이 살해되었다. 특히 화형당하여 죽었다.

2) 후스의 전쟁

15세기에 일어난 종교 전쟁으로 후스의 전쟁이 있다. 체코 출신의 종교 개혁가인 얀 후스(J. Hus)가 화형에 처해져 사망 후 그의 교시(教示)를 받던 보헤미아 인들이 박해에 저항해서 1419년 반란을 일으켰다. 교황은 이들을 이단으로 여겨 1420년부터 약 10년간에 걸쳐 십자군을 동원하여 일으킨 전쟁이 후스 전쟁이다.

3) 기사 전쟁

루터의 종교개혁 운동에 자극받은 인문주의자 울리히 폰 후텐(U. Hutten)을 사상적 대변자로 하고, 제국기사(帝國騎士) 프란츠 폰 지킹겐(F. Sickingen)의 지휘 아래, 1522년 과거의 영광인 중세 제국의 재건을 꿈꾸고 트리엘 대주교령(大主教領)을 습격하는 반란을 일으켰다. 그러나 반격을 받아 기사단은 참패하면서, 결국 그들의 몰락만을 재촉하게 되었다. 지킹겐은 자기 성으로 후퇴하였으나, 포위군의 대포가 성을 분쇄하여 부상 끝에 사망하였다. 후텐 역시 스위스로 망명했다가 수개월 뒤 죽었다.

4) 스위스 신교와 구교 전쟁

스위스 출신의 종교개혁가인 츠빙글리(U. Zwingli)가 스위스 취리히를 중심으로 종교 개혁에 나섰는데, 당시 종교 개혁을 추진하면서 1531년 카펠에서 신교파(新教派)와 구교파 사이에 전쟁이 일어났다. 이 전쟁에서 츠빙글리 자신도 전사하게 된 신·구 양파의 전쟁이다.

5) 슈말칼덴 전쟁

1529년 4월 22일 슈파이어 제국회의가 끝나자마자 개신교 제후(諸侯: 일정한 영토를 다스리던 통치자)들은 보름스 칙령을 더 강력하게 관철시킬 것을 결의한 가톨릭 제후들의 공격에 대응하기 위하여 비밀동맹을 결성하고자 하였다. 1530년의 아우구스부르크 제국회의의 결말이 좋지 않게 끝나자 더 확고한 방어동맹이 필요하게 되었다. 프로테스탄트 제후들은 작센과 헤센의 경계지역인 슈말칼덴에 모여 공식적으로 프로테스탄트 방어동맹을 결성하였다. 이 슈말칼덴 동맹으로 1546~1547년 황제 측의 제후군(諸侯軍)과 싸운 전쟁이다.

6) 위그노 전쟁

16세기 후반 프랑스 남부에서 신교와 구교 간에 일어난 종교 전쟁이다. 프랑스 남부에서는 신교파를 위그노라고 불렀는데 점차 신교파가 세력을 확장하자 구교와 정치적 세력권을 두고 대립하게 되었다. 위그노 전쟁은 신교파인 나바르 왕국과 엮인 전쟁이었으며, 36년간 계속되어 프랑스를 황폐화시켰다.

7) 네덜란드 독립전쟁

16세기 후반에서 17세기 후반에 걸쳐 일어난 전쟁으로, 네덜란드 북부지역 칼뱅파가 점차 증가하고 무역으로 발달하자 가톨릭 구교파(舊教派)인 에스파냐의 왕 펠리페(Philippe) 2세가 이들을 탄압하면서 일어난 전쟁이다. 칼뱅파 도시들은 자치권을 박탈

당하고 재정적인 수입을 빼앗기게 되자 구교파에 대항하여 전쟁을 일으켰으며, 이 전쟁은 네덜란드 독립 전쟁으로 발전하였다.

8) 영국과 에스파냐의 전쟁

16세기 후반에 일어난 이 전쟁은 메리 1세의 남편으로서 영국에 구교(舊教)의 부활을 기도한 펠리프 2세에 대해 엘리자베스 1세가 네덜란드 독립 전쟁에 출병(出兵) 해서 신교도의 독립군을 원조하고, 다시 펠리프 2세가 스코틀랜드 여왕 스튜어트(M. Stewart)를 영국 여왕으로 추대하여 영국에 구교를 뿌리박으려 하였기 때문에 영국 국민이 이에 반발하여 스페인 무적함대(無敵艦隊)를 격파해서 그 의도를 분쇄한 것이다.

9) 30년 전쟁

17세기 전반 독일에서 일어난 전쟁으로, 대표적인 종교 전쟁으로 손꼽는다. 신교와 구교 간에 벌어진 전쟁으로, 구교를 믿는 보헤미아의 왕이자 신성 로마 제국의 황제인 페르디난트 2세가 신교의 종교 자유를 보장했던 칙령을 취소해 버렸다. 그러자 보헤미아 의회는 그를 왕의 자리에서 내리고, 팔츠의 선제후(選帝侯)[1]인 프리드리히(Friedrich) 5세를 왕으로 세웠다. 이것을 계기로 1618년 30년 전쟁이 시작되었다.

지금까지 살펴본 종교 전쟁에서 공통점으로 나타나는 것은 결코 종교적인 문제에 한정되어 일어난 것이 아니라, 정치와 종교가 엉켜 정치적 · 영토적 야심과 분리할 수 없을 정도로 묶여 있다는 점이다. 16세기까지 종교 전쟁은 국지적인 내란의 성격이었지만, 16세기 후반에 접어들면서 종교 전쟁은 국제 전쟁의 양상으로 변모하게 된다.

1) 선제후(Princeps Elector)는 신성 로마 제국에서 독일 황제를 뽑는 권한을 가진 사람들을 말한다. 선거후라고도 하는 선제후는 백작, 공작, 대공과 같이 대단히 높은 직책을 맡고 있었으며, 왕이나 황제 다음으로 높은 권한을 가지고 있었다.

처음 종교 전쟁이 발발한 것은 내란으로 시작되었지만, 점차 전쟁이 확전되어 여러 외국의 간섭을 초래하면서 국제 전쟁으로까지 확대된 것이다. 30년 전쟁을 끝으로 더는 종교를 내세운 전쟁의 구실은 없어지고, 정치적 야망이 그대로 드러나게 되었다.

3 종교 문제의 실태와 원인

우리나라에는 다양한 종교가 있다. 그렇다면 구체적으로 우리나라에는 어떤 종교가 있을까? 외국에서 들어온 종교도 있고, 우리나라에서 만들어진 종교도 있다. 옛날 우리나라 사람들은 동물이나 식물, 바다, 산 같은 자연의 힘을 믿고 섬겼다. 그럴 수밖에 없었던 것이, 생활에 필요한 것을 모두 자연에서 얻어야 했기 때문이다. 그래서 맹수에게 물리지 않고 사냥을 잘 할 수 있게 해 달라고, 또 홍수가 나거나 가뭄이 들지 않고 농사를 잘 지을 수 있게 해 달라고 자연에 복을 빌었다.

그런데 다른 나라와 교류하면서 다양한 종교가 들어왔다. 불교는 약 2,500년에 석가모니[2]가 만든 종교로, 자비(慈悲)[3]를 실천할 것을 가르쳤다. 당시 인도는 매우 혼란스러웠다. 쇠로 쟁기나 무기를 만들면서 생산하는 물건이 많아졌고, 그 물건을 차지하기 위해 다투다가 전쟁을 일으키기도 했다. 또 힘센 사람들이 힘없는 사람들을 억누르며 강제로 일을 시키고 괴롭혔다. 신분이 낮은 사람, 여자, 아이 등 힘없는 사람들에게

2) 석가모니란 석가족(釋迦族)에서 나온 성자(聖者)라는 뜻이다. 왕족(王族)의 태자(太子)로 출생하여 결혼하고 아들까지 있었지만, 인생 문제에 깊이 괴로워하다가 29세에 출가하여 수행(修行)하였다. 35세 때 크게 깨달음을 얻고(大悟成道) 각지에서 교화(敎化)를 하였으며, 80세 때 입적(入寂)하였다.

3) 자(慈)와 비(悲) 두 낱말의 합성어이다. 자는 애념(愛念: 사랑하는 마음)을 가지고 중생에게 낙(樂)을 주는 것이요, 비는 민념(愍念: 불쌍히 여기는 마음)을 가지고 중생의 고(苦)를 없애 주는 사랑이다. 이 자비는 사랑과 연민의 뜻을 함께 포함한 것으로, 이기적인 탐욕을 벗어나고 넓은 마음으로 질투심과 분노의 마음을 극복할 때에만 발휘될 수 있다. 즉, 이 자비는 철저한 무아사상(無我思想)을 바탕으로 하여 중생에게 실제로 즐거움을 주고 중생의 고통을 제거하여 주며, 근본적으로 그 근심 걱정과 슬픔의 뿌리를 뽑아내어 주는 지극한 사랑이다.

당시의 세상은 무척 힘들고 괴로웠다. 그런 세상의 괴로움을 해결하기 위해 고민하던 석가모니가 깨달음을 얻고 수많은 제자들에게 가르침을 베풀면서 불교가 시작되었다. 삼국 시대에는 불교가 전해졌다. 이때부터 생겨난, 불교와 관련된 문화유산이 우리나라 곳곳에 남아 있다. 조선 시대에는 유교가 우리의 생활 깊숙한 곳에 자리 잡았다. 부모에게 효도하고 나라에 충성하라고 가르치는 유교는 우리나라 사람들의 삶에 가장 큰 영향을 끼쳤고, 지금도 생활과 문화 곳곳에 남아 있다.

현대사회에는 매우 다양한 종교가 있지만 기독교, 불교, 이슬람교, 힌두교가 세계 4대 종교에 해당한다. 전 세계의 종교 인구 중 대부분이 이 네 개의 종교 인구에 포함된다. 한편, 소규모 문화권에서는 토테미즘(totemism), 애니미즘(animism), 샤머니즘(shamanism)과 같은 원시 종교도 존재한다.[4] 이처럼 종교는 비제도적인 초기적 신앙 형태를 비롯하여 제도적인 세계 종교에 이른다.

기독교는 조선말에 우리나라에 전파되었다. 기독교는 하나님이라는 하나의 신을 믿고, 예수의 가르침인 사랑을 실천할 것을 강조하는 종교다. 기독교는 예수를 중심으로 성립된 종교다. 예수의 행동 자체가 그의 예언대로 신앙의 중심적인 상징으로서 기능을 발휘하는 것이다. 예를 들어, 골고다 언덕에서 그가 짊어진 십자가는 기독교의 가장 대표적인 상징이며 그 뿌리가 된 교의를 나타낸다. 원래 범죄자와 치욕의 상징이었던 십자가는 인류를 대신하여 처형당한 예수가 몸으로 보여 준 '사랑'을 의미하게 되었다.[5] 최근에는 국제 교류가 활발해지면서 이슬람교 등 세계의 여러 종교가 들어와 활동하기도 한다. 물론 우리나라에 다른 나라에서 들어온 종교만 있는 건 아니다. 우리 민족이 만든 종교도 있는데, 대종교와 천도교, 원불교 등이 바로 그것이다.

오늘날 한국 사회는 신자유주의라는 큰 흐름 속에 놓여 있다. 신자유주의는 국가 단위를 넘어선 세계자본이 큰 제약 없이 자유롭게 넘나들 수 있는 세계시장을 구축하

---

4) 토테미즘이란 초자연적인 힘을 지녔다고 믿는 동물이나 식물을 숭배하는 것을 의미하고, 애니미즘은 자연계의 모든 생물 또는 무생물에 영혼이 깃들어 있다고 믿는 것이다. 샤머니즘은 인간과 초자연적 존재를 연결하는 매개자인 샤먼을 통해 종교적 의례를 행하는 것을 뜻한다.

5) 예수(Iesous)라는 말은 '신은 구원한다.'는 의미를 가지고 있으며, 그리스도(Cristos)는 '기름부음 받은 자'를 뜻하는 히브리어의 메시아(Masiah), 즉 구세주를 그리스어로 번역한 말이다. 즉, 예수 그리스도라는 이름은 예언자들에 의해 약속된 이스라엘의 구세주임을 나타낸다.

고, 그 시장질서에 따르는 것이 가장 이상적인 사회를 만들어 줄 수 있다는 가치관에서 출발한다. 이러한 사회에서는 무한 경쟁이 긍정되고, 그로 말미암은 사회양극화 역시 용인된다. 사회 각 부분에 시장논리가 개입되어 기업뿐만 아니라, 사회단체 역시 성장과 효율을 중시하고, 높은 성과를 달성하기 위해 구조조정을 시행한다.

이러한 신자유주의적 변화에 따라 한국의 종교 지형 역시 영향을 받을 수밖에 없다. 특히 종교교단 운영에도 신자유주의적 시장논리가 적용되기 시작하면서 교단 설립과 운영에 기업경영 원리를 접목하고, 교인들을 소비자로 간주하여 그들의 만족을 극대화할 수 있는 전략을 구상하기 시작하였다. 교단들은 소비자를 확보하기 위한 경쟁에 뛰어들고, 경쟁에서 소비자에게 관심을 받지 못하는 종교는 사라진다.

'대통령 명예훼손' 혐의 전광훈 목사에 징역 2년 6개월 구형

서울 광화문 집회에서 문재인 대통령을 겨냥해 "대한민국 공산화를 시도했다"는 발언을 했다가 명예훼손 등 혐의로 기소된 사랑제일교회 전광훈(64) 목사에게 징역 2년 6개월이 구형됐다. 전 목사는 문 대통령을 비난한 것 외에 자유한국당(현 국민의힘)을 지지해 달라는 취지의 발언도 했다. 구체적으로 "제21대 국회의원 선거에서 자유한국당을 비롯한 자유 우파 정당들 후보에 표를 몰아 달라."고 말했는데, 이는 현행 선거법상 금지된 사전 선거운동에 해당한다는 것이 검찰의 판단이다.

출처: 세계일보(2020. 11. 16.), 김태훈 기자(af103@segye.com).

따라서 종교 의례와 프로그램은 (신도들의 만족감만을 고려하여) 마치 공연 같은 방향으로 짜고, 노후생활 적응 교육, 예비부부 대상 교육, 행복한 부부를 위한 워크숍, 분노조절 프로그램 등 세분화하여 제공하고 있다. 유명 종교인은 치유나 힐링(healing) 같은 가치를 내세운 상담 프로그램을 상품화하여 판매하고, 그것을 기반으로 기업처럼 성장해 나가고 있다.

이처럼 신자유주의 경제 질서에 순응하여 경제적 기반을 마련한 종교교단은 확보한 경제적 기반을 지키기 위해 교단 내부에서의 권력투쟁과 외부 정치권력과의 결탁을 시도하기도 한다. 이렇듯 현재 한국 사회의 종교는 경제적 · 정치적으로 계속해서 확장과 권력 획득을 꾀하고 있다. 이러한 과정에서 발생한 여러 문제점으로 말미암아 종교는 점점 시민들의 신뢰를 잃어가고 있는 형국이다(이철우, 2017: 360-361).

4 종교 문제의 해결책 및 대안

우리는 앞서 우리나라 종교의 문제점과 과제를 생각해 볼 수 있었다. 종교 조직 자체의 거대 조직화, 엄격한 서열제도 확립, 물량주의화, 성장 지상주의, 자본주의제도와의 영합 · 종속화 등이 그것이다. 그리고 헌금의 10% 미만을 사회봉사에 쓰는 것으로 나타나, 종교가 종교 본연의 자세에서 상당히 어긋나 있다. 또한, 종교가 지나치다 싶을 정도로 정치적 · 사회적 문제에 관심을 많이 보이고 있다. 그러면서 수행이나 영성마저 상업화되고 있고, 성직자가 비즈니스맨에 가까운 모습을 보이고 있으며, 다른 종교를 인정하지 않는 배타적 선교, 파벌주의, 집단이기주의, 불투명한 재정관리, 부동산 투기, 담임목사 부자(父子)세습 등의 문제는 사람들의 이마를 찌푸리게 한다.

예장통합 총회, 명성교회 목사 부자세습 사실상 허용

대한예수교장로회(예장) 통합 교단이 명성교회 부자(父子) 목사의 목회직 세습을 사실상 인정했다. 명성교회 설립자인 김삼환 목사의 아들 김하나 목사가 2021년 1월 1일부터 명성교회 위임목사직을 맡을 수 있게 허용하기로 했다. 서울 강동구 명일동에 있는 명성교회는 1980년 김삼환 원로목사가 세운 교회로 등록 교인이 10만 명에 달한다. 김하나 목사는 김삼환 원로목사의 아들로 2017년 3월 명성교회에서 위임목사로 청빙하기로 결의하면서 교회 부자세습 논란에 휩싸였다.

출처: 한국경제(2019. 9. 26.), 한경닷컴 뉴스룸(open@hankyung.com).

한국의 기독교와 한국 교회의 문제점으로, 목회자들이 자신을 돌아보고 올바른 목회자 윤리에 대한 의식이 먼저 새롭게 개혁되어야 한다는 것이 일반적인 지적이다. 목회자는 신앙과 윤리가 조화를 이루어 다른 사람의 모범을 보여야 한다. 지나치게 비(比)성경적인 권위주의를 탈피해야 한다. 주의 종으로서 청지기 의식을 가져야 한다. 영성뿐만 아니라 전인격의 수양도 꼭 필요로 하는 것이다. 복음 전파에 헌신한 바울을 바라보면서 다시 한번 윤리가 무너져 가는 이 시대에서 목회자의 윤리 회복을 위한 성령의 역사를 기대해 본다.

따라서 종교는 가난, 질병, 고통으로 가득 찬 삶을 힘겹게 살아가는 사람들, 희망 없이 살아가는 사람들, 사회적으로 소외된 사람들, 불우한 이웃들을 도와야 하는 본연의 모습과 정신, 즉 나눔과 베풂, 돌봄, 치유로 돌아가는 초심의 자세가 더욱더 필요하다. 이를 토대로 하여 정치 및 사회와의 거리 유지, 물량적 성장주의 지양, 재정관리의 투명성 제고, 교역자 양성기관의 요건 강화, 종무행정의 대폭적 지방 이양, 다른 종교 배려 및 종교 간 대화를 위한 주기적 모임 등이 필요하다(이철우, 2017: 365).

23
CHAPTER

난민 문제

1 난민 문제의 개념

난민의 일반적 의미는 생활이 곤궁한 국민, 전쟁이나 천재지변으로 곤궁에 빠진 이재민을 말한다. 그러나 최근에는 주로 인종적, 사상적 원인과 관련된 정치적 이유에 의한 집단적 망명자를 난민이라 일컫고 있다.

우리나라 「난민법」에서 말하는 '난민'이란 "인종, 종교, 국적, 특정 사회집단의 구성원인 신분 또는 정치적 견해를 이유로 박해를 받을 수 있다고 인정할 충분한 근거가 있는 공포로 인하여 국적국의 보호를 받을 수 없거나 보호받기를 원하지 아니하는 외국인 또는 그러한 공포로 인하여 대한민국에 입국하기 전에 거주한 국가로 돌아갈 수 없거나 돌아가기를 원하지 아니하는 무국적자인 외국인"을 말한다(같은 법 제2조 제1호). 우리나라는 1992년 「난민의 지위에 관한 1951년 협약」, 「난민의 지위에 관한 1967년 의정서」에 가입해 1994년 「출입국관리법」 개정 이후 난민신청자를 받아 왔다. 우리나라에서 난민으로 인정을 받으려면 법무부장관에게 난민인정 신청을 해야 한다.

1950년 12월 유엔총회 결의 428(Ⅴ)로 유엔난민고등판무관 사무소(또는 간략하게 유엔난민기구, United Nations High Commissioner for Refugees: UNHCR)를 설치하기로 결정하고, 1951년 1월 1일부터 활동을 시작하였다. 본래 3년을 기한으로 설립된 임시 기구였으나, 계속 임기를 갱신해 오다가 2003년 유엔총회에서 유엔난민기구의 임무를 무기한 연장하는 결의를 채택하였다.

유엔난민기구의 기능은 ① 인도주의에 입각한 난민에 대한 법적·물질적 구호사업, ② 난민의 귀국, 재정착, 가족 재결합 사업을 지원, ③ 난민 문제의 항구적 해결을 위한 국제협력을 도모한다. 유엔난민기구의 재정은 전체 예산의 약 98%를 각국 및 민간의 자발적 기여금으로 충당한다. 우리나라는 2000년 2월 집행이사국으로 선출되었으며, 유엔난민기구는 2001년 4월 이래 한국에 사무소를 설치·운영하고 있다. 우리나라는 여기서 집행이사회 의장(2013. 10.~2014. 9.), 부의장(2012. 11.~2013. 9.)을 역임하였다.

우리나라는 유엔난민기구와 관계가 깊다. 6·25 전쟁으로 파괴된 대한민국의 구호와 재건을 목적으로 유엔한국재건단(United Nations Korean Reconstruction Agency: UNKRA)이 설립되었다. 유엔한국재건단은 민생안정, 교통, 통신, 주택, 의료, 교육시설 재건과 복구 등 비교적 장기적인 재활사업과 실향민 구호사업을 펼쳤고, 한국 경제의 회복과 정세 안정으로 그 활동을 마감했다.

2 난민 문제의 관련법과 제도

난민의 지위에 관한, 1951년의 「난민의 지위에 관한 협약(Convention relating to the Status of Refugees)」은 본국의 보호를 받지 못하는 난민을 '일반적인 외국인'과 구별하여 인도주의적 목적에서 그 권리를 보장해 주는 조약이다. 1951년 7월 제네바에서 26개국이 이 조약을 체결하였고 1954년 4월 발효되었다. 이 조약은 유입된 난민에 대해

체재국은 그들의 귀화, 동화를 촉진함과 아울러 여러 종류의 권리를 적극적으로 인정할 것을 명시하고 있다.

이 조약에 따르면, 난민 지위를 인정받기 위해서는 인종 · 종교 · 국적 · 특정 사회집단의 구성원 신분 또는 정치적 의견을 이유로 받은 박해의 공포를 증명해야 하며, 국적국 밖에 있어야 하고, 박해의 공포 때문에 본국으로 돌아갈 수 없다는 조건을 충족시켜야 한다. 외국에 체재하던 중 자국에서 발생한 상황 또는 정치적 의견을 표명하는 행동으로 말미암아 박해의 공포가 발생하였을 경우에도 난민이 될 수 있다. 그 협약의 중요한 일부를 소개하면 다음과 같다.

협약 체결국들은,

유엔 헌장과 1948년 12월 10일 총회에서 승인된 「세계인권선언」이 모든 인간은 차별 없이 인권과 기본적 자유를 향유할 수 있어야 한다고 확인해 주었음을 고려하고, 유엔이 여러 차례에 걸쳐서 난민들을 향한 심각한 우려를 표명하였고, 이들에게 최대한 광범위한 인권과 기본적 자유의 행사를 보장하기 위해 전념하고 있음을 고려하며,

난민들의 지위에 관한 이전의 국제협약들을 수정하고, 명문화하고, 유엔이 보유한 수단의 적용을 확대하고, 유엔이 새로운 협약을 통해서 난민들에게 보장하고자 하는 보호를 확대하는 것이 바람직하다고 인정하며,

이와 같은 망명권의 부여로 일부 국가들에게는 예외적으로 무거운 부담이 야기될 수 있고, 유엔이 그 파급력과 국제적인 성격을 인정하는 제반 문제의 만족스러운 해결은, 이러한 가정에 입각해서 생각할 때, 국제적인 연대 의식 없이는 얻어질 수 없음을 인정하며,

모든 국가가 난민 문제가 지닌 사회적이고 인도주의적인 양상을 인정하고, 이 문제가 국가 간의 긴장을 초래하는 단초가 되지 않도록 각자의 능력 안에서 할 수 있는 모든 조치를 취하기를 바라는 기대를 표명하며,

유엔난민고등판무관에게는 난민 보호를 보장하는 내용의 국제협약 이행을 감시해야 할 임무가 있음을 확인하고, 이 문제를 해결하기 위한 조치들의 실질적인 조율이 각 국가와 유엔난민고등판무관 사이의 원활한 협력관계에 있음을 인정하여 다음과 같은 조항에 합의한다.

제1조 "난민"이라는 용어의 정의

A. 이 협약의 적용상, "난민"이라는 용어는 다음과 같은 자에게 적용된다.

(1) 1926년 5월 12일 및 1928년 6월 30일의 약정 또는 1933년 10월 28일 및 2월 10일의 협약, 1939년 9월 14일의 의정서 또는 국제난민기구헌장에 의하여 난민으로 인정되고 있는 자. 국제난민기구가 그 활동기간 중에 행한 부적격 결정은 당해 자가 (2)의 조건을 충족시키는 경우 당해자가 난민의 지위를 부여하는 것을 방해하지 아니한다.

(2) 1951년 1월 1일 이전에 발생한 사건의 결과로서, 또한 인종, 종교, 국적 또는 특정 사회집단의 구성원 신분 또는 정치적 의견을 이유로 박해를 받을 우려가 있다는 충분한 이유가 있는 공포로 인하여 국적국 밖에 있는 자로서 그 국적국의 보호를 받을 수 없거나 또는 그러한 공포로 인하여 그 국적국의 보호를 받는 것을 원하지 아니하는 자 및 이들 사건의 결과로서 상주국가 밖에 있는 무국적자로서 종전의 상주 국가로 돌아갈 수 없거나 또는 그러한 공포로 인하여 종전의 상주국가로 돌아가는 것을 원하지 아니하는 자.

둘 이상의 국적을 가진 자의 경우에, "국적국"이라 함은 그가 국적을 가지고 있는 국가 각각을 말하며, 충분한 이유가 있는 공포에 기초한 정당한 이유 없이 어느 하나의 국적국의 보호를 받지 않았다면 당해자에게 국적국의 보호가 없는 것으로 인정되지 않는다.

제2조 일반적 의무

모든 난민은 자신이 체재하는 국가에 대하여 특히 그 국가의 법령을 준수할 의무 및 공공질서를 유지하기 위한 조치에 따를 의무를 진다.

제3조 무차별

체약국은 난민에게 인종, 종교 또는 출신국에 의한 차별 없이 이 협약의 규정을 적용한다.

제4조 종교

체약국은 그 영역 내의 난민에게 종교를 실천하는 자유 및 자녀의 종교적 교육에 관한 자유에 대하여 적어도 자국민에게 부여하는 대우와 동등한 호의적 대우를 부여한다.

제5조 이 협약과는 관계없이 부여되는 권리

이 협약의 어떠한 규정도 체약국이 이 협약과는 관계없이 난민에게 부여하는 권리와 이익을 저해하는 것으로 해석되지 아니한다.

제15조 결사의 권리

체약국은 합법적으로 그 영역 내에 체재하는 난민에게 비정치적이고 비영리적인 단체와 노동조합에 관한 사항에 관하여 동일한 사정하에서 외국 국민에게 부여하는 대우 중 가장 유리한 대우를 부여한다.

제16조 재판을 받을 권리

1. 난민은 모든 체약국의 영역에서 자유로이 재판을 받을 권리를 가진다.
2. 난민은 상거소를 가지는 체약국에서 법률구조와 소송비용의 담보 면제를 포함하여 재판을 받을 권리에 관한 사항에 있어서 그 체약국의 국민에게 부여되는 대우와 동일한 대우를 부여받는다.
3. 난민은 상거소를 가지는 체약국 이외의 체약국에서 제2항에 규정하는 사항에 관하여 그 상거소를 가지는 체약국의 국민에게 부여되는 대우와 동일한 대우를 부여받는다.

제17조 임금이 지급되는 직업

1. 체약국은 합법적으로 그 영역 내에 체재하는 난민에게, 임금이 지급되는 직업에 종사할 권리에 관하여, 동일한 사정하에서 외국 국민에게 부여되는 대우 중 가장 유리한 대우를 부여한다.
2. 어떠한 경우에 있어서도, 체약국이 국내 노동시장의 보호를 위하여 외국인 또는 외국인의 고용에 관하여 취하는 제한적 조치는 그 체약국에 대하여 이 협약이 발효하는 날에 이미 그 조치로부터 면제된 난민이나, 또는 다음의 조건 중 어느 하나를 충족시키는 난민에게는 적용되지 아니한다.
   (a) 그 체약국에서 3년 이상 거주하고 있는 자.
   (b) 그 난민이 거주하고 있는 체약국의 국적을 가진 배우자가 있는 자. 난민이 그 배우자를 유기한 경우에는 이 조항에 의한 이익을 원용하지 못한다.
   (c) 그 난민이 거주하고 있는 체약국의 국적을 가진 1명 또는 그 이상의 자녀를 가진 자.
3. 체약국은 임금이 지급되는 직업에 관하여 모든 난민, 특히 노동자 모집계획 또는 이주민계획에 따라 그 영역 내에 입국한 난민의 권리를 자국민의 권리와 동일하게 할 것을 호의적으로 고려한다.

제24조 노동법제와 사회보장

1. 체약국은 합법적으로 그 영역 내에 체재하는 난민에게, 다음 사항에 관하여 자국민에게 부여하는 대우와 동일한 대우를 부여한다.
   (a) 보수의 일부를 구성하는 가족수당을 포함한 보수, 노동시간, 시간 외 노동, 유급휴가, 가내 노동에 관한 제한, 최저고용연령, 견습과 훈련, 여성과 연소자의 노동 및 단체교섭의 이익 향유에 관한 사항으로서 법령의 규율을 받거나 또는 행정기관의 관리하에 있는 것.
   (b) 사회보장(산업재해, 직업병, 출산, 질병, 폐질, 노령, 사망, 실업, 가족부양 기타 국내법령에 따라 사회보장제도의 대상이 되는 급부사유에 관한 법규). 다만, 다음의 조치를 취하

는 것을 방해하지 아니한다.

(i) 취득한 권리와 취득과정 중에 있는 권리의 유지를 위하여 적절한 조치를 취하는 것.

(ii) 거주하고 있는 체약국의 국내법령이 공공자금에서 전액 지급되는 급부의 전부 또는 일부에 관하여, 또한 통상의 연금의 수급을 위하여 필요한 기여조건을 충족시키지 못하는 자에게 지급되는 수당에 관하여 특별한 조치를 정하는 것.

2. 산업재해 또는 직업병에서 기인하는 난민의 사망에 대한 보상을 받을 권리는 그의 권리를 취득하는 자가 체약국의 영역 밖에 거주하고 있다는 사실로 인하여 영향을 받지 아니한다.
3. 체약국은 취득되거나 또는 취득의 과정 중에 있는 사회보장에 관한 권리의 유지에 관하여 다른 체약국 간에 이미 체결한 협정 또는 장차 체결할 문제의 협정의 서명국의 국민에게 적용될 조건을 난민이 충족시키고 있는 한 그 협정에 의한 이익과 동일한 이익을 그 난민에게 부여한다.
4. 체약국은 상기한 체약국과 비체약국 간에 현재 유효하거나 장래 유효하게 될 유사한 협정에 의한 이익과 동일한 이익을 가능한 한 난민에게 부여하는 것을 호의적으로 고려한다.

제32조 추방

1. 체약국은 국가안보 또는 공공질서를 이유로 하는 경우를 제외하고 합법적으로 그 영역에 있는 난민을 추방하여서는 안 된다.
2. 이러한 난민의 추방은 법률에 정하여진 절차에 따라 이루어진 결정에 의하여서만 행하여진다. 국가안보를 위하여 불가피한 이유가 있는 경우를 제외하고 그 난민은 추방될 이유가 없다는 것을 밝히는 증거를 제출하고, 또한 권한 있는 기관 또는 그 기관이 특별히 지명하는 자에게 이의를 신청하고 이 목적을 위한 대리인을 세우는 것이 인정된다.
3. 체약국은 상기 난민에게 다른 국가에의 합법적인 입국허가를 구하기 위하여 타당하다고 인정되는 기간을 부여한다. 체약국은 그 기간 동국이 필요하다고 인정하는 국내조치를 취할 권리를 유보한다.

제33조 추방 또는 송환의 금지

1. 체약국은 난민을 어떠한 방법으로도 인종, 종교, 국적, 특정사회 집단의 구성원신분 또는 정치적 의견을 이유로 그 생명이나 자유가 위협받을 우려가 있는 영역의 국경으로 추방하거나 송환하여서는 안 된다.
2. 체약국에 있는 난민으로서 그 국가의 안보에 위험하다고 인정되기에 충분한 상당한 이유가 있는 자 또는 특히 중대한 범죄에 관하여 유죄의 판결이 확정되고 그 국가공동체에 대하여 위험한 존재가 된 자는 이 규정의 이익을 요구하지 못한다.

우리나라는 1951년의 「난민의 지위에 관한 협약」 및 1967년의 「난민의 지위에 관한 의정서」 등에 따라 난민의 지위와 처우 등에 관한 사항을 정할 목적(「난민법」 제1조)으로 「난민법」을 제정하였다. 「난민법」은 2009년 황우여 당시 새누리당 의원이 대표 발의했다. 이후 2012년 2월 제정됐으며, 2013년 7월 1일부터 전면 시행되었다.

「난민법」 시행에 따라 출입국 공항, 항만에 난민신청 창구가 개설되어 창구에서 바로 신청이 가능해졌으며 사전심사도 받을 수 있다. 기존에는 한국에 입국한 후 체류하는 지역의 출입국관리소를 방문해 난민신청을 했다. 절차적 권리에 대한 보장도 확대돼 난민신청 시 인정절차에 관한 안내를 들을 수 있고 내용의 녹음, 녹화를 요청할 수 있으며 통역인, 변호인의 도움도 받을 수 있다.

난민으로 인정되면 기초생활, 교육, 직업훈련 등에서 지원을 받을 수 있으며 신청 후 6개월이 지나면 취업허가도 가능하다. 난민 인정자와 인도적 체류자 및 난민 신청자는 「난민의 지위에 관한 1951년 협약」 제33조 및 「고문 및 그 밖의 잔혹하거나 비인도적 또는 굴욕적인 대우나 처벌의 방지에 관한 협약」 제3조에 따라 본인의 의사에 반하여 강제로 송환되지 아니한다(「난민법」 제3조).

3 난민 문제의 실태와 원인

20세기에 들어와 난민이 발생한 사례를 보면 러시아혁명 기간에 약 150만 명의 난민이 러시아를 떠났고, 1934년 독일에 나치 정권이 수립되자 반체제 인사들과 유대인을 비롯한 나치의 피해자 약 250만 명의 난민이 독일을 등지고 각지로 흩어졌다. 또 제2차 세계대전 후에는 1947년 인도의 분열과 파키스탄의 분열, 1948년의 팔레스타인 전쟁, 1975년의 캄보디아와 라오스 및 베트남 등지에서 보트피플(boat people)[1)]로 유출된 인도차이나 난민 등이 그 대표적인 예라 할 수 있다. 그리고 1998년부터 시작된 코소보에 대한 세르비아군의 인종청소 때에는 78만 명에 달하는 주민이 학살을 피해 국외로 탈출하였다.

난민들의 압도적 다수는 전쟁과 공포로 피폐한 지역을 피해서 도망 나온 사람들이다. 그런 곳에서는 정상적인 경제활동이 불가능하기 때문이다. 치과의사, 기업가, 전직 공무원, 상인, 수공업자 등은 살던 집이나 토지, 사업체 등을 처분할 수도 없었다. 폭격으로 아무것도 건질 수 없게 된 경우가 대부분이었기 때문이다. 시리아의 이들리브 지역, 아프가니스탄의 칸다하르 지방, 이라크의 니네베 평원 지대 등지에서는 사겠다고 나서는 사람이 아무도 없을 것이므로, 땅 소유주들이 토지를 처분할 수조차 없다. 그런 이유로 난민들은 당장 현금화할 수 있는 것만 얼핏 챙겨서 피난길에 오른다. 그러나 이들이 가진 현금은 고단한 피난길 여정에서 빠르게 바닥을 보이고 만다(Ziegler, 2020: 17).

유엔난민기구에 의하면, 전쟁, 천재지변, 사상적 원인으로 자신이 태어난 나라를 떠나 유엔난민기구의 보호를 받고 있는 사람만 해도 2,100만 명에 달하며, 자기가 태어난 나라에서 유엔난민기구에 보호를 요청한 사람들도 많아, 전 세계 인구의 약 1%인 7,700만 명 가량이 난민 상태에 놓여 있다고 추정되고 있다. 전쟁을 통해 난민이 발생하고 있는 나라는 아프가니스탄 · 수단 · 소말리아 · 콩고 등이며, 이들 국가에서 발생하는 난민은 파키스탄 · 이란 · 미국 · 독일 · 요르단 등으로 이주하고 있다. 미국과의 전쟁에서 전 국토가 초토화된 이라크에서는 약 220만 명의 난민이 발생했으며, 이들은 이웃한 터키 · 시리아 · 요르단 · 레바논 · 이집트 등지로 이주했고, 시리아 · 요르단 등에서는 내전 상황에서 벗어나기 위한 난민들의 탈출이 계속되었다(https://search.naver.com/).

정치적 · 경제적 이유 등으로 국가를 떠나 해로(海路)를 통해 탈출하는 난민인 보트

1) 1975년 베트남 공산화를 전후로 선박을 이용하여 비합법적으로 탈출한 베트남 난민들을 말하며, 이들이 보트피플의 시작이다. 베트남 공산화 이후에도 배를 타고 남중국해를 통하여 탈출하는 이들이 많아 조국을 떠나 해로를 통하여 탈출하는 난민들을 가리켜 보트피플이라고 부르게 되었다. 그 후에도 베트남–캄보디아 전쟁, 중월전쟁의 영향 등으로 베트남을 탈출하려는 난민 수가 계속 늘어나 국제적인 문제가 되었다. 우리나라 부산에도 베트남 난민보호소가 있었으나, 1993년 난민들을 뉴질랜드로 보내고 폐쇄시켰다. 한편, 육로를 통하여 불법적으로 탈출하는 난민들을 랜드 피플(land people)이라고 부른다.

▲ 1975년 남베트남 패망 후 탈출한 '보트피플'
출처: 서울경제(2019. 2. 26.), 정선은 기자.

피플에 살펴보자. 보트피플이 처음 대규모로 발생한 것은 1970년대 베트남으로, 베트남 전쟁 전후 많은 난민이 선박을 타고 탈출을 시도했다. 북베트남이 베트남을 무력 통일하면서 사상교육과 강제 노동 등을 통한 심각한 인권 침해가 발생한 것이 주된 요인이다. 탈출은 주로 다낭(Đà Nẵng)과 같은 상업 도시에서 발생했다. 그들 상당수는 남베트남의 관료나 군인, 교사와 같은 특권계층이었다. 이후 이어진 캄보디아와의 전쟁과 경제적 원인으로 베트남에는 1980년대까지 약 100만 명에 이르는 보트피플이 발생했다.

당시 베트남을 떠난 난민들은 보트를 타고 싱가포르나 홍콩에 들어가 유럽이나 미국, 호주 등으로 망명하는 경우가 많았다. 배편이나 항공권을 구할 수 있었던 부유층과 달리, 상당수의 중산층과 빈민층은 도착 이후 외국으로 이동할 비용이 없어 보트 안에서 생계를 유지해야 했다. 탈출에 쓰인 배 역시 동력이 없거나 규모가 작은 선박으로, 대다수의 난민이 실종되거나 해적으로부터 목숨을 잃었다. 베트남 전쟁 이후 캄보디아, 라오스 등에서도 정치적·경제적 이유로 보트피플이 증가했다.

근래에는 아프리카와 중동 등지에서 내전과 폭력을 피해 지중해를 탈출하는 보트피플이 증가하고 있다. 보트피플의 상당수는 피난 도중 죽거나 인신매매 등 범죄의 대상이 되는 경우가 많아, 이들에 대한 인도적 지원의 필요성도 대두하고 있다. 유엔난민기구는 2014년 지중해에서 사망한 난민의 수가 약 3,400명에 이른다고 발표했다. 반기문 유엔 사무총장은 2015년 5월, 로힝야족의 입국 거부 사태에 대해 주변국들에 해상 구조의 의무와 강제송환 금지의 원칙을 지켜야 한다고 성명을 통해 권고하기도 했다.

한편, 이와는 별개로 생태난민(生態難民)이 있다. 유엔환경계획(United Nations Environment Program: UNEP) 등에서 전쟁난민과 구분 짓기 위하여 사용하기 시작한 것으로, 환경난민이라고도 한다. 자연이 파괴되어 생태계가 무너지면 그 토지에 의존하는 사람들의 생활도 곤경에 빠진다. 급속히 진행되는 삼림의 파괴는 홍수나 토양 침식, 사막화, 나아가서는 기후의 변화까지 초래해 주민들로부터 집과 경지를 빼앗아 간다. 지금 이 순간도 삼림의 개발로 삶의 터전에서 쫓겨 나는 원주민들의 이야기가 많이 보도되고 있다. 기후변화로 말미암아 극지방의 빙하가 녹아내려 해수면이 상승하고 있는데, 대표적인 나라가 남태평양의 투발루(Tuvalu)다. 세계에서 4번째로 작은 나라로, 인구 1만 1,800여 명의 이 도서국은 4개의 암초섬, 5개의 산호섬으로 이뤄져 있다. 낮은 고도는 해면 변화의 영향을 직접적으로 받아 조수간만의 차에 따라 땅이 잠기고 떠오르기를 반복한다. 2000년에는 투발루 공항이 있는 섬이 물에 잠기게 됐고 섬 지도자들은 '국토포기선언'을 했다. 미국 백악관 앞에서 투발루 대통령이 1인 피켓 시위를 하고, 호주와 뉴질랜드에 자국민들이 이주할 수 있게 해달라고 요청하기도 했다.

난민과 관련해 가장 빈번하게 발생하는 문제는 난민이 대규모로 발생했을 때 수용하는 문제이다. 특히 장기간 지속되는 내전이나 기상 변화에 따른 생활환경의 악화 등으로 급격하게 발생하는 난민은 인접 국가에도 큰 재정적 문제로 발전한다. 20세기 이후 이라크 전쟁 이후의 혼란 상황에서 발생한 200만 명 이상의 난민들은 중동 지역의 인접 국가들 사이에서 정착지를 찾을 수 있었으나, 2010년 이후 중동 지역과 북아프리카 지역에서 발생한 난민들이 지중해를 건너 유럽으로 향하면서 난민 수용 문제가 국제적인 현안으로 떠오르기 시작했다.

2015년에는 시리아 내전을 피해 탈출한 수백만 명 이상의 난민들이 유럽 각국으로 향하면서 드디어 유럽연합 차원에서 해결이 필요한 문제로 발전했다. 장기간 경제 불황을 겪고 있는 유럽에 이주한 난민들로 말미암아 외국인 혐오 범죄가 발생하기 시작했으며, 각국에 도착하는 수십만 명 이상의 난민을 수용할 재정적인 여력이 없는 국가에서는 수용을 거부하기도 했다.

독일의 메르켈(A. Merkel) 총리는 난민할당제를 주장하며 국가별로 난민의 분산 수용을 주장하여 남유럽 여러 국가의 동의를 얻었지만, 영국의 캐머런(D. Cameron) 총리와 북유럽, 동유럽 국가들은 이에 반대하는 등 유럽연합 안에서도 의견이 엇갈리는 상황이 발생했다. 시리아 인접 국가인 터키에 수용된 난민 수만 해도 대략 300만 명

(2020년 유엔난민기구 등록 기준)에 이르고 있으며, 그보다 영토와 경제 규모가 작은 레바논이나 요르단에도 수십만 명 이상의 난민이 이미 수용되어 있는 상황이어서, 유럽 국가의 폭 넓은 지원이 필요한 상황이다.

4 난민 문제의 해결책 및 대안

고향을 떠나 다른 나라나 자국의 다른 곳에서 보호를 구하게 된 사람들은 언제나 도움이 필요하다. 난민 대부분과 국내 실향민은 거의 아무것도 없이 고향을 떠난다. 약간의 물품을 가지고 있었다고 해도 곧 다 써 버리고 만다. 유엔난민기구와 파트너는 다양한 형태로 핵심적인 지원을 제공한다.

우선, 깨끗한 식수, 위생시설, 보건 의료지원, 머물 곳을 지을 수 있는 재료 및 담요, 깔개, 다른 구호물품, 연료통, 가정 용품, 식품 등 생명유지를 위한 긴급 지원을 제공한다. 이 외에 핵심적 지원으로는 난민 등록, 비호(庇護) 신청 지원 및 자문, 교육, 법률상담 등이 있다. 유엔난민기구의 지원은 본국으로 돌아가는 사람들에게도 제공된다. 항공, 배편, 육상 등의 교통편을 제공하고 귀환자들에게 지원 패키지의 형태로 원조를 제공한다. 유엔난민기구는 현지 통합이나 재정착 프로그램에 참여하여 수입 창출 활동, 인프라 재건 등 여러 지원 활동을 제공한다.

이처럼 난민에 대해 국제사회에서는 여러 가지 방법으로 구출과 원조에 나서고 있다. 예컨대, 러시아혁명으로 말미암아 난민이 발생하였으나, 당시 러시아 난민 대다수는 국적 박탈되었으므로 유효한 여권을 가질 수 없었다. 난민에게 여권은 단순히 피난국에서 다른 나라에 입국하기 위해 필요한 것일 뿐만 아니라, 피난국에서의 체재허가 · 사회보장 · 노동 허가 등을 얻기 위해 불가결한 문서였다. 여권을 가지지 않은 사람에게는 구금 · 추방 등의 조치가 취해지기도 하였는데, 이들 난민을 구제하기 위하여 국제연맹은 1921년 노르웨이의 탐험가 난센(F. Nansen)을 유엔난민고등판무관으로 임명하였다.

난센은 임무 수행에 앞서 이들 난민에게 여권을 대신할 국제적 효력을 가지는 신분증명서를 교부하기 위한 국제회의 소집을 호소하였다. 1922년 53개국이 참가하여 열린 제네바 회의는 러시아 난민에게 신분증명서를 발급하기로 결정하였는데, 이 안건은 그 뒤 국제연맹 이사회의 승인을 얻었다. 이 증명서는 난민이 체재한 나라에서 교부하게 되었는데, 통상적인 여권과는 달랐으나 일반적으로 난센여권(Nansen passport)이라 하였다. 이 증명서는 그 뒤 별도의 결정에 의해 아르메니아 난민, 터키 · 아시리아 · 칼데아 · 시리아 및 쿠르드 난민, 자르 난민 등에게도 교부되었다.

1939년에는 국제연맹에 독일난민고등판무관사무소를 두어 난민보호에 나섰다. 또 1946년 유엔은 산하에 국제난민기구를 설치하여 제2차 세계대전 때 피해를 당한 난민, 정치적 추방자의 보호와 구제를 행하여 난민을 자유의사에 따라 원하는 나라에 정주시키는 임무를 담당하였다. 그리고 그 역할이 끝나자 1951년에 유엔난민기구를 설치하여 난민보호를 위한 유엔의 보조기관으로 삼아 오늘날에 이르고 있다.

유엔난민기구에서는 난민에 대한 국제적 보호를 위해 노력할 것에 합의했다. 난민에 대한 보호란 신체적 안전 이상의 의미를 포함한다. 난민에게는 모든 개인적 기본권을 비롯한 합법적인 외국인 체류자에게 주어지는 것과 똑같은 권리와 지원이 제공되어야 하며, 언론의 자유, 거주 이전의 자유 및 고통과 부당한 차별을 받지 않을 권리를 포함한 시민권을 제공하고, 일반인과 동등하게 사회 · 경제적인 권리 및 의료 혜택을 받을 권리를 보장하는 것을 목표로 하고 있다.

유엔난민기구는 1951년 1월 33명의 직원과 미화 30만 불의 예산으로 출범한 이래 지난 70년 동안 국제적 활동을 이끄는 단체로 거듭났다. 2019년 현재 134개국에서 근무하는 16,803명의 직원이 7,080만 명에 달하는 난민과 보호대상자를 돕고 있다. 그동안 난민보호의 공로로 1954년, 1981년 두 차례 노벨평화상을 수상하였다.

유엔난민기구는 공정하고 효율적인 난민 인정 절차가 한국에서 확립되고, 세계 난민 문제와 대한민국 내의 난민 문제에 관해서 많은 관심을 불러일으키고자 주무부처인 법무부, 외교통상부 이외에도 국가인권위원회, 법원, 통일부를 비롯해 관련 정부부처와 학계, 시민 단체들과 함께 노력하고 있다.

유엔난민기구는 이미 1970년대 후반에 '베트남 보트피플'의 제3국 정착을 돕기 위해 한국에서 대한적십자사와 함께 일한 경험이 있다. 정부가 「난민협약」을 비준하고 그 주요 내용을 국내법화한 이후에는 한국에 상주하는 유엔개발계획(United Nations Development Programme: UNDP) 한국대표가 유엔난민기구 명예대표의 역할을 맡게 되었고, 1996년부터 2001년까지는 도쿄에 위치한 유엔난민기구 일본 · 한국지역사무소에서 정기적으로 담당직원을 서울로 파견해 대한민국 내 난민 관련 업무를 수행하였다. 1997년에는 상주 직원 1명을 시작으로 2001년 4월 연락사무소의 공식 업무를 시작하였다.

2006년 7월에는 지역사무소로부터 독립하여 독자적인 한국대표부로서 지위가 승격되었다. 한국대표부는 또한 2013년 7월 시행된 「난민법」에 준하여 난민신청 및 인정절차, 난민신청자와 인정자의 처우 등이 개선될 수 있도록 대한민국 정부와 긴밀히 협력하고 있으며, 유엔난민기구 한국대표부는 2014년부터 정우성 친선대사와 함께 활동하고 있다.

24
CHAPTER

팬데믹 문제

1 팬데믹 문제의 개념

세계보건기구(WHO)는 감염병의 위험도에 따라 감염병 경보단계를 1~6단계까지 나누는데, 팬데믹(pandemic)은 최고 경고 등급인 6단계에 해당한다. 팬데믹은 특정 질병이 전 세계적으로 유행하는 것으로, 그리스어로 'pan'은 '모두', 'demic'은 '사람'이라는 뜻이다. 따라서 팬데믹은 전염병이 세계적으로 전파되어 모든 사람이 감염된다는 의미다.[1] 팬데믹을 충족시키려면 감염병이 특정 권역 창궐(猖獗: 전염병 따위가 세차게 일어나 걷잡을 수 없이 퍼짐)을 넘어 2개 대륙 이상으로 확산되어야 한다.

감염병 경보 1단계는 동물에 한정된 감염, 2단계는 동물 간 전염을 넘어 소수의 사람에게 감염된 상태, 3단계는 사람들 사이에서 감염이 증가된 상태, 4단계는 사람들 간 감염이 급속히 확산되면서 세계적 유행병이 발생할 초기 상태, 5단계는 감염이 널리 확산돼 최소 2개국에서 병이 유행하는 상태다. 그리고 6단계인 팬데믹은 5단계를 넘어

1) 한편, 문화체육관광부와 국립국어원은 2020년 3월 2~4일까지 열린 새말모임을 통해 팬데믹의 대체어로 '(감염병) 세계적 유행'을 선정했다.

다른 대륙의 국가에까지 추가 감염이 발생한 상태를 말한다.[2] 전염병 경보 1~3단계에서는 주로 대비책을 준비하고, 4단계부터는 각국에서 여행 자제 조치 등의 구체적 전염병 확산 방지 지침을 내리고 철저한 예방사업에 돌입하게 된다.

한편, 에피데믹(epidemic)은 팬데믹처럼 대륙을 넘나드는 넓은 영역에 걸친 것은 아니지만, 비교적 넓은 영역에 퍼지는 감염병을 가리킨다. 팬데믹은 전 세계로 확산되지만, 에피데믹은 특정지역에 한정되는 경우를 말하며, 감염 속도가 2주 이하로 매우 빠르다는 특징이 있다. 또 엔데믹(endemic)은 넓은 지역에서 강력한 피해를 유발하는 팬데믹이나 에피데믹과 달리, 특정 지역의 주민들 사이에서 주기적으로 발생하는 풍토병을 가리킨다. 엔데믹은 한정된 지역에서 주기적으로 발생하는 감염병이기 때문에 감염자 수가 어느 정도 예측이 가능하다. 예컨대, 동남아시아 · 남미 · 아프리카 등에서 많이 발생하는 말라리아나 뎅기열 등이 이에 속한다.

2 세계보건기구의 팬데믹 선포 사례

1) 홍콩 독감(1968)

1968년 홍콩에서 처음으로 발생한 독감으로, 호흡기 증상과 오한, 발열, 근육통, 무기력증 등을 동반한 감염병이다. 이 독감이 지속된 6개월여 동안 홍콩은 물론 베트남 · 인도 · 필리핀 등 주변 아시아 국가를 넘어 호주, 아프리카, 남미, 유럽으로 확산되면서 전 세계에서 100만 명 이상이 사망했다. 1957년 아시아 독감을 치명적으로 겪은

2) 인류 역사상 팬데믹에 속한 질병은 14세기 중세 유럽을 거의 전멸시킨 흑사병(페스트), 1918년 전 세계에서 5,000만 명 이상의 사망자를 발생시킨 스페인 독감, 1968년 100만 명이 사망한 홍콩 독감 등이 있다. 특히 세계보건기구가 1948년 설립된 이래 지금까지 팬데믹을 선언한 경우는 1968년 홍콩 독감과 2009년 신종플루, 2020년 코로나19 등 세 차례뿐이다.

중국이었지만, 이후 의료 체계 개선이 이루어지지 않았기 때문에, 중국 지역에서도 피해를 많이 보게 되었다. 홍콩 독감이 실제로 중국 본토에서 홍콩으로 확산되었다는 추측이 있다(Chang, 1969: 349-351).

2) 신종플루(2009)

신종플루는 2009년 봄 멕시코에서 시작됐다가 4월이 되면서 미국을 넘어 전 세계로 확산됐다. 초기에는 A형 인플루엔자 바이러스(Influenza A virus subtype)에 감염된 돼지를 통해 발생했기 때문에 돼지 독감으로 불렸다. 신종플루는 214개국에서 발병해 전 세계적으로 1만 8,500명이 사망했는데, 우리나라에서도 75만 명이 감염돼 250여 명이 사망한 바 있다. 세계보건기구는 2009년 4월 신종플루 확산세가 급증하자 최초로 국제적 공중보건 비상사태(PHEIC)를 선포한 데 이어, 6월 11일에는 감염병 경보 중 최고 단계인 팬데믹을 선포하기도 했다. 이후 항바이러스제인 타미플루가 신종플루 치료제로 사용되면서 현재는 신종플루가 아닌 A형 독감으로 불리고 있다.

3) 코로나19(2020)

2019년 12월 중국 후베이(湖北)성 우한(武漢)시에서 처음 발생한 뒤 중국 전역과 전 세계로 확산된 호흡기 감염질환이다. 초기에는 원인을 알 수 없는 호흡기 전염병으로만 알려졌으나, 이후 새로운 유형의 코로나바이러스(SARS-CoV-2, 국제바이러스분류위원회 2020년 2월 11일 명명)에 의한 감염병임이 확인됐다. 코로나19의 확산세가 전 세계로 이어지자, 세계보건기구는 2020년 1월 30일 국제적 공중보건 비상사태를 선포한 데 이어, 3월 11일 사상 세 번째로 팬데믹을 선포했다. 신종 코로나바이러스 감염증(COVID-19, 코로나19)은 감염자의 비말(침방울)이 호흡기나 눈·코·입의 점막으로 침투될 때 전염된다. 코로나19 환자로 확진되면 기침·인후통·폐렴 등 주요 증상에 따라 항바이러스제나 2차 감염 예방을 위한 항생제 투여 등의 대증치료가 이뤄진다.

3 전 세계를 휩쓴 주요 감염병

바이러스와 세균이 병원체가 돼 발병한 감염병은 인류 문명을 완전히 바꾸기도 하는 등 인류사에서 큰 비중을 차지해 왔다. 예컨대, 중남미 고대 문명을 괴멸시킨 천연두, 중세 유럽을 초토화시킨 페스트, 20세기 5,000만 명의 인명을 앗아간 스페인 독감 등을 대표적 사례로 들 수 있다. 이후 과학과 의학기술의 발달로 점차 줄어들었던 감염병 유행은 변이된 바이러스의 출몰로 다시 증가하면서 21세기에도 여전히 인류를 위협 중이다. 또한, 역설적으로 감염병의 대유행이 방역과 의학 발전을 이끈 사례도 역사 속에서 발견된다. 오염된 물로 발생한 콜레라는 세계 주요 도시의 상·하수도 시스템이 정비되는 계기를 만들었으며, 5,000만 명 이상이 사망한 스페인 독감은 예방접종의 중요성과 의료기관 종사자의 안전이 우선시되는 문화를 만들었다.

1) 잉카와 아즈텍제국을 괴멸시킨 천연두(Smallpox)

인류 최초의 감염병으로 불리는 천연두는 1519년 스페인의 에르난 코르테스(H. Cortés)가 1,000명이 채 되지 않는 인원으로 멕시코의 아즈텍제국을 무너뜨리는 데 결정적인 원인으로 작용했으며, 남미 페루의 잉카제국도 당시 확산된 천연두 바이러스로 몰락했다고 알려져 있다. 천연두는 영국의 에드워드 제너(Edward Jenner)가 1796년 우두접종법(종두법)을 발견하기 전까지 최대 치사율이 90%에 달했고, 간신히 살아남게 되더라도 실명·지체 부자유·곰보 등 심각한 후유증을 남겼다. 그러나 천연두는 백신 접종이 이뤄지면서 서서히 줄어들었고, 1977년 소말리아에서의 마지막 환자를 끝으로 더 이상 발생하지 않았다. 이에 1980년 5월 세계보건기구는 천연두가 지구상에서 완전히 사라졌다고 공식 발표했고, 이로써 천연두는 지구상에서 사라진 첫 바이러스 감염병이 됐다.

2) 중세 유럽을 초토화시킨 페스트(Pest)

페스트균(Yersinia Pestis)에 의해 발생하는 급성 열성 감염병으로, 감염 후 살이 썩어 검게 되기 때문에 흑사병(黑死病, Plague)으로도 불린다. 1300년대 초 중앙아시아의 건조한 평원지대에서 시작된 페스트는 실크로드를 통해 1340년대 말 유럽에 상륙했다. 유럽에 확산된 페스트는 1351년까지 유럽 전체 인구의 30~40%를 몰살시키면서 중세 유럽을 초토화시켰다. 유럽의 인구는 2세기가 지난 16세기가 돼서야 페스트 창궐 이전 수준으로 회복된 것으로 알려질 만큼 페스트는 당시 유럽에 엄청난 영향을 미쳤다. 페스트는 19세기 말 파스퇴르(L. Pasteur)가 발병 원인과 치료법을 개발하면서 역사 속으로 사라지는 듯했으나, 현재도 아프리카 · 아시아 일부 지역에서 발생 사례가 나오고 있다.

3) 상하수도 시스템 정비로 이어진 콜레라(Cholera)

콜레라는 비브리오 콜레라균(Vibrio Cholerae)에 의해 일어나는 수인성 감염병으로, 본래 인도의 벵골(Bengal) 지방에서 유행하던 풍토병이었으나 1817년 인도를 침략한 영국군을 통해 캘커타로 옮겨진 뒤 전 세계로 확산되기 시작했다. 콜레라는 이후 7번의 대유행을 거치면서 남극 대륙을 제외한 전 대륙으로 퍼져 나갔고, 이에 수백만 명이 콜레라로 죽음을 맞았다. 콜레라는 초기에는 나쁜 공기가 원인으로 지목받았으나 추후 오염된 물과 음식을 통한 감염경로가 알려지면서, 런던 · 뉴욕 등 세계 주요 도시의 상하수도 시스템이 정비되는 계기가 되었다.

4) 크리스마스실(Christmas Seal)의 탄생, 결핵

결핵은 기원전 7000년경 석기 시대의 화석에서 그 흔적이 발견된 이래 인류 역사상 가장 많은 생명을 앗아간 감염 질환이다. 특히 19세기의 대표적인 유행병인 결핵은

1800년대 초반까지 유럽 인구 4분의 1을 희생시켰는데, 그 원인이 결핵균이라는 사실은 1882년 독일의 세균학자 로버트 코흐(R. Koch)에 의해서다. 우리나라는 1950년 6·25전쟁 이후 연간 수백만 명에 이르는 결핵 발병 국가였으며, 1962년부터 세계보건기구의 지침에 따라 BCG 접종을 실시하였다. 하지만 우리나라의 결핵 발생률과 사망률은 여전히 경제협력개발기구 국가 중에서 가장 높다.

5) 1차 세계대전 전사자보다 많았다? 스페인 독감

스페인 독감은 20세기 수많은 인류의 목숨을 앗아간 최악의 감염병으로, 1차 세계대전이 끝난 1918년 귀환 병사들을 통해 전 세계로 전파되기 시작해 2년 동안 창궐했다. 이 기간 스페인 독감으로 약 5,000만 명이 사망했는데, 이는 1차 세계대전의 전사자(900만 명)보다 훨씬 많은 숫자다. 당시 우리나라에도 스페인 독감(무오년 독감)이 퍼져 인구 1,670만 명 가운데 절반가량인 740만 명이 감염됐으며, 이 중 14만 명이 사망한 것으로 기록돼 있다.

6) 아프리카를 덮친 죽음의 바이러스, 에볼라 출혈열

1976년 8월 자이르(현 콩고민주공화국)의 얌부쿠에서 처음 발견된 에볼라 출혈열(Ebola Hemorrhagic Fever)은 아프리카를 덮친 죽음의 바이러스다. 에볼라는 2014년 기니·시에라리온·라이베리아 등 서아프리카 지역에서 발병해 1만 1,310명이 사망했으며, 특히 유럽·미국에까지 감염자가 발생하면서 공포를 일으켰다. 이후 2016년 3월 세계보건기구가 에볼라 바이러스 종식을 공식 선언했지만, 2017년 5월 다시 발생했으며, 현재까지 예방백신이 없어 발병 때마다 엄청난 피해가 이어지고 있다.

7) 20세기를 덮친 최악의 공포, 후천성면역결핍증(에이즈)

에이즈(AIDS)는 에이즈바이러스(Human Immunodeficiency Virus: HIV)에 감염돼 면역 기능이 저하되는 질환으로, 1981년 미국에서 처음 발견되었다. 그러다 1983년 프랑스의 바레시누시와 몽타니에(B. Montanier) 박사가 에이즈바이러스를 세계 최초로 혈액에서 분리하는 데 성공하면서 정체불명의 존재였던 실체가 드러나게 되었다. 에이즈는 처음 발견된 이래 전 세계에서 신규 감염자(2018년 기준)는 170만 명, 에이즈 관련 질환 사망자는 77만 명이다. 2018년 말 기준 3,790만 명이 감염 상태로 살아가고 있고, 그중 2,330만 명이 항레트로바이러스 치료 중이다. 1996년 레트로바이러스 증식을 억제하는 항레트로바이러스 약물이 개발되고, 이들 약물을 섞어 쓰는 칵테일 요법이 정착되면서 불치병의 범주에서 점차 벗어나고 있다.

8) 정보 비공개가 가져온 비극, 사스(SARS)

사스는 2002년 11월 중국 광둥(廣東)성에서 처음 발생한 뒤 홍콩을 거쳐 전 세계로 확산된 중증급성호흡기증후군이다. 당시 광둥성의 한 병원에 입원한 환자를 통해 의료진 30여 명이 대거 감염됐고, 그를 치료한 의사가 감염된 뒤 홍콩으로 가면서 2차 슈퍼 확산자가 됐다. 2003년 7월까지 유행하여 8,096명의 감염자가 발생하였고, 이 중 774명이 사망했다. 특히 사스는 중국이 초반에 정보를 공개하지 않으면서 초기 대응에 실패했고, 그 결과 전 세계 확산으로 이어졌다는 비판이 높았다.

25 CHAPTER 농촌 문제와 수도권의 주택 문제

1 농촌 문제

1) 농촌 문제의 개념

우리나라 농촌 지역은 농업을 주업으로 하여 1960년대 이후 계속된 산업화 정책에서 소외되고, 정책의 수혜 대상으로부터 배제되었다. 그리하여 도시 지역과 비교할 때 상대적으로 투자가 적게 이루어져 발전 속도가 떨어지고, 지역 경제도 낙후되었다는 것이 일반적인 평가다.

우리나라 농업이 어려운 상황을 벗어나지 못하는 이유는 밖으로는 DDA[1], FTA[2] 협상 이후 각종 농산물 수입과 농산물의 국제화 · 개방화 압력과, 안으로는 산업화의 진행에 따른 영농주체들의 탈농, 식량자급도의 하락, 공업 부문에 대한 종속성의 심화

1) 정식 명칭은 '도하개발 어젠더(Doha Development Agenda)'로 2001년 11월 14일 카타르 도하 각료회의에서 합의된 WTO 제4차 다자 간 무역협상을 지칭한다.

2) 자유무역협정(Free Trade Agreement: FTA)은 협정을 체결한 국가 간에 상품 · 서비스 교역에 대한 관세 및 무역 장벽을 철폐함으로써 배타적인 무역 특혜를 서로 부여하는 협정이다. FTA는 그동안 유럽연합(EU)이나, 북미자유무역(NAFTA) 등과 같이 인접 국가나 일정한 지역을 중심으로 이루어졌기 때문에 흔히 지역무역협정(Regional Trade Agreement: RTA)이라고도 부른다.

등 농어촌 여건의 변화로 말미암아 농업에 종사하는 농민들이 직접적인 위협을 받게 되어 농업생활만으로 생계유지를 하는 데 어려움을 겪게 되었다.

농어촌 빈집 활용한 숙박사업 할 수 있게 돼…'한걸음 모델'로 합의한 도출

정부가 갈등 해결 메커니즘으로 도입한 '한걸음 모델'을 통해 농어촌 빈집 숙박 문제 해결을 위한 상생합의안이 도출됐다. 한걸음 모델 최초 적용 사례다. 그간 농어촌 빈집 숙박 문제를 놓고 기존 농어촌 민박업계와 스타트업 등 간 갈등이 있었다. 스타트업 등은 농어촌 빈집을 '리모델링'해 숙박시설을 조성하고 농촌관광을 활성화하려 했지만, 농어민 소득증대를 위한 농어촌 민박제도 취지와 상충하고, 지역 안전이 우려된다는 등의 이유로 기존 농어촌 민박업계가 반발했다. 이에 정부가 중재하고, 이해관계자 각자가 한 걸음씩 양보한 끝에 상생합의안이 마련됐다.

출처: 조선일보(2020. 9. 21.), 안중현 기자.

우리나라 농촌 문제가 지금과 같은 상황에 이르게 된 과정은 한국 자본주의의 독특한 발전 양상과 그 속에서 농민이 처했던 위상을 이해함으로써 파악할 수 있다. 서구의 초기 자본주의 발전 과정에서 농업은 원시적 축적의 기반이 되는 동시에, 산업노동력을 제공하면서 능동적 역할을 수행하였다. 또한, 자본주의가 성숙되는 과정에서 농민은 농민 자본가와 농민 노동자로 계급 · 분해되면서 자연스럽게 자본주의적 생산관계의 일부를 형성하였다. 그러나 많은 제3세계 국가는 상황이 달랐다. 농업은 비교우위라는 이름 아래 제국주의 국가의 필요에 따라 단작 농업(單作農業: 한 종류의 농작물만을 재배하는 농업 경영 방법)으로 전락하거나, 수탈의 주된 표적이 되었고, 아울러 도시와 공업 중심으로 전개된 국내의 파행적 발전 정책은 농촌과 농민의 희생을 담보로 하였다(이호철, 1991). 우리나라 농촌 문제도 이러한 제3세계적 현상에서 예외는 아니다.

2) 농촌 문제의 실태와 원인

왜 사람들이 촌락을 떠나 도시로 이동하는가? 우리나라는 1960년대부터 도시를 중심으로 산업이 발달하였고, 이로 말미암은 일자리를 얻기 위해 촌락의 인구가 도시로 이주하였다. 청년층의 이촌향도(離村向都) 현상이다. 이로 말미암아 농촌 지역에서는 인구의 노령화, 부녀화가 나타나 노동력 부족 현상을 가져왔고, 인건비 상승에 따른 영농비 증가로 농업 경쟁력은 약화되고, 노동력 부족으로 말미암은 휴경지가 증가하여 경지이용률이 감소하고 있으며, 인구 감소에 의한 빈집이 늘어나고 있다.[3)]

농촌 지역의 문제로 낙후된 생활환경을 들 수 있다. 농촌 지역은 도시 지역과 비교할 때 고용 기회가 적고, 농업은 생산성이 낮아 다른 산업보다 소득 수준이 낮다. 그리고 각종 외국 농산물의 수입 개방으로 국내 농산물의 경쟁력이 약화되어 농촌의 소득을 더욱 감소시키고 있다. 또한, 인구 감소로 말미암아 교육 기관이 축소되고, 의료 및 편의 시설 부족으로 농촌 노인들은 질병 발병률이 도시 노인보다 높음에도 불구하고, 농촌 노인들의 질병 대처 방법은 그냥 참고 지내는 경우가 많아 도시 지역보다 병원이나 약국의 이용률이 낮은 것으로 나타난다.

특히 노인 문제는 개인의 문제가 아니고 사회 공동의 문제이며, 국가가 주도적으로 해결해야 할 문제이다. 농촌 노인들은 자녀와 떨어져 사는 단독 세대가 많다. 그래서 고독, 소외 등의 문제를 해결할 길이 없다. 농촌 노인들이 가장 많이 이용하는 노인 여가시설로 노인정이나 마을회관이 있지만, 이들이 노인들에게 유익한 프로그램을 제공하기보다는 시간을 때우기 위한 휴식처로 존재할 뿐이다.

3) 농촌 문제의 해결책 및 대안

지금까지의 복지정책은 중앙정부 주도하의 획일화된 방향과 방법으로 도시와 농촌의 구분 없이 일방적으로 적용되어 왔으나, 농촌 지역의 특수성을 고려하여 지역 특성에 맞는 복지정책이 필요하다.

3) 도시에서는 과다한 인구와 산업의 집중으로 주택 · 교통 · 상하수도 문제의 발생과 각종 공해 등의 문제로 어려움을 겪고 있다. 현재 개발도상국가로서 급격한 산업화, 도시화가 진행되고 있는 중국과 인도에서는 우리나라가 1970~1980년대에 겪은 이촌향도 현상으로 말미암아 여러 문제로 고통받고 있다.

농촌 문제에서는 경제적 여건이 아닌 농민의 생활 습속이나 인구 동태, 농어촌의 지역적 특수 환경 등이 중심이 된다. 예를 들면, 농업기술 및 토지소유제도의 정체성 등에 바탕을 둔 사회집단으로서의 농촌의 후진성, 교육 · 문화 수준의 문제, 빈곤 · 과중 노동 · 인구 · 보건위생 문제, 농촌의 여성 · 청년 문제 등이 포함되는데, 이러한 것들이 도시 지역과 비교할 때 상대적으로 낮거나, 발전이 정체되어 있는 데서 문제가 제기되어 왔다.

이의 해결을 위하여 여러 분야에서의 접근이 시도되었다. 첫째는 농촌 고유의 생활 질서 및 미풍이 도시의 발달과 영향에 의하여 파괴되는 데서 농촌 문제가 비롯된다고 하는 견해이다. 즉, 자본주의적 화폐경제의 침투와 소비지향적인 도시 문화의 유입을 농촌 문제의 발생원인으로 보는 견해이다. 둘째는 농촌사회에 잔존하는 전통적 · 전근대적인 사회관계 및 비민주적인 사회규범 · 사회의식이 그 폐쇄성으로 말미암아 농촌 문제를 자초하는 것으로 보는 견해이다. 셋째는 농촌 문제를 자본주의 체제하에서 농업 문제에 의하여 생성 · 축적되어 온 현상, 즉 농업과 공업의 불균형 발전에서 비롯되는 것으로 보는 견해이다. 즉, 농업이 소규모 경영형에서 탈피하지 못하고 자본제 생산양식으로 발전한 공업 분야와의 격차를 크게 벌려 놓음으로써 농촌 문제가 발생한다는 것이다. 현실적으로는 도시화 과정에서 일어나는 농촌 인구의 도시 집중과 이로 말미암은 도시 문제 발생, 농촌 노동력의 노령화 · 부녀화로 말미암은 노동력 구성의 질적 저하, 농촌 청소년 문제 등이 농촌 문제의 대상 소재가 된다.

따라서 농촌의 절박한 현실을 감안해 일시적인 미봉책 수준이 아니라, 농촌의 '새틀 짜기' 수준에서 복지 모델이 마련되어야 한다. 이를테면, 농촌의 사회재생산이 원활하게 이루어질 수 있도록 출산과 양육 지원, 교육 및 문화 인프라 확대, 집합적 소비 · 의료시설 확대 등의 장기적이고 체계적인 전략을 모색하여야 한다.

더불어 농촌의 정체성이나 특수성을 감안한 복지 모델이 만들어져야 한다. 농촌과 도시는 그 특성상 근본적으로 차이가 있을 수밖에 없다. 그러므로 농촌 실정에 맞는 맞춤형 복지 모델이 있어야 한다. 이러한 복지 모델을 만들기 위해서는 무엇보다 농촌의 상황을 고려한 주요 정보 데이터베이스(DB) 구축 및 지표 개발, 복지 욕구 파악 및 실태조사, 복지정책 영향 평가 사업 등 농민의 욕구를 파악할 수 있는 시스템을 확충하여야 한다.

2 수도권의 주택 문제

1) 수도권, 도시, 주택 문제의 개념

수도권이란 서울특별시 · 인천광역시 · 경기도 등 서울 및 주변지역을 통칭하는 권역을 말한다. 수도권의 선언적 범위는 「수도권정비계획법」에서 규정하고 있다. 같은 법 제2조와 「수도권정비계획법 시행령」 제2조에서는 '서울특별시, 인천광역시 및 경기도'를 수도권으로 정의한다. 그러나 수도권의 범위는 생활권, 경제권, 계획의 범위 등 관점 및 접근 기준에 따라 그 공간적 범위가 달라질 수 있다. 수도권의 실질적 범위는 수도 서울을 중심으로 형성되는 통근권을 기초로 하여 해당 도시와 그 주변지역 간의 기능적 상호작용이 이루어지는 권역으로서 정의되는 것이 일반적이다.

도시 문제란 도시의 구조적 불균형에서 비롯되는 여러 가지 사회문제, 즉 주택난 · 교통난 · 상하수도 문제 · 쓰레기 처리 문제 · 청소년 문제를 비롯하여 공해 · 사고 발생 · 학군제 · 범죄 · 빈민 등에 관한 문제의 총칭을 일컫는다. 우리나라에서는 최근 경제성장으로 도시화(都市化)가 급격히 이루어졌으나, 도시 시설이 이에 따라 가지 못하여 도시행정 중 가장 중요한 과제로 등장하였다. 특히 서울 · 부산 · 대구 등 대도시에서는 주택 · 교통 · 공해 등 많은 도시 문제가 발생하고 있다.[4)]

4) 한편, 선진국의 도시 문제는 인구의 도시 집중과는 관계없이 새로운 현상이 나타나고 있다. 오히려 도시 인구가 감소되고 있는 도시쇠퇴화(都市衰退化)나 이너시티(inner city) 현상과 슬럼가(slum街)의 형성 등이 그것이다. 그중 도시쇠퇴화(urban decline) 현상은 도시화의 오랜 역사를 가진 기성 대도시 지역에서 인구감소, 고령화, 건물의 노후화, 슬럼화 등 도시 기능을 약화시키는 여러 가지 문제를 발생시키고 있다.

이러한 도시 문제는 주로 인구의 급격한 도시 집중 및 총 인구 중 도시 인구의 상대적 증대가 그 원인이 되고 있다. 이로 말미암아 늘어난 주택의 수요보다 공급이 부족해서 생기는 문제를 주택 문제라고 한다. 그러나 주택 문제는 여러 요인에 의하여 발생된다. 주택 공급의 부족 및 자연감소, 불량주택의 발생, 임대주택의 부족, 주택금융의 비현실성, 택지난, 지가(地價)의 폭등 등이 요인이다.

우리나라는 1962년 경제개발 5개년계획(經濟開發五個年計劃)[5)]을 추진하면서부터 도시화가 급격히 진행되면서 일자리를 찾아 농촌을 떠나 대도시로 이주하는 사람들이 크게 늘어났다. 이로 말미암아 나타난 주택 문제를 해결하기 위해 1980년대 후반부터 불량주택지구의 재개발, 위성 도시 건설에 주력하고 있으며, 전철도 광역화하고 있다. 그러나 도시는 대도시화로 말미암아 점차 과밀화(過密化)되고 있지만, 농촌은 급격한 이농현상으로 말미암아 과소화(過疎化)되고 있으므로, 주택 문제라고 하면 곧 도시의 주택 문제를 의미하게 되었다.

대권행보 시동 건 유승민 "결국은 경제, 주택문제 사다리 복원하자"

경제통인 유승민은 "다음 대선에서 경제가 가장 큰 이슈가 될 것이라고 확신한다."라고 했다. 그래서 토론회 제목도 '결국은 경제다. 주택문제, 사다리를 복원하자'로 정했다. 그는 "문재인 정부가 잘못하고 있는 것은 다 알지만, 욕만 해서는 안 된다."며 "국민은 정치가 더 나은 세상, 자식들에게 더 살기 좋은 세상을 만들어 줄 수 있느냐를 본다. 그중 한 가지가 경제"라고 강조했다. 나머지 하나는 공정이다. 그는 최근 치러진 미국 대선을 언급하며, "국민을 이념 · 계층 · 인종으로 편 가르기 한 트럼프 대통령에 대한 퇴출 명령이다. (대선일인) 2022년 3월 9일 대한민국 국민이 문재인 정권에 대한 퇴출 명령을 내려 줄 것으로 믿는다."라고도 했다.

출처: 중앙일보(2020. 11. 17.), 현일훈 기자(hyun.ilhoon@joongang.co.kr).

5) 국민경제발전을 목적으로, 1962년부터 1986년까지 5년 단위로 짜서 추진하였던 경제 계획을 말한다. 외국 자본의 적극적 도입을 통한 공업화가 '자립경제'와 '조국 근대화'로 귀결된다는 서구 근대화론에 바탕을 두고, 정부 주도하에 외자도입 및 수출, 저임금 · 저곡가 정책에 의존하여 추진되었다. 5 · 16 직후 군사정부가 민주당 정권이 짜 놓았던 경제개발 5개년계획을 토대로 1961년 7월 종합 경제재건 5개년계획을 발표한 데 이어, 1962년 1월 제1차 경제개발 5개년계획의 청사진을 제시함으로써 시작되었다. 경제개발계획이 추진됨에 따라 '한강의 기적'이라는 신조어가 만들어질 정도로 우리 경제는 고도성장을 이룩했으나, 경제의 대외 의존이 심화되고 빈부격차 등 사회 모순이 격화되는 부작용을 낳기도 했다.

주택이라는 말은 머무를 주(住)와 집 택(宅)의 합성어로서 그 뜻은 사람이 들어와 사는 집을 말한다. 이 말은 순수한 우리말인 '집'에 대한 한자어로 외래어이며, 같은 한자어인 주거(住居)와 비슷하다. 그러나 주택이라고 말할 때는 집 그 자체의 건물만을 지칭하지만, 주거라고 표현할 때는 집에서 이루어지는 생활도 포함된다고 할 수 있다.

한편, 순수한 '집'이라는 말은 단순히 건물 자체만을 뜻하지 않는다. 예컨대, "저 집은 큰집이다."라고 하면 건물 자체가 큰 것을 말하면서도, 장남의 집을 일컫기도 한다. 또 "저 집은 높은 집이다."라고 하면 건물이 높기도 하고, 집주인의 신분이 높기도 한 것이다. "저 집은 양반집이다." 할 때는 집의 격(格)을 말하는 것이다.

우리나라 「주택법」에서는 "세대(世帶)의 구성원이 장기간 독립된 주거생활을 할 수 있는 구조로 된 건축물의 전부 또는 일부 및 그 부속토지"를 주택이라고 규정하고 있다(같은 법 제2조). 사회적 측면에서 주택은 자연환경으로부터 인간을 물리적으로 보호하고, 수면과 음식을 만들기 위한 장소를 제공하는 사회재로 규정할 수 있다. 이처럼 복합적인 의미를 지닌 주택을 포괄적으로 정의하면, 주택이란 심신의 생리, 정서 등 기본적 욕구와 생활을 하는 데 필요한 최저 수준의 만족시키는 물적 용기(用器)이다.

이처럼 인간에게 가장 기본적인 도구로써 주택은 단순히 심신의 안전을 위해 외부로부터 방어나 휴식 공간이라는 개념을 뛰어넘는다. 따라서 주택이라는 기본적 욕구를 충족하지 못할 때 단지 거주할 곳이 없다는 물질적인 결핍에 그치지 않고, 사람들 사이의 정서적 주거 공간의 결핍으로까지 이어진다. 이렇듯 주택 문제는 주택의 절대량 부족 현상 등과 관계되어 나타나는 제반 사회문제를 말한다. 그런데 주택 문제는 단순히 사회문제로 끝나지 않고, 또 다른 사회문제를 일으키는 원인으로 작용할 수 있다.

2) 수도권 주택 문제의 실태와 원인

인류는 태초부터 주택을 짓기 시작하였으며, 인지(人智)가 발달함에 따라 더욱 쾌적하고도, 견실한 주택을 짓기 위해서 노력을 기울여 왔다. 그러나 각 지역의 풍토적 환경과 민족성은 주택과 취락을 독자적인 형식으로 경영하게 하였다. 근대 주택은 가족 구성의 핵화(核化)와 순수한 가정생활의 장소로서 소형화 · 단순화가 이루어져가는 경향이 있다. 여기에 인구 증가와 인간의 집단화 과정이 더욱 적극화되어 도시의 발달을 가져오게 되고, 아파트와 같은 도시 집단 주택의 유형이 보편화되고 있다.

산업화와 도시화가 진행됨에 따라 도시로 인구가 집중되면서 도시에서는 주택이 부족해졌다. 그뿐만 아니라 오늘날 독신 가정이나 핵가족이 증가하면서 가구 수가 증가해 주택은 더욱 부족하게 되었다. 도시에는 면적 대비 많은 사람이 살기 때문에 주택을 지을 땅이 부족하고, 땅값도 비싸서 고층 아파트를 많이 건설하고 있다. 집을 사려는 사람, 즉 수요가 증가하니 주택 및 전세 가격이 상승하여 내 집 마련이 어려워지고 있는 문제도 생긴다.

우리나라 수도권의 면적은 전국의 12% 정도지만, 인구는 전국의 약 2분의 1을 차지해서 전국 인구 5명 중 2명은 수도권에 살고 있다. 이처럼 인구와 각종 기능이 수도권에 집중되어 수도권에는 다양한 문제가 발생하고 있다. 사람들이 너무 많이 모여들어 주택, 직장, 학교, 도로 등이 부족하고, 교통 체증이 심각하다. 그리고 대기오염, 수질오염, 토양오염 등의 환경 문제도 심각하게 나타나고 있으며, 자본이나 기술이 전국에 골고루 분포하지 못하고, 수도권에만 집중되어 지역 간 성장 불균형 문제도 나타나고 있다. 특히 주택 문제는 문재인 정부에서 25번의 정책을 발표하였지만, 그 심각성은 오히려 가중되고 있다.

서울에서 아파트를 마련하려면 기간이 얼마나 걸릴까? 우리나라 국민이 한 푼도 안 써도 서울에서 아파트를 구입하는 데는 12.2년이 걸린다(MBC뉴스, 2020. 12. 1.). 주택 부족으로 말미암아 수요는 증가하는데, 공급은 적기 때문에 집값이 계속해서 올라가기 때문이다. 해마다 집값은 오르고, 주택을 마련하는 데 걸리는 시간은 점점 길어지니 서민들의 내 집 마련의 꿈은 멀기만 하다.

서울과 수도권에서 외지인 거래가 늘어날수록 아파트 가격이 올랐다는 연구 결과가 발표됐다. 국토연구원 황관석 부연구위원은 '외지인 주택 거래가 주택 가격에 미치는 영향 분석'에서 "서울과 수도권의 외지인의 아파트 거래는 2013년 이후 증가 추세를 보여 왔으며, 이는 아파트 가격의 상승 요인으로 작용한 것으로 나타났다."라고 밝혔다.

외지인 거래는 동일 시 · 도 또는 시 · 군 · 구가 아닌 지역의 매입자가 주택을 구입한 경우로 나뉜다. 동일 시도 이외로부터의 외지인 아파트 매입 기준으로 외지인의 거래 비중은 수도권에서 2013년 18.9%에서 2019년 23.0%로 4.1%p 상승하였으며 서울은 같은 기간 15.6%에서 21.9%로 6.3%p 상승했다. 동일 시 · 군 · 구 이외로부터의 외지인 아파트 매입 기준으로 외지인의 거래 비중은 수도권에서 2013년 40.5%에서 2019년 49.2%로 8.7%p 상승하였으며 서울은 같은 기간 41.9%에서 56.3%로 14.4%p 상승했다.

황관석 부연구위원은 "외지인 거래의 비중은 아파트 매매가격 변동률과 상관성이 있으며, 통계적으로 유의한 양(+)의 영향을 미치는 것으로 나타났다."라고 분석했다. 외지인 거래 비중 1%p 상승 시 아파트 매매가격 변동률은 수도권 0.08%p, 서울 0.12%p 각각 상승하는 효과가 있는 것으로 조사됐다(TV조선, 2020. 12. 22.).

3) 수도권 주택 문제의 해결책 및 대안

수도권의 다양한 문제점을 해결하기 위해 수도권 인구와 산업을 지방으로 분산하는 정책을 만들고, 자연환경을 보전하기 위해 개발제한구역도 설정했다. 교통 흐름을 원활히 하기 위해 도시 고속화 도로와 지하철을 건설하거나 신도시를 개발하고, 도심을 재개발하거나 부도심을 새로 건설하기도 한다. 국민들에게 환경 문제에 대해 인식시키고, 오염 물질이 발생하지 않게 홍보도 하고 있다. 그러나 이 중에서도 주택 문제는 역대 정권에서도 항상 문제가 됐지만, 현 정권에서는 실로 심각한 상태다. '한 치 앞도 보이지 않는다.'고 해도 과장된 표현이 아니다.

주택 문제를 해결하기 위한 정책을 다루는 기관으로는 건설교통부 · 한국토지주택공사 · 주택은행 · 재정경제부 · 지방자치단체 등이 있다. 이를 효율적으로 지원하는 법률로는 「특정지역 종합개발촉진에 관한 특별조치법」, 「택지개발촉진법」 등이 마련되어 있지만, 서울 주변의 대단위 택지는 이미 동난 상태여서, 1980년대 후반부터 불량주택지구의 재개발, 위성도시 건설에 주력하고 있으며, 이에 부수하여 전철권 광역화도 추진하고 있다.

그러나 인구의 증가 및 급속한 도시 집중의 경향 때문에 주택난은 크게 개선되지 못하고 있다. 대도시 및 신생공업단지의 근로자 계층의 심각한 주택 사정은 이미 사회적 문제로 제기된 지 오래다. 정부에서는 저임금 근로자들의 주택 문제 해결책의 일환으로 소규모 임대 아파트를 대량 공급해 나가고 있다. 사회정책 및 사회복지의 측면에서 주택정책의 방향은 ① 공영주택(公營住宅)이나 공단 임대주택의 건설, ② 주택자금 융자 및 주택 가격(임대 포함)정책, ③ 주택수당제도, ④ 노령자의 생활에 적합한 주택 건설 등이 요망된다. 또한, 부동산 투기에 따른 주택 가격의 급등으로부터 실수요자를 보호하기 위한 정책이 반드시 필요하며, 현재 여러 가지 방안을 시행 중에 있으나, 더욱 합리적인 제도의 모색이 시급하다.

25번째 부동산 대책?…국회 통과 주택법 개정안 무엇을 담았나

양경숙 더불어민주당 의원이 대표 발의한 '「주택법」 개정안'에는 토지임대부 주택을 분양받은 사람이 집을 매각할 때 공공에 되팔도록 의무화하는 내용이 담겼다. 「주택법」 개정안 제78조 제2항에 따르면, 토지임대부 분양주택을 공급받은 자가 토지임대부 분양주택을 양도하려는 경우 대통령령으로 정하는 바에 따라 LH공사에 해당 주택의 매입을 신청, LH공사는 특별한 사유가 없으면 일정 절차를 거쳐 해당 주택을 매입해야 한다.

그러나 수요자들은 벌써부터 우려 섞인 목소리를 내고 있다. 온라인 부동산 커뮤니티 내 한 누리꾼은 "공공분양은 20년 가까이 저축하고 내 집 마련을 기다린 사람들인데 시세차익까지 내놓으라니 서민만 착취하는 것 아니냐"는 불만을 토로했다. 다른 누리꾼은 "임대주택 지을 수록 한 채당 어마어마한 적자를 내는 것으로 알고 있다."라며 "LH만 적자가 쌓이는 구조일 듯"이라고 지적했다.

출처: 뉴시스(2210. 12. 14.), 신진영 기자(yoora29@econovill.com).

부동산 문제의 해법을 찾고 있는 문재인 정부가 그동안 검토했던 서울 그린벨트(개발제한구역) 해제 방안을 접고 새로운 공급 방안을 찾기로 했다. 그러나 아파트 신규 공급이 실수요자의 구매로 이어지지 못하는 현재 아파트 공급·분양 시스템, 지방 인구·대학·기업의 수도권 유출에 의한 신규 수요 등을 감안하면 더욱 근본적인 대책을 제시해야 한다는 목소리가 높다. 공공기관 이전 등 국가균형발전 시책의 확장, 지방 이전 대학·기업에 대한 최고 수준의 인센티브 제공, 지방의 공공서비스 질 향상을 통한 수도권과의 격차 해소, 지방 인구 증가 시책에 대한 국비 전액 지원 등을 통해 수도권의 밀도를 낮춰야 한다는 것이다(광주일보, 2020. 7. 20.).

문재인 대통령은 청와대에서 가진 정세균 국무총리와의 주례회동에서 해제 여부를 두고 혼선을 빚었던 그린벨트와 관련해 미래세대를 위해 계속 보존해 나가기로 했다. 그린벨트 해제가 폭등한 아파트 가격을 낮추지 못하면서 오히려 투기 세력을 부추겨 가격 상승을 이끌고, 수도권 과밀에 의한 지방 소멸을 앞당길 것이라는 비판에 직면했기 때문이다.

하지만 정부가 다양한 국·공립 시설 부지를 최대한 발굴하기로 하는 등 현 아파트 공급·분양 시스템을 그대로 둔 채 여전히 수도권 내 아파트 공급에 주안점을 두고 있어 그 부작용을 우려하는 목소리가 높다. 실수요자들이 신규 공급 물량이나 시장 매물로 나온 아파트를 매입하기 위해서는 분양시장의 투명성 증대, 후(後)분양제·분양가 상한제·분양원가 공개 등의 제도적인 보완이 필요하다는 것이다.

김태년 더불어민주당 원내대표는 국회 교섭단체 대표연설에서 수도권 과밀 해소를 위해 국회, 청와대, 정부부처의 세종시 이전을 주장했지만, 이 역시 수도권이 아닌 충청권의 과밀로 이어질 가능성이 높다는 지적이다. 세종시를 중심으로 한 충청권만이 아닌 호남권, 영남권 등이 수도권과 동등한 위치에서 경쟁할 수 있는 여건을 조성해야 한다는 것이다. 지지부진한 '공공기관 지방이전 시즌 2'를 업그레이드해 수도권에 남아 있는 정부부처 및 공기업, 호남권 및 영남권으로 이전 가능한 세종시 정부부처 등을 포함하고, 대학·기업에 대한 지방 이전 인센티브를 강화하는 등의 방향 수정이 불가피하다는 의견이 지배적이다(광주일보, 2020. 7. 20.).

참고문헌

강영실, 고명석, 김경신, 박상하, 백선복, 성윤숙, 안진, 양철호, 이양훈, 이장희, 최용(2005). **사회문제론**. 서울: 대왕사.

강준만(2005). **세계문화 사전**. 서울: 인물과사상사.

고영복(1992). **현대사회문제론**. 서울: 사회문화연구소.

고영복(1996). **사상사 개설**. 서울: 사회문화연구소.

고영복(2000). **사회학사전**. 서울: 사회문화연구소.

공계순, 박현선, 오승환, 이상균, 이현주(2006). **아동복지론**(2판). 서울: 학지사.

공계순, 박현선, 오승환, 이상균, 이현주(2013). **아동복지론**(4판). 서울: 학지사.

곽혜원(2011). **자살문제 어떻게 할 것인가?** 서울: 21세기교회와신학포럼.

구정화(2011). **청소년을 위한 사회학 에세이**. 서울: 해냄.

김기범(2020). 교묘해지는 사이버범죄, 과학기술로 대책 마련해야. 한국여성과학기술연합총연합회(여성과총) 온라인 포럼, 2020. 6. 12.

김기원(2017). **사회문제론**. 경기: 정민사.

김난도, 전미영, 이향은, 이준영, 김서영(2017). **트렌드 코리아 2018**. 서울: 미래의창.

김대원, 남미애, 노병일, 신창식, 심우찬(2010). **현대사회문제와 사회복지**. 서울: 학지사.

김라경(2014). 장애아동 통합교육에 대한 교장의 지원과 초등교사의 소진 인식과의 관계. **통합교육연구, 9**(2), pp. 23-43.

김양은(2019). 디지털 불평등, 현황과 대책: 모든 시민이 당면한 문제…디지털 시민 역량 키워내야. 신문과방송, 2019년 8월호(통권 584호).

김영모 편(1982). **현대사회문제론**. 서울: 한국복지정책연구소출판부.

김영모 편(1997). **현대사회문제론**. 서울: 고헌출판부.

김은경(2006). 21세기 소년사법 개혁의 발전방향과 과제. **형사정책연구소식, 98**, pp. 15-23.

김종일, 엄명용, 최경구(2004). **사회문제론**. 서울: 청목출판사.

김지미, 양영자, 엄태완, 유용식, 유정욱, 한규량(2020). **사회문제론**(2판). 경기: 정민사.

김춘경, 이수연, 이윤주, 정종진, 최웅용(2016). **상담학 사전**. 서울: 학지사.

김현용, 윤현숙, 노혜련, 김연옥, 최균, 이배근(1997). **현대사회와 아동**. 서울: 소화.

김형식(2005). 장애담론과 실천과제. 한국장애인복지학회 추계학술 세미나 자료집, pp. 11-21.

문인숙, 양옥경(1991). **정신장애와 사회사업**. 서울: 일신사.

민소영(2019). 지역사회보호(Community Care)와 서비스 통합을 위한 공공전달체계 탐색. **한국사회복지**

행정학회 학술대회 자료집, pp. 333-337.

박기원(2012). 재미있는 과학수사 이야기. 서울: 가나출판사.

박영균(2004). 장애아동통합교육 개선방안에 관한 연구. 한국특수아동교육연구, 6(2), pp. 245-267.

박용순(2008). 사회복지개론(3판). 서울: 학지사.

박용순, 문순영, 임원선, 임종호(2012). 사회문제론(2판). 서울: 학지사.

박용순, 문순영, 임원선, 임종호(2019). 사회문제론(3판). 서울: 학지사.

박정란, 서홍란(2001). 아동복지론. 서울: 양서원.

법무부 교정본부(2020). 2020 교정통계연보. 경기: 법무부 교정본부 기획과.

보건복지부(2019). 2019년 정신건강사업안내. 세종: 보건복지부.

보건복지부 · 삼성서울병원(2017). 2016년도 정신질환실태 조사. 세종: 보건복지부.

보건복지부 · 한국보건사회연구원(2018). 2017년 장애인실태조사. 세종: 보건복지부.

서울대학교 교육연구소(1995). 교육학 용어사전. 서울: 하우동설.

신중섭(1999). 한국사회복지정책론. 서울: 대학출판사.

신현기, 박억종, 안성률, 남재성, 이상열, 임준태, 조성택, 최미옥, 한형서(2012). 경찰학사전. 서울: 법무사.

오하영(2016). 여성장애인의 건강권-여성장애인의 경험을 중심으로-. 젠더와 문화, 9(1), pp. 131-160.

오혜경(2005). 장애인복지론. 서울: 창지사.

원석조(2001). 사회문제론. 경기: 양서원.

원석조(2018). 사회문제론(6판). 경기: 양서원.

윤 욱(1992). 아동복지. 서울: 수학사.

윤혜정, 권경인(2011). 휴대전화중독청소년들의 특성 및 중독과정 촉진요인. 한국상담학회, 12(2), pp. 577-598.

이성규(2000). 사회통합과 장애인 복지 정치. 서울: 나남출판.

이수정, 윤옥경, 황태정, 전주희, 최금화, 박혜란, 양철수(2007). 비행 및 일탈 청소년 관련 프로그램의 현황과 프로그램 이용 실태조사 및 예방적 · 회복적 보호지원 강화 방안 연구. 서울: 대한민국국가청소년위원회.

이영숙, 박경란, 전귀연(2004). 가족문제와 복지. 서울: 신정.

이외수(2004). 감성사전. 서울: 동숭동.

이원규(2015). 종교사회학의 이해(개정2판). 경기: 나남.

이철우(2017). 현대사회문제–이론과 실제–. 서울: 학지사.

이호철(1991). 산업화와 농업경제. 서울: 한길사.

장인협, 오정수(2001). 아동 · 청소년복지론(개정판). 서울: 서울대학교출판부.

정영숙(2003). 발달장애아동과 사회복지의 실제. 경기: 학현사.

종교학대사전 편찬위원회(1998). 종교학대사전. 서울: 한국사전연구사.

조의수, 정원철, 최선경, 한지나, 아영아, 박선숙, 박해긍(2020). 사회문제와 사회복지. 경기: 양서원.

최선경(2018). 성인지적 관점의 여성장애인모성권(임신과 출산, 자녀양육) 보장을 위한 장애인복지관의 역할. 디지털융복합연구, 16(12), pp. 97-107.

최유성, 정창화, 최무현(2003). 한국과 선진국의 교정조직 구성. 서울: 한국형사정책연구원.

최일섭, 최성재(1995). 사회문제와 사회복지. 서울: 나남출판.

타일러 라쉬(2020). 두 번째 지구는 없다. 서울: 알에이치코리아.

표갑수(2000). 아동 청소년복지론. 서울: 나남출판.

표갑수(2006). 사회문제와 사회복지. 경기: 나남.

표갑수(2010). 사회문제와 사회복지(개정판). 경기: 나남.

하나님(연도 미상). 성경전서(새번역). 서울: 대한기독교서회.

하지현(2012). 청소년을 위한 정신의학 에세이. 서울: 해냄.

한국장애인개발원(2017). 2017 장애인백서. 서울: 한국장애인개발원.

한국청소년개발원(1996). 청소년문제론. 서울: 서원.

한국청소년학회(1999). 청소년학총론. 경기: 양서원.

한국행정연구원(2020). 2019년 사회통합실태조사. 서울: 한국행정연구원.

홍성민(2000). 문화와 아비투스. 서울: 나남출판.

홍성민(2004). 피에르 부르디외와 한국사회. 서울: 살림출판사.

Aboderin, I. (2004). *Modernisation and Ageing theory revisted.* Ageing & Society, 24(1), pp. 29-50.

Agnew, R., & White, H. R. (1992). An empirical test of general strain theory. *Criminology, 30*(4), pp. 475-499.

Bellah, R. N. (1957). *Tokugawa religion: The values of per-industrial Japan.* Glencoe, Ill: The Free Press.

Bergler, E. M. (1985). *The psychology of gambling.* NY: International Universities Press.

Berger, P. L. (1973). Religious institutions. In N. J. Smelser(Ed.), *Sociology: An introduction*(2nd ed., pp. 303-346). NY: John Wiley & Sons.

Bronfenbrenner, U. (1994). Ecological Models of Human Development. *International Encyclopedia of Education, 3,* pp. 1643-1647. Oxford.

Brook-Gunn, J., & Duncun, G. J. (1997). The effect of poverty on children. *The Future of Children, 7*(2), pp. 55-71.

Carson, R. (2002, 2011). 침묵의 봄. [Silent Spring] (김은령 역). 서울: 에코리브르(원저 출판: 1962년).

Chang, W. K. (1969). National Influenza Experience in Hong Kong, 1968. *Bulletin of the World Health Organization, 41*(3), pp. 349-351.

Courtois, C. A. (1997). Healing the incest wound: a treatment update with attention torecovered-memory issues. *Am Journal Psychother, 51*(4), pp. 464-496.

Cowgill, D. (1974). Aging and modernization: A revision of the theory. In J. F. Gubrium(Ed), *Late life communities and environmental policy*(pp. 123-146). Springfield, Ill: Charles C. Thomas.

Cowgil, D., & Holmes, I. D. (1972). *Aging and Modernization*. NY: Appleton-Century-Crofts.

Dole, V. P. (1980). Addictive behavior. *Scientific American, 243*(6), pp. 138-154.

Downs, S. W., Costin, L. B., & McFaddem, E. J. (1996). *Child welfare and family services.* NY: Longman.

Dunn, D., & Waller, D. V. (2000). *Analyzing Social Problems: Essays and Exercises*(2nd ed.). Englewood Cliffs, NJ: Prentice-Hall.

Eitzen, D. S., & Zinn, M. B. (2000). *Social problems*(8th ed.). Boston: Allyn & Bacon.

Fuller-Thomson, E., & Brennenstuhl, S. (2009). Making a link between childhood physical abuse and cancer: Results from a regional representative survey. *Cancer, 115*(14), pp. 3341-3350.

Gilbert, N., & Terrell, P. (2005). *Dimensions of Social Welfare Policy*. Boston, PA: Pearson Education Inc.

Homans, G. C. (1961). *Social Behavior: Its Elementary Forms.* New York: Harcourt, Brace, and World.

Horton, P. B., & Leslie, G. R. (1955). *Sociology of Social Problems.* NY: Appleton-Century-Crofts.

Kaplan, H. I., & Sadock, B. J. (1994). *Synopsis of psychiatry: Behavioral science, clinical psychiatry*(7th ed.). Baltimore, MD, US: Williams & Wilkins Co.

Lynas, M. (2014). **6도의 멸종.** [Six degrees] (이한중 역). 서울: 세종서적(원저출판: 1973년).

Manning, N. (1985). Constructing social problems. In Nick Manning(Ed.), *Social Problems and Welfare Ideology*(pp. 1-28). Brookfield, VT: Gower Publishing Company.

McAuliffe, W. E., & Grodon, R. A. (1980). Reinforcement and the combination of effects: Summary of a theory of opiate addiction. *NIDA Res Monogr, 30*(1), pp. 137-141.

Merton, R. K., & Nisbet, R. (1976). *Contemporary Social Problems*(4th ed.). NY: Harcount Brace Jovanovich.

Messman-Moore, T. L., Long, P. J., & Siegfried, N. J. (2000). The revictimization of child sexual abuse survivors: an examination of the adjustment of college women with child sexual abuse, adult sexual assault, and adult physical abuse. *Child Maltreat, 5*(1), pp. 18-27.

Meyer, I. H. (2003). Prejudice, social stress, and mental health in lesbian, gay, and bisexual populations: conceptual issues and research evidence. *Psychological bulletin, 129*(5), 674-697.

Oliver, M. (1996). *Understanding disability: Firm theory to practice.* NY: Palgrave.

Piquero, N. L., & Sealock, M. D. (2004). Gender and general strain theory: A preliminary test of Broidy and Agnew's gender/GST hypotheses. *Justice Quarterly, 21*(1), pp. 125-158.

UNESCO(2017). Outcome document of the conference on digital citizenship education in AP.

Roe-Sepowitz, D., Bedard, L. E., & Pate, K. (2007). The impact of child abuse on dissociative symptoms: A study of incarcerated women. *Journal Trauma Dissociation, 8*(3), pp. 7-26.

Rubington, E., & Martin, S. W. (2002). *The Study of Social Problems: Seven Perspectives*(6th ed.). NY: Oxford University Press.

Parrillo, V. N., Stimson, J., & Stimson, A. (1999). *Contemporary social problems*(4th ed.). Boston: Allyn & Bacon.

Pitonak, M. (2017). Mental health in non-heterosexuals: Minority stress theory and related explanation frameworks review. *Mental Health & Prevention, 5,* pp. 63-73.

Schneider, R., Kropf, N., & Kisor, A. (2000). *Human response to social problems.* Homewood, IL: The Dorsey Press.

Schuckit, M. A. (1987). Biological vulnerability to alcoholism. *Journal of Counseling and Clinical Psychology, 55,* 301-309.

Seidman, S. (1983). *Liberalism and the Origins of European Social Theory.* Berkeley: University California Press.

Shaw, C. R., & McKay, H. D. (1931). *Social factors in juvenile delinquency. Report on the causes of crime.* (vol. 2). Washington, DC: USGPO.

Silverman, A. B., Reinherz, H. Z., & Giaconia, R. M. (1996). The long-term sequelae of child and adolescent abuse: A longitudinal community study. *Child Abuse Negl, 20*(8), pp. 709-723.

Streib, G. F. & Schneider, C. J. (1971). *Retirement in American society: Impact and process.* Ithaca, N.Y.: Cornell University Press.

Weber, M. (1963). *The sociology of religion.* (trans. by E. Fischoff). Boston: Beacon Press.

WHO(2001). ICF: International classification of functioning, disability, and Health. Geneva: Author.

Zastrow, C. (2000). *Social Problems: Issues and Solution*(5th ed.). Belmont: Wadsworth.

Ziegler, J. (2020). **인간 섬, 장 지글러가 말하는 유럽의 난민 이야기.** [Lesbos, la honte de l'Europe] (양영란 역). 서울: 갈라파고스(원저출판: 2000년).

경인일보(2011. 5. 6.). 다문화가정-"난 아웃사이더."

경향신문(2020. 11. 5.). 구직자 10명 중 6명 코로나19에 '은둔형 외톨이.'

경향신문(2010. 11. 21.). 자살 보도, 개인 문제보다 구조적 문제 조명해야죠.

국민일보(2020. 10. 2.). 정부에서 '히키코모리' 찾아낸다…광주시 실태조사 착수.

광주일보(2020. 7. 20.). 수도권 집중 풀지 않고는 부동산 폭등 해결 어렵다.

뉴스1(2017. 6. 1.). '대기오염 지옥' 日기타큐슈가 푸른 하늘 되찾은 비법은.

뉴시스(2007. 7. 30.). "저 가출소녀인데…"9,000만 원 뜯은 사이버 앵벌이.

뉴시스(2011. 8. 2.). '스팸문자의 여왕'으로 통하는 '김미영 팀장'이 재판에 넘겨졌다.

뉴시스(2020. 12. 14.). 25번째 부동산 대책…국회 통과 주택법 개정안 무엇을 담았나.
대구신문(2020. 11. 10.). 무기력증 빠진 구직자…60% "은둔형 외톨이 경험."
동아일보(2013. 3. 18.). '인터넷 욕설' 캡처해 명예훼손 고소 협박…합의금 뜯어내.
동아일보(2020. 12. 11.). 정신질환 범죄자의 재범…법무부-복지부, 책임은 누가 더 클까.
머니투데이(2014. 4. 6.). 가짜 명품 구매대행쇼핑몰, 11일 만에 3,000만 원 가로채.
매일경제(2018. 8. 26.). '1인 1스마트폰 시대' 개막…가입자 수 5천만 명 돌파.
매일경제(2019. 4. 12.). 일본 40대 이상 '중년 은둔형 외톨이' 61만…한국도 불안.
매일신문(2020. 11. 9.). "나갈 곳 없다" 구직자 60% 은둔형 외톨이.
서울경제(2019. 2. 26.). 베트남 '보트피플' 난민 수천 명, 미국서 추방 위기 내몰려.
서울경제(2020. 11. 12.). 청소년 '극단선택' 사상 최고 기록하나.
세계일보(2020. 11. 16.). '대통령 명예훼손' 혐의 전광훈 목사에 징역 2년 6월 구형.
오마이뉴스(2010. 10. 13.). 일본 공해병의 원조 미나마타, 그 실체를 보다.
여성과총(2020. 6. 12.). 성범죄 블랙홀, 사이버 세계를 진단하다.
연합뉴스(2020. 12. 18.). 코로나에도 아동 '놀권리' 지킨다…복지부, '놀이혁신' 콘퍼런스.
울산매일(2020. 12. 20.). 대한민국에서 노인으로 살면 불행하다!
전북도민일보(2020. 10. 21.). 보호아동 초기정착금 지원받는 위탁가정 13.7%에 불과.
조선일보(2020. 9. 21.). 농어촌 빈집 활용한 숙박사업 할 수 있게 돼…'한걸음 모델'로 합의한 도출.
중앙일보(2020. 1. 14.). '김미영 팀장님' 사라질까…스팸 1억 2,000만 건으로 금융사기 막는다.
중앙일보(2020. 11. 17.). 대권행보 시동 건 유승민 "결국은 경제, 주택문제 사다리 복원하자."
한겨레(2020. 12. 18.). '맨발로 발코니 탈출' 창녕 어린이 학대 의붓아버지 징역 6년 선고.
한국경제(2018. 10. 3.). 최강 소비新인류…'밀레니얼 파워'가 판을 바꾼다.
한국경제(2019. 9. 26.). 예장통합 총회, 명성교회 목사 부자세습 사실상 허용.
MBC뉴스(2020. 12. 1.). "한 푼 안 써도 12.2년"…서울 아파트 내 집 마련 기간 역대 최장.
TV조선(2020. 12. 22.). 국토硏 "서울 · 수도권 아파트 값 상승, 외지인 거래 영향."

https://blog.naver.com/
https://blog.naver.com/korea-hikikomori
https://gnews.gg.go.kr/news/news
https://hbr.org/
http://health.kdca.go.kr
https://kosis.kr/
http://kostat.go.kr/
https://namu.wiki/
http://philinst.snu.ac.kr/

https://search.naver.com/

https://search.daum.net/

https://stdict.korean.go.kr/

https://terms.naver.com/

http://www.aks.ac.kr

https://www.coe.int/en/web/digital-citizenship-education/home

http://www.doopedia.co.kr

http://www.jjan.kr

http://www.koreanpsychology.or.kr

http://www.nts.go.kr

https://www.pressian.com/

https://www.research-paper.co.kr/

https://www.spckorea.or.kr

찾아보기

〈인 명〉

〈내 용〉

ㄱ

ㅇ

저자 소개

■ **강희성**

호원대학교 사회복지학과 교수

■ **김현경**

경민대학교 사회복지과 교수

■ **박길남**

서정대학교 글로벌융합복지과 교수

■ **박주현**

백석문화대학교 사회복지학부 및 백석대학교 평생교육원 교수

■ **윤명길**

동원대학교 사회복지과 겸임교수

■ **이장희**

강동대학교 사회복지과 교수

■ **정명희**

중원대학교 사회복지학과 교수

■ **주민경**

호서대학교 평생교육원 사회복지학과 교수

(가나다 순)

사회문제론

1판 1쇄 발행 — 2021년 5월 28일
1판 2쇄 발행 — 2023년 8월 30일

저 자 – 강희성 김현경 박길남 박주현
윤명길 이장희 정명희 주민경

발 행 인 – 강철원
발 행 처 – 양성원
주 소 – 경기도 파주시 검산로 173번길 29-12
전 화 – 031-946-3861(代)
팩 스 – 031-946-3864
이 메 일 – tnwpub@naver.com
홈페이지 – tnwpub.co.kr
출판등록 – 2015년 8월 31일 제 2015-000211 호

ISBN 979-11-6126-387-8

정가 20,000원